Karl Gerok

Die Apostelgeschichte in Bibelstunden

Karl Gerok

Die Apostelgeschichte in Bibelstunden

ISBN/EAN: 9783743326699

Hergestellt in Europa, USA, Kanada, Australien, Japan

Cover: Foto ©Lupo / pixelio.de

Manufactured and distributed by brebook publishing software
(www.brebook.com)

Karl Gerok

Die Apostelgeschichte in Bibelstunden

Die Apostelgeschichte

in Bibelstunden

ausgelegt

von

Karl Gerok.

Zweiter Band.

Stuttgart.

Verlag von S. G. Liesching.

1868.

Moses oder Christus?

Kap. 15, V. 1—4. Und etliche kamen herab von Judäa und lehreten die Brüder: Wo ihr euch nicht beschneiden
lasset, nach der Weise Mosis, so könnt ihr nicht selig werden. Da sich nun ein Aufruhr erhub und Paulus und Barnabas nicht einen geringen Zank mit ihnen hatten; ordneten
sie, daß Paulus und Barnabas und etliche andere aus ihnen,
hinauf zögen gen Jerusalem zu den Aposteln und Aeltesten,
um dieser Frage willen. Und sie wurden von der Gemeine
geleitet und zogen durch Phönicien und Samarien, und erzähleten den Wandel der Heiden und machten große Freude
allen Brüdern. Da sie aber darkamen gen Jerusalem, wurden sie empfangen von der Gemeine und von den Aposteln
und von den Aeltesten. Und sie verkündigten, wie viel Gott
mit ihnen gethan hatte.

„Die Menge der Gläubigen war Ein Herz und Eine
Seele" — so hatte es von der Pfingstgemeinde zu Jerusalem
geheißen in jener seligen Zeit der ersten Liebe, bald nach der
Ausgießung des heiligen Geistes. Dieses Lob der brüderlichen
Eintracht, der herzlichen Einigkeit im heiligen Geist sollte nun
auf die erste schwere Probe gestellt werden. Eine geraume
Zeit — etwa fünfzehn Jahre — waren inzwischen verflossen.
Die Gemeinde war wohl ums hundertfache seither gewachsen,

besonders seit durch die erste Missionsreise des Apostels Pau=
lus einer Menge von Heiden die Thür des Glaubens war
aufgethan worden.   Da fragte sichs nun, wird das Band
der Liebe auch noch halten nach so langer Zeit und bei so
großer Ausdehnung? Das ist ja die leidige Erfahrung, zum
Beispiel in so mancher Ehe, wo es Anfangs auch hieß: „Ein
Herz und Eine Seele" —: das Band der Liebe nutzt sich ab
mit der Zeit, wird gelockert durch allerlei Störungen, und nicht
erst nach fünfzehn Jahren, nach einem Jahr vielleicht schon sind
die Herzen auseinander gekommen, jedes hat seinen eigenen
Sinn, jedes geht seinen eigenen Weg. — Das ist ferner die
Erfahrung bei manchen Gesellschaften, Verbindungen, Vereinen
im Großen und Kleinen: so lang alles noch nach kleinem
Maßstab geht, so lang es Wenige sind, die daran theilnehmen,
so lang ists ein liebliches, brüderliches Zusammensein; aber
allmälig erweitert sich die Sache zu sehr, es treten zu viele,
zu verschiedenartige Mitglieder bei, und nun ist die alte Ein=
tracht dahin, es ist nicht mehr wie früher, das Band löst sich
auf. Eine ähnliche Gefahr sehen wir hier gegen die erste
Christengemeinde heraufziehen.   Aber Dank dem Geiste der
Weisheit und Mäßigung, der Demuth und der Selbstverleug=
nung, der Liebe und des Friedens, welcher damals noch der
herrschende war in Haupt und Gliedern: die Spaltung wurde
vermieden, die Gefahr wurde abgewendet. Diese wichtige Ver=
handlung kam zum Austrag auf der ersten Kirchensynode zu
Jerusalem, welche den Inhalt unsres Kapitels bildet.   In
den verlesenen vier Versen haben wir ihren Anlaß, nachher in
einem zweiten Abschnitt ihren Verlauf, und endlich gegen den
Schluß des Kapitels ihre Frucht. Als den Anlaß zur ersten
Kirchenversammlung kann man kurz die Frage bezeichnen:

„Moses oder Christus?"

V. 1. „Und etliche kamen herab von Judäa und lehreten die Brüder: wo ihr euch nicht beschneiden lasset nach der Weise Mosis, so könnt ihr nicht selig werden." Wir haben am Schluß des vorigen Kapitels gehört, wie Paulus und Barnabas nach ihrer Rückkehr von der ersten Missionsreise in die Muttergemeinde Antiochien dort mit Freuden erzählten, wie viel Gott mit ihnen gethan und wie er auch den Heiden hätte die Thür des Glaubens aufgethan. — Wir haben schon im elften Kapitel gelesen, wie in Antiochien selbst ein groß Volk, meistentheils aus den Heiden, dem Herrn war zugethan worden. — Die Kunde von dem Allem kam natürlich auch hinauf nach Judäa zu den alten Judenchristen. Und da gab es nun Leute, die von ihrem ängstlichen und engherzigen Standpunkt aus nichts Nothwendigeres und Eiligeres zu thun hatten, als dafür zu sorgen, daß doch ja dem Heidenthum nicht zu viel eingeräumt, dem Gesetz Mosis nichts vergeben werde; sie kamen und lehrten: Wo ihr euch nicht beschneiden lasset, ihr Christen aus den Heiden, nach der Weise Mosis, so könnt ihr nicht selig werden. Also mit andern Worten: Neben dem Christenthum müßt ihr auch das Judenthum annehmen; eure Taufe hilft euch nichts ohne Beschneidung; von Christo müßt ihr noch einmal zurück zu Moses. Es war das ohne Zweifel ihre redliche Meinung, aber es war eine unerträgliche Forderung, ja ein gefährlicher Irrweg, gegen den sich die Gemüther zu Antiochia mächtig erhoben, gegen den namentlich der große Heidenapostel mit aller Macht mußte Einsprache thun.

V. 2. „Da sich nun ein Aufruhr erhub und Paulus und Barnabas nicht einen geringen Zank mit ihnen hatten, ordneten sie, daß Paulus und Barnabas und etliche andere aus ihnen hinauf zögen gen Jerusalem, zu den Aposteln und Aeltesten, um dieser Frage willen." Es entstand also über

dieſe Frage eine Parteiung in der Gemeinde, dem Apoſtelpaar
Paulus und Barnabas insbeſondere wurde die Freude über
ihren erſten Miſſionsſegen dadurch ſchwer verbittert und ſie
mußten ſich mit allem Nachdruck verwahren für die Sache der
chriſtlichen Wahrheit, Freiheit und Liebe. Drei hochwichtige
Punkte ſtanden da auf dem Spiel. Vor allem die freie Gnade
Gottes in Chriſto Jeſu, dieſer Kern des Evangeliums, dieſer
Mittelpunkt beſonders in der Predigt des Apoſtels Paulus.
Muß man ſich beſchneiden laſſen nach der Weiſe Moſis, um
ſelig zu werden: wo bleibt dann Chriſtus? Wozu dient dann
ſeine Taufe mit der Verheißung: wer da glaubet und getauft
wird, der wird ſelig werden? Was hilft dann ſein Blut mit
ſeiner erlöſenden Kraft, von der es heißt: das Blut Jeſu
Chriſti, des Sohnes Gottes, macht uns rein von allen Sün=
ben? Tritt denn da nicht Moſes wieder an Chriſti Stelle?
Wird da nicht das Neue Teſtament wieder verdrängt von
dem Alten? Wir ſehen, dieſe Irrlehrer taſteten unſrem Apo=
ſtel das Kleinod ſeines Glaubens an, ja es handelt ſich auch
für uns evangeliſche Chriſten dabei um das eigentliche Juwel
unſres evangeliſchen Glaubens: das vollgültige Verdienſt Jeſu,
die alleinſeligmachende Gnade Gottes in Chriſto, neben wel=
cher kein menſchliches Verdienſt Platz hat, keine eigene Werk=
gerechtigkeit aufkommen darf. Wie ein Löwe wehrt ſich deß=
halb unſer Apoſtel für dieſes Kleinod der Chriſtenheit, wie
ſich ſpäter zur Reformationszeit unſer Luther gleichfalls wie
ein Löwe um dieſe Wahrheit wehrte: „Es iſt das Heil uns
kommen her aus lauter Gnad und Güte, die Werke helfen
nimmermehr zum Frieden dem Gemüthe, der Glaub ſieht Je=
ſum Chriſtum an, der hat für Alle gnug gethan, Er iſt der
Mittler worden."

Ferner handelte ſich bei dieſem Streit um die Freiheit

eines Christenmenschen. Was unser Apostel Paulus später
an die Galater schreibt (5, 1—3), das hat er gewiß schon in
Antiochien damals mit feuriger Stimme der Gemeinde zuge=
rufen: „So bestehet nun in der Freiheit, damit uns Christus
befreiet hat, und lasset euch nicht wiederum in das knechtische
Joch fangen. Siehe, ich, Paulus, sage euch: Wo ihr euch be=
schneiden lasset, so ist euch Christus kein nuß. Ich zeuge aber=
mal einem jedermann, der sich beschneiden läßt, daß er noch
das ganze Gesetz schuldig ist zu thun." Er will sagen: rei=
chet ihr diesen Gesetzeseiferern und Buchstabenkrämern den
kleinen Finger, so haben sie bald auch eure Hand und haben
euch in ihrer Hand. Nehmt ihr heute von ihnen die Beschnei=
dung an, so kommen sie morgen mit den Speisegesetzen, dann
mit dem Opferdienst und so nach und nach wieder mit dem
ganzen unerträglichen Joch der pharisäischen Satzungen, dar=
unter der Geist erdrückt, das innere Leben erstickt wird. Nein,
beharret in der Freiheit eines Christenmenschen; der Buchstabe
tödtet, der Geist macht lebendig, Christus hat euch den ein=
fachen Weg gezeigt, der zum Leben führt durch Buße, Glau=
ben und neuen Gehorsam, lasset ihn euch nicht verbauen und
versperren durch menschliche Satzungen. Ihr sehet, meine Lie=
ben, es handelte sich damals in der Gemeinde zu Antiochien,
wie fünfzehnhundert Jahre später auf dem Reichstag zu
Speier, um die christliche Freiheit — und Paulus und Bar=
nabas waren schon gute Protestanten, indem sie protestirten
gegen das unerträgliche Joch von Menschensatzungen in Glau=
benssachen.

Endlich handelte es sich bei jenem Streit um die Mis=
sionssache, um die Frage: Soll das Christenthum Weltreligion
werden oder soll eine jüdische Sekte bleiben? Behielten die
Judenchristen Recht, mußten die Heidenchristen die Beschnei=

bung auf sich nehmen und die übrigen Satzungen des Alten
Testaments; dann konnten Paulus und Barnabas ihren Pil=
gerstab für immer in die Ecke stellen und vom Missionsdienst
zurücktreten. Dann war der Heidenwelt die Thür ins Reich
Gottes so viel als wieder zugeschlossen, denn nimmermehr hät=
ten die Griechen, die Römer, die heidnischen Nationen alle
sich dazu hergegeben, Juden zu werben. Das Christenthum
wäre eingeschlossen geblieben in den Grenzen Judäas und nie
wäre der Befehl des Herrn zur Ausführung gekommen: Gehet
hin in alle Welt und prediget das Evangelium aller Kreatur.
Es war also die Missionssache, die Sache der ganzen Mensch=
heit, die Paulus in diesem Streite vertrat. — Und wurde der
Streit hitzig: besser Streit mit Erhaltung der Wahrheit, als
Friede mit Verlust der Wahrheit! — Und auch zur Wahrung
des Friedens und Wiederherstellung der Eintracht trifft man
nun Anstalt.

„Sie ordneten, daß Paulus und Barnabas und etliche
Andere aus ihnen hinaufzögen gen Jerusalem zu den Aposteln
und Aeltesten um dieser Frage willen.“ Das war schön und
gut und weislich gehandelt. Man sagte den Sendboten aus
Judäa in Antiochien nicht: Gehet heim, mischet euch nicht in
unsre Angelegenheiten, wir thun, was wir für gut halten.
Nein, das Band der Einigkeit und des Friedens sollte erhal=
ten bleiben, es sollte gemeinsam gehandelt werden. Man
schrieb auch nicht nach Jerusalem, wollet ihr eine Versamm=
lung, so sendet uns Abgeordnete, schicket uns Petrum und Jo=
hannem hieher, damit wir uns hier berathen, Antiochien hat
jetzt den Vorrang, hier bei uns hat der Herr ein größeres
Volk als dort bei euch. Nein, man ließ der alten Mutterge=
meinde in Jerusalem willig die Ehre und schickte dorthin die
Abgeordneten. Paulus und Barnabas sagten auch nicht:

Schicket andere, wir haben nicht nöthig, uns gleichsam da zur Verantwortung in Jerusalem zu stellen, wir sind durch den Herrn selber längst legitimirt. Nein, willig und demüthig übernehmen die treuen Knechte Gottes diesen schwierigen Auftrag um des Herrn willen. Auch die Judenchristen aus Judäa sagten nicht: Sendet andre Abgeordnete als Paulus und Barnabas, gegen diese protestiren wir, diese sind zum Voraus gegen uns und in der Sache parteiisch. — Nein, von allen Seiten ist guter Wille da, beiden Theilen ists um Wahrheit und Frieden zu thun. O wie manche Spaltung könnte glücklich geheilt, wie mancher Streit könnte friedlich beigelegt werden in der Kirche, im Staat, in der Wissenschaft, im Geschäftsleben, im Haus und in der Familie, wenns immer auf beiden Seiten jedem nur um die Wahrheit zu thun wäre und nicht ums Rechthaben, um die Sache und nicht um die eigene Person, um den Frieden und nicht um den Streit, wenn man ruhig und besonnen die Sache verhandelte, statt in der Hitze der Leidenschaft.

V. 3. „Und sie wurden von der Gemeine geleitet und zogen durch Phönicien und Samarien, und erzähleten den Wandel der Heiden und machten große Freude allen Brüdern." „Und sie wurden von der Gemeine geleitet," gewiß mit heiligen Segenswünschen entlassen. Friede sei mit Euch! dieser Abschiedsgruß wurde sicherlich mit besonderer Inbrunst aus vielen Herzen ihnen nachgerufen. Schaffet Frieden, bringt Frieden zurück, aber vergebet auch der Wahrheit nichts. „Bringt mir das Wörtlein sola wieder („„allein"" durch den Glauben wird man gerecht) oder kommet selbst nicht wieder!" — so entließ jener Kurfürst von Brandenburg seine lutherischen Abgesandten zu einem Religionsgespräch mit den Päpstlichen. Auch bei Paulus und Barnabas hieß es: Bringt uns das

Wörtlein sola wieber, allein burch ben Glauben wirb man ſelig, nicht burch bie Beſchneibung, allein burch Chriſtum, nicht burch Moſen. — „Unb zogen burch Phönicien unb Samarien unb erzählten ben Wanbel ber Heiben unb machten große Freube." Das war ein reichlicher Troſtzehrpfennig für bie Boten, baß ſie unterwegs erzählen burften, was ber Herr burch ſie gethan. Da bei bieſen freierbenkenben, milbergeſinnten Phöniziſchen unb Samaritiſchen Chriſten nahm niemanb Aergerniß an ber Aufnahme ber Unbeſchnittenen ins Reich Gottes, ſonbern aufrichtig freute man ſich mit ben Heibenapoſteln. So erquickt kommen ſie nach Jeruſalem unb werben auch ba feierlich unb freunblich empfangen.

V. 4. „Da ſie aber barkamen gen Jeruſalem, wurben ſie empfangen von ber Gemeine unb von ben Apoſteln unb von ben Aelteſten. Unb ſie verkünbigten, wie viel Gott mit ihnen gethan hatte." Dieſer ehrenvolle Empfang galt ebenſo ihrem jetzigen Amt, ſie kamen ja als Abgeorbnete ber großen Gemeinbe zu Antiochia, ja im Grunb aller heibenchriſtlichen Gemeinben: — wie ihre Perſon, ſie waren ja bie weitgereisten, hochverbienten, reichgeſegneten Heibenboten, bie ſchon ſo viel gearbeitet, gelitten unb ausgerichtet hatten fürs Reich Chriſti. Gewiß aller Augen zu Jeruſalem haben mit Neugierbe unb Ehrerbietung bieſe ehrwürbigen Helbengeſtalten ſich angeſehen, unb als ſie nun in ber erſten Beſprechung verkünbigten, wie viel Gott mit ihnen gethan habe, ba ſinb gewiß beiberſeitig bie Herzen gegen einanber aufgegangen; bie von Jeruſalem habens gefühlt: bas ſinb Männer Gottes, zu benen ber Herr ſelbſt ſich bekannt hat; Paulus unb Barnabas habens gefühlt: wir ſtehen hier auf heiligem Boben, bas ſinb bie Jünger, bie noch ben Herrn im Fleiſche gekannt haben; ber Pfingſtgeiſt iſt noch lebenbig zu Jeruſalem. Man hats beiberſeits gefühlt:

wir stehen auf heiligem Boden, auf Christo, dem Felsen des
Heils: Ein Herr, Ein Glaube, Eine Taufe, Ein Gott und
Vater Aller, der da ist über uns Alle und durch uns Alle
und in uns Allen. Auf diesem Einen Grunde schließe der
Herr auch unsre Herzen immer inniger und seliger zusammen,
auf diesen einen Grund baue er seine Gemeinde hienieden immer
herrlicher aus und was wir gesungen haben, das werde Wahr=
heit in unsern Gemeinden und unsern Häusern:

> Herz und Herz, vereint zusammen,
> Sucht in Gottes Herzen Ruh;
> Lasset eure Liebesflammen
> Lodern auf den Heiland zu!
> Er das Haupt und wir die Glieder;
> Er das Licht und wir der Schein;
> Er der Meister, wir die Brüder;
> Er ist unser, wir sind sein!

(Zinzendorf.)

Amen.

XLI.

Aus Gnaden sollt ihr selig werden.

Kap. 15, V. 5—18. Da traten auf etliche von der Pharisäer Secte, die gläubig waren worden und sprachen: Man muß sie beschneiden und gebieten zu halten das Gesetz Mosis. Aber die Apostel und die Aeltesten kamen zusammen, diese Rede zu besehen. Da man sich aber lang gezanket hatte, stund Petrus auf und sprach zu ihnen: Ihr Männer, lieben Brüder, ihr wisset, daß Gott lange vor dieser Zeit unter uns erwählet hat, daß durch meinen Mund die Heiden das Wort des Evangelii höreten und glaubten. Und Gott, der Herzkündiger, zeugete über sie und gab ihnen den heiligen Geist, gleich auch wie uns. Und machte keinen Unterschied zwischen uns und ihnen und reinigte ihre Herzen durch den Glauben. Was versucht ihr denn nun Gott mit Auflegen des Jochs auf der Jünger Hälse, welches weder unsere Väter noch wir haben mögen tragen? Sondern wir glauben durch die Gnade des Herrn Jesu Christi selig zu werden, gleicher Weise wie auch sie. Da schwieg die ganze Menge stille, und höreten zu Paulo und Barnaba, die da erzähleten, wie große Zeichen und Wunder Gott durch sie gethan hatte unter den Heiden. Darnach, als sie geschwiegen hatten, antwortete Jakobus und sprach: Ihr Männer, lieben Brüder, höret mir zu. Simon hat erzählet, wie aufs erst Gott heimgesucht hat und angenommen ein Volk aus den Heiden zu seinem Namen. Und da stimmen mit der Propheten Reden, als geschrieben stehet: Darnach will ich wieder kommen und will wieder bauen die Hütte David, die zerfallen ist, und ihre Lücken will ich wieder bauen und will sie aufrichten; auf daß, was übrig ist von Menschen, nach dem Herrn frage, dazu alle Heiden, über welche mein Name genennet ist, spricht der Herr, der das alles thut. Gott sind alle seine Werke bewußt von der Welt her.

Es ist ein altes berühmtes Wort: Der Streit ist ein Vater des Friedens, das heißt: ein ehrlicher Streit führt am Ende zu desto gründlicherem Frieden. Und es ist wahr, wenn's ein ehrlicher Streit ist, geführt mit den Waffen des Geistes und nicht des Fleisches, ausgefochten im Geiste der Wahrheit und der Gerechtigkeit und nicht der Selbstsucht und der Leiden= schaft, dann kann er zum Segen werden, kann dazu dienen, die Wahrheit zu ermitteln, das Recht ans Licht zu bringen und auf Grund der Wahrheit und des Rechts die entzweiten Herzen zu versöhnen und einen dauernden Frieden zu gründen.

So gieng es auf jener ersten Kirchensynode zu Jerusalem, deren Anlaß wir das vorigemal betrachtet und deren Verlauf wir soeben vernommen haben. Da wurde allerdings der Streit ein Vater des Friedens, denn er wurde geführt im Geiste der Wahrheit und der Liebe; wenn auch die Geister stark auf= einander platzten: es war kein fleischlicher Zank, aus persön= lichem Interesse entstanden, mit leidenschaftlicher Hitze geführt, aufs Rechthaben und Rechtbehalten angelegt, sondern es war ein geistlicher Kampf, ein gemeinsames Ringen nach Wahrheit, wobei jeder sein Scherflein herbeitrug nach dem Maaße seiner Erkenntniß und jeder von seinen persönlichen Wünschen gern etwas drangab zum gemeinsamen Besten. Man möchte sagen, es war der heilige Geist selber, der unsichtbar den Vorsitz führte in dieser Versammlung und die Herzen lenkte zur brü= derlichen Eintracht und die Stimmen vereinigte zum rechten

Beschluß. — Wir wollen uns jetzt in jenen Rathssaal zu Je=
rusalem versetzen und als Zuhörer Platz nehmen auf den hin=
tersten Bänken und jene großen Gottesmänner vernehmen, wie
einer um den andern seine Stimme abgiebt in der wichtigen
Frage, die auf der Tagesordnung steht, und die Wahrheit an
das Licht stellt, die der Kern unsres Textes ist:

„Aus Gnaden sollt ihr selig werden!"

Wir haben neulich gelesen, wie Paulus und Barnabas von
Antiochien nach Jerusalem kamen, dort freundlich aufgenommen
wurden und mit den Aposteln und Aeltesten zuerst eine vorläufige
brüderliche Besprechung hielten, wo sie erzählten, „wie viel Gott
unter den Heiden mit ihnen gethan habe". Aber man wollte
damit um die Streitfrage: inwieweit das Gesetz Mosis für die
Heidenchristen bindend sei, nicht ängstlich herumgehen und die
Hauptsache unentschieden liegen lassen, nur um einen faulen
Frieden zu erhalten, sondern die Sache sollte zum ordentlichen
Austrag kommen. Die eifrigen Gesetzesmänner, wie sie schon
in Antiochien ihre Stimme erhoben, so lassen sie nun auch in
Jerusalem sich hören.

V. 5. „Da traten auf etliche von der Pharisäer Sekte,
die gläubig waren worden und sprachen: Man muß sie be=
schneiden und gebieten zu halten das Gesetz Mosis." So keck
sind sie nun nicht mehr, daß sie sagen, wie jene zu Antiochia:
„wenn ihr euch nicht beschneiden lasset, so könnt ihr nicht selig
werden"; sie sagen nur: man muß sie beschneiden; es gehört
einmal zur kirchlichen Ordnung. Aber auch das hören wir
doch aus ihrer Rede heraus: es handelt sich nicht bloß um die
Beschneidung, sondern um das ganze mosaische Gesetz; so tief
steckte der pharisäische Sauerteig äußerer Werkgerechtigkeit noch
in diesen, wir wollen gern glauben, redlich meinenden Herzen.

Nun, die Sache soll ordentlich verhandelt werden, man weist die Gegner nicht kurzweg ab.

B. 6. „Aber die Apostel und die Aeltesten kamen zusammen, diese Rede zu besehen." In Gegenwart der versammelten Gemeinde (B. 22) wollen die Apostel und Aeltesten sich besprechen, berathen und beschließen. Mündlichkeit und Oeffentlichkeit war die Regel in der ältesten Kirche. Nicht durch Dekrete und Rescripte von oben herab wurden die kirchlichen Fragen geregelt, so gut auch die Apostel sich hinter ihre Amtswürde verschanzen und auf die Erleuchtung des heiligen Geistes hätten berufen können, sondern vor den Ohren und Augen der Gemeinde, in ihrem Beisein, unter ihrer lebendigen Theilnahme und brüderlichen Mitwirkung wurde berathen und beschlossen. Und insofern ist es allerdings ein berechtigter Wunsch, wenn heutzutag auch in unsrer evangelischen Kirche das Verlangen immer lauter wird nach einer Kirchenverfassung und Kirchenvertretung, bei der auch die Gemeinde etwas mitsprechen dürfe in kirchlichen Dingen; das Verlangen nach Kirchensynoden wie diese hier zu Jerusalem, auf welchen von geistlichen und weltlichen Abgeordneten zusammen das Beste der Kirche berathen werden sollte. Nur ist freilich der große Unterschied nicht zu übersehen zwischen damals und jetzt: daß es damals eine wirkliche, lebendige, christliche Gemeinde war, die mitsprach auf so einer Versammlung, während heutzutag unter den Leuten, die das große Wort führen wollen auch in kirchlichen Dingen, vielfach solche sich finden, die von Bibel und Christenthum, von Kirche und Religion im Grund wenig wollen und wenig wissen. Da kommt also alles darauf an, die Verfassung so zu ordnen und die Wahlen so zu regeln, daß die rechten Männer, lebendige Christen, die ein Herz haben für die Kirche Christi und ein

Verständniß für sein Wort, mögen auch sonst ihre Ansichten in Vielem auseinander gehen, in solch eine Synode kommen als Vertreter der Gemeinde, auf daß an dem unerschütterlichen Glaubensgrund nicht gerüttelt werde durch den Wind des wechselnden Zeitgeists. — Doch zurück nach Jerusalem; die Verhandlung dort hat begonnen, gewiß nicht ohne vorange= gangenes brünstiges Gebet um den Segen des Herrn, um die Leitung seines heiligen Geistes.

V. 7. „Da man sich aber lang gezanket hatte, stund Petrus auf und sprach zu ihnen: Ihr Männer, lieben Brüder, ihr wisset, daß Gott lange vor dieser Zeit unter uns erwählet hat, daß durch meinen Mund die Heiden das Wort des Evan= gelii höreten und glaubten." „Da man sich aber lange ge= zanket hatte", das heißt nicht lieblos auf einander gescholten und schneidende Reden wie Messer auf einander geschleudert, wie jetzt oft in weltlichen Sitzungssälen, sondern da man lebhaft und warm hin= und hergestritten hatte, stund Petrus auf, der erste und gewichtigste unter den Aposteln, der Mann des feurigen Herzens und der feurigen Rede, und legte seine schwerwiegende Stimme in die schwankende Wagschaale der Meinungen. Und wie tritt Simon Petrus auf? Nicht mehr als der alte Brausekopf wie in seinen Lehrjahren, sondern voll Milde und Mäßigung. Aber auch nicht mehr als der ängstliche Gesetzesmann, wie damals da er zum Herrn sprach: ich habe nie etwas Unreines angerührt, sondern im Geist evangelischer Freiheit und Liebe. Petrus war nun ein ganzer Mann in Christo geworden, geläutert und gereift in der Zucht des heiligen Geistes, in der Schule lebendiger Erfahrung. Auf seine Erfahrung beruft er sich denn auch:

V. 7—9. „Ihr Männer, lieben Brüder, ihr wisset, daß Gott lange vor dieser Zeit unter uns erwählet hat, daß durch meinen Mund die Heiden das Wort des Evangelii höreten und glaubten. Und Gott, der Herzkündiger, zeugete über sie, und gab ihnen den heiligen Geist, gleich auch wie uns. Und machte keinen Unterschied zwischen uns und ihnen und reinigte ihre Herzen durch den Glauben." "Ihr Männer, lieben Brüder", das war gleich die rechte Ueberschrift über die ganze Verhandlung; sie sollte brüderlich geführt werden. Und nun erinnert Petrus an seine Sendung zum Heidenhauptmann Kornelius und an dessen Bekehrung und Taufe. Auch diese Heiden glaubten, ehrlich, herzlich glaubten sie ans Evangelium und nicht ans Gesetz Mosis. Und Gott der Herzenskündiger selber, der ihren Glauben sah, fand ihn richtig und zeugte über sie, erkannte sie als die Seinigen an, indem er den heiligen Geist über sie ausgoß, über sie so gut als über uns, ohne Ansehen der Person, "und reinigte ihre Herzen durch den Glauben", durch den Glauben reinigte er sie, nicht durch die Beschneidung, wie es ihr Gesetzeseiferer verlangt. Ists nicht so, meine Lieben, der Glaube reinigt das Herz besser als die alttestamentliche Beschneidung? Der Glaube ist das Reinigungsmittel im Neuen Testament. Er macht uns nicht nur rein von der Schuld der Sünde, sondern er duldet auch nichts Unreines auf die Länge mehr im Herzen, er reinigt je mehr und mehr von aller Befleckung des Fleisches und Geistes, indem er uns Christum anzieht, indem er die Seele durchdringt mit der Kraft des Todes und des heiligen Blutes Jesu, daß das sündliche Wesen aus dem Herzen hinausgekehrt und das neue göttliche Wesen der Seele eingepflanzt wird? O wie mag sich Paulus gefreut haben, als er seinen Bruder Petrum so ganz in seinem Sinn und Geist reden hörte, im Geist evangelischer Freiheit und Liebe! Petrus fährt fort:

V. 10. "Was versucht ihr denn nun Gott mit Auflegen

des Jochs auf der Jünger Hälse, welches weder unsere Väter
noch wir haben mögen tragen? Das heißt: was nehmet ihr
euch heraus eine andere Heilsordnung einzuführen, als die Gott
selbst eingeführt hat in seinem neuen Bunde und gezeigt hat
im Evangelium Jesu Christi? — „Mit Auflegen des Jochs"
u. s. w. Ja, wo ist ein Gesetzesmensch von Mose bis Petrus
und von Petrus bis auf diesen Tag, der das Joch des Ge=
setzes wirklich tragen, das Gesetz wirklich erfüllen kann, in
welchem geschrieben steht: Wer das ganze Gesetz hielte und
sündigte an Einem, der ists ganz schuldig — und müßte nicht
zusammenbrechen unter diesem Joch und seufzen: So du willst,
Herr, Sünde zurechnen, Herr, wer wird bestehen? — Und
nun weist Petrus die Gesetzesmänner von Mose und seinem
Joch hin auf Den, der gesprochen hat: Mein Joch ist sanft
und meine Last ist leicht.

V. 11. „Wir glauben durch die Gnade des Herrn
Jesu Christi selig zu werden, gleicher Weise wie
auch sie." Das ist die theuer werthe Summa des Evangelii,
welche Petrus hier auf der ersten Kirchensynode für alle Zeiten
ausspricht „Wir glauben durch die Gnade selig zu werden" und
nicht durch das Gesetz, nicht durch unsere Werke, — das ist
der Wahlspruch aller lebendigen Christen, aller wahren Kinder
Gottes. Die Gnade unseres Herrn Jesu Christi ist der Fels
ihres Heils, der Brunnen ihrer Gerechtigkeit, die Zuflucht ihres
geängstigten Herzens, ihr fester Stab im Pilgerlauf und ihr
sanftes Sterbekissen im Tode. Ja wenn man vergebens ge=
seufzt hat unter dem Joch der eigenen Gesetzeserfüllung und sich
abgemüht mit dem Kleide selbstgemachter Gerechtigkeit vor Gott
zu stehen, und man spann Spinnenweben statt Seide und man
arbeitete sich arm statt reich, und da liest man endlich über
der offenen Pforte des Reiches Christi die goldene Inschrift:

„Aus Gnaden seid ihr selig worden!" — ach dann wirft man weinend vor Schmerz und Freude die armseligen Bündlein seiner Gerechtigkeit und Fünblein seiner Weisheit hinter sich und kommt und fällt Dem in die Arme, der uns von Gott gemacht ist zur Weisheit und zur Gerechtigkeit und zur Heiligung und zur Erlösung. Wer den Trost und die Kraft dieses Glaubens an die alleinseligmachende Gnade einmal an seinem Herzen erfahren, der giebt diesen Trost nicht um tausend Welten wieder her. Darum erklärt auch Melanchthon den Artikel von der Rechtfertigung aus Gnaden für den höchsten, fürnehmsten der ganzen christlichen Lehre, welcher in die ganze Bibel allein die Thür aufthut und ohne den auch kein arm Gewissen einen rechten, beständigen, gewissen Trost haben mag, und Luther sagt: „von diesem Artikel kann man nicht weichen noch nachgeben, es falle Himmel und Erde und was nicht bleiben will." Aus Gnaden soll ich selig werden, Herz, glaubst dus oder glaubst dus nicht? Was willst du dich so blöd geberden? Ists Wahrheit was die Schrift verspricht, so muß auch dieses Wahrheit sein: Aus Gnaden ist der Himmel mein!

Dieses Evangelium von der freien Gnade Gottes in Christo Jesu, durch Petri feurige Zunge in aller Kraft verkündigt, schlug denn auch ein und schlug durch.

V. 12. „Da schwieg die ganze Menge stille und höreten zu Paulo und Barnaba, die da erzähleten, wie große Zeichen und Wunder Gott durch sie gethan hatte unter den Heiden." Ein heiliges Schweigen; denn sie erkannten in dem Gehörten die Stimme der Wahrheit, die Stimme Gottes. Die Eiferer fühlten sich geschlagen, die Schwankenden waren überzeugt, Alle dachten weiter nach. Und nun war dem Paulus und Barnabas Bahn gemacht, daß sie offene Ohren fanden mit ihrem Bericht, wie große Zeichen und Wunder Gott durch sie

gethan hatte unter den Heiden. Die beiden Heidenapostel er-
läuterten und bekräftigten das, was Petrus von dem Heil
Gottes an den Heiden erzählt hatte.   So ist es recht, wenn
ein Lehrer immer da fortfährt, wo es der andere gelassen;
wenn einer immer noch mehr als der andere von den Wundern Gottes zu erzählen hat, und Alles in solcher Harmonie,
daß man sieht, es ist Ein Gott und Ein Geist, der in ihnen
allen sein Werk hat. Wo es so hergeht, da herrscht der apostolische Segen.

Und nun, damit der Dreiklang richtig werde, der Akkord
desto voller klinge, erhebt sich als der dritte im Bunde neben
Petrus und den Heidenaposteln ein anderer gewichtiger Mann:

V. 13. „Darnach, als sie geschwiegen hatten, antwortete
Jakobus und sprach: Ihr Männer, lieben Brüder, höret mir
zu." Jakobus, der Bruder des Herrn, mit dem Beinamen
der Gerechte, den er wegen seiner Gesetzesstrenge erhalten
hatte, legt gleichfalls sein Votum in die Wagschaale. Petrus
hatte im Namen der Apostel gesprochen, Jakobus nimmt
als Aeltester oder Bischof der Gemeinde zu Jerusalem das
Wort. Ihm war das Hirtenamt an der Muttergemeinde
aufgetragen, seit die Apostel Jerusalem verlassen hatten (12,
17) und die Stadt nur noch gastweise besuchten. Er durfte
nicht schweigen in dieser wichtigen Frage, mit gespannten Herzen mögen Alle gelauscht haben, als er seine gewichtige
Stimme erhob. Und siehe! auch er spricht zu Gunsten der
evangelischen Freiheit, und was Petrus aus seiner Erfahrung
bewiesen, das beweist nun Jakobus aus der Schrift, aus der
Propheten Reden.

V. 14, 15, 16, 17. „Simon hat erzählet, wie aufs erste
Gott heimgesucht hat und angenommen ein Volk aus den Heiden zu seinem Namen. Und da stimmen mit der Propheten

Reden, als geschrieben stehet: Darnach will ich wieder kommen und will wieder bauen die Hütte David, die zerfallen ist, und ihre Lücken will ich wieder bauen und will sie aufrichten; auf daß, was übrig von Menschen nach dem Herrn frage, dazu alle Heiden, über welche mein Name genennet ist, spricht der Herr, der das alles thut." Also Gott will sein im alten Bunde zerfallenes Reich wieder aufrichten im neuen und zwar in größerem Maaßstab, so daß auch die Heiden mit eingehen, wenn sie nur nach dem Herrn fragen und seinen Namen erkennen, ohne weitere Bedingung als die des Glaubens; das hat Gott gesagt und er weiß was er sagt; das will Gott thun und er hat schon angefangen es zu thun durch die Bekehrung so vieler Heiden zum Christenthum. Also was wollen wir dagegen sagen und dagegen machen? Was können wir anders als Amen und Halleluja sprechen zu Gottes heiligem Rath und herrlicher That? — So stimmt auch Jakobus, der Gerechte, ganz mit Petrus und Paulus. Den Antrag, den er darauf gründet und den Beschluß, der hienach gefaßt wird, wollen wir das nächstemal hören, für heute aber, als den Kern dieser Verhandlung und als die Ausbeute unsrer Betrachtung die evangelische Wahrheit mit heim nehmen, die der Herr seiner Kirche erhalten wolle als ihr bestes Kleinod, und die er uns wolle zu erfahren geben als unsern theuersten Trost im Leben, Leiden und Sterben:

Aus Gnaden! dieser Grund wird bleiben,
So lange Gott wahrhaftig heißt.
Was alle Knechte Jesu schreiben,
Was Gott in seinem Worte preist,
Worauf all unser Glaube ruht,
Ist Gnade durch des Sohnes Blut.

(Scheibt.)

Amen.

XLII.

Der Kirchenversammlung zu Jerusalem gesegneter Ausgang.

Kap. 15, V. 19—22. Darum beschließe ich, daß man denen, so aus den Heiden zu Gott sich bekehren, nicht Unruhe mache; sondern schreibe ihnen, daß sie sich enthalten von Unsauberkeit der Abgötter und von Hurerei und vom Erstickten und vom Blut. Denn Moses hat von langen Zeiten her in allen Städten, die ihn predigen und wird alle Sabbathertag in den Schulen gelesen. Und es dauchte gut die Apostel und Aeltesten, sammt der ganzen Gemeine, aus ihnen Männer erwählen und senden gen Antiochia, mit Paulo und Barnaba, nämlich Judam, mit dem Zunamen Barsabas, und Silan, welche Männer Lehrer waren unter den Brüdern.

„Du Quell draus alle Weisheit fließt, die sich in fromme Seelen gießt, laß deinen Trost uns hören, daß wir in Glaubenseinigkeit auch Andre in der Christenheit dein wahres Zeugniß lehren; höre, lehre, daß wir können Herz und Sinnen dir ergeben, dir zum Lob und uns zum Leben."

So ruft in unserem vorhin gesungenen Liede die Kirche den heiligen Geist an als den rechten Lehrer, Führer und Tröster, und diese Bitte sehen wir auf der Synode zu Jerusalem recht lieblich erfüllet. — Wir haben einen „weisen" Beschluß soeben vernommen, dadurch eine wichtige Frage im Geiste des

Evangeliums entschieden ward. Wir bekommen in Folge davon einen brüderlichen Brief zu lesen, dadurch viele geängstete und verwirrte Gewissen des „Trostes" froh wurden. Wir sehen die „Glaubenseinigkeit" wieder hergestellt und befestigt zwischen Judenchristen und Heidenchristen, zwischen Jerusalem und Antiochia durch jenen Beschluß und diesen Brief. Und wem verdankte die Kirche das Alles? „Es gefällt dem heiligen Geist und uns" heißts in dem Hirtenbrief von Jerusalem; der Geist Gottes wars, der Geist der Wahrheit und der Liebe, der Geist der Gnade und der Zucht, der die Geister erleuchtet, die Herzen gelenkt, die Berathung gesegnet und den Beschluß diktirt hatte, dessen die ganze Kirche sich freuen durfte. Möchte derselbe heilige Geist noch allezeit den Vorsitz führen und die Beschlüsse leiten wo Christen versammelt sind und sich über die Anliegen der Kirche berathen, seis auf einer großen Kirchenversammlung und Landessynode, wo es sich um die kirchlichen Angelegenheiten ganzer Nationen handelt, wie einst zu Worms, Speier und Augsburg, oder seis in einer bescheidenen Kirchenkonvents- und Pfarrgemeinderathssitzung, wo es die Bedürfnisse einer einzelnen Gemeinde gilt in Dorf oder Stadt; überall und allemal ist die Bitte am Platz: „O heil'ger Geist, kehr bei uns ein! — Du Quell draus alle Weisheit fließt und sich in fromme Seelen gießt, laß beinen Trost uns hören."

Wir haben heute

den gesegneten Ausgang der Kirchenversammlung zu Jerusalem

vor uns.

Wir vernehmen dabei

1) Den Schlußantrag des Jakobus, V. 19—21.

2) Den darauf gefaßten Beschluß der Ver=
sammlung, V. 22.

1.

1) Der Schlußantrag des Jakobus.

Wir haben im vorigen Abschnitt gehört, wie auch Jakobus
mit Petrus sich für Paulum erklärte und aus der Schrift be=
wies, Gott wolle die Heiden in sein Gnadenreich aufnehmen
ohne ihnen das Joch der Satzungen aufzulegen; darauf gründet
er nun seinen Antrag.

V. 19. „Darum beschließe" — beantrage — urtheile —
„ich, daß man denen so aus den Heiden zu Gott sich bekehren,
nicht Unruhe mache," daß man ihre Gewissen nicht beschwere
mit Auflage der Beschneidung und anderer äußerer Satzungen,
denn es bleibt dabei, wie Bruder Paulus es predigt in allen
Landen und wie Bruder Petrus es vorhin ausgesprochen in dieser
Versammlung: Wir glauben durch die Gnade des Herrn Jesu
Christi selig zu werden. Aber damit es nicht scheine, als sollte
die Freiheit vom Gesetz ein Freibrief werden zur Sünde,
und damit unsre Brüder aus den Heiden, denen wir hiemit
freundlich die Bruderhand reichen, auch ihrerseits in brüder=
licher Liebe den Judenchristen einen Schritt weit entgegen=
kommen, fügt Jakobus bei:

V. 20. „Sondern schreibe ihnen, daß sie sich enthalten
von Unsauberkeit der Abgötter und von Hurerei und vom Er=
stickten und vom Blut." Also von Auflegung eines gesetzlichen
Joches soll nicht die Rede sein, aber daran wollen wir sie
brüderlich mahnen, daß sie sich als Christen alles dessen ent=
halten müssen, was zur heidnischen Unsauberkeit gehört, und
aus brüderlicher Liebe auch außerdem etwas sich versagen sollen,

woburch ihre jubenchriftlichen Brüder geärgert werben. Da
nennt nun Jakobus vier Punkte. Zuerst zwei, bie zur heib=
nischen Befleckung gehören: Unsauberkeit ber Abgötter, bas
heißt nicht nur eigentlicher Götzenbienst, von bem ja bei einem
Christen ohnehin nicht mehr bie Rebe sein konnte, sonbern
auch alles was bamit zusammenhängt: Theilnahme an Opfer=
mahlzeiten, Kaufen unb Essen von Opferfleisch, Zuschauen
bei ben Opferfesten — unb sobann Hurerei, bas heißt nicht
nur grobe Unzucht, bie bei ben Heiben so fürchterlich im
Schwange gieng unb von ber ein getaufter Christ als von
einem Hauptstrick bes Satans mit allem Ernst sich losreißen
mußte, sonbern auch alle feinere Unsauberkeit, Augenlust, Flei=
scheslust, Vielweiberei, leichtsinnige Eheschreidung u. dergl. Von
biesem allem sich unbefleckt zu erhalten, bas forbert ja auch
an einen Christen bas Gesetz bes Geistes, bas nicht in steinerne
Tafeln geschrieben ist, sonbern in lebenbige, bekehrte Herzen;
bas forbert bie Furcht bes Herrn, um beffen willen ber Christ
muß verleugnen können bas ungöttliche Wesen unb bie welt=
lichen Lüste, bie feinern wie bie gröbern, benn nimmermehr
barf bie Gnabe zum Deckmantel ber Sünbe gemacht unb bie
evangelische Freiheit mißbraucht werben als gäbe sie einen Frei=
brief zum Dienste bes Fleisches. Unb in biesem Sinn kann
auch bie heutige Christenheit sich eine Lehre ziehen aus jener
Vorschrift: Enthaltung von Unsauberkeit ber Abgötter unb von
Hurerei. — Diese Vorschrift, meine Lieben, barf man ja wahr=
haftig auch ber Christenheit unserer Tage allen Ernstes wieder
einschärfen, wo so viel heibnisches Wesen wieder im Schwange
geht, wo zwar kein grober Götzendienst vorkommt, aber wo so
viele in feinerer Abgötterei: in Mammonsbienst, in Bacchus=
bienst, in Menschenvergötterung, in Naturvergötterung bem
lebenbigen Gott bie Ehre entziehen, bie ihm gebührt, — unb

wo zwar der Name Hurerei als unehrbar gilt, die Sache aber
als eine verzeihliche Schwachheit nach dem Urtheil der Welt
so entsetzlich leicht genommen, ja selbst von den Gesetzen des
Staats so leichtfertig behandelt und gestraft wird, und wo die
Verführungen, die Einladungen, die Veranlassungen wenigstens
zur feineren Augenlust und Fleischeslust so zahlreich sind, wie
wir ja besonders in jetziger Winterzeit alle Tage in den Zeitungen von Lustbarkeiten lesen und durchs nächtliche Wagen-
gerassel und die beleuchteten Fenster der Ballsäle an Vergnügungen erinnert werden, die, wenn sie auch nicht an und
für sich Sünde sind, doch leicht zur Sünde werden können.
Da ists wahrhaftig eine ernste Mahnung an alle ernstere
Christen: stellet euch dieser Welt nicht gleich, daß ihr verleugnet das ungöttliche Wesen und die weltlichen Lüste und
züchtig, gerecht und gottselig lebet in dieser Welt.

Diese zwei Punkte also: Enthaltung von Abgötterei und
Hurerei als von heidnischer Unsauberkeit erfordert von den
Heidenchristen schon die Furcht Gottes, — die beiden andern:
Enthaltung von Ersticktem, vom Genuß solcher Thiere, die
durch Ersticken getödtet werden, ohne daß sie das Blut verloren
haben, und vom Genuß des Blutes selber werden ihnen mehr
anempfohlen in brüderlicher Rücksicht auf die Judenchristen,
daß sie denen kein Aergerniß geben, weil den Juden im Gesetz
Mosis dies beides streng verboten war. „Denn des Leibes
Leben", heißt es Lev. 17, 11, „ist im Blut, und ich habe es
euch zum Altar gegeben, daß eure Seelen damit versöhnet
werden, denn das Blut ist die Versöhnung für das Leben."
Weil das Blut der Thiere so eine heilige Bedeutung hatte
beim Opferdienste des Alten Testaments, — der Altar und die
Bundeslade wurden ja damit besprengt, das Volk damit gereinigt von seiner Sündenschuld, — darum sollte das Blut

überhaupt nicht gemein gemacht werden, indem man es als
Speise oder unter der Speise genoß. „Wer es isset," heißt
es, „der soll ausgerottet werden." — Im Neuen Testament
fällt nun allerdings mit den Opfern des Alten Testaments
auch diese heilige Scheu vor dem Blute weg. Jesus und seine
Apostel haben uns darüber kein Gebot gegeben, und sowohl
Augustin als Luther erklären dieses Verbot des Bluts und des
Erstickten hier an unsrer Stelle nur als einen evangelischen Rath
für die damalige Zeit in Rücksicht auf die schwächeren Brüder,
die nicht geärgert werden sollen. Als nun aber später das
Judenthum dem Gerichte verfiel durch die Zerstörung des
Tempels und Zerstreuung des Volkes, und der Unterschied von
Judenchristen und Heidenchristen verschwunden war, da, sagt
Luther, fiel auch diese Rücksicht auf die jüdische Satzung für
die Christen weg, und die Christen haben von nun an Blut
und Ersticktes frei gegessen, welches sie um der Juden willen
eine Zeitlang zu ihrem Besten unterlassen hatten, obgleich sie
es vor Gott nach dem Glauben nicht schuldig waren zu lassen.
— Dennoch aber, meine Lieben, gilt auch heute noch dem
Christen zwar nicht der Buchstabe dieser Vorschrift, aber doch
der Grundsatz, aus dem sie geflossen ist, nämlich, daß man um
des Friedens willen und um den Schwachen kein Aergerniß
zu geben, auch solcher Genüsse und Vergnügungen sich muß
enthalten können, die man an und für sich selber sich wohl er=
lauben dürfte, und daß überhaupt ein zarteres Gewissen und
feineres Gefühl dem Christen Manches abrathen kann, was
weder in göttlichen noch in menschlichen Gesetzen wörtlich und
ausdrücklich verboten ist. Stände jetzt unser ehrwürdiger seliger
Stadtpfarrer Dann hier auf diesem Platze, so würde er wahr=
scheinlich an dieser Stelle, wo von Ersticktem die Rede ist,
unsern christlichen Hausfrauen auch wieder, wie er je und je

von der Kanzel gethan, ein herzliches und schmerzliches Wort
ins Gewissen reden zu Gunsten jener armen geflügelten Thiere,
die den Herbst und Winter über so unbarmherzig eingesperrt,
mit Speise gewaltsam vollgestopft und man darf wohl sagen,
wochenlang alle Tage grausam erstickt werden, damit nur die
Hausfrau einen volleren Schmalztopf in die Speisekammer und
die Feinschmecker eine fette Pastete auf die Tafel bekommen. —
Das ist auch „Ersticktes", wogegen nicht nur ein zarteres
christliches Gewissen, sondern schon ein feineres menschliches
Gefühl sich sträuben sollte. Lassets euch gelegentlich ans Herz
legen und nehmets mit nach Haus, nicht als eine bindende ge=
setzliche Satzung, aber als einen wohlgemeinten evangelischen
Rath. Und nun zurück in die Versammlung zu Jerusalem.
Jakobus fügt noch ein Schlußwort bei:

V. 21. „Denn Moses hat von langen Zeiten her in allen
Städten, die ihn predigen und wird alle Sabbathertag in den
Schulen gelesen." Das sagt Jakobus noch zur weiteren Be=
gründung seines Raths. Die Bücher Mosis, ist ohne Zweifel
der Sinn, werden seit langer Zeit überall, auch in den heid=
nischen Städten und in den Synagogen gelesen, man muß
deßhalb auf die, welche damit bekannt sind und sich durch sie
gebunden achten, also auf Juden und Judenchristen, billige Rück=
sicht nehmen, damit sie nicht geärgert werden durch den Ge=
nuß dessen, was dort streng verboten ist. So schließt Jakobus
wie er begonnen und wie schon Petrus die ganze Verhandlung
eröffnet hat, im Geiste evangelischer Freiheit, aber auch im
Geiste brüderlicher Liebe. Und in diesem Geiste wird nun
auch der Endbeschluß gefaßt.

2.

2) Der Endbeschluß der Versammlung.

V. 22. „Und es dauchte gut die Apostel und Aeltesten sammt der ganzen Gemeine, aus ihnen Männer erwählen und senden gen Antiochia, mit Paulo und Barnaba, nämlich Judam, mit dem Zunamen Barsabas, und Silan, welche Männer Lehrer waren unter den Brüdern." Einmüthig und einhellig vereinigte sich auf diese Ansicht die ganze Versammlung, die Apostel mit Petrus an der Spitze, die Aeltesten, in deren Namen Jakobus geredet, und die ganze Gemeinde, die, wenigstens in ihrem männlichen Theile, gegenwärtig war, fiel dieser Ansicht zu. Nun danket Alle Gott, mochte da Paulus im Stillen ausrufen, nun danket Alle Gott, hats vielleicht in der ganzen Versammlung geheißen; denn Allen, die den Frieden liebten, fiel ein Stein vom Herzen. Und heute noch, wenn wir bedenken, wie viel auf dem Spiel stand bei dieser Verhandlung: der Grundsatz von der freien Gnade Gottes in Christo Jesu, die Freiheit des Christenmenschen von äußeren Satzungen, der Friede in der damaligen Kirche und die Bestimmung des Christenthums zur Weltreligion, so müssen wir sagen: Nun danket Alle Gott! Gottlob, daß der Herr durch seinen Geist, den Geist der Gnade und der Wahrheit, des Friedens und der Liebe, die Gewissen erleuchtet, die Herzen gelenkt und alles zum guten Ziele geführt hat!

Wie nun die Muttergemeinde zu Jerusalem ihren Beschluß nach Antiochien mündlich und schriftlich durch eine ehrenvolle Deputation und durch einen brüderlichen Hirtenbrief kundgethan, davon wollen wir das nächstemal weiter reden. Für heute aber schließen wir mit der Bitte, der Herr wolle seinen Geist, den Geist der Gnade und Wahrheit, den Geist der

Weisheit und Liebe, den Geist der Zucht und Ordnung auch in den Nöthen und Wirren unsrer Zeit, bei den Sorgen und Fragen, die jetzt die Christenheit bewegen, seiner Gemeinde nicht entziehen, damit sein Name geheiligt werde, sein Reich komme, sein Wille geschehe auf Erden wie im Himmel.

O heilger Geist kehr bei uns ein
Und laß uns deine Wohnung sein,
O komm, du Herzenssonne;
Du Himmelslicht laß deinen Schein
Bei uns und in uns kräftig sein
Zu steter Freud und Wonne! —
Schenke,
Senke
Deine Güte
Ins Gemüthe,
Daß wir können
Christum unsern Heiland nennen.

(Nach Schirmer.)

Amen.

XLIII.

Das Gemeindeschreiben.

Kap. 15, V. 22—31. Und es dauchte gut die Apostel und Aeltesten, sammt der ganzen Gemeine, aus ihnen Männer erwählen und senden gen Antiochia, mit Paulo und Barnaba, nämlich Judam mit dem Zunamen Barsabas, und Silan, welche Männer Lehrer waren unter den Brüdern. Und sie gaben Schrift in ihre Hand, also: Wir, die Apostel und Aeltesten und Brüder, wünschen Heil den Brüdern aus den Heiden, die zu Antiochia und Syria und Cilicia sind. Dieweil wir gehöret haben, daß etliche von den Unsern sind ausgegangen, und haben euch mit Lehren irre gemacht und eure Seelen zerrüttet und sagen, ihr sollt euch beschneiden lassen und das Gesetze halten, welchen wir nichts befohlen haben; hat es uns gut gedaucht, einmüthiglich versammlet, Männer erwählen und zu euch senden, mit unsern liebsten Barnaba und Paulo, welche Menschen ihre Seelen dargegeben haben für den Namen unsers Herrn Jesu Christi. So haben wir gesandt Judam und Silan, welche auch mit Worten dasselbige verkündigen werden. Denn es gefällt dem heiligen Geiste und uns, euch keine Beschwerung mehr aufzulegen, denn nur dieses nöthige Stück: daß ihr euch enthaltet vom Götzenopfer, und vom Blut, und vom Erstickten, und von Hurerei; von welchen, so ihr euch enthaltet, thut ihr recht. Gehabt euch wohl. Da diese abgefertigt waren, kamen sie gen Antiochiam und versammelten die Menge und überantworteten den Brief. Da sie den lasen, wurden sie des Trostes froh.

Ende gut, Alles gut! so können wir nun als Schlußwort
setzen unter die ganze Verhandlung, an deren Ziel wir endlich
angelangt sind. Ende gut, Alles gut; weil mit Gottes Hilfe
die Streitfrage zwischen Jerusalem und Antiochien zu so einem
guten Ende gediehen war, so erwies nun auch alles Vorange=
gangene sich als gut und heilsam, was zuvor bedenklich und
gefährlich sich angelassen hatte. Nun wars gut, daß auf der
Synode alle Ansichten sich offen und frei ausgesprochen hatten,
ja daß die Geister auf einander geplatzt waren in lebhaftem
Für= und Widerreden, denn die Sache war nun gründlich er=
örtert und die Gegner hatten sich schließlich verständigt. Nun
wars gut, daß man von Antiochien aus den Paulus und Bar=
nabas nach Jerusalem geschickt hatte, denn sie hatten ihren Auf=
trag wohl ausgerichtet, sie hatten sich ritterlich gehalten, sie brach=
ten das Wörtlein „sola" wieder mit heim — den Grundsatz:
allein durch die Gnade werden wir selig, nicht durchs Gesetz.
Ja nun war selbst das gut, daß die unverständigen Eiferer früher
nach Antiochien gekommen waren und die Gewissen beunruhigt
hatten durch die Forderung der Beschneidung, denn dadurch
war unter Gottes Leitung die ganze Frage: Moses oder Chri=
stus? Gesetz oder Gnade? Menschensatzung oder Evangelium?
für immer zu einer klaren, entschiedenen Lösung gekommen.
Ende gut, alles gut! so wirds ja zuletzt am Ziele der Wege
Gottes noch von so Vielem heißen, was jetzt bös aussieht und
verworren sich anläßt, im großen Lauf der Geschichte wie im
kleinen Gang unsres Lebens. Auch was die Menschen in ihrer
Bosheit böse zu machen gedenken, kann Gott in seiner Güte
zum Guten lenken. Auch was wir in unsrer Thorheit ver=
kehrt anfangen, kann Er in seiner Weisheit zum rechten Ende
bringen. Ei nun so laß ihn ferner thun und red ihm nichts
darein, so wirst du hier im Frieden ruhn und ewig fröhlich

sein! Ende gut, Alles gut! Dieses gute Ende einer bedenk=
lichen Streitfrage sehen wir heute zusammengefaßt im brüder=
lichen

Gemeindeschreiben von Jerusalem nach Antiochien.

Wir betrachten

1) seine Ueberbringer, V. 22;
2) seinen Inhalt, V. 23—29;
3) seine Wirkung, V. 30 und 31.

1.

Die Ueberbringer.

V. 22. „Und es dauchte gut die Apostel und Aeltesten,
sammt der ganzen Gemeine, aus ihnen Männer erwählen und
senden gen Antiochia, mit Paulo und Barnaba, nämlich Ju=
dam, mit dem Zunamen Barsabas, und Silan, welche Männer
Lehrer waren unter den Brüdern.“ Also durch eine förmliche
Deputation sollte der Beschluß der Gemeinde zu Jerusalem
nach Antiochien überbracht werden. Warum das? Fürs erste
schon darum, weil eine Ehre der andern werth ist. Die Brü=
der in Antiochien hatten ja auch zwei gewichtige Abgeordnete
in der Person des Paulus und Barnabas nach Jerusalem ge=
schickt. Diese ehrenvolle Gesandtschaft sollte erwiedert werden.
Fürs zweite auch um 'des Paulus und Barnabas willen.
Wären diese allein wieder nach Antiochien gekommen mit der
Antwort von Jerusalem, so hätten ihre Gegner in der Ge=
meinde zweifeln können, ob sie den Beschluß auch ganz richtig
überbringen, die Verhandlung in Jerusalem ganz unparteiisch
erzählen, ob sie nicht vielleicht unbewußt und unwillkürlich
von dem Ihrigen etwas hinzuthun. So aber waren sie gedeckt
durch diese Männer aus Jerusalem selber, die ihnen zur Seite

standen. — Und tüchtige Männer waren auch die. Warens
auch keine Sterne erster Größe wie ein Paulus und Petrus,
so waren es doch liebliche Lichter in der Gemeinde, in welcher
sie zuvor schon als Lehrer im Segen gewirkt hatten. Von Ju=
das mit dem Beinamen Barsabas (oder Barnabas) vermuthen
Einige, er sei ein Bruder des Joseph Barsabas gewesen, der
nach dem 5. Kapitel der Apostelgeschichte zugleich mit Matthias
fürs Apostelamt vorgeschlagen war. Silas aber wurde, wie
wir später lesen werden, ein treuer Freund und Mitarbeiter
unseres Paulus, so daß ihm diese Begleitung des Apostels
von Jerusalem nach Antiochien entscheidend wurde für sein
ganzes Leben, wie das oft vorkommt in den Lebensläufen der
Kinder Gottes, daß z. B. die flüchtige Begegnung mit einem
großen Gottesknecht, die scheinbar zufällige Bekanntschaft mit
einem bedeutenden Mann auf ein jugendlich empfängliches
Gemüth einen unauslöschlichen Eindruck macht und über die
innre Herzensrichtung wie über den äußeren Lebensberuf und
Lebenslauf des Jünglings entscheidet. Soviel von den Ueber=
bringern des Briefs. Nun

2.

dessen Inhalt.

B. 23. „Und sie gaben Schrift in ihre Hand." Warum
geben sies überhaupt schriftlich und begnügen sich nicht mit
einer mündlichen Antwort? Paulus und Barnabas', Judas
und Silas waren ja gewiß erleuchtete und zuverlässige Männer.
Und doch müssen wir sagen: es war wohl gethan, es war
ganz am Platz, daß man ihnen Schrift in die Hand gab,
daß man schwarz auf weiß die Entscheidung nach Antiochien
schickte. Es war gut so, nicht nur zur Legitimation der Ab=
geordneten, sondern auch zur Sicherstellung der Wahrheit.

Kein Mensch ist untrüglich nach evangelischen Grundsätzen und wärs auch ein Paulus; auf keines Menschen Mund stehet die Wahrheit, und wärs der frömmste und erleuchtetste, sondern allein auf dem vom heiligen Geist diktirten, in der Schrift für alle Zeiten verfaßten Worte Gottes. Auf diesem Schrift=grund steht die wahre evangelische Kirche, nicht aber auf irgend einer menschlichen Ueberlieferung, und auch heute noch, meine Lieben, dürften ja eure Prediger und Lehrer, und wärens die erleuchtetsten, die gesalbtesten, die begeistertsten Männer Gottes, nicht wagen unter euch hineinzutreten und euch den Heilsweg zu verkünden, wäre nicht auch ihnen „Schrift in die Hand ge=geben", hätten sie nicht das geschriebene Wort Gottes in der Hand, auf das sie euch hinweisen können und sagen: sehet, da stehts, was unser Mund predigt. Die Schrift ist unser Grundstein, die Schrift ist euer Prüfstein, brauchet ihr sein und machets wie die Männer zu Thessalonich, welche forschten in der Schrift, ob sichs also verhielte.

Nun die Aufschrift des Briefs. „Wir, die Apostel," Petrus an der Spitze, „und die Aeltesten," Jakobus voran, „und die Brüder," d. h. die gesammte Gemeinde, die einmüthig berathen, einmüthig beschlossen hat, „wünschen Heil den Brü=dern aus den Heiden." Eine schöne Anrede: Brüder aus den Heiden. Damit ist eigentlich schon die Entscheidung gegeben, damit ist die alte Scheidewand jüdischen Nationalstolzes und pharisäischer Engherzigkeit schon niedergerissen und die warme Bruderhand hinübergestreckt über Land und Meer, von Jeru=salem nach Antiochien und weiter hinaus nach Kleinasien. Wir wünschen Heil den Brüdern aus den Heiden. Obgleich ihr Heiden gewesen, obgleich ihr uns fremd seid nach dem Fleisch, dennoch — Gott grüß euch und Gott segne euch, ihr lieben Brüder, Brüder in Christo, unsrem gemeinsamen Haupt, Brü=

ber vor Gott, unsrem himmlischen Bater, bei dem kein Ansehen der Person ist, sondern aus allerlei Bolk, wer ihn
fürchtet, der ist ihm angenehm, den kann er und will er zum
Heile führen. Es ist etwas Schönes, meine Lieben, um diese
Brüderschaft der Kinder Gottes in allen Landen; es ist etwas
Erhebendes um diese Gemeinschaft der Gläubigen, von der es
im Liede heißt: „Meist sind die Glieder sich unbekannt und
doch einander gar nah verwandt; Einer ist ihr Heiland, ihr
Bater Einer, Ein Geist regiert sie und ihrer keiner lebt mehr
sich selbst."

V. 24. „Dieweil wir gehöret haben, daß etliche von den
Unsern sind ausgegangen und haben euch mit Lehren irre geführt
und eure Seelen zerrüttet, und sagen, ihr sollt euch beschneiden
lassen und das Gesetze halten, welchen wir nichts befohlen
haben." Hiemit sagt die Gemeinde zu Jerusalem sich los von
den Gesetzeseiferern, welche die erste Verwirrung angerichtet
haben. „Wir haben sie nicht gesandt"; was sie gethan haben,
das haben sie auf eigene Faust, auf eigene Verantwortung gethan. Ach! meine Lieben, wie oft und viel sind inzwischen in
der Christenheit ausgegangen solche blinde Eiferer, falsche Propheten, Sektenstifter, Friedensstörer, Sturmvögel, Schwarmgeister, die nichts vermögen als die Gewissen zu verwirren,
das Predigtamt zu verdächtigen, die Gemeinden aufzuhetzen,
von denen die Kirche sich auch muß lossagen und erklären:
ich habs ihnen nicht befohlen, und über welche auch in unsrem
Lande, auch in ihrer Zeit die Klage des Liedes gilt: Ach
Gott, es geht gar übel zu, auf dieser Erd ist keine Ruh!
viel Sekten und viel Schwärmerei auf Einen Haufen kommt
herbei. Den stolzen Geistern wehre doch, die sich mit Macht
erheben hoch und bringen stets was Neues her, zu fälschen
deine rechte Lehr. — Da gilts denn festzustehen auf dem

Grunde der Apostel und Propheten, um dem von Gott ge=
ordneten Lehramt seine Ehre zu geben und seine Rechte zu
schützen. So stehts auch im Brief. So entschieden die Ge=
meinde zu Jerusalem sich lossagt von den falschen Eiferern, so
warm und liebreich nimmt sie der verlästerten Lehrer sich an.

B. 25, 26. „Hat es uns gut gedaucht, einmüthiglich ver=
sammelt, Männer erwählen und zu euch senden mit unsern
liebsten Barnaba und Paulo, welche Menschen ihre Seelen
dargegeben haben für den Namen unsers Herrn Jesu Christi.“
Wahrlich ein schönes Ehrenzeugniß, das hier Paulus und Bar=
nabas von der Gemeinde zu Jerusalem bekommen. Das war
ein köstlicher Balsam auf die Wunden, die ihnen von den Sek=
tirern geschlagen worden, das war eine goldene Ehrenkette, die
ihnen um den Hals gelegt wurde, wenn es von Jerusalem
aus heißt: „unsre Liebsten, Barnabas und Paulus,“ und wenn
ihnen das Zeugniß ausgestellt wird: „sie haben ihre Seelen
dargegeben“, ihr Leben gewagt „für den Namen unsres Herrn
Jesu Christi“. Das hatten sie ja wahrlich gethan, diese zwei
treuen Heidenboten, zu Land und zu Meer, unter Juden und
Heiden, in Lystra und Derbe hatten sie Leib und Seele ge=
wagt für den Herrn. Das war ja wohl ein Beweis, daß sies
redlich meinten und daß der Herr sich zu ihnen bekenne. Jene,
ihre Gegner, konnten eine solche Arbeit nicht aufweisen. Es
ist sehr leicht, über die Schäden der Kirche zu schelten und das
geistliche Amt zu lästern, wie wenig es leiste, wenn man selber
nebendraußen steht und von einer stolzen Warte herniedersieht
auf den Kampfplatz; aber manche von denen, die so lieblos
richten, wenn sie sich selber bemüthig hergeben wollten zu einem
ordentlichen Dienst in der Gemeinde und würden die Mühen
des Amtes verschmecken und würden die Schwierigkeiten der
Arbeit erkennen, so würden sie billiger urtheilen und würden

einsehen: es ist leichter tabeln, als besser machen, leichter ein-
reißen, als aufbauen. Der Herr stärke nur Alle, die in seinem
Weinberg arbeiten, es sei auf der Höhe oder im Thal, es sei
braußen bei den Heiden, oder hier in Christenlanden, daß auch
sie in frommer Treue und edlem Eifer ihre Seelen dargeben,
ihre Zeit und Kraft dranstrecken und ihr Leben, wenns sein
muß, nicht zu theuer achten für den Namen unsres Herrn
Jesu Christi. Es ist ja doch ein seliges Ding, das dürfen
wir bei aller Schmach und Mühe des Lehramtes immer wieder erkennen, das Amt zu führen, das die Versöhnung predigt,
„und in dem Beruf zu sterben, Seelen für das Lamm zu
werben."

B. 27. „So haben wir gesandt Judam und Silan,
welche auch mit Worten dasselbige verkündigen werden." Mit
Paulus und Barnabas senden wir Judas und Silas, ihren
Bericht zu bestätigen und diesen Brief noch mündlich zu er-
läutern. Denn beides, meine Lieben, gehört ja zur Verkündigung der Wahrheit: das geschriebene Wort und die lebendige
Rede. Die Rede schwebt in der Luft ohne die Schrift, darauf sie sich gründet, aber die Schrift bleibt liegen als ein
tobtes Kapital ohne das Wort, das sie auslegt und verwerthet.
Darum wollen wir nicht nur fleißige Leser sein im Kämmerlein, sondern auch aufmerksame Hörer in der Gemeinde; wollen
den Herrn nicht nur bitten, daß er sein Wort rein und unver-
fälscht erhalte sammt den gnadenreichen Sakramenten, sondern
auch, daß er seinen Geist und seine Kraft gebe zur Predigt
des Worts. — Und nun der Beschluß, wie wir ihn das letztemal schon vernommen haben.

B. 28, 29. „Denn es gefällt dem heiligen Geiste und
uns, euch keine Beschwerung mehr aufzulegen, denn nur diese
nöthige Stück: daß ihr euch enthaltet vom Gößenopfer und

vom Blut und vom Erstickten und von Hurerei; von welchen,
so ihr euch enthaltet, thut ihr recht. Gehabt euch wohl."
Kein jüdisches Gesetzesjoch, sondern freie Gnade in Christo
Jesu, aber auch keine heidnische Gesetzlosigkeit, sondern Enthaltung von heidnischer Befleckung mit Abgötterei und Hurerei
und brüderliche Rücksicht auf die Juden durch Enthaltung von
Blut und Ersticktem. Wohl durfte die Gemeinde hievon sagen:
„Es gefiel dem heiligen Geist und uns"; denn sie hattens er-
beten und hattens gespürt, der heilige Geist hatte die Berathung geleitet, den Beschluß diktirt. — Und dabei schließen
sie doch in aller Demuth und Milde, nicht wie die Eiferer
sagten: wenn ihr das nicht thut, so könnt ihr nicht selig werden, sondern nur: wenn ihr euch enthaltet, so thut ihr recht,
oder nach dem Griechischen: so wirds euch wohl gehen. —
Fürwahr ein Musterbrief voll Weisheit und Liebe.

Darum auch gesegnet in

3.

seiner Wirkung.

B. 30. „Da diese abgefertiget waren, kamen sie gen
Antiochiam und versammelten die Menge und überantworteten
den Brief." In feierlicher Gemeindeversammlung wird der
Brief übergeben und gelesen.

B. 31. „Da sie den Brief lasen, wurden sie des Trostes
froh." Nun, meine Lieben, wir haben auch einen solchen Trostbrief, den wir alle Tage lesen dürfen, uns zu trösten in allen
innern Herzensängsten wie in allen äußern Lebensnöthen.
Das ganze Evangelium ist ein solcher Trostbrief des himmlischen Vaters an seine Menschenkinder, diktirt vom heiligen
Geist, geschrieben von den Aposteln und Propheten, besiegelt
mit dem Blute Jesu Christi. Wer ihn im Glauben liest, der

wird des Trostes froh. Lasset auch uns fleißig drin lesen, dann werden wir allemal wieder Licht und Kraft und Trost daraus schöpfen und es erfahren:

> Längst hätt ich vergehen müssen,
> Hätte nicht durch seine Kraft
> Mir in meinen Kümmernissen
> Dein Wort neuen Trost verschafft,
> Niemals wird mein Herz verzagen,
> Niemals über Mangel klagen,
> Hab ich dich nur, o mein Hort,
> Meinen Jesum und dein Wort!

(Ph. Fr. Hiller.)

Amen.

XLIV.

Der Herr weist seinen Knechten ihre Posten an.

Kap. 15, V. 32—41. Judas aber und Silas, die auch Propheten waren, ermahneten die Brüder mit vielen Reden und stärketen sie. Und da sie verzogen eine Zeitlang, wurden sie von den Brüdern mit Frieden abgefertiget zu den Aposteln. Es gefiel aber Sila, daß er da bliebe. Paulus aber und Barnabas hatten ihr Wesen zu Antiochia, lehreten und predigten des Herrn Wort samt vielen andern. Nach etlichen Tagen aber sprach Paulus zu Barnaba: Laß uns wieder umziehen und unsere Brüder besehen durch alle Städte, in welchen wir des Herrn Wort verkündiget haben, wie sie sich halten. Barnabas aber gab Rath, daß sie mit sich nähmen Johannem mit dem Zunamen Marcus. Paulus aber achtete es billig, daß sie nicht mit sich nähmen einen solchen, der von ihnen gewichen war in Pamphilia und war nicht mit ihnen gezogen zu dem Werk. Und sie kamen scharf aneinander, also, daß sie von einander zogen und Barnabas zu sich nahm Marcum und schiffte in Cypern. Paulus aber wählete Silan, und zog hin, der Gnade Gottes befohlen von den Brüdern. Er zog aber durch Syrien und Cilicien und stärkte die Gemeinen.

„Merk, Seele, dir das große Wort, wenn Jesus winkt so geh', wenn er dich zieht, so eile fort, wenn Jesus hält, so steh. Wenn Jesus seine Gnadenzeit bald da bald dort ver=

klärt, so freu dich der Barmherzigkeit, die andern widerfährt;
wenn er dich aber brauchen will, so steig in Kraft empor,
wird Jesus in der Seele still, so nimm auch du nichts vor.
Kurz, liebe Seel, dein ganzes Herz sei von dem Tage an in
Glück und Leid, in Lust und Schmerz dem Heiland zugethan."
Was uns mit diesen Versen empfohlen wird, ist ein genaues
Aufmerken auf den Willen des Herrn, wozu er jedes von uns
jederzeit zu brauchen gedenkt. Denn nicht alle seine Knechte
und Mägde haben dieselbe Arbeit. Wie in einer großen Haus=
haltung viele Dienstboten, in einem ausgedehnten Geschäft viele
Arbeiter, auf einem weiten Erntefeld viele Schnitter neben=
einander nöthig sind, wo jedes sein besonderes Stück Arbeit
hat und keines dem andern in die Quere kommen darf, so sind
auch in Gottes Haushaltung die Gaben und die Arbeiten aus=
getheilt unter seine Knechte und Mägde; nicht alle können wir
alles, jeder soll nur das Seine thun, und manche innerliche
Unzufriedenheit und mancher äußere Mißgriff würde vermieden,
wenn wir nicht so oft meinten: was ein Anderer kann, das
kann ich auch, wo ein anderer steht, da gehöre ich auch hin.
Ein Prediger kann nicht predigen wie der andere, jeder hat
seine Art und Weise, und wenn er nur in seiner Art und
Weise Gottes Wort verkündigt so gut er vermag, so ist's recht.
Ein Gottesknecht kann nicht leisten was der andere, aber wenn
nur jeder mit seinem Pfund an seinem Ort getreulich wuchert,
so wird's doch einmal heißen: Ei du frommer und getreuer
Knecht!

Auch hat derselbe Knecht, dieselbe Magd Gottes nicht zu
allen Zeiten dasselbe zu thun. Gott ist ein Gott der Ord=
nung, und wie in einem wohleingerichteten Hauswesen alles
seine Zeit und Stunde hat, die Arbeit und die Ruhe, das
Essen und das Fasten, das Ausgehen und Daheimbleiben, so

hat auch bei Christi Jüngern alles seine Zeit und Stunde.
— Es giebt da Ruhe= und Wartezeiten, wo man vom Herrn
gleichsam bei Seite genommen, in die Stille geführt, zur
Einkehr in sich selbst verwiesen wird, und das wird ein
rechter Jünger Jesu verstehen, wird nicht in falscher Biel=
geschäftigkeit sich zerstreuen wo der Herr ihn sammeln möchte,
wird sich nicht in eitler Einbildung vordrängen, wo der
Herr etwas ohne ihn thun will. Es giebt da aber auch wie=
der Gnadenwinke und Geistestriebe, wo der Herr, seis durch
einen äußeren Anlaß oder durch eine innere Eingebung uns
kundthut: Auf, Seele, jetzt giebts etwas für dich zu thun, zu
diesem oder jenem will ich dich brauchen, dich gerade und keinen
andern! Da darf man dann nicht träge säumen, nicht weichlich
sich entziehen, nicht furchtsam sagen: Herr, sende einen andern,
sondern soll in Gottes Namen mit einem Abraham sprechen:
Rede, Herr, dein Knecht höret. — Merk, Seele, dir das große
Wort: Wenn Jesus winkt, so geh, wenn er dich zieht, so eile
fort, wenn Jesus hält, so steh!

Zu solchen Betrachtungen giebt uns unser Textabschnitt
Anlaß; denn da sehen wir ein ganzes Häuflein Knechte Christi
beisammen: Judas und Silas, die Abgeordneten der Mutter=
gemeinde Jerusalem an die Tochtergemeinde Antiochien, ferner
Paulus und Barnabas, die alten Reisegenossen und Missions=
brüder, nebst vielen Andern von untergeordneter Stellung, end=
lich noch besonders auch Johannes mit dem Beinamen Mar=
kus; — alle diese Knechte sind jeder in seiner Art dem Herrn
zugethan und thätig in seinem Reich. In der Mitte von Allen
aber steht unsichtbar der Herr, der nun jedem durch des Gei=
stes Trieb oder durch äußere Umstände sein Geschäft anweist.
Den einen schickt er zurück nach Jerusalem, den andern heißt
er in Antiochien bleiben, wieder andere sendet er hinaus in

alle Welt. Hier wird ein Paar getrennt, das bisher Hand in
Hand gegangen, dort werden zwei zusammengeführt, die ein=
ander vorher ferngestanden; — in allem dem scheint manches
zufällig, selbst menschliche Leidenschaften spielen mit herein;
aber in allem dem hat doch der Herr seinen weisen Plan und
seine heilige Ordnung und verwendet jeglichen seiner Diener
an dem Platz, auf den er am besten taugt. Also

Der Herr inmitten seiner Knechte, wie er jedem seinen Posten anweist,

so könnte die Aufschrift heißen über unsern heutigen Ab=
schnitt. Wir wollen nun diese Knechte der Reihe nach an=
sehen, wie sie sich verwenden lassen im Dienst ihres Herrn.

1.

Zuerst Judas und Silas. V. 32—34.

V. 32. „Judas aber und Silas, die auch Propheten
waren, ermahneten die Brüder mit vielen Reden und stärk=
ten sie.“

Judas und Silas, die beiden Abgeordneten aus Jerusalem,
begnügten sich nicht damit, wie bloße Herolde oder Gerichts=
schreiber den Brief vorzulesen, den sie überbrachten, sondern sie
fügten auch eine herzliche brüderliche Ansprache hinzu. Sie
waren auch, so gut wie Paulus und Barnabas, Propheten, d. h.
nach dem Sprachgebrauch des Neuen Testaments nicht gerade
ausgestattet mit der Gabe der Weissagung, sondern ausgerüstet
der Gabe feuriger, begeisterter, kräftig anfassender Predigt,
und so ermahnten und stärkten sie die Brüder zu Antiochia;
sie ermahnten sie zu fleißigem Fortschritt in der Heiligung; sie
stärkten sie zu treuem Feststehen auf dem Glaubensgrund, wie
ja jenes Ermahnen, das sich mehr an den Willen wendet und

dieses Stärken, das mehr der Erkenntniß gilt, auch jetzt noch die zwei Fäden bildet, aus welchen die heilsame Predigt gleichsam gedreht sein muß.

Die Brüder zu Antiochien aber, obgleich sie selber so gottbegnadigte und geistgesalbte Lehrer hatten in ihrem Paulus und Barnabas, haben gewiß auch diese Gastprediger aus Jerusalem mit Segen und Erbauung gehört. In einem jeden Knecht Gottes spiegelt sich ja des Herrn Wahrheit wieder in einem besonderen Glanz, wie wir die Sonne am Frühlingsmorgen sich in den Thautropfen verschiedenfarbig spiegeln sehen: der eine Tropfen strahlt silberhell, der andere funkelt purpurroth, der dritte flimmert goldig, der vierte brennt in grünem Feuer, der fünfte leuchtet in blauem Glanz, und doch thuts in allen dieselbe Sonne. So macht dieselbe alte evangelische Wahrheit auch auf uns ja wieder einen neuen und besonderen Eindruck, wenn sie uns einmal wieder durch einen neuen Mund, auf eine bisher ungewohnte Weise verkündigt wird, wie wir alle bei Missionsfesten, Kirchentagen, oder wenn wir auf einer Reise in einem fremden Gotteshaus einkehrten, mit herzlichem Vergnügen schon erfahren haben.

V. 33. „Und da sie verzogen eine Zeitlang, wurden sie von den Brüdern" — in Antiochien — „mit Frieden" — mit herzlichen Friedensgrüßen und Segenswünschen — „abgefertigt zu den Aposteln" — in Jerusalem. — Als Friedensboten waren sie hergekommen, im Frieden ziehen sie denn auch wieder hin, nachdem sie ihre Botschaft wohl ausgerichtet. Sie waren eine Zeitlang geehrte Gäste gewesen in Antiochien, aber ihr Pflichtgefühl rief sie nun wieder ab zur gewohnten Arbeit. Es hieß nun auch bei ihnen: Merk, Seele, dir das große Wort: wenn Jesus winkt, so geh! — doch nicht bei beiden auf gleiche Weise.

V. 34. „Es gefiel aber Sila, daß er da bliebe." Mit
ihm hatte der Herr etwas Anderes vor; seis durch äußeren
Zuspruch oder durch inneren Geistestrost wird er in Antiochien
zurückgehalten, wir erfahren bald, wozu? Bei Judas hatte
es geheißen: „Wenn Er dich zieht, so eile fort", bei Silas
hieß es: „Wann er dich hält, so steh!" Er bleibt vorerst
stehen und wartet still, wozu der Herr ihn brauchen will.

2.

Nun kommt ein andres Knechtepaar: Paulus und Bar=
nabas. V. 35 ff.

V. 35. „Paulus und Barnabas aber hatten ihr Wesen"
— trieben ihr Amt — „lehreten und predigten des Herrn
Wort sammt vielen Anderen". Paulus und Barnabas fuhren
fürs erste fort im gewohnten Geleise ihres Berufs. Sie
„lehrten" namentlich im engern Kreise der schon Bekehrten
und Erweckten, die sie weiter förderten in christlicher Erkennt=
niß und christlichem Leben; und sie „predigten" im weiteren
Kreise derer, die noch draußen standen vor der Thüre des
Reichs und denen sie das Evangelium verkündeten von Christo,
dem Heilande der Welt. Und mit ihnen lehrte und predigte
noch ein schönes Häuflein von Mitarbeitern, ohne glänzende
Namen oder auffallende Wirkungen, zufrieden, auch auf be=
scheidenerem Posten dem Herrn dienen zu dürfen, der dem
einen Knecht fünf Pfund anvertraut, dem andern zwei, dem
dritten nur eins, aber bei jedem nicht mehr verlangt, als daß
er getreu sei über dem Seinen. „Wenn Jesus seine Gnaden=
zeit auch ohne dich verklärt, so freu dich der Barmherzigkeit,
die andern widerfährt."

„Wenn er dich aber brauchen will, so steig in Kraft em=
por!" Auch davon sehen wir nun sogleich ein Exempel.

V. 36. „Nach etlichen Tagen" — nach geraumer Zeit
— „aber sprach Paulus zu Barnaba: Laß uns wieder um=
ziehen und unsere Brüder besehen durch alle Städte, in wel=
chen wir des Herrn Wort verkündiget haben, wie sie sich hal=
ten." Der Adler regt wieder seine Flügel. Wenn es erlaubt
ist, weltliche Beispiele zu brauchen, so kommt mir unser Pau=
lus hier vor wie ein seegewohnter Schiffsmann: wenn er kurze
Zeit am Lande ausgeruht hat und sichs wohl sein lassen; es
wird ihm bald zu eng in der Ruhe, er muß wieder Seeluft
athmen, er muß wieder die Wellen unter sich haben und den
Himmel über sich. Das ist so sein Element. — Oder wie
ein kampfgewohnter Kriegsmann: wenn er kaum seine Narben
ausgeheilt und sich von den Kriegsstrapazen erholt hat; er
schämt sich der Ruhe, es drängt ihn wieder hinaus aufs blu=
tige Feld der Ehre. — Oder auch, wenn ihr ein friedlicheres
Beispiel wollt, wie ein Feld= und Gartenbesitzer: im Winter
muß er zu Hause bleiben, aber wenn die Frühlingslüfte wehen
und die ersten Lerchen schwirren, dann ziehts ihn wieder hinaus
nach seinem Feld und Garten, zu sehen, wie die Gewächse durch
den Winter gekommen, und aufs Neue zu pflanzen, zu säen,
zu bauen, wie sichs nöthig befindet. — Eine geraume Zeit
hat Paulus ausgeruht von den Strapazen und Gefahren seiner
ersten Missionsreise, nun aber läßt ihm der Geist keine Ruhe
mehr, es zieht ihn zum zweitenmal hinaus, zunächst nur um
die früher gepflanzten Gemeinden wieder zu besehen, eine
Rundreise zu machen und Kirchenvisitation zu halten; denn wie
es von Gott heißt: „Was unser Gott erschaffen hat, das will
er auch erhalten", so ists auch für den Knecht Gottes nicht
genug, zu pflanzen: er muß auch begießen, nicht genug, Leben
zu wecken: er muß es auch, was oft schwerer ist, pflegen und
erhalten. — Diese zweite Ausfahrt des Apostels sollte also

ursprünglich bloß eine Visitationsreise sein, wie sie aber unter Gottes Leitung zu einer noch wichtigeren Missionsreise als die erste, zu einem kühnen Eroberungszug nach Europa herüber wurde, werden wir sehen. „Wenn er dich aber brauchen will, so steig in Kraft empor!" Das sollte sich diesmal besonders herrlich an Paulo, diesem Adler Gottes, erproben. Zunächst aber fragte sichs nun noch: Wer geht mit? — Der alte Reisegefährte und Kampfgenosse Barnabas ist bereit, aber er will noch einen dritten im Bunde haben.

V. 37. „Barnabas aber gab Rath, daß sie mit sich näh= men Johannem, mit dem Zunamen Marcus." Damit ist indeß Paulus nicht einverstanden. Der kühne Adler will die schüch= terne Taube nicht mitfliegen lassen und seinen eigenen Flug dadurch aufgehalten sehen.

V. 38. „Paulus aber achtete es billig, daß sie nicht mit sich nähmen einen solchen, der von ihnen gewichen war in Pamphylia und war nicht mit ihnen gezogen zu dem Werk." Johannes aber wich von ihnen und zog wieder heim gen Je= rusalem, haben wir Kap. 13, 13 gelesen. Der Jüngling hatte sich noch nicht bewährt auf der ersten Probefahrt.

V. 39, 40, 41. „Und sie kamen scharf aneinander, also, daß sie von einander zogen und Barnabas zu sich nahm Marcum und schiffte in Cypern. Paulus aber wählete Silan und zog hin, der Gnade Gottes befohlen von den Brüdern. Er zog aber durch Syrien und Cilicien und stärkte die Gemeinen." Also ein heftiger Streit zwischen zwei so heiligen Männern. Also eine förmliche Trennung zwischen zwei so alten vertrauten Freunden. Also statt Eines Paars nun zwei Paare, die ausziehen im Dienste des Herrn auf verschiedenen Wegen: Barnabas mit seinem Schwestersohn Marcus geht wie das erstemal zu Schiff nach Cypern, seiner heimathlichen Insel. Paulus aber mit

seinem neuerwählten Silas, dem Begleiter von Jerusalem, geht
zu Lande durch Syrien nordwärts nach Cilicien in Kleinasien
und besucht dort die Gemeinde zu Derbe, Lystra u. s. w.
Dieser Streit und diese Trennung kann uns wundern und
weh thun, ja wir könnten fragen: warum wird das berichtet;
nimmts uns nicht etwas von der Achtung vor solchen Gottesmännern? Aber da sehet die Wahrhaftigkeit der Schrift: sie
malt nicht ins Schöne, sie schmeichelt nicht, sie stellt die Gottesmänner nicht als fleckenlose Heilige hin; sie verschweigt weder
Davids Fall, noch Petri Verleugnung, noch Pauli und Bar-
nabä scharfen Streit. Das ist gut. Es stärkt unsern Glauben an die Schrift; ist sie aufrichtig über die Fehler der Heiligen, so wird sie auch wahrhaftig sein über ihre Tugenden
und Thaten. Es bemüthigt den geistlichen Hochmuth; niemand
rühme sich: ich werde nimmermehr darnieder liegen. Es tröstet
uns in unsrer eigenen Schwachheit; auch diese großen Gottesknechte waren Fleisch von unsrem Fleisch. Und es dient zur
Verherrlichung Gottes, der in seiner Weisheit auch die Fehler
seiner Knechte zum Besten wendet. — Man kann fragen: wer
hat Recht gehabt in diesem Streit? Wir können keinem ganz
Unrecht, aber doch nur dem Herrn ganz Recht geben in der
Sache. Barnabas handelt an seinem Schwestersohn Marcus
wie eine gute sanfte Mutter, die auch die Fehler ihrer Kinder
gerne nachsieht und entschuldigt. Paulus erweist sich als
den ernsten, strengen Vater, der auch die Ruthe braucht und
dem verzärtelten Kinde den Ernst zeigt. Ihm scheinen auch
die Brüder in Antiochien Recht gegeben zu haben, denn er
wird feierlich beim Abschied der Gnade Gottes befohlen. Der
volle Preis aber gebührt dem Herrn, der alles zum Besten
lenkt in seiner heiligen Weisheit und Liebe. Dem Marcus
mußte diese Demüthigung zur heilsamen Ermannung dienen,

denn wir finden ihn später (Kol. 4, 10) wieder als des Pau=
lus lieben Begleiter. Die Trennung des Paulus und Bar=
nabas aber mußte auch heilsam sein, denn zwei Originalgeister
thun selten lang nebeneinander gut, es muß jeder seinen eigenen
Raum haben, und durch die Trennung der Boten wurde nun
der Strom der Heilsbotschaft in zwei Arme getheilt und desto
weiter verbreitet. Und so kommen wir zum Schluß wieder
auf unsern Anfang zurück: nur der Leitung des Herrn sich
getrost und folgsam überlassen, Er weiß wo und wie er jedes
von uns brauchen kann;

Drum, liebe Seel, dein ganzes Herz
Sei von dem Tage an
In Lieb und Leid, in Glück und Schmerz
Dem Heiland zugethan!

(Nach Zinzendorf.)

Amen.

XLV.

Timotheus.

Kap. 16, V. 1—3. Er kam aber gen Derben und Lystram; und siehe, ein Jünger war daselbst, mit Namen Timotheus, eines jüdischen Weibes Sohn, die war gläubig, aber eines griechischen Vaters. Der hatte ein gut Gerüchte bei den Brüdern, unter den Lystranern und zu Iconion. Diesen wollte Paulus lassen mit sich ziehen und nahm und beschnitt ihn um der Juden willen, die an demselbigen Ort waren; denn sie wußten alle, daß sein Vater war ein Grieche gewesen.

Es ist eines der merkwürdigsten und ereignißreichsten Kapitel der Apostelgeschichte, das wir heute aufgeschlagen haben. Haben wir im 15. Kapitel wichtige Unterredungen und Verhandlungen vernommen, so kommen nun wieder wichtige Thaten und Begebenheiten. Wars dort die einzige Angelegenheit der Kirchenversammlung zu Jerusalem, um die Alles sich drehte, so sind es nun wieder allerlei neue Gestalten, die vor uns auftreten, mannigfaltige Gegenden, durch die wir geführt werden, verschiedenartige Ereignisse, die wir miterleben, liebliche, wo der Herr wie im sanften Sausen sich spüren läßt, und gewaltige, wo er im Sturmwind und Erdbeben vorübergeht. Aber immer ist es der Herr, dessen Hand wir erkennen in der Führung seiner Knechte, der Herr, der auch hier seine alte

Weisung und Verheißung erfüllt: Fürchte dich nicht, ich bin
mit dir; weiche nicht, denn ich bin dein Gott; ich stärke dich,
ich helfe dir auch, ich erhalte dich durch die rechte Hand meiner
Gerechtigkeit. Eine Gestalt ists, eine gar freundliche und
schöne, die in unsrem verlesenen Abschnitt in den Vordergrund
tritt und die unsre Aufmerksamkeit diesmal besonders in An=
spruch nimmt:

**Timotheus, der neugewonnene Jünger und Begleiter
des Apostels Paulus,**

wobei wir hauptsächlich betrachten:

1) wie er aufgewachsen ist;
2) wie ihn Paulus zum Begleiter nimmt;
3) was später aus ihm geworden ist.

1.

Wie er aufgewachsen ist, darüber bekommen wir
einen bedeutsamen Wink Vers 1 und 2.

V. 1. „Er kam aber gen Derben und Lystram; und
siehe, ein Jünger war daselbst, mit Namen Timotheus, eines
jüdischen Weibes Sohn, die war gläubig, aber eines griechi=
schen Vaters." Paulus ist auf seiner zweiten Missionsreise,
die zunächst nur eine Visitationsreise sein soll, in den früher
gepflanzten Gemeinden Kleinasiens. Er kommt nach Derbe,
wo er vormals schon Viele fürs Evangelium gewonnen hatte,
und nach Lystra, wo er durch Ehre und Schande gegangen,
zuerst als ein Gott verehrt und dann als ein Missethäter ge=
steinigt worden war. Das war der Boden, wo aus der blu=
tigen Leidenssaat ihm nun eine schöne Freudenernte aufblühen
sollte. In diesem Lystra findet er nun als Frucht seiner frühe=
ren Arbeit nicht nur eine zahlreiche Jüngerschaar, sondern auch

unter ihr einen Jünger, der ihm von nun an ganz besonders ans Herz wachsen sollte, seinen geistlichen Sohn Timotheus.

„Und siehe, ein Jünger war daselbst, mit Namen Timotheus." Ob Timotheus (zu deutsch Fürchtegott) schon unter den Jüngern gewesen war, die dort früher den gesteinigten und aus der Stadt geschleppten Paulus umringten, wissen wir nicht, aber jedenfalls war er bei jenem ersten Aufenthalt Pauli in Lystra durch dessen Predigt ein Jünger geworden; denn Paulus nennt ihn später seinen getreuen Sohn im Herrn (1 Kor. 4) und seinen rechtschaffenen Sohn im Glauben (1 Tim. 1), und die Trübsale des Apostels auf seiner ersten Reise trug unser Timotheus in treuem Gedächtniß (2 Tim. 3, 11). War aber also Paulus sein geistlicher Vater, dem der Jüngling seine Erweckung zum Leben in Christo verdankte, so hatte auch eine edle Mutter von früh an das Ihrige gethan, um sein Herz zu Gott zu ziehen.

Er war eines jüdisches Weibes Sohn, die war glaubig, aber eines griechischen Vaters. Sein Vater war also ein Heide, und in der heidnischen Umgebung einer dem Jupiter geweihten Stadt wuchs er auf, seine Mutter aber, Eunike, und seine Großmutter, Loide, waren fromme Jüdinnen, die, wie wir aus 2 Tim. 1, 2—5 sehen, den Knaben in der Zucht und Vermahnung zum Herrn, dem Gott Israels auferzogen, und die dann mit ihm durch Paulum auf dem Heilsweg weiter gebracht und zum Glauben an das Evangelium geführt wurden. „Timotheus, eines jüdischen Weibes Sohn, die war glaubig, aber eines griechischen Vaters." Ein merkwürdiges Stück Familienleben liegt in diesen paar Worten angedeutet.

Die Frau eine gläubige Jüdin zuerst, nachher eine gläubige Christin, der Mann ein ungläubiger Grieche. Also eine gemischte Ehe und zwar nicht nur zwischen verschiedenen Con-

feffionen Einer Religion, sondern, was noch viel bedenklicher
ist, zwischen zwei grundverschiedenen Religionen. Da mags
für die Frau nicht ohne Hauskreuz abgegangen sein. Die Ehe
mit einem heidnischen Manne war einem jüdischen Mädchen
eigentlich überhaupt verboten, und wenn diese Eunike in jugend=
licher Herzensneigung oder im Gedräng äußerer Umstände über
die Kluft der Glaubensverschiedenheit hinüber dennoch diesem
vielleicht edlen und persönlich liebenswürdigen Griechen die
Hand gereicht hat, so mags nachher in der Ehe manchen Kampf
für sie gegeben haben zwischen der Liebe zu ihrem Mann und
zwischen den Pflichten gegen ihren Gott. Und wenn auch der
heidnische Gatte wie es scheint nicht zu den rohen Männern
gehörte, wie wir sie leider in christlichen Ehen oft haben,
welche die glaubige Frau mit ihrem Glauben, mit ihrem Beten,
mit ihrem Bibellesen, mit ihrem Kirchen= und Betstunden=
besuch verspotten, sondern er sie freundlich gewähren ließ,
so mags der guten Frau eben doch manchen stillen Seufzer
und manche verborgene Thräne ausgepreßt haben, daß sie
im Heiligsten und Theuersten, in der Religion, mit ihrem
Manne nicht auf demselben Boden stand, daß sie ihren gelieb=
ten Lebensgefährten nicht mit sich auf dem Wege wandeln sah,
von dem sie überzeugt war: der ists allein, der zur Seligkeit
führt. Manche christliche Frau unsrer Tage wird in diesem
Schicksal der Eunike etwas von ihrem eigenen Schicksal wieder
finden.

Wäre so eine hier, so würde ich ihr sagen: liebe Frau,
wenn dich Gott oder dein eigenes Herz einmal in eine solche
Ehe geführt hat, du eine glaubige Christin, dein Mann ein
Ungläubiger, ein Heide, wie's heutzutage in der Christenheit so
viele giebt, so machs wenigstens wie Eunike: laß dir deinen
Glauben, deinen Gott, deinen Heiland nicht nehmen, auch durch

ben nicht, der dir auf Erben der Theuerste ist; laß dich auch
durch dein Hauskreuz nur immer näher zum Herrn führen,
nur immer tiefer im Guten gründen; bete für deinen Mann,
wenn du nicht mit ihm beten barfst; zeig ihm durch doppelte
Sanftmuth und Liebe wie treu du's mit ihm meinst, laß ihn
an deinem Wandel sehen, daß es nichts Verächtliches, sondern
etwas Schönes, etwas Köstliches, etwas Seliges ist um echte
Frömmigkeit, um lebendiges Christenthum, — und hat dir
Gott Kinder geschenkt, so ziehe sie wenigstens soviel an dir ist,
auf in der Zucht und Vermahnung zum Herrn und bring an
ihren weichen Seelen herein, was dir am härteren Herzen deines
Mannes nicht gelingen will.

So hatte ja auch Eunike den Trost und die Freude, in
ihrem Sohne Timotheus dem Herrn eine edle Pflanze der Gerechtigkeit heraufzuziehen. Unter der Pflege seiner frommen
Mutter und seiner ehrwürdigen Großmutter, die den wohlbe-
gabten und gutgearteten Knaben von Kind auf in Gottes
Wort einführten — weil du von Kind auf die heilige Schrift
weißest, schreibt ihm ja Paulus 2 Tim. 3, 15 — wuchs er
herauf zu einem reinen, edlen Jüngling, als eines der vielen
Beispiele, wie durch das Vorbild, das Gebet, die Thränen,
den Segen frommer Mütter und Großmütter oft mehr noch
als durch den väterlichen Einfluß die Herzen der Kinder zum
Herrn geführt werden können. Denket an Hanna, die Mutter
Samuels, Elisabeth, die Mutter des Täufers, Maria, die
Mutter Jesu, Salome, die Mutter der Kinder Zebedäi, Mo-
nika, die Mutter Augustins. Der Herr lasse auch unter uns
jede treue Mutter etwas von solchen Mutterfreuden erfahren!

So wurde denn der junge Timotheus eine rechter „Fürchtegott", was sein Name sagte, eine liebliche Zierde der Gemeinde,
wie wir

V. 2 lesen. „Der hatte ein gut Gerüchte bei den Brüdern, unter den Lystranern und zu Iconion." Nicht nur in seiner Heimathgemeinde Lystra, sondern auch in der Nachbarschaft zu Iconion war der Jüngling um seiner reichen Gaben und um seines edlen Sinnes willen geschätzt und geliebt, und viele ahnten, er werde einmal etwas Rechtes werden, ein auserlesenes Rüstzeug des Herrn. O was ist es doch ein Segen um eine reine, unbefleckte, in der Furcht des Herrn verlebte Jugend! Welche edlen Kräfte schlummern in so einem jungen frischen Leben! Welche schöne Hoffnungen, nicht nur der Väter und der Mütter, sondern auch der Gemeinde und des Vaterlands ruhen auf den Häuptern unserer heranwachsenden Jugend! Aber wo ist, zumal in der Jugend unsrer Tage, der Geist der Zucht und Gottesfurcht! Wie selten trifft unter den Schaaren unsrer Jünglinge in Werkstätten und Kaufläden, auf Gymnasien, Universitäten und Hochschulen das Auge des Menschenkenners und Menschenfreundes auf einen jungen Timotheus, dems auf der reinen Stirn geschrieben ist und aus den klaren Augen leuchtet: das ist ein getreuer Sohn in dem Herrn, unentweiht durch die Lüste der Jugend, glühend von Eifer für alles Edle und Gute, tüchtig und geschickt zum Dienste Gottes und der Menschheit! Dem Apostel Paulus wurde diese Freude. Wir lesen

2.

wie er den Timotheus zum Begleiter erwählte.

V. 3. „Diesen wollte Paulus lassen mit sich ziehen." Der Apostel war ein Menschenkenner. Was sein Auge an diesem Jüngling sah, was die Brüder über ihn sagten, das gab ihm die Zuversicht: Der wäre eine Stütze für dich, ein Rüstzeug für den Herrn, durch diesen Timotheus soll dir der

früher abgefallene Marcus zwiefach erseßt werden. „Diesen
wollte Paulus lassen mit sich ziehen." Aber die Mutter,
wollte die auch? Die Großmutter, gab sie auch ihr Ja dazu?
Wohl mochte es da nicht ohne Kampf und Thränen abgehen.
Der Vater war, scheints, gestorben. Der Sohn war der
Frauen Trost und Freude, die Hoffnung und Stütze ihrer
alten Tage. Und nun sollen sie ihn hingeben in die weite,
weite Welt, in den gefahrvollen Dienst der Mission? Eine
Mutter, die heutzutag einen hoffnungsvollen Sohn hingibt in
den Dienst der Heidenmission, oder auch nur um seiner Ausbil=
dung willen ein paar Jahre muß in die Fremde ziehen lassen,
oder ihn, weil das Loos entschieden, zum Kriegsdienst muß
einkleiden sehen — eine solche Mutter kann sich ungefähr den=
ken, daß es nicht ohne Kampf wird abgegangen sein dort bei
den Frauen zu Lystra, als Paulus mit dem Vorschlag heraus=
rückte: Gebet mir euern Timotheus mit! Und doch — er
war ja so gut aufgehoben unter den Augen eines Apostels
Paulus! — es war ja so eine hohe Ehre mit einem solchen
Mann Gottes ziehen zu dürfen! — es war ja der Herr selber
im Grund, der den Jüngling forderte zum Dienste seines
Reichs! — Da konnte eine gläubiges Herz nicht Nein sagen.
Und wie der Jüngling selber ohne Zweifel ein begeistertes Ja
sprach, so sagte auch das Mutterherz am Ende getrost in Gott:
Nimm ihn hin in Gottes Namen; es ist mein Theuerstes,
was ich hergebe, aber der Herr wills! nicht mein Wille, son=
dern der seine geschehe! — Und so wurde denn der schöne
Bund geschlossen zwischen dem Meister und dem Jünger, zwi=
schen dem Ritter und Helden Christi und dem jungen Knappen
und Waffenträger, der bald dem einen wie dem andern zum
Segen ausschlug. Glücklicher Timotheus, der einen Paulus
findet als Leitstern seiner Jugend, als Führer auf dem Weg

des Lebens, einen bewährten Freund, dessen Lehre und Rath,
Vorbild und Begleitung ihn vor Mißtritten bewahrt und zu
allem Guten anleitet! Jedem Jüngling möchte man solch
einen Meister wünschen in seinem Beruf, zu dem er aufblicken
darf mit Bewunderung und Begeisterung, mit Ehrfurcht und
Liebe! Aber auch glücklicher Paulus, der einen Timotheus
findet, einen Schüler, welcher ihm zugleich Freund und Mit=
arbeiter wird, dem er das Zeugniß geben darf, wie Paulus
seinem Timotheus (Phil. 2, 20), ich habe keinen, der so gar
meines Sinnes ist; dem er sein Innerstes aufschließen darf,
wie Paulus seinem Timotheus in jenen zwei köstlichen Briefen
dem er zutrauen darf, er wird in meine Fußstapfen treten,
wenn mein Lauf vollendet ist, er wird mein Werk fortsetzen
in meinem Sinn und Geist, wenn ich nicht mehr da bin!
Jedem Paulus möchte man einen solchen Timotheus, jedem
treuen Vater einen solchen Sohn, jedem redlichen Lehrer einen
solchen Schüler, jedem braven Meister einen solchen Lehrling
wünschen.

Ehe Paulus seinen Timotheus mitnahm, „beschnitt er ihn
um der Juden willen, die an demselbigen Ort waren; denn
sie wußten alle, daß sein Vater war ein Grieche gewesen."
Wie? könnte man fragen, das that derselbe Paulus, der kürz=
lich in Jerusalem durchgesetzt hatte, daß die Beschneidung den
Heidenchristen nicht sollte auferlegt werden? War das nicht
ein Widerspruch? Keineswegs, wenn wir genau zusehen. Als
Bedingung zur Seligkeit sollte sie nicht verlangt werden, dabei
bliebs; aber wo besondere Umstände sie räthlich machten, sollte
sie nicht verwehrt sein. Von allen Heidenchristen sollte sie
keineswegs gefordert werden, aber einem Timotheus, der als
Missionar namentlich unter Juden zu wirken hatte, dem konnte
es für seinen Beruf nützlich sein, dem konnte es unter den

Juden besseren Eingang verschaffen, wenn er, zumal als der
Sohn einer jüdischen Mutter, ihnen durch die Beschneidung in
einer Nebensache näher gerückt war, um sie für die Hauptsache,
fürs Evangelium, desto eher zu gewinnen; deßhalb sagt Chry=
sostomus: „Paulus beschnitt Timotheum, um die Beschneidung
aufzuheben", das heißt, um mit dem Evangelium bei den Ju=
den Zugang zu gewinnen. — Wie feierlich übrigens die Ein=
segnung des jungen Glaubensboten, wie rührend die Abschieds=
feier in der Gemeinde gewesen, daran mahnt Paulus seinen
Timotheus noch nach viel Jahren, wenn er schreibt: Kämpfe
den guten Kampf des Glaubens, ergreife das ewige Leben
dazu du auch berufen bist und bekannt hast ein gut Bekenntniß
vor vielen Zeugen! (1 Tim. 6, 12). Und nur noch flüchtig
wollen wir uns heute erinnern,

3.

was später aus Timotheus geworden ist in der Schule
des Apostels Paulus. Wie er sein treuer Begleiter war über
Land und Meer, sein Leidensgenosse und Trost in Banden und
Kerker, sein Bote und Briefträger an allerlei Gemeinden, sein
Stellvertreter und Unterhirte an der Gemeinde zu Ephesus;
mit welcher Kindestreue Timotheus an seinem Paulus hieng,
und mit welch zärtlicher Vaterliebe Paulus seinem Timotheus
zugethan blieb bis an sein Ende; welche treue Rathschläge und
Ermahnungen er ihm giebt von dem hohen Gebot an: Leide
dich als ein guter Streiter Jesu Christi, fleuch die Lüste der
Jugend u. s. w. bis zu dem zärtlichen Rath: trink etwas Wein
um deines schwachen Magens willen, von diesem ganzen lieb=
lichen Verhältniß finden wir die Spuren theils im Verlauf
der Apostelgeschichte, theils in den Briefen des Paulus zerstreut,
namentlich in den beiden Briefen an Timotheus, diesen herr=

lichen, rührenden Ergüsse seines treuen Vaterherzens an seinen
geliebten Sohn in Jesu Christo. Der Herr sei gelobt auch
für dieses Rüstzeug seines Geistes, das er in Timotheus der
Kirche geschenkt hat. Er wecke sich auch unter unsrer Jugend
noch manchen Timotheus, der freudig sich ihm zum Dienst und
Eigenthum ergiebt. Er segne dazu die Arbeit treuer Väter,
die Gebete frommer Mütter, die Predigt rechtschaffener Lehrer,
die Vorbilder edler Glaubenszeugen, daß ihm immer wieder
Kinder geboren werden in der Gemeinde, wie Thau aus der
Morgenröthe, und daß es seinem Reich nie an freudigen Boten
fehle, draußen in der Heidenwelt wie bei uns in der Chri=
stenheit.

> O Geist des Herrn, der das Leben schafft,
> Walt in der Kirche mit deiner Kraft;
> Daß die Gotteskinder
> Geboren werden,
> Gleichwie der Morgenthau, schon auf Erden
> Zu Christi Preis!
>
> (Nach Spangenberg.)

Amen.

XLVI.

„Komm hernieder und hilf uns!"

Kap. 16, V. 4—10. Als sie aber durch die Städte zogen,
überantworteten sie ihnen zu halten den Spruch, welcher von
den Aposteln und Aeltesten zu Jerusalem beschlossen war.
Da wurden die Gemeinen im Glauben befestiget und nahmen
zu an der Zahl täglich. Da sie aber durch Phrygien und
das Land Galatien zogen, ward ihnen gewehret von dem
Heiligen Geiste, zu reden das Wort in Asia. Als sie aber
kamen an Mysien, versuchten sie durch Bithynien zu reisen;
und der Geist ließ es ihnen nicht zu. Da sie aber vor My=
sien über zogen, kamen sie hinab gen Troas. Und Paulo er=
schien ein Gesichte bei der Nacht; das war ein Mann aus
Macedonien, der stund und bat ihn und sprach: Komm her=
nieder in Macedonien und hilf uns. Als er aber das Gesichte
gesehen hatte, da trachteten wir alsobald zu reisen in Mace=
donien, gewiß, daß uns der Herr dahin berufen hätte, ihnen
das Evangelium zu predigen.

„Des Menschen Herz schlägt seinen Weg an, aber der Herr
allein giebt, daß er fortgehe." Diesen Spruch Salomos (16, 9)
finden wir bei der zweiten Missionsreise des Apostels Paulus
recht auffallend erfüllt. Pauli Herz hat seinen Weg ange=
schlagen; er ist ausgezogen mit bescheidenen Planen und Ab=
sichten, die Gemeinden wieder zu sehen und zu stärken, die er
vorhin gegründet, aber der Herr führt ihn viel weiter als er

beim Abschied von Antiochia sich träumen ließ, er führt ihn einen Weg, an den er nicht gedacht. Da und dort unterwegs gedenkt der Apostel in menschlichem Gutmeinen anzuhalten, links oder rechts abzulenken, aber der Herr führt ihn den Weg nicht, den er selbst sich wählt, er läßt ihm keine Wahl, läßt ihn weder zur Rechten noch zur Linken abweichen von der Bahn, die Er selber ihm vorgezeichnet nach seinem großen Reichsplan und giebt es ihm unter mancherlei Schwierigkeiten und Hindernissen immer wieder zu erfahren: „Der Wolken, Luft und Winden giebt Wege, Lauf und Bahn, der wird auch Wege finden, da dein Fuß gehen kann."

Beim Apostel aber seinerseits heißt es: Rede, Herr, dein Knecht höret; er hat ein offenes Ohr für des Herrn Befehle, ein aufmerksames Auge für des Herrn Winke, ein folgsames Herz für des Herrn Willen, fern von Eigensinn und Eigen= willen und Eigenwahl geht er den Weg, den sein Herr ihn führt, nach dem Grundsatz: In allen meinen Thaten laß ich den Höchsten rathen, der alles kann und hat; Er muß zu allen Dingen, solls anders wohl gelingen, selbst geben guten Rath und That.

Und wo führt denn der Herr seinen Knecht Paulus nun hin? Er führt ihn einen neuen Weg; er führt ihn zum ersten= mal aus dem Morgenland herüber ins Abendland, aus Asien nach Europa, in unsern Welttheil. Auch um unser Vaterland, auch um unsere Voreltern handelte es sich, als Paulus im Nachtgesicht jenen macedonischen Mann sah, der ihm rief: Komm hernieder und hilf uns! Das ist denn auch das Textes= wort, das durchschlägt durch unsern ganzen diesmaligen Ab= schnitt.

Der Nothruf: Komm hernieder und hilf uns!

1) Die Reise nach Troas.

2) Der Hilferuf von dort.

3) Der Aufbruch nach Europa.

1.

Die Reise bis Troas. V. 4—8.

V. 4. „Als sie aber durch die Städte zogen, überantworteten sie ihnen zu halten den Spruch, welcher von den Aposteln und Aeltesten zu Jerusalem beschlossen war." Also das Kleeblatt Paulus, Silas und Timotheus macht eine Rundfahrt durch die kleinasiatischen Christengemeinden und bringt ihnen das Neueste aus Jerusalem, das brüderliche Schreiben der Muttergemeinde, wie es mit den jüdischen Satzungen bei den Heidenchristen sollte gehalten und nicht gehalten werden. — Der Beschluß sollte nicht auf dem Papier bleiben, sondern ins Leben eingeführt werden. Heilsame Verordnungen, sagt hiezu ein alter Ausleger, müssen nicht nur gegeben, sondern auch mit Fleiß in Schwung gebracht werden, sonst sind sie wie eine Glocke ohne Klöppel. — Zu den Juden hat sich Paulus eben vorhin noch freundlich herabgelassen durch die Beschneidung des Timotheus, der Heidenchristen nimmt er sich nun auch ihrerseits herzlich an, indem er ihnen die Freiheit bringt vom jüdischen Gesetz und sie bloß auf die Gnade des Herrn Jesu verweist; so sucht er Allen alles zu werden, bis er beiderlei Volk in einerlei Geist des Glaubens vereinigt sieht. Und der Segen solcher treuen Arbeit blieb nicht aus:

V. 5. „Da wurden die Gemeinen im Glauben befestiget und nahmen zu an der Zahl täglich." Ein zwiefaches gesegnetes Wachsthum: sie wuchsen nach innen im Glauben, nach außen an der Zahl. Sonst geht nicht leicht beides Hand in Hand; nimmt die Zahl nach außen zu, so nimmt gar leicht das wahre Leben nach innen ab; hier war einmal beides beisammen. Es zeigte sich da die gesegnete Frucht des weisen Beschlusses zu Jerusalem. Hätte man den Heidenchristen das Ceremoniengesetz des alten Bundes aufgelegt, so wäre es rückwärts gegangen mit der Ausbreitung des Christenthums, das Evangelium hätte einen Schlagbaum vorgefunden auf seiner Siegesbahn. Nun aber konnte es ungestört seinen Segenslauf fortsetzen in der Welt. Freilich nur auf dem Weg, den der Herr ihm vorgezeichnet hatte.

V. 6. „Da sie aber durch Phrygien und das Land Galatien zogen, ward ihnen gewehret von dem Heiligen Geiste, zu reden das Wort in Asia." Von Pisidien giengen sie über das Taurusgebirge nordwärts in die Mittellandschaften Kleinasiens, und kamen hier durch Phrygien und Galatien. In Galatien hat Paulus ohne Zweifel auf dieser Reise die Gemeinden gestiftet, an die er nachher seinen Galaterbrief schrieb, und hat jene Erfahrungen gemacht, von denen er später sagt: „Meine Anfechtungen habt ihr nicht verschmäht, als einen Engel Gottes nehmet ihr mich auf, ja als Christum Jesum. Wie ware ihr dazumal so selig; ich bin euer Zeuge, daß, wenn es möglich gewesen wäre, ihr hättet eure Augen ausgerissen und mir gegeben." Gal. 4, 14 ff. Aber weder von der menschlichen Liebe noch von der göttlichen Gnade, die ihm dort widerfahren, ist hier jetzt weiter die Rede, die Erzählung geht wie im Sturmschritt einem für die ganze Reichsgeschichte Christi noch wichtigeren Wendepunkt entgegen; dorthin wird denn Paulus auch von der Hand des Herrn mit Gewalt geführt. Sie wollten von Galatien nach Asien, das heißt in die besondere Landschaft Kleinasiens mit Namen Asien sich wenden, west-

wärts ans Meer; aber es wird ihnen durch den heiligen Geist
gewehrt; seis ein äußeres Hinderniß, das sich ihnen entgegen=
stellte und zeigte, es soll nicht sein, oder ein innerer Geistes=
wink, den Paulus verspürte, daß er das Ja des Herrn in
seinem Herzen nicht vernahm auf die Frage: soll und darf ich?
kurz, es wurde ihm und seinen Begleitern klar: der Herr will
uns diesmal nicht dorthin haben, sondern anderswo brauchen.
— Gott will allerdings, daß allen Menschen geholfen werde,
aber er hat jedem Land, jeder Stadt, jeder Seele ihre beson=
dere Gnadenstunde und Heimsuchungszeit zugedacht; und da
kann der Mensch nichts eigensinnig erzwingen und ungeduldig
übereilen, wenn es beim Herrn heißt: meine Stunde ist noch
nicht gekommen. Wie oft kommts auch jetzt noch in der Mis=
sionsgeschichte vor: man möchte in dieses oder jenes Heidenland
eindringen, da und dort eine Missionsstation gründen, aber es
wird gewehret von dem heiligen Geist, der Plan mißlingt, man
muß warten, sich gedulden, vorerst anderswohin sich wenden.
— Wie oft gehts uns auch in unsrem eigenen Lebensweg so:
wir möchten da oder dorthin unsre Schritte wenden, da und
dort unsre Hütten bauen, unsern Berufskreis wählen, wir ha=
ben vielleicht mit herzlicher Vorliebe unser Auge nach diesem
oder jenem Flecke geworfen: Da möcht ich wohnen, da möcht
ich wirken — aber es wird uns vom Geist des Herrn ge=
wehret, der Herr legt uns einen Schlagbaum vor und spricht:
Da will ich dich nicht haben, da kann ich dich nicht brauchen.
Nun, liebe Seele, was willst du dann thun? Trotzig er=
zwingen was nicht sein soll? Muthlos klagen über vereitelte
Hoffnungen und Wünsche? Bitter schelten über Gott und
Menschen, die dir entgegen seien? — Nein, sondern mit Ger=
hard singen: Ihn, ihn laß thun und walten, er ist ein weiser
Fürst, und mit Paulus auf den Herrn warten, wohin er dich

führt. Der rechte Weg wird sich ja doch zeigen, die rechte Thür wird sich immer noch aufthun. Bist du doch nicht Regente, der alles führen soll, Gott sitzt im Regimente und führet alles wohl! — Noch einmal fährt er Paulo durch den Sinn:

B. 7. „Als sie aber kamen an Mysien, versuchten sie durch Bithynien zu reisen; und der Geist ließ es ihnen nicht zu." Auch Mysien und Bithynien, zwei Provinzen im Norden von Kleinasien, auf die Paulus sein Auge warf, lagen für dies= mal nicht auf dem vom Herrn seinem Knecht vorgezeichneten Reisewege, auch da läßt der Geist, seis durch äußeren Wink oder inneren Zug, für diesmal keinen Aufenthalt zu, sondern vorwärts! vorwärts! so lautet die Losung für Gottes Knechte. Es konnte scheinen, ihre ganze Reise sollte mißglücken, da ja ein Hinderniß ums andere sich ihnen in den Weg legte, da sie fast an jeder Landesgrenze, die sie überschreiten wollten, eine Warnungstafel fanden mit der Inschrift: verbotener Ein= gang; da fast auf jedem Weg, den sie einschlugen, der Engel des Herrn ihnen entgegentrat mit gezücktem Schwert und ihnen zurief: Zurück! Leicht hätte da ein Anderer irre wer= den können an seinem Beruf, muthlos seinen ganzen Plan auf= geben und den Heimweg antreten. Aber ein Knecht Gottes zieht die Hand nicht wieder zurück vom Pflug, denn er weiß: auch durch scheinbare Umwege führt der Herr die Seinen doch zum Ziel. Er spricht zu sich selber: Glaub nur feste, daß das Beste über dich beschlossen sei; wenn dein Wille nur ist stille, wirst du von dem Kummer frei. Wann die Stunden sich ge= funden, bricht die Hilf mit Macht herein, und dein Grämen zu beschämen, wird es unversehens sein. So gehts auch dem Paulus und seinen Begleitern.

B. 8. „Da sie aber vor Mysien über zogen, kamen sie hinab gen Troas." Dort wollte der Herr sie haben. Dort

in der Seestadt Troas, an der äußersten Nordwestspitze von
Kleinasien, von wo man herübersah nach Europa. Dort war=
tete schon das Schiff im Hafen segelfertig, das die Boten des
Evangeliums herübertragen sollte in unsern Welttheil. — Wir
vernehmen nun mit dem Apostel in Troas

2.

den Hilferuf dort.

V. 9. „Und Paulo erschien ein Gesichte bei der Nacht;
das war ein Mann aus Macedonien, der stund und bat ihn
und sprach: Komm hernieder in Macedonien und hilf uns.“
Ein merkwürdiges Gesicht! Ohne Zweifel war schon bei Tag
in Paulus' großer Seele, als er zu Troas am brandenden
Meeresufer stand und hinausschaute in den blauen Ocean,
hinüberschaute in den Westen, wo die Hauptresidenzen des
Heidenthums standen, Griechenland mit seinen Göttertempeln
und Rom mit seiner Kaiserburg — schon bei Tag, im Wachen
war da in ihm der Gedanke aufgetaucht: solltest du nicht hin=
über? willst du in Kleinasien bleiben, gleichsam in den Vor=
städten des Heidenthums? oder willst du kühn und muthig das
Panier des Kreuzes hineintragen ins Herz der Heidenwelt?
Aber zu einem Ja oder Nein war er noch nicht gekommen;
obs der Wille Gottes sei, oder obs ihm der Geist wieder
wehren würde, dessen war er sich noch nicht klar. Da kam
ihm der Herr zu Hilfe durch ein prophetisches Gesicht. Nach=
dem er wahrscheinlich bis in die Nacht umgegangen war mit
jenen mächtigen Planen und wichtigen Fragen, siehe, da er=
schien vor seiner außerordentlich aufgeregten und gesteigerten
Seele mitten in der Nacht, seis im Traum, seis während er
schlaflos auf seinem Lager sich wälzte, seis während er im Ge=
bete vor Gott lag, eine Gestalt wie eines macedonischen Man=

Die Apostelgeschichte. II.   5

nes, in der Tracht des macedonischen Griechenvolks, der flehend
die Hände ausstreckte und in macedonischer Mundart rief:
komm hernieder und hilf uns! Es war nur ein Gesichte,
kein wirklicher Mann, aber es war ein Gesichte von Gott,
wie es der Herr seinen Propheten seit alter Zeit oftmals gesandt, ihnen seinen Willen kundzuthun. In diesem macedonischen Mann stand gleichsam das ganze heidnische Europa ver-
körpert vor dem Apostel: „komm hernieder und hilf uns!"
so rief damals die arme hilfsbedürftige, zwischen Aberglauben
und Unglauben trostlos umherschwankende Heidenwelt, die nirgends mehr Heil fand, weder in ihren erdichteten Göttern
noch in ihrer abgelebten Philosophie, noch in ihren raffinirten
Lüsten, — so rief sie sehnsuchtsvoll dem Apostel entgegen. Auch
unsre heidnischen Voreltern, die alten Deutschen, standen gleichsam hinter jenem macedonischen Mann und stimmten mit ein
in den Nothruf: komm hernieder und hilf uns; komm, Herr
Jesu, du Licht der Welt, in unsre finstern Eichenwälder und
hilf uns zur Wahrheit und zum Frieden! Auch um unser
Land und Volk handelte sichs, überhaupt ums ganze Abendland, ja um die ganze Geschichte des Reichs Gottes auf Erben. Es fragte sich: soll das Christenthum eine morgen-
ländische Sekte bleiben, oder soll es die Weltreligion werden?
Soll, wie die natürliche Sonne wandelt von Osten nach Westen, also auch die geistliche Sonne, Jesus Christus und sein
Evangelium, siegreich und segensvoll wandeln vom Aufgang
bis zum Niedergang? — Komm hernieder und hilf uns!
Dieser Nothruf ist heut noch nicht verhallt. So ruft noch
heute die Heidenwelt über Land und Meer zur Christenheit
herüber; aus den Eisfeldern Grönlands und Sandwüsten Afri-
kas, über die Gebirge Chinas und aus den Urwäldern Amerikas
ruft die Heidenwelt herüber zur Christenheit: komm hernieder

unb hilf uns aus unsrem Aberglauben, aus unsrer Sünden=
noth, aus unsrem Jammerleben, hilf uns durchs Evangelium!
— Komm hernieder und hilf uns, so rufts auch mitten in der
Christenheit tausendfach in unsre Ohren, wo geistliche Noth
oder leibliches Elend ist, aus Gefängnissen, aus verwahrlosten
Gemeinden und Familien, aus Krankenbetten tönts dem Chri=
sten entgegen: komm hernieder und hilf uns! Hilf uns, wenn
du den Herrn lieb hast, wenn du die Brüder lieb hast, hilf
uns mit Wort und That, hilf uns an Leib und Seele!
O wer nur immer helfen könnte! Aber auch wer nur immer
helfen wollte! Wo der Wille da ist, der Eifer für Gottes
Sache, die Liebe zum Herrn und zu den Brüdern, da kann,
wenn auch nicht Alles, doch etwas geschehen, da kann jeder von
uns etwas thun, wenn auch keiner soviel als ein Apostel
Paulus. Sehet noch

3.

den Aufbruch nach Europa.

B. 10. „Als er aber das Gesichte gesehen hatte, da
trachteten wir alsobald zu reisen in Macedonien, gewiß, daß
uns der Herr dahin berufen hätte, ihnen das Evangelium zu
predigen." Nun mußte Paulus: Gott wills! Nun hieß es:
die Liebe Christi bringet uns; wir könnens ja nicht lassen,
und muthig, ohne mit Fleisch und Blut sich zu besprechen, be=
tritt er mit seinen Begleitern („wir", also Lukas dabei,) die
neue Bahn. Mochte auch das Meer hochgehen bei der Abfahrt,
mochte auch sein Geist ahnen, der Weg, den er nun betreten,
werde ihn früher oder später auf den Richtplatz führen, dennoch
spricht er im Glauben: In dem Allem überwinden wir weit
um deßwillen, der uns geliebet hat. Der Herr erwecke sich
noch allezeit feurige Herzen, die den Hilferuf der Heidenwelt

vernehmen und den Wink des Herrn verstehen, und muthig in Gottesnamen den Weg betreten, den er sie führt. Ja, er zünde in uns Allen ein Fünklein an von solchem Glaubensmuth und Liebesfeuer, daß wir bereit seien, wo die Noth der Welt nach Hilfe ruft und wo der Wink des Herrn uns zu seinem Dienst bestellt, auch etwas zu wagen und zu opfern und freudig die Wege zu gehen, die Er uns führt!

> So sei nun, Seele, seine
> Und traue Dem alleine,
> Der dich erschaffen hat;
> Es gehe, wie es gehe,
> Dein Vater in der Höhe
> Weiß allen deinen Sachen Rath.
>
> (Flemming.)

Amen.

XLVII.

Lydia, die erste Christin Europas.

Kap. 16, V. 11—15. Da fuhren wir aus von Troas; und straks Laufs kamen wir gen Samothracien, des andern Tages gen Neapolis und von dannen gen Philippi, welche ist die Hauptstadt des Landes Macedonien und eine Freistadt. Wir harren aber in dieser Stadt unser Wesen etliche Tage. Des Tages der Sabbather giengen wir hinaus vor die Stadt an das Wasser, da man pfleget zu beten und satzten uns und redeten zu den Weibern, die da zusammen kamen. Und ein gottfürchtig Weib mit Namen Lydia, eine Purpurkrämerin, aus der Stadt der Thyatirer, hörete zu; welcher that der Herr das Herz auf, daß sie drauf Acht hatte, was von Paulo geredt ward. Als sie aber und ihr Haus getauft ward, ermahnete sie uns und sprach: So ihr mich achtet, daß ich gläubig bin an den Herrn, so kommt in mein Haus und bleibet allda. Und sie zwang uns.

„Selig sind die Gottes Wort hören und bewahren," diesen Ausspruch des Herrn (Luc. 11, 27) finden wir recht lieblich bestätigt in unsrem heutigen Textabschnitt.

„Selig sind die Gottes Wort hören," schon es hören zu dürfen, das Wort, das unsre Seelen selig machen kann, ist eine Seligkeit, ein göttlicher Segen', eine unaussprechliche Gnade. Deßwegen preist der Herr dort seine Jünger: Selig

sind die Augen, die da sehen, das ihr sehet, und die Ohren,
die da hören, das ihr höret u. s. w. Deßwegen sind auch wir
heute die Gesegneten des Herrn, weil wir das Wort hören
dürfen, nach dem so viele Millionen Heidenseelen bis jetzt um=
sonst schmachten, das Wort, das eine Kraft ist, selig zu machen
Alle, die daran glauben. Also nur die daran glauben; darum
selig sind, die Gottes Wort hören „und bewahren". Alles
Hören des göttlichen Wortes kann uns doch noch nichts hel=
fen, ja selbst eine flüchtige Rührung, eine vorübergehende Auf=
nahme des göttlichen Worts kann uns noch nicht selig machen,
kann uns noch keinen bleibenden Gewinn bringen, wenn wirs
nicht bewahren in einem feinen guten Herzen, wenn das Wort
bloß an den Weg fällt, auf ein verschlossenes Herz, oder aufs
Steinigte, in ein unbeständiges Herz, oder unter die Dornen,
in ein zwischen Irdischem und Himmlischem getheiltes Herz,
statt in ein feines gutes Herz, welches das Wort annimmt
und Früchte bringt in Geduld.

„Selig sind die Gottes Wort hören und bewahren."
Freilich, dazu gehört auch Gnade. Die Gnade, welche das
Wort uns anbeut und verkündigen läßt; die Gnade, welche
das Herz aufthut, daß das Wort Eingang findet; die Gnade,
welche das Herz fest macht, daß der Same immer tiefer wur=
zeln kann; die Gnade, welche nun den Segen giebt, daß das
Herz auch Früchte bringt in Geduld, in Liebe, in Gehorsam.

Selig sind die Gottes Wort hören und bewahren, welches
geschiehet durch Gnade. Ein lebendiges, gar liebliches Bei=
spiel davon sehen wir an Lydia, der Purpurkrämerin zu Phi=
lippi, der ersten Christenseele, die Paulus in Europa für den
Herrn gewonnen hat, einer der edlen Frauengestalten aus der
christlichen Vorzeit, die wie Martha, Maria, Elisabeth, Tabea
und Andere heute noch als schönes Musterbild dasteht, nicht

nur für euch, ihr lieben Frauen und Jungfrauen, sondern auch
für uns Männer. Möchte der Herr auch an uns thun, was er
an ihr gewirkt hat durch seine Gnade, indem er ihr das Herz
aufthut, damit dann wir auch für ihn thun können, was
Lydia für ihn that und es auch von uns heiße: Selig sind
die Gottes Wort hören und bewahren! Also

Lydia, die erste Christin Europas,

ein erbauliches Vorbild für uns Alle. Wir sehen:

1) Wie die Boten des Herrn zu ihr geführt
werden. V. 11, 12.

2) Wie der Herr ihr das Herz aufthut. V. 13, 14.

3) Wie sie dem Herrn ihr Haus aufthut. V. 15.

1.

Wie die Boten des Herrn zu ihr geführt werden.
V. 11. „Da fuhren wir aus von Troas; und straks
Laufs kamen wir gen Samothracien, des andern Tags gen
Neapolis." In Troas hatte Paulus jenes Nachtgesicht gesehen,
das ihn nach Europa herüberrief, den macedonischen Mann, der
da rief: Komm hernieder und hilf uns! — und alsobald war
er mit seinen Reisegenossen entschlossen, diesem Ruf der euro=
päischen Heidenwelt, diesem Ruf Gottes selber zu folgen, und
so bestiegen sie das nächste Schiff, das von Troas nach Europa
herübersegelte. „Da fuhren wir aus". Bemerket das „wir".
Schon im vorigen Vers hats geheißen: „Da trachteten wir";
während bisher von Paulus und seinem Gefährten immer in
der dritten Person gesprochen war, „sie giengen", „sie kamen",
so heißt es von nun an „wir"; „wir fuhren" u. s. w. Daraus
müssen wir den Schluß ziehen, daß der Verfasser der Apostel=
geschichte, Lucas, von nun an selber dabei war, daß also er in

Troas sich der Reisegesellschaft angeschlossen hatte. Es ist schön, wie Lucas von seinem Hinzutritt so gar kein Wesen macht, ganz still und bescheiden sich hier in die Geschichte mit einführt. Er betrachtet sich ganz als Nebenperson gegenüber der Haupt= person des Paulus und will für sich selber keinen andern Ruhm, als daß er dabei gewesen und also als Augen= und Ohrenzeuge reden könne.

Da fuhren wir aus von Troas, zu vieren: Paulus, Si= las, Timotheus und Lucas. „Und straks Laufs" — mit gün= stigem Wind, in schneller glücklicher Fahrt fuhren wir hin. Auch Wind und Wellen mußten ihren Entschluß fördern und ihren Muth stärken, das Evangelium nach Europa zu bringen. „Kamen gen Samothrace", — einer Insel im ägeischen Meer zwischen Troas und Macedonien, zwischen der asiatischen und europäischen Küste in der Mitte, „des andern Tags nach Neapolis", einer Küstenstadt in Thracien am europäischen Ufer. Dort also betreten sie zum erstenmal europäischen Boden. „Seid herzlich gegrüßt," sprach Europa, — bemerkt hiezu der alte ehrwürdige Schriftausleger Bengel. Komm herein, du Geseg= neter des Herrn, warum stehest du draußen? So möchten wir hier dem Paulus zurufen wie einst Laban dem Elieser, als er zu Nahor für seines Herrn Abrahams Sohn Isaak um Re= bekka warb. Nun und Paulus bleibt auch nicht draußen stehen. An der Küstenstadt hält er sich nicht auf, sondern geht sogleich landeinwärts nach Macedonien, wohin er berufen war.

V. 12. „Und von dannen gen Philippi, welche ist die Hauptstadt des Landes Macedonien und eine Freistadt. Wir hatten aber in dieser Stadt unser Wesen etliche Tage." Philippi, eine macedonische freie Handelsstadt, die erste (nicht Haupt=) Stadt des Landes, in die man von Neapolis herkam, hatte einen altberühmten Namen. Gegründet war sie von dem

macedonischen König Philipp, dem Vater Alexanders des
Großen. Hundert Jahre ehe Paulus dahin kam, war dort
bei Philippi eine große blutige Schlacht geschlagen worden
zwischen dem römischen Herrscher Augustus und seinen Feinden,
worin Augustus Sieger blieb und wodurch der Grund zu
seinem Kaiserthum, zu seiner Weltherrschaft gelegt wurde. —
Diesmal sollte bei Philippi wieder ein Sieg errungen werden,
ohne Schwert und Blutvergießen, der Sieg des Evangeliums
über das Heidenthum, ein Sieg, wodurch der Grund gelegt
wurde zur Herrschaft Jesu Christi in Europa, ja zu seinem
ganzen Weltreich auf Erden; ein friedlicher Sieg des Friede=
fürsten, von dem es heißt: O mächt'ger Herrscher ohne Heere,
gewalt'ger Kämpfer ohne Speere, o Friedensfürst von großer
Macht! Oft wollten dir der Erde Herren den Weg zu deinem
Throne sperren, doch du gewannst ihn ohne Schlacht! — Sehen
wir diesem Siege des Paulus bei Philippi zu, sehen wir:

2.
Wie der Herr der Lydia das Herz aufthut.

V. 13. „Des Tages der Sabbather giengen wir hinaus
vor die Stadt an das Wasser, da man pfleget zu beten und
satzten uns und rebeten zu den Weibern, die da zusammen
kamen." Nachdem sie in der Stadt einige Tage stille ver=
weilt, benützen sie den nächsten Sabbath zu einer Ansprache
an Juden und Judengenossen. Im Geräusch des Werktags
war nicht viel zu machen gewesen für die Sendboten des
Evangeliums. Nun versuchen sies in der Sabbathstille; da
findet man ja noch am ehesten ein offenes Ohr und ein offenes
Herz fürs Wort des Herrn. So gehen sie nun hinaus vor
die Stadt ans Wasser. Ein Bethaus, eine Synagoge hatten
die Juden, scheints, nicht in der alten macedonischen Handels=

stabt, sondern nur einen Betplatz vor der Stadt draußen unter
grünen Bäumen, an einem fließenden Wasser, wie man gerne
solche Plätze zum Gottesdienst wählte um der heiligen Waschungen willen. Gottes Wort ist ja nicht gebunden. Wo
keine Tempelkuppel sich wölbt, da kann es sich hören lassen
auch unterm blauen Himmelsgewölbe; wo keine steinernen
Pfeiler sich erheben, da können die grünen Bäume die Säulenhallen vorstellen; wo keine Kanzel gebaut ist, da kann man
auch am Brunnen oder vom Kahn aus das Wort Gottes verkünden. So hats der Herr einst gehalten am See Genezareth
und am Jakobsbrunnen bei Sichem. So müssens die Missio-
näre heute noch halten in der Heidenwelt draußen; wo noch
kein christliches Gotteshaus steht, da müssen sie oft in eine
Hausthür, oder auf den Markt, oder unter einen Baum auf dem
Felde, oder auf die Staffeln eines Götzentempels sich stellen,
um das Wort Gottes zu verkünden. So machts denn auch
Paulus zu Philippi. — Sie giengen hinaus vor die Stadt
wo man pflegte zu beten und satzten sich und redeten zu den
Weibern, die da zusammenkamen.

Es war also eine kleine Zuhörerschaft, die da Paulus
versammelt fand, kaum eine Betstundengemeinde, wie sie hier
versammelt ist. Es waren bloß Frauen da. Waren die Männer in Handelsgeschäften verreist, oder giengen sie am Sabbath ihrem Vergnügen nach, genug, es geht dem Apostel wie
es heut noch manchmal dem Prediger des Evangeliums geht,
er muß mit einem kleinen Häuflein Zuhörer sich begnügen, weil
die andern nicht kommen; er muß an die Frauen sich halten,
weil die Männer fehlen, oder doch ihrer weit wenigere kommen. Frauen waren einst die ersten, die um den Herrn und
seine Apostel sich gläubig sammelten; Frauen waren um ihn
am Charfreitag Abend und am Ostermorgen; Frauen waren

die ersten Zuhörer des Evangeliums in Europa; eine Frau
war die erste Christin, die Paulus in Macedonien gewann, die
Stammmutter der ganzen europäischen Christenheit. — Nun
bewahrt euren alten Ruhm, ihr Frauen und Jungfrauen, daß
ihr die Ersten und Fleißigsten seid, die zu Jesu Füßen sitzen,
und wir, die Männer, wollen auch nicht ganz zurück bleiben;
hat ja manche Frau den Mann oder den Sohn oder den Bruder schon nachgezogen zum Herrn, fehlt es ja gottlob auch
nicht ganz an heilsbegierigen Männerherzen, die mit Niko-
demus bei Tag oder Nacht zu Jesu kommen und mit Petrus
es bekennen: Herr, wohin sollen wir gehen von dir, du hast
Worte des ewigen Lebens! Freilich mit dem bloßen Kommen
und Hören ists noch nicht gethan. Ein ganzer Haufen Frauen
war dort am Wasser um Paulus versammelt, aber nur an
einer hat sichs erfüllt: selig sind die Gottes Wort hören und
bewahren. Nur Einer that der Herr das Herz auf.

V. 14. „Und ein gottfürchtig Weib, mit Namen Lydia,
eine Purpurkrämerin, aus der Stadt der Thyatirer, hörete zu;
welcher that der Herr das Herz auf, daß sie drauf Acht hatte,
was von Paulo geredt ward.“ „Ein gottfürchtig Weib,“ das
heißt nach der Apostelgeschichte eine Judengenossin, eine ge-
borene Heidin, die sich zu den Juden hielt und mit ihnen den
lebendigen Gott, Schöpfer Himmels und der Erden, verehrte;
„mit Namen Lydia“, ein schöner, griechischer, im Alterthum
häufiger, nun aber durch diese Frau erst christlich geweihter
und verklärter Name; — „eine Purpurkrämerin aus der Stadt
der Thyatirer“ in Kleinasien, die auch in der Offenbarung
Johannis vorkommt beim vierten Sendschreiben. Sie war
demnach eine wohlhabende Kaufmannsfrau, handelte mit kost-
baren Modewaaren, besonders mit purpurnen Kleiderstoffen, die
im Alterthum von den Reichen und Vornehmen so gerne ge-

tragen wurden. Man kann ja in allen Ständen, auch im Ge=
werbs= und Handelsstand Gott fürchten, sein Wort lieb haben,
sein Seelenheil finden und dem Herrn Jesu dienen, wenn man
nur über dem zeitlichen Erwerb das ewige Kleinod, über der
Arbeit das Gebet, über dem Werktagslärm die Sabbathlieder,
über dem Leibesgewand den Seelenschmuck nicht vergißt. So
hat diese Purpurkrämerin Lydia, weil sie Gott fürchtete und
sein Wort lieb hatte und den Sabbath heiligte, durch Paulum
nun erst den köstlichsten Gewinn gemacht, gegen den sie alles
andre für Schaden achten konnte, den edelsten Purpur kennen
gelernt, den Purpur, von dem Gerhard singt: „Wann endlich
ich soll treten ein in deines Reiches Freuden, so soll dein Blut
mein Purpur sein, ich will darein mich kleiden." Also diese
Lydia hörete zu.

„Welcher that der Herr das Herz auf." Das ist nun
der Glanzpunkt und Silberblick unsres ganzen Textes; das
ist der erste Erfolg des Apostels Paulus in Europa, und da=
mit war im Grund seine Reise schon bezahlt. „Welcher that
der Herr das Herz auf." Wir Lehrer lehren, ihr Zuhörer
höret, aber dann erst haben wir eine selige Frucht von unsrem
Lehren und habt ihr einen rechten Gewinn von eurem Hören,
wenn der Herr euch das Herz aufthut, daß der Same des
göttlichen Worts Eingang findet und haftet und wurzelt und
bleibt und wächst und fruchtet. „Welcher that der Herr das
Herz auf." Ja, das sind die Lichtpunkte im Leben eines Leh=
rers, die manche saure Arbeit versüßen, manchen herben Seufzer
aufwiegen, manche bittere Erfahrung vergessen lassen, wenn nun
der Herr unter unsern Zuhörern manchmal einem das Herz
aufthut, daß es sich hergiebt für sein Wort, gewinnen läßt für
sein Reich; und ists auch unter vielen Herzen nur eine Lydia,
die sich gewinnen läßt: wir sehen doch wieder, daß unsre Ar=

beil nicht vergeblich ist in dem Herrn, wir danken dem Herrn,
der noch allezeit der Menschen Herzen lenken kann wie Wasser=
bäche. Denn Er ists mit seinem Geist, der die Herzen auf=
thut, nicht wir sinds mit unsrer Predigt; gerade wo wirs oft
am wenigsten erwarten, wo wir oft unsre Sache am schlechte=
sten gemacht zu haben meinen, kann er unsrem Wort ein Herz
aufthun, zum deutlichen Zeichen: nicht uns, Herr, nicht uns,
sondern deinem Namen die Ehre! „Welcher that der Herr
das Herz auf.“ O das ist die seligste Stunde in einem Men=
schenleben, wenn der Herr einem Menschen das Herz aufthut
für sein Wort, für seine Gnade, für sein Heil; wenn das oft
gehörte Wort endlich zum erstenmal nicht nur in die Ohren
geht, sondern auch ins Herz und durchs Herz; wenn das
lange Zeit harte Herz endlich aufgeht, wie die winterlich ge=
frorene Erde aufgeht beim lauen Frühlingsregen; wenn das
lange verschlossene Gemüth endlich aufbricht, wie die Rosen=
knospe sich aufschließt vor den warmen goldnen Sonnenstrahlen.
— O der Herr thue auch uns je mehr und mehr das Herz auf,
weit auf, ganz auf, bis zum Grund auf für sein Wort, für
seine Gnade, für sein Heil, daß auch der letzte Riegel weiche,
daß auch der verborgenste Winkel ihm offen stehe, daß es in
Wahrheit heiße von unsrem Herzen: „Zeuch, du Ehrenkönig,
ein, es gehöret dir allein, mach es, wie du gerne thust, rein
von aller Sündenlust.“ Dann aber wollen auch wir unser
Haus ihm aufthun mit Freuden. Sehet:

3.

Wie Lydia dem Herrn ihr Haus aufthut.

V. 15. „Als sie aber und ihr Haus getauft ward, er=
mahnete sie uns und sprach: So ihr mich achtet, daß ich
gläubig bin an den Herrn, so kommt in mein Haus und blei=

bet allda. Und sie zwang uns." „Als sie aber und ihr Haus
getauft ward." Also Lydia läßt sich taufen. Den Herrn, den
sie erkannt, will sie nun auch bekennen vor der Welt. Wahr=
scheinlich unter dem Schatten jener Bäume an dem stillen
Waffer, wo ihr zum erstenmal das Evangelium durch das Herz
gegangen war, empfieng sie nun auch das Gnadensiegel der hei=
ligen Taufe. „Sie und ihr Haus." Das ist eine der Stellen
aus der Apostelgeschichte, auf welche sich die christliche Kirche
von Alters her beruft für die Rechtmäßigkeit und Zuläßigkeit
der Kindertaufe. Wo das Haupt des Hauses sich taufen ließ,
da nahmen auch die Apostel schon keinen Anstand, mit ihm
auf sein Begehren auch die Seinen zu taufen, Kind und Ge=
sinde, in der Zuversicht, vom christlichen Haupte des Hauses
werden dann auch die Angehörigen christlich geleitet und er=
zogen werden, in Kraft des heiligen Familienbands, das Haupt
und Glieder verbindet. Sie ließ sich taufen und ihr Haus.
Das ist auch ein Wink für uns, für Hausväter und Haus=
mütter insbesondere, daß wir, wenn wir selber das Heil in
Christo gefunden, auch die Unsern dahin weisen sollen, der
Mann die Frau und die Frau den Mann, die Eltern die Kin=
der und die Herrschaft das Gesinde; so sollen wir dem Herrn
nicht nur unser Herz, sondern auch soviel an uns ist, unser
Haus aufthun nach dem schönen Wahlspruch Josuas: „Ich
und mein Haus wollen dem Herrn dienen." Noch mehr thut
Lydia: in ihrer Herzensfreude will sie nun dem Herrn auch
dienen in seinen Knechten, nöthigt den Paulus und seine Ge=
noffen, bei ihr Wohnung zu nehmen, theils um ihren Dank
damit zu bezeugen, theils um im täglichen Umgang mit diesen
Gottesmännern für sich und die Ihrigen noch mehr Segen zu
empfangen. So wurde das Haus dieser Lydia recht eine Hütte
Gottes bei den Menschen, die erste Missionsstation in Europa,

das Mutterhaus, von dem aus jene liebliche Gemeinde zu Philippi stammte, an die Paulus seinen Philipperbrief schrieb, jene schöne Gemeinde, die der Apostel seine Freude und seine Krone nannte. Phil. 4, 1. So hat Lydia dem Herrn ihr Haus aufgethan, nachdem er ihr das Herz aufgethan.

O Er wolle auch uns die Herzen aufthun in Buße und Glauben, damit auch wir ihm unsere Häuser aufthun in Liebe und Gehorsam; damit er Wohnung mache bei uns hienieden, bis wir bei ihm wohnen dürfen im Vaterhaus droben!

> Herr, komm in mich wohnen,
> Laß mein Herz auf Erden
>   Dir ein Heiligthum noch werden.
> Komm, du nahes Wesen,
> Dich in mir verkläre,
>   Daß ich dich stets lieb' und ehre;
> Wo ich geh,
> Sitz und steh,
>   Laß mich dich erblicken
> Und vor dir mich bücken!
>
> (Tersteegen.)

Amen.

XLVIII.

Paulus und die wahrsagende Magd.

Kap. 16, V. 16—24. Es geschah aber, da wir zu dem Gebet giengen, daß eine Magd uns begegnete, die hatte einen Wahrsagergeist und trug ihren Herren viel Genieß zu mit Wahrsagen. Dieselbige folgete allenthalben Paulo und uns nach, schrie und sprach: Diese Menschen sind Knechte Gottes, des Allerhöchsten, die euch den Weg der Seligkeit verkündigen. Solches that sie manchen Tag. Paulo aber that das wehe, und wandte sich um und sprach zu dem Geiste: Ich gebiete dir in dem Namen Jesu Christi, daß du von ihr ausfahrest. Und er fuhr aus, zu derselbigen Stunde. Da aber ihre Herren sahen, daß die Hoffnung ihres Genießes war ausgefahren, nahmen sie Paulum und Silan, zogen sie auf den Markt vor die Obersten, und führeten sie zu den Hauptleuten und sprachen: Diese Menschen machen unsere Stadt irre und sind Juden; und verkündigen eine Weise, welche uns nicht ziemet anzunehmen noch zu thun, weil wir Römer sind. Und das Volk ward erregt wider sie; und die Hauptleute ließen ihnen die Kleider abreißen und hießen sie stäupen. Und da sie sie wohl gestäupet hatten, warfen sie sie ins Gefängniß und geboten dem Kerkermeister, daß er sie wohl bewahrete. Der nahm solch Gebot an und warf sie in das innerste Gefängniß und legte ihre Füße in den Stock.

„Ziehet nicht am fremden Joch mit den Ungläubigen. Denn was hat die Gerechtigkeit für Genieß mit der Unge-

gerechtigkeit? Was hat das Licht für Gemeinschaft mit der
Finsterniß? Wie stimmt Christus mit Belial?" So schreibt
Paulus an seine Korinthier, 2 Kor. 6, 14 ff. und so handelt
er hier zu Philippi.

Die Bekehrung und Taufe der Purpurkrämerin Lydia
war die erste Missionsbeute des Apostels zu Philippi gewesen.
Heute ists abermals eine Frauensperson in jener Stadt, mit
welcher wir Paulus in Berührung kommen sehen, eine wahr=
sagende heidnische Magd. Aber diese Bekanntschaft läuft nicht
so freundlich und friedlich ab wie jene. Das Reich des Lichts,
für das die Apostel kämpfen, kommt hier in offenen Krieg mit
dem Reich der Finsterniß, und weil die Knechte Christi keine
Gemeinschaft haben wollen mit Belial, so werden sie als Un=
ruhstifter verklagt, als Missethäter gepeitscht, als gefährliche
Menschen in das Gefängniß geworfen.

Und doch, meine Lieben, ists in Wahrheit ein Sieg, den
der Apostel hier errungen, und diese ganze Geschichte mit der
wahrsagenden Magd, so unbedeutend sie erscheinen könnte, hat
eine tiefere und allgemeinere Bedeutung. Der Apostel war
nun im vollen Zug, das Evangelium der Heidenwelt zu
bringen, weil es von den Juden fast allenthalben zurückgestoßen
ward, und es mußte ihm alles dran liegen, bei den Heiden
eine recht offene Thür zu finden und recht viel Boden zu ge=
winnen. Da lag nun für den eifrigen Heidenboten die Ver=
suchung nahe, um des Erfolgs willen und dem Frieden zu
lieb gegen das Heidenthum etwa allzu gelind aufzutreten, den
Heiden von ihrem Aberglauben und ihren Unsitten manches
nachzusehen und so eine Art von Friedensvertrag zu schließen
zwischen Christus und Belial, zwischen Licht und Finsterniß,
nur damit das Evangelium desto willigere Annahme finde.

So ist wirklich später die römisch katholische Kirche zum Theil
bei ihrer Heidenmission verfahren; da hat man in ein paar
Jahren Tausende getauft, ganze Länder wie im Flug bekehrt
und scheinbar die glänzendsten Erfolge erzielt, aber auf welchem
Weg? Man begnügte sich mit der alleroberflächlichsten Be=
kehrung, man war zufrieden, wenn die Leute das Kreuz mach=
ten und sich zur Taufe hergaben, daneben ließ man ihnen aber
gern alle möglichen heidnischen Sitten und Unsitten, ein äußer=
liches Formenchristenthum wurde wie ein glänzender Deckmantel
über den heidnischen Schmutz hergeworfen, der darunter fort=
wucherte in alter Weise, und so hatte der Sieg keinen Bestand,
es hieß: wie gewonnen, so zerronnen; über ein Kleines fiel
der lockere Bau wieder zusammen, denn er war auf Sand
gebaut.

Ganz anders unser Paulus; mit heiligem Ernst, mit un=
erbittlicher Strenge tritt er dem Reich der Finsterniß gegen=
über, auch wo es ihm scheinbar freundschaftlich entgegenkommt:
keinen Fuß breit giebt er von der Wahrheit preis um des
Friedens willen und lieber will er nur eine einzige Seele ganz
und völlig, als Tausende nur halb und zum Schein für Chri=
stum gewinnen. Denn sein Grundsatz ist: was hat das Licht
für Gemeinschaft mit der Finsterniß? Wie stimmet Christus
mit Belial? Wir können daraus auch für uns etwas lernen,
und in diesem Sinn wollen wir etwas näher ansehen

Paulus und die wahrsagende Magd.

1) Das Lob der Knechte Gottes aus unreinem
Mund.

2) Wie es Paulus von sich weist.

3) Wie ihm dafür gelohnet wird.

1.

Das Lob der Knechte Gottes aus unreinem Mund.

V. 16, 17. „Es geschah aber, da wir zu dem Gebet giengen, daß eine Magd uns begegnete, die hatte einen Wahrsagergeist und trug ihren Herren viel Genieß zu mit Wahrsagen. Dieselbige folgete allenthalben Paulo und uns nach, schrie und sprach: Diese Menschen sind Knechte Gottes, des Allerhöchsten, die euch den Weg der Seligkeit verkündigen." Eine heidnische Magd war damals in Philippi, welche im Zustande der Besessenheit Geisterstimmen aus sich reden ließ und als Wahrsagerin großen Zulauf hatte, wodurch sie ihren Herren, denn sie war eine Sklavin, großen Gewinn eintrug. — Wie dieses Zauber- und Wahrsagerwesen damals in allen Ländern im Schwange gieng, wie sich namentlich die Heiden, Vornehme und Geringe, Gebildete und Ungebildete, weil ihnen das wahre Licht der Erkenntniß fehlte, vielfach an solch täuschende Irrlichter, an Zauberer und Wahrsager und falsche Propheten hielten, das haben wir in der Apostelgeschichte schon mehrmals gesehen; so stieß früher in der Gemeinde in Samaria der Apostel Petrus auf den Zauberer Simon, so in Cypern der Apostel Paulus auf den Zauberer Elymas. Diesmal nun aber legt selbst der Lügengeist Zeugniß ab für die Wahrheit.

V. 17. „Dieselbige folgete allenthalben Paulo und uns nach, schrie und sprach:. Diese Menschen sind Knechte Gottes, des Allerhöchsten, die euch den Weg der Seligkeit verkündigen." Jene Magd, wenn die Apostel zu den Gebetsversammlungen über die Straße giengen, lief ihnen nach und schrie ihnen nach vor allem Volk: Diese Menschen sind Knechte Gottes, des

Allerhöchsten, die euch den Weg der Seligkeit verkündigen. Ist dies nicht ein schönes Zeugniß? Ists nicht ein wahres Zeugniß? Was wollten denn Paulus und seine Begleiter anders sein als Knechte Gottes des Allerhöchsten? Und was wollten sie mit ihrer Predigt anders als den Leuten den Weg der Seligkeit verkündigen? Und ein solches Lob sogar aus Heidenmund zu vernehmen, mußte das die Apostel nicht freuen? Ein solches Zeugniß zu erhalten von einer Person, die als eine Prophetin, als eine Wahrsagerin viel galt in der Stadt, mußte das der Sache des Evangeliums nicht großen Vorschub thun? Aber da hieß es nun: Was hat das Licht für Gemeinschaft mit der Finsterniß? Wie stimmet Christus mit Belial? Höret

2.

Wie Paulus das Lob der unreinen Lippen von sich weist.

V. 18. „Solches that sie manchen Tag. Paulo aber that das wehe, und wandte sich um und sprach zu dem Geiste: Ich gebiete dir in dem Namen Jesu Christi, daß du von ihr ausfahrest. Und er fuhr aus zu derselbigen Stunde." Manchen Tag rief jene Wahrsagerin so den Aposteln nach. „Paulo aber that das wehe". Warum that es ihm wehe? Wohl aus mehr als Einem Grund.

Wehe hätte ihm ein solches Rühmen vor den Leuten, ein solches Lob auf offener Straße gewiß schon dann gethan, wenn es aus gesundem und reinem Mund, wenn es von den Lippen einer glaubigen Christin, einer Lydia etwa gekommen wäre. Nichts ist einem rechtschaffenen Gottesknecht peinlicher als das maßlose und taktlose Loben und Preisen, das er sich oft von seinen Anhängern und namentlich von seinen Anhängerinnen muß gefallen lassen, das schmeichlerische Beräuchern und Vergöttern seiner Person und seiner Wirksamkeit, wo er doch im Innersten fühlt: ich bin ein unnützer Knecht; das krankhafte Nachlaufen und sich an ihn Hängen, wobei es Vielen im Grund mehr um die Person als um die Sache zu thun ist und sie über dem Knechte den Herrn vergessen. Da möchte ein redlicher Diener Christi oft in frommem Unwillen sprechen wie Paulus dort zu den Leuten von Lystra: was machet ihr doch? wir sind auch sterbliche Menschen wie ihr, oder mit dem Herrn selber, als ihn ein Weib aus dem Volk mit lauter Stimme pries: selig ist der Leib, der dich getragen hat, — voll mahnenden Ernstes antworten: Ja, selig sind die Gottes Wort hören und bewahren!

Paulo that das wehe. Wehe, wie gesagt, hätte ihm dieses Straßenlob gethan, selbst wenns aus christlichem Munde gekommen wäre. Aber doppelt mißfallen mußte es ihm von heidnischen Lippen, aus dem Munde einer Besessenen.

Von einem berühmten griechischen Weisen wird erzählt, als ihm einst hinterbracht worden, ein stadtkundig schlechter Mensch habe sich sehr günstig über ihn geäußert, da habe er ganz erschrocken gefragt: habe ich denn etwas Schlechtes gethan, daß dieser Mensch mich lobt? — Das Lob der Schlechten darf uns nicht freuen, kann uns nicht gefallen, muß uns sogar erschrecken und mißtrauisch machen: bin ich denn etwa ihresgleichen geworden, daß sie mit mir zufrieden sind? oder wollen sie mir dadurch Sand in die Augen streuen, mich bestechen, daß ich nun auch sie lobe, ihre Fehler hingehen lasse, ihre Laster nicht strafe? — Darum that jenes Lob einer Besessenen Paulo wehe. Nahm ers an, so machte er ja dadurch Gemeinschaft mit dem unreinen Geist, so wurde Christi Sache mit Belials Sache, das Reich des Lichts mit dem Reich der

Finsterniß vermengt und verflochten. Lieber gar keinen Bundes=
genossen als einen unlautern und unsaubern! —

Darin liegt ein Wink für alle Arbeiter im Reich Gottes,
für alle Kämpfer des Lichts und des Rechts, nämlich: hüte
dich vor unsauberem Anhang, scheue dich vor unlautern Mit=
teln. Wenn z. B. ein Sektenmann sagt, er streite fürs Reich
Gottes und gegen die Mißstände in der Kirche und läßt sich
dabei von erklärten Feinden der Ordnung, von offenen Ver=
ächtern des göttlichen Worts loben und unterstützen, so geht er
einen bösen Weg und wirft durch solche Bundesgenossen einen
schlimmen Schein auf sich und seine Sache. So hats Luther
nicht gemacht. Als die Schwarmgeister, die Bilderstürmer, die
Wiedertäufer, die falschen Propheten, die aufrührerischen Bauern
sich an ihn hängen und Genossenschaft mit ihm machen wollten,
da hat er rasch und entschieden einen solchen Anhang von sich
geschüttelt und gegen diese Leute gerade so scharf geprebigt wie
gegen die Päpstler. Und so hats auch unser Paulus nicht ge=
macht: „Paulo that das wehe.“ —

Es liegt darin ein Wink auch für jeden Christenmenschen,
nämlich der Wink: Mißtraue, Christ, dem Lob der Welt,
daß es nicht deine Eitelkeit wecke über das, was doch nicht
dein Verdienst ist, sondern das Werk der Gnade; und daß es
dir nicht die Augen blende und den Mund stopfe und die
Hände binde im Kampf wider das ungöttliche Wesen und aus
dem Dienste deines Gottes dich herüberschmeichle in die Knecht=
schaft der Menschen.

Paulo that das wehe, und nachdem ers mehrmals still
angehört, konnte ers endlich nicht mehr ertragen und wandte
sich um und sprach zu dem Geiste: Ich gebiete dir in dem
Namen Jesu Christi, daß du von ihr ausfahrest! Und er fuhr

aus zu derselbigen Stunde. — So war nun der Strick zer=
rissen, es war geschieden zwischen Licht und Finsterniß, zwischen
Christus und Belial, und der armen Magd war geholfen von
den Banden, darin sie bisher einhergegangen. Aber freilich
mit dem Heidenthum hatte es Paulus nun verderbt; das Reich
der Finsterniß war nun auch gereizt und Haß und Feindschaft
des Heidenthums brach über die Knechte Christi herein. Sehet:

3.

Wie dem Apostel gelohnt wird.

V. 19. „Da aber ihre Herren sahen, daß die Hoffnung
ihres Genießes war ausgefahren, nahmen sie Paulum und
Silan, zogen sie auf den Markt vor die Obersten." Der Ge=
winn der Wahrsagerei hörte nun auf, der Sündenlohn gieng
nicht mehr ein, weil der Wahrsagegeist von dem Mädchen ge=
wichen war. So bringt allerdings das Evangelium je und
je zeitlichen Nachtheil, weils manches sündliche Gewerbe ver=
bietet, manchen betrügerischen Vortheil verdammt, manchem
Luxus und mancher Ueppigkeit entgegentritt. So wurden spä=
ter in Ephesus die Goldschmiede wüthend auf unsern Apostel,
weil er dem Götzendienst der Diana Abbruch that mit seiner
Predigt des Evangeliums und sie mit ihren silbernen und gol=
denen Götterbildern nicht mehr den Absatz fanden wie sonst.
So können da und dort die Schenkwirthe und Musikanten in
Schaden kommen, wo auf christliche Sonntagsfeier gedrungen
wird, oder wo ein gewaltiger Prediger die Leute aus dem
Wirthshaus zur Kirche zieht. Aber all solch zeitlicher Nach=
theil würde reichlich ersetzt für den Einzelnen, für die Gemeinde,
fürs ganze Land, nicht nur durch den himmlischen Gewinn,
den das Christenthum mit sich bringt, sondern auch durch den
zeitlichen Segen, der ihm doch immer wieder nachfolgt, denn

es bleibt dabei: Gottseligkeit ist zu allen Dingen nütze und hat die Verheißung dieses und des zukünftigen Lebens. Die Welt freilich glaubt das nicht.

V. 20. „Und führeten sie zu den Hauptleuten und sprachen: Diese Menschen machen unsere Stadt irre und sind Juden." Eine bezeichnende Anklage. Erstens: „diese Menschen machen die Stadt irre." So sind schon oft die Bußprediger, welche die Sünder in ihrer falschen Ruhe störten, als Ruhestörer und Unruhstifter angeklagt worden. So sprach Ahab zu Elia: bist dus, der Israel verwirrt? so wurde Jesus vor Pilatus verklagt: diesen finden wir, daß er das Volk abwendet vom Gehorsam gegen den Kaiser. Ja die falsche Ruhe, die Sicherheit des Sünders will freilich das Evangelium stören, es will eine heilige Unruhe in den Seelen erregen, aber nur um sie zur wahren Ruhe, zum rechten Frieden zu führen. Zweitens: „Und sind Juden". Das galt auch als eine Anklage: so schlecht kannten die Heiden noch das Christenthum, daß sie die Apostel geradezu mit den Juden zusammenwarfen; so blind und leichtfertig urtheilt ja auch jetzt noch oft die Welt über das was sie nicht versteht.

V. 21. „Und verkündigen eine Weise, welche uns nicht ziemt anzunehmen noch zu thun, weil wir Römer sind." Da hören wir den römischen Stolz. Wir sind römische Bürger, wir gehören zu der ersten Nation der Welt, wir sind das weltbeherrschende Volk; was brauchen wir uns von solchen Juden belehren zu lassen, die eine neue Wahrheit, eine neue Ordnung verkündigen? Das ist der falsche Stolz, der Hochmuth weltlicher Macht, Bildung und Aufklärung, womit auch die heutige Welt sich wegsetzt über das Christenthum und spricht: ich bin reich und habe gar satt und bedarf nichts, und weiß nicht,

baß sie ist elend und jämmerlich, arm, blind und bloß. Römer
oder Jude, König oder Bettler, Mann oder Weib, was sind
wir? arme Sünder! was verdienen wir? Gottes Zorn! was
brauchen wir? einen Heiland, der uns erlöse von unsern Sün=
den mit seinem Evangelium, das uns den Weg weise zum
Leben! — Und nun macht man kurzen Prozeß mit den Apo=
steln. Unverhört werden sie gegeißelt und ins Gefängniß ge=
worfen.

V. 22—24. „Und das Volk ward erregt wider sie; und
die Hauptleute ließen ihnen die Kleider abreißen und ließen sie
stäupen. Und da sie sie wohl gestäupet hatten, warfen sie sie
ins Gefängniß, und geboten dem Kerkermeister, daß er sie
wohl bewahrete. Der nahm solch Gebot an und warf sie in
das innerste Gefängniß, und legte ihre Füße in den Stock.“
Das ist die erste Verfolgung, die von Seiten des Heidenthums
über die Christen kam, das Vorspiel jener zwölf blutigen
Christenverfolgungen, die durch zwei Jahrhunderte im römischen
Reich über die Christen ergiengen und Ströme von Märtyrer=
bluts fließen machten. Wir verlassen für heute die zwei theuren
Zeugen Paulus und Silas (Marcus und Timotheus, als die
Unbedeutenderen, blieben auf freiem Fuß). Aber wir lassen
auch bei ihnen den Geleitsmann, der seinen Jüngern verheißen
hat: Selig seid ihr, wenn euch die Menschen um meinetwillen
schmähen und verfolgen und reden allerlei Uebels wider euch,
so sie daran lügen; seid fröhlich und getrost, es wird euch
im Himmel wohl belohnet werden; denn also haben sie ver=
folget die Propheten, die vor euch gewesen sind. (Matth. 5,
V. 11, 12.) Wir lassen bei ihnen Den als Tröster, in dessen
Kraft die Seinen triumphiren: Ist Gott für uns, wer mag
wider uns sein?

Paulus und die wahrsagende Magd.

Ist Gott für mich, so trete
Gleich Alles wider mich,
So oft ich ruf und bete,
Weicht Alles hinter sich;
Hab ich das Haupt zum Freunde
Und bin geliebt bei Gott:
Was kann mir thun der Feinde
Und Widersacher Rott'?

(P. Gerhardt.)

Amen.

XLIX.

Der Durchbrecher aller Bande.

Kap. 16, V. 25—34. Um die Mitternacht aber beteten Paulus und Silas und lobeten Gott. Und es höreten sie die Gefangenen. Schnell aber ward ein großes Erdbeben, also, daß sich bewegeten die Grundfesten des Gefängnisses. Und von Stund an wurden alle Thüren aufgethan und aller Bande los. Als aber der Kerkermeister aus dem Schlafe fuhr, und sahe die Thüren des Gefängnisses aufgethan, zog er das Schwert aus und wollte sich selbst erwürgen; denn er meinete, die Gefangenen wären entflohen. Paulus aber rief laut und sprach: Thu dir nichts Uebels, denn wir sind alle hie. Er forderte aber ein Licht und sprang hinein und ward zitternd und fiel Paulo und Sila zu Füßen, und führete sie heraus und sprach: Lieben Herrn, was soll ich thun, daß ich selig werde? Sie sprachen: Glaube an den Herrn Jesum Christum, so wirst du und dein Haus selig. Und sagten ihm das Wort des Herrn, und allen, die in dem Hause waren. Und er nahm sie zu sich in derselbigen Stunde der Nacht und wusch ihnen die Striemen ab; und er ließ sich taufen und alle die Seinen alsobald. Und führete sie in sein Haus und setzte ihnen einen Tisch und freuete sich mit seinem ganzen Hause, daß er an Gott gläubig worden war.

„O Durchbrecher aller Bande, der du immer bei uns bist, bei dem Schaden, Spott und Schande lauter Lust und Him=mel ist!" So, meine Lieben, haben wir vorhin zum Herrn ge=

fungen. Schon beim Propheten Micha (2, 13) wird dieser
Durchbrecher aller Bande gepriesen und verheißen dem Volke
des Herrn. „Es wird ein Durchbrecher vor ihnen herauf=
fahren, sie werden durchbrechen und zum Thore aus= und ein=
ziehen und ihr König wird vor ihnen hergehen und der Herr
vorne an." — Als ein solcher Durchbrecher aller Bande hat
sich der Herr mit seiner Wundermacht und Wundergnade ganz
besonders erwiesen in jenem Kerker zu Philippi, in den der
verlesene Textabschnitt uns versetzt; nicht nur eiserne Ketten
und eherne Riegel hat er dort durchbrochen und seine gefange=
nen Knechte in die Freiheit geführt, sondern auch geistliche
Fesseln und Bande hat er gesprengt, indem er jenen Kerker=
meister aus der Nacht der Verzweiflung, aus der Knechtschaft
der Sünde, aus den Banden der Unwissenheit erlöste und
sammt seinem Hause errettete von der Obrigkeit der Finster=
niß und versetzte in das Reich seines lieben Sohnes, an wel=
chem wir haben die Erlösung durch sein Blut, nämlich die
Vergebung der Sünden. Und als ein solcher Durchbrecher
aller Bande, meine Lieben, ist der Herr immer noch bei uns.
Noch immer zerbricht er die Bande der Trübsal für die so
auf ihn hoffen, daß den Seinen das Licht aufgehen muß mitten
in der Finsterniß und daß sie sein so treu Gesichte führet aus
dem Kerker hin, wie dort den gefangenen Paulus und Silas,
ja daß sie schon mitten in der Finsterniß ihn loben können wie
jene gefangenen Apostel, weil sie ja wissen: Er ist bei uns
wohl auf dem Plan, und ob ich schon wanderte im finstern
Thal fürchte ich kein Unglück, denn du bist bei mir, dein
Stecken und Stab tröstet mich. Diesen Durchbrecher aller
Bande, diesen Tröster in jeder Trübsal — o den möchten wir
in alle Trauerhäuser wünschen, wo es dunkel ist von den
Schatten der Trübsal. Und wie er die Bande der Trübsal

lösen kann für die so auf ihn hoffen, so erweist er sich auch
immer noch als einen Durchbrecher der Sündenbande an ge=
bundenen Seelen, die mit jenem Kerkermeister zu Philippi in
Todesangst zittern und in Gewissensnöthen fragen: Was muß
ich thun, daß ich selig werde? O für wie manche gebundene
Sünderseele möchten wir da bitten, ja müssen wir nicht für
unser aller Seelen da flehen: O Durchbrecher aller Bande,
der du immer bei uns bist, bei dem Schaden, Spott und
Schande lauter Lust und Himmel ist, übe ferner dein Gerichte
wider unsern Adamssinn, bis uns dein so treu Gesichte führet
aus dem Kerker hin! — Nun aber zurück zu unsrer Geschichte.
Sie zeigt uns

Den Durchbrecher aller Bande im Kerker zu Philippi.

1) Wie er die Bande leiblicher Trübsal bei
seinen Aposteln,

2) wie er die Bande geistlicher Knechtschaft bei
dem Kerkermeister durchbricht.

1.

Die Bande leiblicher Trübsal zerreißt er bei
den Aposteln. V. 25—28.

V. 25. „Um die Mitternacht aber beteten Paulus und
Silas und lobeten Gott und es höreten sie die Gefangenen."
Die beiden Boten des Evangeliums hatten in Philippi Freud
und Leid erfahren. Nachdem sie die Purpurkrämerin Lydia
und ihr Haus getauft, waren sie als Leute, die die Stadt irre
machen, verfolgt, mit Ruthen gestäupt und in ein hartes Ge=
fängniß geworfen, mit den Füßen in den Block gespannt wor=
den wie gefährliche Bösewichter. Aber horch! in stiller Mitter=
nacht, während Alles schläft, was tönt aus ihrer Zelle und

hallt durch alle Gänge des Gefängnisses und klingt in alle
Kerkerkammern hinein, also, daß die Gefangenen auf ihren
Strohlagern sich aufrichten und verwundert lauschen? „Um
die Mitternacht aber beteten Paulus und Silas und lobeten
Gott." Die Knechte Gottes beten, sie beten in stiller Mitter=
nacht, sie beten mit lauter Stimme, also, daß mans weit=
hin hört. O schönes Vorrecht des Glaubens! Wer beten
kann, ist selig dran; selig dran auch in dunkler Trübsals=
nacht, auch in finstrer Gefängnißzelle, auch in eisernen
Ketten und Banden. Die Füße stecken im Block und können
sich nicht rühren, aber die Seele schwingt sich himmelan auf
den Flügeln des Gebets. — Und was beten sie? Ists ein
Jammerruf, den sie aus ihrem Kerker gen Himmel schicken?
Sinds Klagepsalmen, die sie anstimmen? Ein: Aus tiefer
Noth rufe ich, Herr, zu dir? Oder: Herr, warum verbirgst
du dein Antlitz vor mir? Oder: Eile, Herr, mir beizustehen,
denn das Wasser geht mir an die Seele? O auch das wäre
ja verzeihlich, es wäre erlaubt, es wäre schön und gesegnet ge=
wesen, wenn sie in ihrer Noth zu Gott geseufzt, geweint, ge=
schrieen hätten. Aber nein: „Um die Mitternacht beteten Pau=
lus und Silas und lobeten Gott." Sie lobeten Gott! Lob=
und Preispsalmen klangen aus ihrer Zelle. Danklieder stimm=
ten sie an, daß sie gewürdigt worden waren, um des Herrn
willen Schmach zu leiden, Triumphpsalmen des Glaubens:
Wer unter dem Schirme des Höchsten sitzet u. s. w. Siegs=
und Freubengesänge der Kinder Gottes: „O Durchbrecher
aller Bande, der du immer bei uns bist, bei dem Schaben,
Spott und Schande lauter Licht und Himmel ist!" — Ja er
ist bei ihnen, der Durchbrecher aller Bande; während ihre
Hände noch Fesseln tragen und ihre Füße noch im Block stecken,
ist ihre Seele schon frei, frei von den Banden der Trübsal

frei von der Angst des Todes, frei durch den, der da spricht:
In der Welt habt ihr Angst, aber seid getrost, ich habe die
Welt überwunden. — „Sie lobeten Gott!" O der Herr
schenke uns auch in unsern Trübsalsbanden und Kummernächten
etwas von dieser Siegeskraft des Glaubens, von diesem Freu=
bengeiste der Kinder Gottes, daß wir nicht allein zu ihm wei=
nen und schreien in unsern Nöthen, nein, daß wir ihn auch
loben und uns seiner freuen können in unsrer Trübsal, weil
unser Glaube der Sieg ist, der die Welt überwindet, und in
solchem Glauben singen: Trotz des Feindes Lauern, trotz des
Todes Schauern, trotz der Furcht dazu; zürne, Welt, und
tobe, ich steh hier und lobe Gott in sichrer Ruh. — „Und es
höreten sie die Gefangenen"; verwundert, ergriffen, andächtig
hörten sie diesem Lobgesang zu — es war ein wunderbarer
Nachtgottesdienst; das Gefängniß war zur Kapelle, die ge=
fesselten Apostel waren zu Priestern, ihre Mitgefangenen waren
zur andächtigen Gemeinde geworden. Und horch, nun kommt
zu dem Lobgesang der Apostel das gewaltige göttliche Amen!

V. 26. „Schnell aber ward ein großes Erdbeben, also,
daß sich bewegeten die Grundfesten des Gefängnisses. Und
von Stund an wurden alle Thüren aufgethan und aller Bande
los." Das war die Antwort Gottes auf das Rufen seiner
Knechte; das Gebet der Heiligen bewegt Himmel und Erde.
Das war der Durchbrecher aller Bande, der eherne Bande
zerreißen und eiserne Riegel durchschlagen kann und der zu den
Seinigen spricht: Fürchte dich nicht, ich bin mit dir, weiche
nicht, ich bin dein Gott; ich stärke dich, ich helfe dir auch,
ich erhalte dich durch die rechte Hand meiner Gerechtigkeit. —
Wie mags den Aposteln zu Muth gewesen sein, als unter
ihrem Gebet auf einmal der Boden unter ihnen wankte, die
Mauern um sie taumelten, als ein gewaltiger Erdstoß ihre

Fesseln zerriß, den Block sprengte, in dem ihre Füße stacken!
Wie mags den andern Gefangenen zu Muth gewesen sein, als
plötzlich die Thüren aller Zellen aufsprangen und sie nicht
wußten: sind wir frei, oder brechen die Gewölbe des Hau=
ses über unsrem Haupte zusammen? — Und nun folgt eine
Scene des Schreckens und der Verzweiflung.

V. 27. „Als aber der Kerkermeister aus dem Schlafe
fuhr und sahe die Thüren des Gefängnisses aufgethan, zog er
das Schwert aus und wollte sich selbst erwürgen; denn er
meinete, die Gefangenen wären entflohen." Taumelnd fährt
bei dem Erdstoß der Gefängnißwärter aus dem Schlaf; angst=
voll springt er vom Lager, eilt hinaus auf den Gang, sieht alle
Zellen offen, meint, seine Gefangenen, für die er mit seinem
Kopf haften muß, seien entsprungen und weiß in der ersten
Verwirrung und Verzweiflung nichts Besseres zu thun, als sich
selbst zu entleiben. Welcher Gegensatz: dieser Angstmann, den
ein unvorhergesehenes Unglück so ganz aus der Fassung bringt,
und jene ruhigen Knechte des Herrn, die fröhlich Gott loben
mitten in ihrer Kerkernacht. Das ist der Gegensatz, meine
Lieben, den wir immer noch alle Tage sehen können, be=
sonders bei plötzlichen Prüfungen und unerwarteten Heim=
suchungen Gottes, der Unterschied zwischen einem glaubigen
Kind Gottes, das ruhig und gefaßt bleibt auch in Sturm und
Wetter, weil es weiß: der Vater läßt mich nicht allein, und
zwischen dem unglaubigen Weltkind, das den Kopf verliert und
den Muth sinken läßt, wenn die Noth hereinbricht, — weil es
Niemand hat, an den es sich halten kann, wenn sein Erden=
glück wankt und weicht. „Geber aller guten Gaben, festen
Glauben möcht ich haben, wie ein Meerfels unbewegt, wenn
an ihn die Woge schlägt!" — Aber auch dem Angstmann
dort soll geholfen werden.

V. 28. „Paulus aber rief laut und sprach: Thu dir nichts Uebels, denn wir sind alle hie." Wie mild und tröstlich, wie liebreich und erbarmungsvoll klingt dieser apostolische Zuruf in die verzweifelnde Seele des Kerkermeisters hinein! Thue dir kein Leides! ruft er ihm liebreich zu. Paulus hat bei offener Thür den erschrockenen Mann herbeistürzen hören, hat seinen Verzweiflungsruf, das Klirren seines Schwertes vernommen, das er aus der Scheide riß, nun ruft er ihm ein mitleidiges Halt zu: Thue dir kein Leides, denn wir sind alle hier; ferne seis, daß wir das Erdbeben, diese Heimsuchung Gottes, uns zu Nutze machen und unter dem Mantel der Nacht wie Diebe entfliehen wollten, nein, wir sind alle hier, weil der Herr uns hieher gebracht. Gottes Gebot und Willen bindet die Seinigen fester als eiserne Handschellen und ein eichener Fußblock. — Wir sind alle hier. So sprach ja auch der Herr Jesus dort in Gethsemane zu den Gerichtsdienern, die ihn suchten und denen er leicht hätte entgehen können in der Finsterniß der Nacht: Wen suchet ihr? Jesum von Nazareth? — Ich bins! Im Uebrigen vertraut Paulus für sich und seinen Bruder Silas ruhig auf den Durchbrecher aller Bande; Er, der ihre Ketten gebrochen, kann und wird sie auch zu rechter Zeit vollends in Ehren aus dem Kerker führen. — Vorher aber sollen noch andere Bande gebrochen werden:

2.

Die Bande geistlicher Knechtschaft beim Kerkermeister.

V. 29, 30. „Er forderte aber ein Licht und sprang hinein und war zitternd und fiel Paulo und Sila zu Füßen, und führete sie hinaus und sprach: Lieben Herrn, was soll ich thun, daß ich selig werde?" Auch ein Erdbeben, ein geistliches Erd-

beben, davon nicht nur steinerne Mauern zerreißen, nein, davon
ein steinernes Herz zerbricht. Der Kerkermeister, als er
Pauli Stimme vernommen, ruft athemlos nach Licht, tritt in
die Zelle, sieht im Scheine der Laterne die Knechte Gottes
ruhig und freundlich dastehen wie Engel des Lichts, und nun
vor diesen wunderbaren Männern, vor diesen Lieblingen der
Gottheit, denen zu lieb die Mauern des Kerkers bersten und
die doch nicht fliehen da die Thore offen stehen, und die ihm
so freundlich Trost zusprechen, sinkt er ehrfurchtsvoll in die
Kniee mit der bemüthigen Frage: Liebe Herren, was soll ich
thun, daß ich selig werde; auch so selig und getrost und stark
und gottgefällig wie ihr? Vorher rief er nach äußerem Licht,
mit dieser Frage fordert er das geistliche Licht. Vielleicht sein
Herz war zuvor schon heilsbedürftig und heilsbegierig gewor=
den durch manche ernste Erfahrung in seinem finstern Beruf.
Vielleicht Paulus und Silas hatten schon, als man sie stäupte
und ins Gefängniß brachte, durch ihre stille Hoheit und himm=
lische Freudigkeit einen Eindruck auf sein Herz gemacht — und
nun in so mächtiger Erschütterung dieser Schreckensnacht, unter
dem Eindruck des Erdbebens, beim plötzlichen Uebergang von
Todesangst und Verzweiflung zu gnädiger Errettung und un=
erwarteter Freude wird dies Herz vollends gebrochen, die
Gnade kommt zum Durchbruch und aus dem zerbrochenen
Herzen steigt als erste Gnadenfrucht, als erstes Lebenszeichen
des neuen Menschen die Frage auf: Was muß ich thun, daß
ich selig werde? O selig der Mensch, in welchem es nur einmal
mit rechtem Ernst zu dieser Frage kommt, der wichtigsten, die es
giebt für eine Menschenseele! Meine Lieben, haben wir sie denn
auch schon einmal recht im ganzen Ernst gethan, diese Lebens=
und Gewissensfrage: was muß ich thun, daß ich selig werde?
Und haben wir auch schon die rechte Antwort darauf gefunden?

Höret sie aus Paulus Mund, die richtigste Antwort auf die wichtigste Frage.

B. 31. „Sie sprachen: Glaube an den Herrn Jesum Christum, so wirst du und dein Haus selig." „Glaube an den Herrn Jesum!" Das ist wenig, man könnte denken, zu wenig gefordert. „Was soll ich thun?" hatte er gefragt, die Antwort heißt: glaube nur! Also du kannst nichts thun, dir die Seligkeit zu verdienen; keine Leistung, keine Büßung, kein gutes Werk, kein eignes Verdienst kann dir das Heil erwerben. Glaube nur an den Herrn Jesum, der auch um deiner Sünden willen gestorben und um deiner Gerechtigkeit willen auferwecket ist, — glaube an ihn, so wirst du selig und dein Haus. Aber in diesem Glauben ist doch viel enthalten, viel gefordert: die Hingabe des ganzen Herzens, des ganzen Lebens, die Buße, der neue Gehorsam, die dankbare Liebe zum Herrn und den Seinen. Dieser Glaube ist eine That, ist der Keim eines ganz neuen Lebens. Wer das sehen will, der sehe nur den Kerkermeister an, nachdem er gläubig geworden ist und die Botschaft von Jesu Christo aufgenommen hat in einem kindlichen Herzen.

B. 32. „Und sagten ihm das Wort des Herrn und allen, die in seinem Hause waren." Er nimmt sie nun hinüber in seine Wohnung und versammelt seine Familie mitten in der Nacht zu den Füßen dieser gottgesandten Lehrer. Und dann gehts hinaus in den Gefängnißhof:

B. 33. „Und er nahm sie zu sich in derselbigen Stunde der Nacht und wusch ihnen die Striemen ab; und er ließ sich taufen und alle die Seinen alsobald." Da wird der strenge Stockmeister ein liebreicher Arzt und Wirth; mit milder Hand wascht er den heiligen Männern die blutigen Striemen von gestern ab, und dann läßt er sammt den Seinen durch sie sich waschen mit dem heiligen Bade der Taufe von der Befleckung der Sünde. Und nun:

B. 34. „Und führete sie in sein Haus und setzte ihnen einen Tisch und freuete sich mit seinem ganzen Hause, daß er an Gott gläubig worden war." Ein Liebes- und Freuden-mahl mitten in der Nacht, bei dem es alle fühlen: Heute ist diesem Hause Heil widerfahren, und bei dem es zu spüren war: Der Herr ist mitten unter uns! Und wir, meine Lieben, wenn wir diesem Mahle so zusehen, drängt sich nicht dann auch uns die Bitte aus dem Herzen: O Durchbrecher aller Bande; durchbrich Alles, was uns noch an die Welt bindet und von dir trennt; durchbrich die Sündenbande, womit wir noch gefesselt sind; durchbrich die Bande des Kleinglaubens und der Verzagtheit, die uns so oft zu Boden drücken; und endlich durchbrich auch die Bande des Todes und öffne uns die Pforte des Grabes und führ uns aus dem Kerker hin „in des Vaters Hochzeithaus", zur herrlichen Freiheit der Kin-der Gottes!

> Liebe, zeuch uns in dein Sterben,
> Laß mit dir gekreuzigt sein,
> Was dein Reich nicht kann ererben,
> Führ ins Paradies uns ein!
> Doch wohlan, du wirst nicht säumen,
> Laß nur uns nicht lässig sein;
> Werden wir doch als wie träumen,
> Wann die Freiheit bricht herein!

(Gottfr. Arnold.)

Amen.

L.

Der ehrenvolle Abzug.

Kap. 16, V. 35—40. Und da es Tag ward, sandten die
Hauptleute Stadtdiener und sprachen: Laß die Menschen
gehen. Und der Kerkermeister verkündigte diese Rede Paulo:
Die Hauptleute haben hergesandt, daß ihr los sein sollt.
Nun ziehet aus und gehet hin mit Frieden. Paulus aber
sprach zu ihnen: Sie haben uns ohne Recht und Urtheil
öffentlich gestäupet, die wir doch Römer sind, und in das
Gefängniß geworfen, und sollten uns nun heimlich ausstoßen?
Nicht also, sondern lasset sie selbst kommen und uns hinaus=
führen. Die Stadtdiener verkündigten diese Wort den Haupt=
leuten und sie furchten sich, da sie höreten, daß sie Römer
wären; und kamen und ermahneten sie und führeten sie her=
aus und baten sie, daß sie auszögen aus der Stadt. Da
giengen sie aus dem Gefängniß und giengen zu der Lydia.
Und da sie die Brüder gesehen hatten und getröstet, zogen
sie aus.

„Hoff, o bu arme Seele, hoff und sei unverzagt, Gott
wird dich aus der Höhle, da dich der Kummer plagt, mit
großen Gnaden rücken, erwarte nur die Zeit, so wirst bu schon
erblicken die Sonn der schönsten Freud." Diese tröstliche Ver=
heißung hat sich an den Knechten Christi zu Philippi recht
lieblich erfüllt. Auch ihnen geht nach bunkler Nacht ein froher

Morgen auf, wo sie entrückt werden aus der finstern Höhle
des Kerkers, wo sie erblicken dürfen die Sonn der schönsten
Freud. — Eine große Freude und einen schönen Sieg hatte
ihnen der Herr freilich schon in finstrer Nacht, schon mitten
im Gefängniß geschenkt durch seine wunderbare Offenbarung
im Erdbeben und durch die drauffolgende Bekehrung des Ker=
kermeisters und der Seinigen. Diese Freude konnte nicht mehr
von ihnen genommen werden, um diese Siegesbeute wären sie
willig, wenn es hätte sein müssen, auch noch eine Zeitlang im
Kerker gesessen und hätten sich zur Noth noch einmal stäupen
lassen. Aber der Herr hat ihnen etwas Andres diesmal zuge=
dacht; ihr Sieg soll vollständig sein, auch vor der Welt soll
ihre Ehre reingewaschen werden und im Frieden sollen sie ab=
ziehen aus Philippi, gestärkt und ermuthigt zu neuen Kämpfen
durch die seligen Erfahrungen von der Wunderhilfe des Herrn.
Geht auch durch unsern heutigen Abschnitt nur ein leiser Nach=
klang noch von dem Siegesjubel des vorangegangenen, so ists
doch der Mühe werth, sich Vers für Vers dabei zu verweilen
und genauer zu betrachten:

**Den ehrenvollen Abzug der Knechte Gottes aus ihrem
Gefängniß.**

Da überrascht uns

1.

ihre plötzliche Freilassung, V. 35. 36.
    V. 35. „Und da es Tag ward, sandten die Hauptleute
Stadtdiener" (Liktoren) „und sprachen" (ließen dem Kerker=
meister sagen): „Laß diese Menschen gehen!" — War den
Stadtvorstehern das Gewissen erschüttert worden durch das
nächtliche Erdbeben, von dem man wohl auch außerhalb des

Gefängnisses etwas spürte? Oder wars ihnen ohnehin über
Nacht bei ruhigerem Besinnen gekommen, daß man doch mit
diesen Leuten gar zu kurzen Prozeß gemacht? Oder dachten
sie, auf jeden Fall seien sie nun genug gestraft? Oder hatten
sie inbeß Kunde erhalten, aus welch unreiner, selbstsüchtiger
Quelle die Anklage gegen die Apostel geflossen war, nämlich
von jenen eigennützigen Herren, die den Gewinnst von ihrer
wahrsagenden Magd durch Paulum verloren hatten? — Genug,
der Herr, welcher der Menschen Herzen lenkt wie Wasserbäche,
hatte den Sinn dieser gestrengen Herren über Nacht zur Milde
umgestimmt, und sie schicken die Stadtdiener mit dem Befehl
der Freilassung ins Gefängniß: Laß diese Menschen gehen!
Die Apostel selbst hatten nichts dazu gethan, sie hatten sich ja
nicht einmal verantworten können. Der Herr hatte ihre Sache
geführt und für sie gesprochen im Gewissen der Richter. Das
ist ja die liebliche Erfahrung, die auch heut noch ein Jünger
Jesu manchmal machen darf: wo er selber sich nicht wehren
und verantworten konnte, wo er eine Zeit lang Schmach und
Verkennung, Haß und Feindschaft schweigend tragen mußte,
da darf er ohne sein Zuthun früher oder später sehen: der
Herr hat den Feinden das Herz gewendet, der Haß hat aus=
gekocht, die Leidenschaften sind verkühlt, die Widersacher sehen
ihr Unrecht ein, und sind sie auch zu stolz, es uns zu gestehen,
sie lassen uns doch in Frieden — drum befiehl getrost dem
Herrn deine Sache; er ist der oberste Sachwalter der Seinen.
Ihn, ihn laß thun und walten, er ist ein weiser Fürst und
wird sich so verhalten, daß du dich wundern wirst, wenn er,
wie ihm gebühret, mit wunderbarem Rath das Werk hinaus=
geführet, das dich bekümmert hat!

B. 36. „Und der Kerkermeister verkündigte diese Rede
Paulo: Die Hauptleute haben hergesandt, daß ihr los sein

sollet. Nun ziehet aus und gehet hin mit Frieden." Der
gute Kerkermeister selbst ist voller Freude bei dieser unerwar=
teten Wendung der Dinge und ein schwerer Stein fällt ihm
vom Herzen. Mit banger Erwartung sah er wohl die Stadt=
diener am Morgen daher kommen. Was bringen sie für Be=
fehl? Sollen sie die Apostel ins Verhör führen? Oder be=
kommt er selber den Auftrag, sie aufs neue zu peinigen? Welch
schmerzliche Zumuthung wäre ihm das gewesen! In welch
grausamen Kampf wäre da seine Amtspflicht mit seiner Her=
zensüberzeugung gekommen! Und wenn er sich weigerte, diese
Knechte Gottes anzutasten, welche schlimme Folgen mußte das
haben für ihn selbst und für seine Familie! — Aber siehe da,
der gnädige Gott versucht ihn nicht über Vermögen, setzt ihn
noch nicht auf diese harte Probe, der himmlische Vater verfährt
gelinde mit ihm als einem Anfänger im Christenthum; es wird
ihm der frohe Auftrag, den Gefangenen ihre Fesseln abzuneh=
men, ihre Freiheit anzukünden und mit Freuden bringt er ihnen
die Botschaft: Die Hauptleute haben hergesandt, daß ihr los
sein sollet. Nun ziehet aus und gehet hin mit Frieden; ziehet
hin und nehmet den Segen des allmächtigen Gottes mit, unter
dessen Schutz ihr so sichtbarlich stehet, und nehmet den heißen
Dank eines armen Sünders mit, dem ihr Heil und Frieden
gebracht habt, ihm und seinem ganzen Hause! — Aber nun
lautets anders als der gute Mann es erwartet, anders als
wir selber es uns wohl gedacht hätten. Nun kommt aus Pauli
Mund

2.

ein kräftiger Protest.

V. 37. „Paulus aber sprach zu ihnen: Sie haben uns
ohne Recht und Urtheil öffentlich gestäupet, die wir doch Römer

find, und in das Gefängniß geworfen, und sollten uns nun
heimlich ausstoßen? Nicht also, sondern lasset sie selbst kommen
und uns hinausführen." Heimlich wie Diebe sollen wir die
Stadt verlassen? Als ein unverdientes Gnadengeschenk sollen
wir die Freiheit hinnehmen? Schreiende Gewalt ist uns an=
gethan worden, ohne Urtheil und Recht sind wir gestäupt
worden, wie gemeine Missethäter mit Ruthen gezüchtigt, und
zwar öffentlich vor den Augen des Pöbels wurde uns diese
Schmach angethan, uns, die wir doch römische Bürger sind
und als solche gar nicht gestäupt werden dürfen, und jetzt,
nachdem man das Unrecht einsieht das man uns angethan,
jetzt sollen wir nur so geschwind die Stadt verlassen, als habe
man uns gnädiger Weise die wohlverdiente Strafe geschenkt,
oder sollen gar uns nachsagen lassen, wir seien heimlich aus
der Stadt entwichen? Nein, davon ist keine Rede. Sind wir
öffentlich beschimpft, so verlangen wir auch öffentliche Genug=
thuung. Haben die Hauptleute Unrecht gethan, uns gefangen
zu setzen, so sollen sie auch persönlich ihr Unrecht wieder gut
machen, persönlich uns aus dem Gefängniß abholen. — Wir
sehen, Paulus ist der Mann, auch gegen weltliche Gewalthaber,
wo es Noth thut, fest hinzustehen, auch vor den Menschen seine
Ehre, so viel an ihm ist, zu wahren. Mit der Lammsgeduld
weiß er auch Löwenmuth, mit der Taubeneinfalt auch Schlan=
genklugheit zu paaren. Nicht immer, meine Lieben, ist es des
Christen Sache, nur schweigend Unrecht zu dulden und der
Welt alles zu schenken, was sie Gottes Kindern von Rechts=
wegen schuldig ist. Wo es unsern guten Namen gilt, ohne
den ja auch unsre Wirksamkeit gelähmt ist, wo es die Sache
der Kirche und des Reichs Gottes gilt, die vielleicht in unsrer
Person angetastet und mißhandelt ist, wo wir uns bewußt sind,
es ist nicht fleischliche Leidenschaft, nicht persönliche Rachgier,

was mich treibt, sondern es ist mir einzig um Recht und Ge=
rechtigkeit zu thun, da darf auch der Christ sein Recht wahren,
den Schutz der Gesetze anrufen und Genugthuung verlangen
für unverdiente Beleibigung. Und wenn der Christ, wenn
namentlich der Diener des göttlichen Worts in neun Fällen
unter zehn um des lieben Friedens und um der Schmach
Christi willen zu Beleibigungen lieber schweigt als klagt, wies
z. B. wir Geistliche in der Regel machen, wenn wir in schlech=
ten Blättern beschimpft werden, so kanns im zehnten Fall seine
Pflicht sein, nicht zu schweigen, sondern sein und seiner Freunde
und seines Herrn Recht zu verfolgen, soweit es in dieser un=
vollkommenen Welt möglich ist. So ein Fall wars dort bei
Paulus. Das Evangelium selbst war zu Philippi in seiner
und des Silas Person beschimpft, gestäupt, in den Stock ge=
spannt, und nun aus der Stadt verwiesen worden; es galt
eine Ehrenrettung des Evangeliums; es galt eine Glaubens=
stärkung der Brüder, der noch wenigen, noch schwachen Brüder
in der Gemeinde. Was hätten die gesagt, wie leicht wären
sie im Glauben irre worden, wenn die Apostel bei Nacht und
Nebel aus der Stadt verschwunden wären? Nein, es sollte
kund werden vor Freund und Feind: Eine feste Burg ist unser
Gott, eine gute Wehr und Waffen, — das Wort sie sollen
lassen stahn und kein Dank dazu haben. Und siehe da, Paulus,
der gefangene, gestäupte, jüdische Rabbi setzt seine Sache durch
gegen die vornehmen römischen Gewalthaber. Es erfolgt

3.

eine ehrenvolle Abbitte. V. 38, 39.

V. 38. „Die Stadtdiener verkündigten diese Wort den
Hauptleuten und sie furchten sich, da sie höreten, daß sie Rö=
mer wären." „Daß sie Römer wären." Da sehen wir wie=

der recht der Welt Art und Weise. Daß sie Unschuldige miß=
handelt hatten, darüber machten sie sich nicht viel Skrupel,
aber daß es römische Bürger seien, an benen sie sich vergriffen,
das jagte ihnen einen Schrecken ein. Für die innere Würde
dieser Männer hatten sie keinen Sinn, aber ihr äußerer Stand
der flößte ihnen nachträglich Respekt ein nach bem alten Sprüch=
lein: „Wenn mancher Mann wüßte, wer mancher Mann
wär, thät mancher Mann manchem Mann manchmal mehr
Ehr." — So, sagt Heinr. Rieger zu dieser Stelle, hängt Gott
noch manchmal seinen Kindern an ihr Pilgerkleid etwas —
ein weltlich Ordensbändelein und bergleichen, — das zwar
anbere nicht just zu aufrichtiger Liebe gewinnen, aber boch von
weitern Gewaltthätigkeiten abschrecken kann. So hat dem
frommen Grafen Zinzendorf vor hundert Jahren in seiner Ar=
beit fürs Reich Gottes je und je sein hoher Stand Vorschub
gethan; achtete man nicht in ihm den wiebergeborenen Christen,
so respektirte man boch in ihm den hochgeborenen Grafen. —
So ist es je und je einem Diener Christi gegeben, durch den
Abel seiner Gesichtszüge, durch die Hoheit seiner Gestalt, durch
ben Blitz seines Auges und den Donner seiner Stimme rohen
Gemüthern zu imponiren und frechen Spöttern den Mund zu
schließen, obgleich sie für seine innere Würde weder Aug noch
Ohr haben.

V. 39. „Und sie kamen und ermahneten sie und führeten
sie heraus und baten sie, baß sie auszögen aus der Stadt."
„Und sie kamen" — in höchst eigner Person, „und ermahneten
sie," sprachen ihnen zu, sich zufrieden zu geben; „und führeten
sie heraus," öffentlich vor allem Volk, ehrenvoll in ihrer eige=
nen Mitte führeten sie sie heraus „und baten sie, baß sie aus=
zögen aus der Stadt". Also keine Rede mehr von einer Aus=
weisung aus der Stadt, nein, sie werden nur gebeten die Stadt

zu verlassen. Hätten die Hauptleute freilich eine Ahnung ge=
habt von dem Segen, den diese Gottesmänner bei sich trugen,
dann hätten sie gebeten, wie die Leute zu Sichem den Heiland
baten, daß er bei ihnen bliebe; aber solche Erkenntniß können
wir von ihnen nicht erwarten, sie standen vielmehr auf dem
Standpunkt der Gadarener, die den Herrn nach seiner Wun=
derthat baten, „daß er von ihnen gienge, denn es war sie eine
große Furcht angekommen". Auch diese Hauptleute fürchteten
das Evangelium und seine Verkünbiger, sie besorgten neue
Aufregung in der Stadt, nur Ruhe, nur um jeden Preis
äußere Ordnung — das war Alles, was sie wollten. Un=
christliche Obrigkeiten, sagt hiezu der alte Starke, wenn sie
sehen, daß das Evangelium Rumor macht, wünschen wohl Chri=
stum und sein Wort nach Indien und in die Türkei, weil sie
dann mehr Ruhe im gemeinen Wesen hoffen. — Nun, die
Apostel drängen sich nicht auf wo man sie nicht will, sie haben
gethan was sie konnten, das Weitere überlassen sie dem Herrn.
Es folgt nun nur noch

4.

ein friedlicher Abschied.

V. 40. „Da giengen sie aus dem Gefängniß und giengen
zu der Lydia. Und da sie die Brüder gesehen hatten und ge=
tröstet, zogen sie aus." Am Haus der Lydia können sie nicht
vorbei ohne einen herzlichen Abschied. Dort im Mutterhaus
der jungen christlichen Gemeinde, wo ohne Zweifel auch die
übrigen Brüder beisammen waren, dort mußten sich die Apostel
noch zeigen, über ihr Wohlsein die ängstlichen Gemüther be=
ruhigen, von den Wundern der vergangenen Nacht zum Preise
Gottes erzählen. Dort, wo sie so viel Liebe genossen seit
ihrem Eintritt in die Stadt, mußten sie noch danken, der Lydia

danken für alles was sie an ihnen gethan, und dem Herrn
danken für alle Gnade die er ihnen erwiesen. Dort mußten
sie noch ihre herzlichen Ermahnungen hinterlassen zur Treue
im Glauben, zur Eintracht im Geist, zur Geduld im Leiden,
zum Anhalten am Gebet. Dort mußten sie in herzlichem Ge=
bet noch die kleine Gemeinde dem Herrn befehlen und ihren
Segen zurücklassen im Namen des Herrn. Und dieser Segen
blieb da; die Gemeinde blühte. Fünf Jahre nachher kam Pau=
lus wieder nach Philippi, wie wir später (Kap. 20) lesen, und
nahm den Lucas mit nach Jerusalem, den er für diesmal
nebst Timotheus zum Troste der Brüder dort zurückläßt; zehn
Jahre später schrieb Paulus seinen fröhlichen Lobebrief an die
Philipper, worin er sie seine Freude und seine Krone nennt.
„Nachdem sie die Brüder gesehen hatten und getröstet, zogen
sie aus." Meine Lieben, der alte Gott lebt noch, der dort zu
Philippi seine Knechte nach überstandener Trübsal in Frieden
und Ehren ausziehen ließ. Ihm wollen wir vertrauen, daß
er allezeit wie dort sein Reich durch Schmach zur Ehre, durch
Kampf zum Sieg, durch Leiden zur Herrlichkeit führen werde.
Ihn wollen wir bitten, daß er auch uns einst nach vollbrach=
tem Tagewerk in Frieden und Ehre ausziehen lasse vom irdi=
schen Arbeitsfeld; Ihm wollen wir treu bleiben bis ans Ende
und unsre Seele trösten:

Wohl dir, du Kind der Treue,
Du hast und trägst davon,
Voll Danks und ohne Reue,
Den Sieg und Ehrenkron;
Gott gibt dir selbst die Palmen
In deine rechte Hand,
Und du singst Freudenpsalmen
Dem, der dein Leid gewandt!
(P. Gerhardt.)

Amen.

LI

Paulus in Theffalonich.

Kap. 17, V. 1—9. Da sie aber durch Amphipolis und Apollonia reiseten, kamen sie gen Theffalonich; da war eine Judenschule. Nachdem nun Paulus gewohnt war, gieng er zu ihnen hinein und redete mit ihnen auf drei Sabbathen aus der Schrift; that sie ihnen auf und legte es ihnen vor, daß Christus mußte leiden und auferstehen von den Todten und daß dieser Jesus, den ich (sprach er) euch verkündige, ist der Christ. Und etliche unter ihnen fielen ihm zu und gesellten sich zu Paulo und Sila, auch der gottfürchtigen Griechen eine große Menge, dazu der vornehmsten Weiber nicht wenig. Aber die halsstarrigen Juden neideten und nahmen zu sich etliche boshaftige Männer Pöbelvolks, machten eine Rotte und richteten einen Aufruhr in der Stadt an, und traten vor das Haus Jasons und suchten sie zu führen unter das gemeine Volk. Da sie aber sie nicht funden, schleiften sie den Jason und etliche Brüder vor die Obersten der Stadt und schrieen: Diese, die den ganzen Weltkreis erregen, sind auch herkommen; die herberget Jason und diese alle handeln wider des Kaisers Gebot, sagen, ein anderer sei der König, nemlich Jesus. Sie bewegeten aber das Volk und die Obersten der Stadt, die solches höreten. Und da sie Verantwortung von Jason und den andern empfangen hatten, ließen sie sie los.

„Es ist noch ein Kleines dahin, daß ich Himmel und Erde, das Meer und Trockene bewegen werde; ja alle Hei=

ben will ich bewegen; da soll dann kommen aller Heiden
Trost, und ich will dies Haus voll Herrlichkeit machen," spricht
der Herr Zebaoth (Hagg. 2, 7 und 8). Diese alte groß=
artige Weissagung beim Propheten findet zwar ihre vollkom=
mene und letzte Erfüllung erst am Ende der Tage, wenn die
Elemente vor Hitze zerschmelzen und ein neuer Himmel und
eine neue Erde hervorgerufen wird aus Gottes Hand, darin
Christus sein Reich wird einnehmen für immer und ewig.
Aber ein Vorspiel dieser Weltbewegung und Welterschütterung
und Welterneuerung ist schon mit der Ankunft Christi auf
Erden eingetreten. Nicht nur, daß er eine innere Herzens=
erschütterung und Herzenserneuerung wirkt, wo man sein Wort
annimmt und seinen Geist walten lässet, also daß es in der
wiedergebornen Seele heißt: das Alte ist vergangen, siehe, es
ist Alles neu geworden; sondern auch eine äußere Weltbe=
wegung und Weltumwandlung nehmen wir überall wahr, wo
das Evangelium hinbringt auf Erden; das Wort vom Kreuze
rumort und bringt eine Gährung hervor unter den Völkern.
Tausendjährige Vorurtheile werden erschüttert, mächtige Götzen=
tempel stürzen ein, uralte Ordnungen lösen sich auf; das Fa=
milienleben, das Staatsleben, Gesetze. Künste, Wissenschaften
gestalten sich neu, denn das Himmelreich ist einem Sauerteige
gleich, den ein Weib nahm und vermengete ihn unter drei
Scheffel Mehls, bis daß es gar durchsäuert ward.

„Es ist noch ein Kleines dahin, daß ich Himmel und
Erde, das Meer und das Trockene bewegen werde, ja alle
Heiden will ich bewegen." Etwas von dieser Weltbewegung
und Erderschütterung nehmen wir recht auffallend auch bei
den Missionsreisen unsres Apostels Paulus wahr. Er legts
keineswegs auf Lärm und Rumor an, schlicht und einfach
kommt er daher mit seiner Predigt vom Kreuz; er hat auch

keine Kriegsheere hinter sich; ein paar unscheinbare Begleiter
bringt er mit, einen Barnabas oder Silas, einen Lucas oder
Timotheus. Und doch, man kann sagen: unter dem Fuß=
tritt dieser paar Leute zittert der Erdboden wo sie hinkommen.
In Philippi bebte ja wörtlich die Erde als sie im Gefängniß
saßen, aber auch wo solche Wunder nicht geschehen da beben
die Herzen, da werden die Gemüther erschüttert, da werden
Städte und Länder erregt. Bei den Einen ists eine selige Be=
wegung, eine heilsame Erschütterung, ein herzliches Suchen und
Fragen nach dem Heil; bei den Andern ists eine feindliche
Aufregung, eine trotzige Empörung des Fleisches wider den
Geist, der Finsterniß wider das Licht, der Welt, die von unten
her ist, wider den Sohn Gottes der von oben her kommt.

Auch in unsrem diesmaligen Abschnitt sehen wir diese
doppelte Bewegung. Unsre neun Verse zeigen uns

Paulus in Thessalonich;
oder wie das Evangelium die Welt bewegt;
1) zum Heil. V. 1—4.
2) zum Unheil. V. 5—9.

1.

Zum Heil. V. 1—4.
V. 1. „Da sie aber durch Amphipolis und Apollonia
reiseten, kamen sie gen Thessalonich; da war eine Judenschule."
Paulus mit Silas — den Lucas hat er in Philippi zurückge=
lassen, vielleicht auch vorläufig den Timotheus, der aber dann
nachkam, — reist nun tiefer landeinwärts in Macedonien über
Amphipolis und Apollonia nach der Hauptstadt Thessalonich,
etwa 50 Stunden von Philippi gelegen. — Mit welchem Muth
er damals gen Thessalonich gekommen, schreibt er selber in

seinem erften Thessalonicherbrief Kapitel 2, Vers 1 und 2.
„Denn auch ihr wiffet, lieben Brüder, von unsrem Ein=
gange zu euch, daß er nicht vergeblich gewesen ist. Son=
dern, als wir zuvor gelitten hatten und geschmähet gewesen
waren zu Philippen, wie ihr wiffet, waren wir dennoch freudig
in unsrem Gott, bei euch zu sagen das Evangelium Gottes,
mit großen Kämpfen." Freudig in seinem Gott, — ja das ist
die rechte Gemüthsverfaffung, in welcher ein Knecht des Herrn
aus einer Arbeit in die andere, von einem Leid ins andere,
von einem Sieg zum andern fortschreiten soll. Der Herr
laffe auch uns von solcher Freudigkeit in Gott etwas erfahren.
— „Unverzagt und ohne Grauen soll ein Chrift, wo er ist,
stets sich laffen schauen; wollt ihn auch der Tod aufreiben,
soll der Muth dennoch gut und sein stille bleiben." — In
Thessalonich war eine Judenschule, eine Synagoge; das war
ein Grund für den Apostel, hier Halt zu machen.

V. 2. „Nachdem nun Paulus gewohnt war, gieng er
zu ihnen hinein und redete mit ihnen auf drei Sabbathen
aus der Schrift." Treu und gewiffenhaft fing er an jedem
Ort seine Arbeit bei den zerstreuten Schafen vom Haus
Israel an, und kein Undank und keine Verfolgung seiner
alten Landsleute und Glaubensgenoffen machte ihn darin
irre. „Euch zuerst mußte das Wort Gottes gesagt werden,"
dabei bliebs. „Und redete mit ihnen aus der Schrift." Aber=
mals ein Stück seiner apostolischen Treue und Gewiffenhaftig=
keit. Paulus fing die Predigt des Evangeliums allezeit aus
der Schrift an. Sein apostolischer Charakter machte ihn nicht
los von dem Gehorsam gegen die Schrift. So ein reiches
Maß des Geistes er auch selber empfangen, so Gewaltiges er
schon gewirkt hatte, dennoch blieb er bei der Schrift und holte
sein Zeugniß von Jesu Christo aus den Propheten her. Ein

Wink auch für uns, meine Lieben. Für uns Prediger, daß
wir unſre Predigt, für alle Gläubigen, daß ſie ihren Glauben,
ihre Hoffnung, ihr Leben, ihren Wandel auf die Schrift grün=
ben als unerſchütterlichen Fels des Heils. „Dieſer Grund be=
ſtehet; wenn die Welt vergehet, fällt er doch nicht ein." „Auf
brei Sabbathe" redete er mit ihnen, unermüdet durch ihren
Widerſpruch. Wiederum ein Beweis apoſtoliſcher Treue und
Gewiſſenhaftigkeit. Es lieſt ſich leichthin, ſagt ein Ausleger,
was Lucas hier erzählt, aber es hat Paulo vielleicht mehr
Schmerzen gekoſtet als die Stäupung in Philippi. Dieſe
Judenſchulen waren ihm Gedulbſchulen. — Aber es galt ja
bas große Thema von Chriſto dem Gekreuzigten.

V. 3. „That ſie ihnen auf und legte es ihnen vor, daß
Chriſtus mußte leiben und auferſtehen von ben Tobten, und
daß bieſer Jeſus, den ich (ſprach er) euch verkünbige, iſt ber
Chriſt." Da haben wir wieber ben Kern ber apoſtoliſchen
Predigt; Jeſus ber Gekreuzigte und Auferſtanbene, iſt ber
Chriſt, ber Meſſias, ber Heilanb. — Da haben wir aber frei=
lich auch bas was ber ewige Anſtoß iſt für ben Unglauben,
einen breifachen Fels bes Aergerniſſes für ben natürlichen
Menſchen. Das erſte Aergerniß iſt bie Kreuzesſchmach bes
Herrn; „baß Chriſtus mußte leiben," bas konnte Iſrael nicht
begreifen; ein Gottesſohn in ber Knechtsgeſtalt, ein König
in ber Dornenkrone, ein Heilanb am Kreuz, bas iſt bas
ewige Räthſel für ben natürlichen Menſchen, ber bas Göttliche
in glänzenber Geſtalt und äußerer Herrlichkeit ſucht. — Der
zweite Anſtoß für ben natürlichen Menſchen iſt bas Aufer=
ſtehungswunber, „baß Chriſtus mußte auferſtehen von ben
Tobten;" baß er aus Kreuzesſchmach und Grabesnacht hervor=
gieng, mit Preis und Ehre gekrönt, bas iſt bas zweite Haupt=
ärgerniß für ben natürlichen Verſtand, ber bas Wunber nicht

glauben will, die Allmacht Gottes nicht kennt und von dem
Worte nichts versteht: Ich bin die Auferstehung und das Le=
ben. — Und der dritte Anstoß für Fleisch und Blut, das ist
das Messiasamt dieses Gekreuzigten und Auferstandenen. „Daß
dieser Jesus der Christ ist", der Sünderheiland und Welt=
erlöser, das faßt der natürliche Mensch nicht; er hat kein Ver=
ständniß für den Erlöser, weil er kein Bedürfniß nach Er=
lösung fühlt, und er fühlt kein Bedürfniß nach Erlösung, weil
es ihm an der Selbsterkenntniß fehlt, an der Erkenntniß seiner
Sünde und seines Sündenelends. — Und so gewiß der natür=
liche Mensch derselbe ist zu allen Zeiten und an allen Orten,
heute wie vor 1800 Jahren und hier wie in Thessalonich, so
gewiß muß die Predigt von Christo, dem Gekreuzigten, dem
Auferstandenen, dem Sünderheiland auch jetzt und auch hier
vielen ein Aergerniß und eine Thorheit sein. — Doch Gottlob,
es giebt überall und allezeit auch noch erlösungsbedürftige, heils=
begierige Seelen, denen es ein Evangelium ist, eine frohe Bot=
schaft: Mein Heiland nimmt die Sünder an; die unter ihrer
Last der Sünden kein Mensch, kein Engel trösten kann, die
nirgends Ruh und Rettung finden; die mit sich selber im Ge=
dräng, daß ihnen alle Welt zu eng, weil über sie der Stab
gebrochen, der Himmel ihnen abgesprochen, die sehn die Frei=
statt aufgethan; mein Heiland nimmt die Sünder an. — Auch
in Thessalonich gab es solche Seelen.

V. 4. „Und etliche unter ihnen fielen ihm zu und ge=
selleten sich zu Paulo und Sila, auch der gottfürchtigen
Griechen eine große Menge, dazu der vornehmsten Weiber
nicht wenig." Sehet da die heilsame Bewegung, welche das
Evangelium wirkt nach allen Seiten hin. „Etliche unter ihnen",
d. h. unter den Juden, — „fielen ihnen zu". Also doch auch
mancher halsstarrige Judennacken beugte sich unters Kreuz

Chriſti. — „Auch der gottfürchtigen Griechen eine große
Menge." Das waren urſprüngliche Heiden, die ſich aber als
Proſelyten des Thors, als Judengenoſſen zu der Synagoge
hielten und den Einen Gott, Schöpfer Himmels und der Erbe
fürchteten. Die kamen nun durch Pauli Predigt vom Vorhof
ins Heiligthum, wurden aus gottfürchtigen Judengenoſſen gläubige Chriſten, und zwar in großer Menge. — „Dazu der für-
nehmſten Weiber nicht wenige." Es waren alſo auch dort,
wie wirs ſchon ſo oft bemerkt haben, beſonders Frauenherzen,
die von der ſanften Gewalt des Evangeliums bewegt wurden,
denen zuerſt ein Licht aufgieng über die Herrlichkeit des Königs in der Dornenkrone, und die mit der Heilsbegier einer
Maria zu des Apoſtels Füßen ſaßen. Und zwar beſonders
Frauen aus den erſten Ständen, welche die Schmach Chriſti
für größere Ehre hielten als ihren vornehmen Stand; wie es
ja bis auf den heutigen Tag noch an ſolchen wahrhaft edlen
Frauen nicht fehlt, deren ſchönſter Schmuck nicht ein perga-
mentner Geburtsadel iſt, ſondern ein lebendiger Herzensadel,
und die ſich nicht ſchämen, das Diadem ihrer äußeren Hoheit
zu Jeſu Füßen niederzulegen. Wie wir vor einigen Wochen
ein ſchönes Beiſpiel aus England in den Zeitungen laſen von
einem Geiſtlichen auf dem Land, der in einem einſamen Bauern-
haus einen armen kranken Mann beſuchte. Er traf an ſeinem
Bett eine Dame in ſchwarzer Trauerkleidung, die dem Kranken ſoeben ein Gebet vorlas. Sie ſchloß das Buch und empfahl
ſich für diesmal, da jetzt ein beſſerer Zuſpruch gekommen ſei.
Kennet ihr die Dame? fragt der Geiſtliche den Kranken, nachdem
ſie das Zimmer verlaſſen. Nein, war die Antwort, zweimal hat
ſie ſeit ein paar Wochen bei mir eingekehrt und mir vorgeleſen
und mir Geld zurückgelaſſen. Nun ſo wiſſet, ſprach der Prebiger, daß das Niemand war als unſre geliebte Königin Vic-

toria, die jetzt in ländlicher Zurückgezogenheit um ihren ver=
storbenen Gemahl trauert und selber trostbedürftig als ein
Engel des Trostes bei euch eingekehrt ist. Der Herr erwecke
sich noch viel solch edle Jüngerinnen in Hütten und Palästen,
in Städten und Dörfern, in hohen und in niedern Ständen,
und lasse sein Evangelium als einen kräftigen Sauerteig die
Herzen durchwirken und die Welt bewegen. O daß dein Feuer
bald entbrennte, daß wir es sähn in alle Lande gehn, auf daß
bald alle Welt erkennte, was zur Erlösung ihr von dir ge=
schehn; ja breite, Herr, auf weitem Erdenkreis dein Reich bald
aus zu beines Namens Preis! Aber freilich die Macht der
Finsterniß regt sich auch und um so gewaltiger, je kräftiger
das Evangelium wirkt. So giebts nun auch in Thessalonich

2.

eine Bewegung zum Unheil. B. 5—9.

B. 5. „Aber die halsstarrigen Juden neideten und nah=
men zu sich etliche boshaftige Männer Pöbelvolks, machten eine
Rotte und richteten einen Aufruhr in der Stadt an und tra=
ten vor das Haus Jasons und suchten sie zu führen unter das
gemeine Volk." Die halsstarrigen Juden neiden dem Apostel
seinen Anhang, eifern für Mosis Gesetz und erregen einen
Volksauflauf gegen die Christen. Da ist ihnen der Markt=
pöbel ein willkommenes Werkzeug; jene Müssiggänger und
Taugenichtse, jene Herumlungerer und Proletarier, wie sie be=
sonders in großen Städten immer zu haben und zu jedem
Exceß, wo es Fenster einzuwerfen oder auch nur zu schreien,
etwas zu gewinnen oder auch nur etwas zu verberben giebt,
mit Freuden bereit sind. So wälzt sich der tobende Haufe
vor Jasons Haus, wo die Apostel wohnten, und brüllt: her=
aus mit den Christen, herunter mit den fremden Ketzern!

Vielleicht ſie wären vom wüthenden Pöbel zerriſſen, minbeſtens
blutig mißhanbelt worden.   Aber ſie waren in Sicherheit,
hatten ſich wahrſcheinlich vorher noch in ein anberes Haus
flüchten können.   Unb nun muß der Hausherr herhalten unb
wirb vor bie Obrigkeit geſchleppt.
    V. 6, 7.   „Da ſie aber ſie nicht funben, ſchleiften ſie ben
Jaſon unb etliche Brüder vor bie Oberſten ber Stabt unb
ſchrieen: Dieſe, bie ben ganzen Weltkreis erregen, ſinb auch
herkommen; bie herberget Jaſon, unb bieſe alle hanbeln wiber
bes Kaiſers Gebot, ſagen, ein anberer ſei ber König, nemlich
Jeſus.“   Da haben wir bie alte Liſt bes böſen Feinbs. Als
Volksaufwiegler, als Feinb bes Kaiſers war Jeſus ſelber vor
Pilatus verklagt worden; als Unruhſtifter, ſtaatsgefährliche
Leute werben nun auch ſeine Knechte verklagt. Keine boshaftere
Lüge als bieſe Anklage, benn bas Evangelium heißt unterthänig
ſein aller weltlichen Obrigkeit.   So hats Chriſtus gelehrt, ſo
hats auch unſer Paulus geprebigt, leſet nur Römer im breizehn=
ten. Aber freilich in anberm Sinn iſts ganz wahr: „Dieſe er=
regen ben Erbkreis“; ja Chriſtus iſt gekommen, ein Feuer an=
zuzünben, ja bas Evangelium will bie Welt umgeſtalten, aber
nur nicht zum Unheil, ſonbern zum Heil, nur nicht burch Auf=
ruhr unb Gewalt, ſonbern burch Wahrheit, burch Ueberzeugung,
burch Sanftmuth unb Liebe.   Ja unſer Jeſus iſt König, ber
Herr aller Herren unb König aller Könige. Aber ſein Reich
iſt nicht von bieſer Welt, er iſt ein himmliſcher König unb bie
irbiſchen Potentaten mögen ruhig ſein, ihre Throne werben
burchs Evangelium nicht umgeſtürzt, ſonbern erhalten erſt bie
wahre Grunblage, wenn ſie auf Chriſtum gegründet ſinb. —
So gibt es benn wirklich eine große Aufregung in ber Stabt:
    V. 8.   „Sie bewegeten aber bas Volk unb bie Oberſten
ber Stabt, bie ſolches höreten.“ Aber bie Apoſtel ſelber wer=
ben gerettet:

B. 9. „Und da sie Verantwortung von Jason und den andern empfangen hatten, ließen sie sie los." Jason, der Gastfreund der Apostel, muß sich für sie verbürgen, wahrscheinlich eine Geldsumme zum Pfand hinterlegen, daß von den Christen nichts Staatsgefährliches zu fürchten sei, und so legt sich denn für diesmal der Sturm; der Herr vom Himmel selber hat gesprochen: bis hieher und nicht weiter, hier sollen sich legen deine stolzen Wellen! Und so werden noch alle Stürme sich legen müssen, welche die Welt erregt gegen Gottes Reich und Wort. Einen Sturm aber und Eine Bewegung die wolle der Herr in recht Vielen, ja in uns Allen erregen: das ist die Unruhe, da man fragt: was muß ich thun, daß ich selig werde? Die Herzenserregung und Gemüthsbewegung, daraus der neue Mensch geboren wird, der nach Gott geschaffen ist in rechtschaffener Gerechtigkeit und Heiligkeit, und auf welche dann der Friede folgt, welchen die Welt nicht geben und nicht nehmen kann. Ja Herr, du Schöpfer der neuen Kreatur,

Laß dein Wort die Sichern schrecken
Und die Geistlichtodten wecken,
Stürz die Selbstgerechtigkeit;
Mach die Geistlichblinden sehend,
Mach die Geistlichlahmen gehend,
Mach dir selbst den Weg bereit!

Schenke den Erwachten Gnade,
Nicht zu ruhen, bis ihr Schade
Recht entdeckt und schmerzhaft ist;
Zeuch sie dann zu dir, dem Sohne,
Daß vor deinem Gnadenthrone
Sie sich laben, Jesu Christ!

(Joh. Jak. v. Moser.)

Amen.

LII.

Die Christen zu Beroe.

Kap. 17, V. 10—15. Die Brüder aber fertigeten also=
bald ab bei der Nacht Paulum und Silan gen Beroe. Da
sie darkamen, giengen sie in die Judenschule. Denn sie waren
die edelsten unter denen zu Thessalonich; die nahmen das
Wort auf ganz williglich und forscheten täglich in der Schrift,
ob sichs also hielte. So glaubten nun viel aus ihnen, auch
der griechischen ehrbaren Weiber und Männer nicht wenig.
Als aber die Juden zu Thessalonich erfuhren, daß auch zu
Beroe das Wort Gottes von Paulo verkündiget würde,
kamen sie und bewegeten auch allda das Volk. Aber da fer=
tigeten die Brüder Paulum alsobald ab, daß er gieng bis
an das Meer; Silas aber und Timotheus blieben da. Die
aber Paulum geleiteten, führeten ihn bis gen Athen. Und
als sie Befehl empfiengen an den Silas und Timotheus,
daß sie aufs schierste zu ihm kämen, zogen sie hin.

„Suchet in der Schrift, denn ihr meinet, ihr habt das
ewige Leben drinnen, und sie ists, die von mir zeuget!" So
rief unser Herr einst den Juden zu, Joh. 5, 39, und verwies
sie damit statt eines blinden Glaubens aufs eigene Lesen und
Suchen, Forschen und Denken, fest versichert, je gewissenhafter
sie lesen, je ernstlicher sie forschen würden, um so gewisser
müßten sie zum Glauben an ihn kommen: denn von ihm

zeugen ja alle Propheten, alle Gottesverheißungen sind Ja in ihm und sind Amen in ihm.

„Suchet in der Schrift, denn sie ist's, die vom Heiland zeuget;" so rufen auch wir unsern lieben Zuhörern zu, wenn wir ihnen Den predigen, der uns von Gott gemacht ist zur Weisheit und zur Gerechtigkeit und zur Heiligung und zur Erlösung. Wir verlangen nicht, daß man uns aufs Wort glaube, wir fordern nicht ein blindes Annehmen und Nachbeten unsrer Predigt, wir verbieten nicht das eigene Denken und Forschen über göttliche Dinge. Nein, wir ermahnen recht bringend, wir bitten recht herzlich: leset selber, suchet selber, prüfet selber, vergleichet das, was die Kirche lehrt, mit dem, was Gottes Wort sagt und was euer eigenes Gewissen sagt; beweget das, was ihr im Haus Gottes gehört habt, in einem feinen guten Herzen; brauchet als evangelische Christen eure Bibel; brauchet als denkende Menschen eure Vernunft, — und gewiß, ihr werdet nicht abgeführt werden vom Glauben, sondern nur um so tiefer gegründet; ihr werdet in der Schrift und ihr werdet in eurem eigenen Geist immer deutlicher und unwidersprechlicher das Zeugniß von Jesu Christo finden als dem Sohn Gottes, als dem Heilande der Welt, als dem, der uns von Gott gemacht ist zu einem Herrn und Christ.

„Suchet in der Schrift, denn sie ist's, die von mir zeuget", — das hat sich unsrem Apostel Paulus recht lieblich bewährt auf der Missionsstation, auf die wir ihn diesmal begleitet, in der Gemeinde zu Beröe. Es ist ein sonst in dem Neuen Testament selten genannter Name, dieses Beröe; wir lesen weder, daß der Apostel später wieder hingekommen, noch finden wir einen eigenen Brief Pauli an die Christen von Beröe, wie sonst an alle seine in Europa gegründeten Gemeinden; wahrscheinlich galt die Christengemeinde zu Beröe

nachher als Tochtergemeinde zu der größeren im nahen Tessa=
lonich. Aber was wir von diesen Beroensern lesen, ist recht
lieblich und löblich, und diese kleine Gemeinde blüht auf dem
großen Missionsfeld des Apostels wie ein bescheidenes Veilchen,
das sich unter seinen Blättern versteckt, wie eine einsame Rose
im abgelegenen Thal. — Auch uns kann sie ein ermunterndes
Vorbild sein vom rechten Gebrauch des göttlichen Worts.
Wir wollen uns vorstellen

**Die Christen zu Beroe als Vorbilder vom rechten
Gebrauch des göttlichen Worts;**

  1) in williger Annahme,
  2) fleißiger Forschung,
  3) lebendigem Glauben.

1.

Gleich von vornherein finden wir zu Beroe eine willige
Annahme des göttlichen Worts.

V. 10. „Die Brüder aber fertigten alsobald ab bei der
Nacht Paulum und Silan gen Beroe. Da sie darkamen,
giengen sie in die Judenschule." Es war ja in Thessalonich
durch den Haß der Juden ein Aufruhr gegen den Apostel er=
regt worden, und so muß er denn abermals den Staub von
den Füßen schütteln und bei Nacht und Nebel weiter wandern.
„Ich habe oft gereiset"; das zählt Paulus auch unter seinen
Amtsleiden auf, 2 Kor. 11, 26, und dabei mag er auch an
diese seine Abreise aus Thessalonich gedacht haben. — So
plötzlich aus einer Stadt weichen zu müssen, wo er im Segen
gewirkt hatte, so eine junge noch unbefestigte Gemeinde in dem
Augenblick verlassen zu müssen, wo schwere Wetter der Anfech=
tung über ihr schwebten, wo sie der Hut und Pflege noch so

sehr bedurft hätte; das that gewiß seinem apostolischen Hirten-
herzen bitter weh und wir dürfen nur den ersten Brief an die
Thessalonicher lesen, den Paulus bald nachher von Athen aus
schrieb, um sein sehnliches Verlangen nachzuempfinden, das
Antlitz seiner herzgeliebten Brüder dort wieder zu sehen.
1 Thess. 2, 17—20.

Daß aber das Weichen des Paulus und Silas aus Thessalonich kein Rückzug war von dem ihnen angewiesenen Posten,
das sehen wir aus der Richtung, die sie einschlagen — nach
Beröe. Nicht etwa heimwärts wenden sie ihre Schritte, sondern tiefer landeinwärts, weiter dem Herzen des heidnischen
Griechenlands zu. Beröe lag ungefähr 24 Stunden südwest-
lich von Thessalonich und war gleichfalls eine nicht unbedeu-
tende Stadt in Macedonien. — Auch dort war eine Synagoge, auch dort wandte sich Paulus gewissenhaft an seine
Volksgenossen, die Juden, und dort durfte er nun auch einmal
eine große, seltene Freude an diesen Kindern Abrahams erleben, nämlich eine willige Annahme des göttlichen Worts.

B. 11. „Denn sie waren die edelsten unter denen zu
Thessalonich, die nahmen das Wort auf ganz williglich und
forscheten täglich in der Schrift, ob sichs also hielte." Eigentlich vielmehr: „Sie aber waren edler, besser geartet, als die
zu Thessalonich und nahmen das Wort auf ganz williglich."
Das waren echte Abrahamskinder, heilsbegierige Zacchäusseelen.
Da war nicht starres jüdisches Vorurtheil, wie es dem Apostel in Thessalonich begegnet war, nicht leichtfertige heidnische
Verachtung des Evangeliums, wie er sie nachher in Athen
erfahren mußte, nein, da waren offene Ohren, empfängliche
Herzen; man ließ ihn zu Wort kommen, man hörte ihm
willig zu; „Sie nahmen das Wort auf ganz williglich." Ach,
meine Lieben, wenn wir das nur auch heutzutag überall er-

fahren dürften! Solch ein gutwilliges Zuhören und Annehmen
des Worts ist freilich noch kein wirklicher Glaube, noch keine
feste Ueberzeugung, noch kein lebendiges Christenthum. Aber
es ist doch ein Anfang dazu, es ist doch eine offene Thür
für das Heil. Aber wie oft fehlt es schon an diesem An=
fang! Wie oft tritt dem Prediger des Evangeliums zum
Voraus schon Haß und Vorurtheil entgegen: man hälts für
gar nicht der Mühe werth ihn auch nur zu hören; genug, er
trägt ja diesen schwarzen Rock, er steht ja im Dienste dieser
verachteten Kirche, also ist er ein Finsterling, ein Heuchler, ein
Lügner! — Wie viel Tausende lassen das Wort Gottes gar
nicht an sich kommen, verspottens im Leichtsinn, verachtens im
Hochmuth, ohne auch nur je eine Predigt wirklich gehört, ein
Kapitel selber gelesen zu haben. — Da waren die Leute zu
Beroe wahrhaftig „edler". Oder gehört nicht das zum rechten
Adel der Gesinnung, zur wahren Bildung und Gesittung,
nichts hochmüthig zu verachten, nichts ungeprüft zu verwerfen,
zumal wenns etwas ist, an dem Tausende hangen als an ihrer
heiligsten Ueberzeugung und ihrem süßesten Trost, sondern zu
sehen eh man urtheilt, zu hören eh man richtet. — Komm
und siehe! rief dort Philippus dem Nathanael zu, als er die
Freudenbotschaft: Wir haben den Messiam gefunden! zurück=
wies mit dem Vorurtheile: Was kann aus Nazareth Gutes
kommen? Und Nathanael kam — und sah — und glaubte.
— „Komm und siehe! komm und höre!" ach so möchten wir
so manchem stolzen Verächter zurufen, und gewiß, unter zehn
wären doch auch immer ein paar, die nachher anders urtheilen
würden als vorher und die zu der Ueberzeugung kämen: Herr,
du hast Worte des ewigen Lebens!
    Da muß dann freilich zu williger Annahme auch kommen:

2.

Fleißige Forschung.

„Und sie forscheten täglich in der Schrift, obs sichs also verhielte." Dies tägliche Schriftforschen kostete damals mehr Mühe als heute, denn nicht in jedem Haus war eine Bibel. Sie mußten also in den Häusern zusammenkommen, zusammen= sitzen, zusammenforschen. Es waren das nun freilich Juden, denen das Evangelium etwas Neues war, die sich von der Wahrheit der apostolischen Predigt aus der Schrift erst über= zeugen mußten. Etwas anderes ists in einer Christengemeinde. Wir, meine Lieben, werden allerdings nicht allemal nöthig haben, nach der Predigt hinzusitzen und nachzuschlagen, obs denn auch wirklich so bastehe, wie es gesagt worden ist. In einer christlichen Gemeinde da sollte einerseits so viel Vertrauen sein zum Diener des göttlichen Worts, daß mans ihm zu= traut: er predigt nicht Menschenfünblein, sondern den heiligen, auf Gottes Wort gegründeten Kirchenglauben, und in einer christlichen Gemeinde sollte andrerseits so viel evangelische Er= kenntniß sein, daß es dem Zuhörer der Geist Gottes in seinem Herzen auf der Stelle bezeugt, obs schriftgemäß ist, was er hört. Also nicht einem ängstlichen Grübeln, nicht einem lieblosen Kritisiren und hochmüthigen Besserwissenwollen gegen= über dem Predigtamt soll hier das Wort geredet werden. Aber daß wir über das, was wir in der Predigt gehört haben, auch nachher weiter benken mit der Schrift in der Hand, daß wir ein Evangelium oder eine Epistel, die uns in der Kirche be= sonders angefaßt hat, ein Predigtthema, oder einen Bibelspruch oder einen Liedervers, davon wir besonders ergriffen worden sind, auch daheim noch einmal nachlesen und weiter erwägen, sei es allein für uns oder mit andern; daß wir über etwas,

das uns neu ober anstößig schien, weitere Aufklärung suchen
durch eigenes Nachdenken und Nachschlagen ober durch Be=
fragen und Unterreden mit bewährten Christen, statt es ohne
weiteres anzunehmen ober ohne weiteres zu verwerfen; baß
wir überhaupt unsern Glauben, unsre Ueberzeugung, unser
Christenthum nicht nur auf Menschenwort gründen und wärs
bas Wort eines geistgesalbten Zeugen wie Paulus, sondern
auch auf eigene Geistesarbeit, auf gewissenhafte Versenkung
in die göttliche Wahrheit, wie sie in der Schrift uns für
alle Zeiten bewahrt ist, bas ist aller Christen und insbe=
sondere aller evangelischen Christen heiliges Recht und hei=
lige Pflicht. Darum höret ihr einen verehrten Prediger auf
dieser Kanzel so manchmal sagen: „ich kann das jetzt nicht
weiter ausführen, ich bitte nur, baß mans mit heimnehme
und da vor Gott weiter brüber nachdenke." Thut ihrs auch
allemal? — Und barum freuen wir uns, baß wir als evan=
gelische Christen Gottes Wort reichlich unter uns haben,
baß in jedem Haus eine Bibel ist ober sein kann, damit
jedes forschen möge, ob sichs also verhielte, und Jung und
Alt, Gelehrt und Ungelehrt sich alle Tage himmlische Nah=
rung holen könne für Geist und Herz. Thun wir bas auch,
meine Lieben? Am willigen Hören in der Kirche fehlts ja
bei Euch nicht. Aber damit die seligen Rührungen, die uns
hier oft überkommen, nicht wieder fruchtlos verklingen; ba=
mit unser Christenthum nicht nur an schwache Menschen sich
hänge, die vorübergehen, sondern in Christo sich gründe, dem
ewigen Felsen des Heils; bamit wir nicht in Einseitigkeiten
verfallen, sondern bei der gesunden Wahrheit bleiben; ba=
mit wir nicht den Versuchern und Verführern zur leichten Beute
werden, sondern Rechenschaft geben können vom Grund unsres
Glaubens und bereit seien zur Verantwortung gegen Jeder=

mann, barum laßt uns bie Leute von Beroe zum Vorbilb neh=
men unb uns mit eigenem Nachbenken fleißig versenken in
Gottes Wort. Das gehört ja auch zum rechten Abel christ=
licher Gesinnung, nicht nur sklavisch bas gehörte Wort nach=
zubeten, sonbern selbstständig bie Botschaft bes Heils in sich
aufzunehmen unb zu verarbeiten. Das giebt rechte lebenbige
Christen, bibelfeste Kernchristen. Dieses Wort thut Wunber=
kuren, bilbet neue Kreaturen unb ist eine Gotteskraft, bie
uns Seligkeit verschafft. So gelangt man bann

3.

zum lebenbigen Glauben.

V. 12. „So glaubten nun viel aus ihnen, auch ber grie=
chischen Weiber unb Männer nicht wenig." „So glaubten
nun viele aus ihnen"; nicht blos etliche unter ben Juben fielen
Paulo zu wie zu Thessalonich, hier in Beroe warens Viele, bie
glaubig wurben unb sich taufen ließen. Durch bie willige
Annahme ber Prebigt unb burch bas eigene Forschen in ber
Schrift kamen sie zum lebenbigen festen Glauben, ba es heißt:
Ich habe nun ben Grunb gefunben, ber meinen Anker ewig
hält. Unb auch ba gesellen sich zu ben Gläubigen aus Israel
Gläubige aus ben Heiben, „ber eblen griechischen Weiber unb
Männer nicht wenige." Auch hier wie in Thessalonich giengen
bie Frauen, wie es scheint, ben Männern mit gutem Beispiel
voran. Manche Gattin mag ben Gatten, manche Mutter ben
Sohn, manche Schwester ben Bruder nachgezogen haben. Unb
so blühte bem Herrn eine liebliche Gemeinbe von Gläubigen
in biesem Beroe auf. — Freilich auch ba bleibt bie Glaubens=
probe nicht aus. Von Thessalonich her braust ein Sturm in
ben jungen Gottesgarten.

V. 13. „Als aber bie Juben zu Thessalonich erfuhren,

daß auch zu Beroe das Wort Gottes von Paulo verkündiget
würde, kamen ſie und bewegeten auch allda das Volk." Wie
unermüdlich und energiſch dieſe Feinde des Evangeliums!
Wären ſeine Freunde auch ſo thätig, es würde anders aus=
ſehen im Reich Gottes. Aber ſelten thun Gläubige ſo viel
für die Wahrheit als die Gottloſen wider ſie. Denn jener
Bemühung geht bergan und alſo ſchwerer, dieſer bergab, beß=
halb leichter. — Nun, Paulus war abermals gerettet, denn
er iſt zu größerem aufbehalten, und geht nun nach Athen.

V. 14, 15. „Aber da fertigten die Brüder Paulum alſo=
bald ab, daß er gieng bis an das Meer; Silas aber und
Timotheus blieben da. Die aber Paulum geleiteten, führeten
ihn bis Athen. Und als ſie Befehl empfiengen an den Silas
und Timotheus, daß ſie aufs ſchierſte zu ihm kämen, zogen
ſie hin." Anfangs reiste Paulus allein; Silas und Ti=
motheus, denen der Haß der Juden nicht ſo zuſetzte, blieben
in Beroe zurück; aber er läßt ſie nachkommen, er ſehnt ſich
nach brüderlicher Anſprache und Handreichung auf dem glatten
gefährlichen Marmorpflaſter der großen Griechenſtadt. So
ſind nun die Chriſten in Beroe allein. Und doch nicht allein,
denn ſie haben Gottes Wort, mit dem ſie vertraut waren und
über das ihnen der Herr ſelbſt nun das rechte Licht aufge=
ſchloſſen, und in das gewiß auch die Anfechtung ſie immer
tiefer hineintrieb. Sie hatten Gottes Wort und an ihm einen
Lehrer, Führer und Tröſter, der ihnen nicht konnte von der
Seite genommen werden. Dieſer göttliche Lehrer, Führer und
Tröſter, möchte er auch uns, meine Lieben, immer vertrauter
werden, möchten auch wir ihn nicht von der Seite laſſen!
Was können wir uns und unſern Kindern, unſern Familien
und Gemeinden, den Predigern und Zuhörern, den Geſunden
und Kranken, den Traurigen und Fröhlichen für einen beſſern

Schatz ins Haus wünschen, als den, von dem es im Liede heißt:

> Herr, dein Wort, die edle Gabe,
> Diesen Schatz erhalte mir,
> Denn ich zieh es aller Habe
> Und dem größten Reichthum für;
> Wenn dein Wort nicht mehr soll gelten,
> Worauf soll der Glaube ruhn?
> Mir ists nicht um tausend Welten,
> Aber um dein Wort zu thun.

(Zinzendorf.)

Amen.

LIII.

Paulus in Athen.

Kap. 17, V. 16—23. Da aber Paulus ihrer zu Athen
wartete, ergrimmete sein Geist in ihm, da er sahe die Stadt
so gar abgöttisch. Und er redete zwar zu den Juden und
Gottesfürchtigen in der Schule, auch auf dem Markt alle
Tage, zu denen, die sich herzu fanden. Etliche aber der Epi=
curer und Stoiker Philosophen zankten mit ihm. Und etliche
sprachen: Was will dieser Lotterbube sagen? Etliche aber:
Es stehet, als wollte er neue Götter verkündigen. Das machte,
er hatte das Evangelium von Jesu und von der Auferstehung
ihnen verkündiget. Sie nahmen ihn aber und führeten ihn
auf den Richtplatz und sprachen: Können wir auch erfahren,
was das für eine neue Lehre sei, die du lehrest? Denn du
bringest etwas Neues vor unsere Ohren, so wollten wir gerne
wissen, was das sei. Die Athener aber alle, auch die Aus=
länder und Gäste, waren gerichtet auf nichts anders, denn
etwas Neues zu sagen oder zu hören. Paulus aber stand
mitten auf dem Richtplatz und sprach: Ihr Männer von
Athen, ich sehe euch, daß ihr in allen Stücken allzu aber=
gläubig seid. Ich bin herdurch gegangen und habe gesehen
eure Gottesdienste und fand einen Altar, darauf war ge=
schrieben: Dem unbekannten Gott. Nun verkündige ich euch
denselbigen, dem ihr unwissend Gottesdienst thut.

„Wir aber predigen den gekreuzigten Christ, den Juden
ein Aergerniß und den Griechen eine Thorheit.“ Als Paulus

diese Worte an die Korinther schrieb, (1 Kor. 1, 23) da mochte
er auch an seine Predigt zu Athen und an die Aufnahme
denken, die er dort gefunden. „Den Griechen eine Thorheit,"
— das mußte er hier zum erstenmal recht lebhaft erfahren.
Es ist eine denkwürdige Station auf seiner ereignißvollen Lauf=
bahn, wo wir unsern Apostel dießmal treffen: Paulus in Athen.

Wenn wir in Luthers Leben lesen, wie er nach Rom kam
als ein frommer, für die Kirche begeisterter Mönch, und wie
er dort erstaunte und ergrimmte über das üppige Lasterleben,
so daß er statt einer heiligen Stadt ein wahres Babel zu
finden meinte — oder wenn wir den Genfer Reformator Cal=
vin, diesen sittenstrengen Eiferer für Gottes Wort und Gottes
Gebot, in Paris treffen, schon vor 300 Jahren der glänzenden
Hauptstadt aller Lüste und Laster, so bekommen wir etwa eine
blasse Vorstellung von dem, wie es unsrem Paulus zu Muth
war in Athen, dem treuen Zeugen Jesu Christi des Gekreu=
zigten, dem gewaltigen Prediger des Glaubens und der Ge=
rechtigkeit, in jener weltberühmten Hauptstadt Griechenlands,
in jener glänzenden Residenz heidnischer Kunst und Wissen=
schaft, aber auch heidnischen Aberglaubens und heidnischer Sit=
tenlosigkeit.

„Wir aber predigen den gekreuzigten Christus, den Juden
ein Aergerniß und den Griechen eine Thorheit," dabei bleibt
er in Athen wie anderswo; Christum den Gekreuzigten auch
den stolzen Griechen zu verkündigen als den, der uns von Gott
gemacht ist zur Weisheit und zur Gerechtigkeit und zur Hei=
ligung und zur Erlösung, das ist das Ziel, dem auch dort
seine Predigt zusteuert mit unerschrockenem Freimuth, aber da=
bei mit weiser Berücksichtigung der Umstände, mit herzgewin=
nender Freundlichkeit und Milde.

Wir begleiten ihn heute nur bis zum Anfang seiner ge=

waltigen Missionspredigt in Athen, aber schon da begegnet uns des Merkwürdigen viel, viel, das wir auch auf unsre Ver=hältnisse anwenden können und müssen.

Paulus in Athen

oder der Prediger des Evangeliums, hineingestellt ins Welt=getrieb einer großen Stadt.

Diese Aufschrift könnte man über unsern Abschnitt setzen. Was begegnet ihm da?

1) Viel schnöde Abgötterei.
2) Viel hochmüthiger Weisheitsdünkel.
3) Viel eitle Neugierde; aber auch
4) Viel geheimes Heilsbedürfniß.

1.

Viel schnöde Abgötterei.

B. 16. „Da aber Paulus ihrer zu Athen wartete, er=grimmete sein Geist in ihm, da er sahe die Stadt so gar ab=göttisch." Einsam durchwandert der Apostel die Straßen Athens; ein Palast am andern, ein Tempel am andern, ein Götterbild am andern begegnet ihm da. Durch marmorne Säulenhallen wandelt er und über volkreiche öffentliche Plätze, durch grüne schattige Platanen=Alleen und an schöngefaßten Brunnen vor=über, aber in all dieser Pracht und Herrlichkeit wird ihm nicht wohl, all dieses rauschende Getümmel kann ihn nicht erfreuen, „sein Geist ergrimmete in ihm, da er sahe die Stadt so gar abgöttisch." Alle diese glänzenden Tempel, wem sind sie ge=weiht? falschen Göttern. Alle diese schönen Bildsäulen, wen stellen sie vor? Erdichtete Wesen, die nur in der Phantasie der Poeten lebten, oder sündige Menschen, die man zu göttlicher Ehre erhoben. Alle diese prächtigen Häuser, was bergen sie

in ihren Mauern? Ein Leben ohne Gott, ein Leben voll
Sünde und Schande! Alle diese lustigen Leute auf den Stra=
ßen, was sind sie? arme verblendete Heiden, die nichts mehr
wissen von ihrer Herkunft und ihrer Bestimmung, von dem leben=
bigen Gott, der sie geschaffen und von dem ewigen Leben, dazu
sie berufen sind, die in der Thorheit eines verfinsterten Herzens
hinleben und hinsterben. Eine bittere Wehmuth, ein schmerz=
liches Mitleid ergreift den edlen Apostel über solches glänzende
Elend, aber auch eine heilige Entrüstung, daß der Mensch so
tief fallen, soweit von Gott sich verirren kann. — „Als ich
zuerst nach Athen kam," schreibt der Heide Lucian, „staunte ich
und war entzückt im Beschauen aller Herrlichkeit der Stadt."
Aber eines Paulus Blick bringt tiefer, er erkennt das furcht=
bare Verderben unter der glänzenden Oberfläche und sein edler
Geist ergrimmt, da er die Stadt so gar abgöttisch sieht.

Saget, meine Lieben, können nicht ähnliche Gefühle auch
heut noch einen Prediger des Herrn durchbringen, ja jeden
ernsten Christen ergreifen beim Gang durch eine große Stadt?
Wenn auch keine Götzenbilder und keine Heidentempel uns be=
gegnen, sondern christliche Kirchen mit dem Kreuz auf ihren
Thürmen, wenns auch viel Schönes zu sehen und zu bewun=
dern gibt von Erzeugnissen der Kunst und des Gewerbfleißes,
prachtvolle Kaufläden, schöne Denkmäler und Bauwerke, wenn
auch Häuser und Straßen wie durch Zauber aus dem Boden
hervorwachsen und ein fröhliches Volk sich in den Straßen
tummelt: ist nicht auch vieles, worüber nicht nur ein über=
strenger Eiferer, sondern jeder wahre Menschenfreund ergrimmen
muß: viel unchristliche Greuel öffentlich und insgeheim, viel
heidnische Laster bei Hohen und Niedern, viel Unglaube und
Aberglaube und Abgötterei in allerlei Gestalten? Wie viel
Götzen wird da gedient in all diesen Häusern! Hunderte die=

nen dem Mammon und sprechen zum Geld: du bist mein Trost.
Aber Hunderte machen den Bauch zu ihrem Gott und opfern der
Weltlust und dem Vergnügen am Sonntag wie am Werktag.
Aber Hunderte fröhnen dem Götzen des Hochmuths, der Eitel=
keit, des Ehrgeizes: und machen sich selbst zu ihrem Gott.
Aber Hunderte hängen an sündige Menschen ihr Herz in ab=
göttischer Bewunderung und sündhafter Liebe. Und aber Hun=
derte haben ihren Leib und ihre Seele geradezu dem Fürsten
der Finsterniß verkauft, der Wollust, dem Betrug und andern
schweren Sünden und Lastern. — Und wie wenige dienen noch
dem lebendigen Gott, wie wenige haben noch ein Herz für
Den, auf welchen sie getauft sind, Jesum Christum, der uns
von Gott gemacht ist zur Weisheit und zur Gerechtigkeit und
zur Heiligung und zur Erlösung!

O, meine Lieben, wenn Pauli Geist ergrimmte über die
Abgötterei in einer Heidenstadt, in der noch keine Predigt vom
lebendigen Gott erschollen war, die noch niemals das Evan=
gelium vernommen hatte von Jesu Christo dem Gekreuzigten
— sollte man da nicht ergrimmen über all diese Abgötterei
in einer Christenstadt, unter einem Christenvolk, wo das Evan=
gelium seit Jahrhunderten seinen Gnadenruf ergehen läßt?
Werden nicht diese Leute von Athen am jüngsten Tag als An=
kläger auftreten gegen so manche Christenstadt, die Gottes Wort
gehabt hat und hat nichts davon gewollt? — Freilich da heißts
eben: wir brauchens nicht. Was begegnet dem Apostel weiter
zu Athen?

2.

Viel hochmüthiger Weisheitsdünkel.

V. 17. „Und er redete zwar zu den Juden und Gottes=
fürchtigen in der Schule, auch auf dem Markt alle Tage, zu

benen, die sich herzu fanden." Mit heiligem Eifer und barm=
herziger Liebe macht sich Paulus ans Werk, auch in Athen
das Heil in Christo zu verkünden. Er verzweifelt nicht
zum Voraus, wie Jonas über Ninive, er versuchts in Gottes
Namen, auch hier etliche Seelen zu gewinnen. Er macht sich
nicht nur an die Juden in der Synagoge, sondern auch an
die Griechen auf der Straße und dem Markt, wie denn solche
Straßenpredigten, solches Lehren und Reden unter freiem Him=
mel in Athen, wo das ganze Leben ein öffentliches war, alle
Tage bei ihren Weltweisen und Volksrednern vorkamen. Aber
nun machen sich diese griechischen Philosophen lustig über den
jüdischen Rabbi.

V. 18. „Etliche aber der Epikurer und Stoiker Philo=
sophen zankten mit ihm. Und etliche sprachen: Was will dieser
Lotterbube sagen? Etliche aber: Es siehet, als wollte er neue
Götter verkündigen. Das machte, er hatte das Evangelium
von Jesu und von der Auferstehung ihnen verkündiget." Epi=
kurer und Stoiker, das waren damals die Hauptparteien unter
den griechischen Philosophen. Epikurer, das waren die grie=
chischen Sadducäer, deren Weisheit purer Lebensgenuß war
nach dem Grundsatz: Lasset uns essen und trinken, denn morgen
sind wir todt; Stoiker, die griechischen Pharisäer, die in ihrem
Vernunftstolz, in ihrem Tugendwahn, in ihrer Selbstgerechtig=
keit sich selbst genug sein und ihren Lohn, ihre Seligkeit, ihren
Himmel nur in sich selbst finden wollten, in ihrer Willenskraft,
ihrer Seelengröße und unerschütterlichen Gemüthsruhe. Bei=
den mußte die Predigt Pauli eine Thorheit sein: den Epikurern,
weil er das Gesetz predigte, die Buße, die Selbstverleugnung,
die Kreuzigung des Fleisches sammt seinen Lüsten und Be=
gierden; den Stoikern, weil er das Evangelium verkündete,

ben Sünderheiland, die alleinseligmachende Gnade, die Ge=
rechtigkeit aus dem Glauben und nicht aus den Werken.

Und nun, meine Lieben, Sabbucäerthum und Pharisäer=
thum, leichtfertiger Epicurismus und hochmüthiger Stoicismus
— sind das nicht heute noch die beiden Hauptformen der
fleischlichen Weisheit, welchen die Predigt vom Kreuz ein Aerger=
niß und eine Thorheit ist? Epicurer und Stoiker — sind das
nicht heute noch die Hauptfeinde zur Linken und Rechten, zwi=
schen denen der Prediger des Evangeliums sozusagen Spieß=
ruthen laufen muß, die ihn und sein Amt und seine Predigt
verspotten, seis auf gröbere oder auf feinere Weise, seis in ge=
lehrten Schriften oder in Tag= und Flugblättern, in vornehmen
Gesellschaften oder hinter dem Wirthshaustisch beim Glase Bier
und Wein? O wie hundertfach läßt sie besonders in unsern
Tagen, besonders in großen Städten sich hören, diese epicurische
Weisheit, deren Wahlspruch ist: Lasset uns essen und trinken,
denn morgen sind wir todt, und deren Losung heißt: Freut
euch des Lebens, weil noch das Lämpchen glüht, pflücket die
Rose, eh sie verblüht, und deren Schüler Spötter des Heili=
gen, Feinde des Kreuzes Christi sind, weil der Bauch ihr Gott
ist, und weil sies nicht leiden können, daß die heilsame Gnade
Gottes uns züchtigt, zu verleugnen das ungöttliche Wesen und
die weltlichen Lüste, und züchtig, gerecht und gottselig leben in
dieser Welt! — Und wie hochmüthig geberdet sich daneben
auch heute noch der stoische Dünkel, der da sagt: ich brauche
keine Bibel, meine Vernunft findet selber den Weg; ich brauche
keinen Heiland, denn ich bin ein rechtschaffener Mann; ich
brauche kein Gesetz, mein Gewissen sagt mir was gut und
böse ist; ich brauche kein Evangelium, ich bin mir selbst genug
im Leben und im Sterben. — „Was will dieser Lotterbube
sagen?“ Hinweg mit euren Bußpredigten und eurer Arm=

fünderreligion, meine Religion ist: Thue recht und scheue Nie=
mand! — Ja, ja, du sprichst: ich bin reich und satt und be=
darf nichts, und weißest nicht, daß du bist elend und jämmer=
lich, arm, blind und bloß. — Suche Jesum und sein Licht,
alles andre hilft dir nicht. — Aber such ihn mit ernster Heils=
begier, nicht bloß mit leichtfertiger Neugier. Das ists was
unsrem Apostel in Athen weiter begegnet.

3.
Viel eitle Neugierde.

B. 19—21. „Sie nahmen ihn aber und führeten ihn
auf den Richtplatz und sprachen: Können wir auch erfahren,
was das für eine neue Lehre sei, die du lehrest? Denn du
bringest etwas Neues vor unsere Ohren; so wollten wir gerne
wissen, was das sei. Die Athener aber alle, auch die Aus=
länder und Gäste, waren gerichtet auf nichts anders, denn
etwas Neues zu sagen oder zu hören." Die Athener waren
ein neugieriges, bewegliches Völklein, nur immer auf etwas
Neues, Unterhaltendes, Pikantes aus, wie ihnen einer ihrer
eignen berühmten Volksredner, Demosthenes, vorgeworfen hat.
Da ist ihnen denn dieser jüdische Reiseprediger eine erwünschte
Unterhaltung. Sie wollen wenigstens etwas Neues hören, es
giebt doch dann wieder einen Tag lang Stoff zum Gespräch,
etwa auch zum Scherz und Spott; so führen sie ihn denn
auf den Areopag, einen öffentlichen Platz auf einem schönen
Hügel, wo der höchste Gerichtshof der Stadt seine Sitzungen
hielt, und ersuchen ihn höflich, da einen Vortrag zu halten.
Man hat die Athener wegen ihrer Neugierde und Flatter=
haftigkeit mit den heutigen Franzosen verglichen. Aber, meine
Lieben, hat sie nicht in Wahrheit auch bei uns ihren Sitz,
diese eitle Neugier und flatterhafte Unterhaltungssucht, die

nur immer etwas Neues hören und sehen, etwas Reizendes
und Unterhaltendes lesen und erleben will, nie aber zu sich
selber kommen, nie in sich gehen, nie ernstlich nachdenken über
sich selbst und die Welt, über Gott und die Ewigkeit. Leben
sie denn nicht auch in unsrer Stadt zu Tausenden, diese ober=
flächlichen flatterhaften Seelen, die nur immer auf dem Strom
der Tagesneuigkeiten dahinschwimmen und nie nach etwas
Dauerndem und Ewigem fragen; denen die Zeitung zehnmal
wichtiger ist als das Wort Gottes, und ein Roman zehnmal
unterhaltender als die Bibel; denen die Kirche, wie sie offen
sagen, langweilig ist, weils da nichts Neues zu hören giebt,
sondern lauter altbekannte Dinge. Ja, wenns irgend die Neu=
gierde zu befriedigen gilt, auch in geistlichen Dingen, wenn
irgend ein berühmter Gottesmann aus der Ferne kommt, dann
läuft man ihm wohl auch zu um seines Namens willen, daß man
sagen kann: ich hab ihn auch gesehen, auch gehört; wenn irgend
ein neuer Prediger auftritt mit anziehenden Gaben, dann
drängt man sich eine Weile um ihn, bis man auch den satt
hat und stehen läßt und wieder nach etwas Anderem sich um=
sieht. O wie betrübt müßte da ein Prediger des Evangeliums
oft stehen unter diesem oberflächlichen Geschlecht, das aus dem
Heiligsten ein Spiel, aus dem Ernstesten einen Scherz macht,
dürfte er nicht doch auch wahrnehmen, daß es noch Herzen
giebt, in denen die Frage schlummert: Was muß ich thun, daß
ich selig werde? Fand ja so etwas auch Paulus in Athen.
Da tritt ihm auch entgegen

4.

viel geheimes Heilsbedürfniß.

V. 22. „Paulus aber stand mitten auf dem Richtplatz
und sprach: Ihr Männer von Athen, ich sehe euch, daß ihr

in allen Stücken allzu abergläubig seib." „Allzu abergläubig"
eigentlich „allzu gottesfürchtig". Mit welcher Liebe knüpft
Paulus an das Fünklein des Guten an, das er in diesem ver=
dorbenen Volk noch fand. Er sagt nicht in blindem Eifer: ihr
seib allzumal Kinder des Teufels, nein, ihr seib fromm, giebt
er ihnen zu, aber nicht auf die rechte Weise. Ihr suchet Gott,
aber auf dem falschen Wege.

V. 23. „Ich bin herdurch gegangen, und habe gesehen
eure Gottesbienste und fand einen Altar, darauf war geschrie=
ben: Dem unbekannten Gott. Nun verkünbige ich euch den=
selbigen, bem ihr unwissend Gottesbienst thut." Ungefähr
sechshundert Jahre vorher, während einer schrecklichen Pest er=
richteten die Athener mehrere Altäre in der Stabt mit ber
Inschrift: „Den unbekannten Göttern", um den Zorn irgenb
einer ihnen unbekannten Gottheit zu versöhnen, ber sie diese
Plage zuschrieben. An biese Inschrift knüpft Paulus an.
Also ihr ahnet boch selbst, will er sagen, baß es außer ben
Göttern, die ihr bisher angebetet, noch irgenb ein unbekanntes
göttliches Wesen geben könnte, ihr fürchtet es unb möchtet
ihm bienen. Nun, biesen unbekannten Gott will ich euch ver=
künden, biesem eurem innersten Sehnen nach Wahrheit unb
Frieden will ich abhelfen.

So, meine Lieben, steht auch heut noch in viel tausenb
Herzen neben all den Götzenaltären ber Weltlust ein Altar mit
ber Inschrift: „bem unbekannten Gott". Bei allem Leichtsinn,
bei allem Trotz, bei allem Unglauben, bei aller Sünbe boch
eine geheime Furcht vor bem unbekannten Gott, boch ein ver=
borgenes Verlangen nach einem unbekannten Heil. Ja, kein
Mensch ist so versunken, baß nicht biefes Fünklein der Gottes=
furcht unb des Gottverlangens noch in ihm schlummere. Dieses
Fünklein zu nähren unb zu wecken, bieses Bebürfniß nach einem

Gott, nach einem Heiland, nach einem Frieden, den die Welt
nicht hat, in so viel tausend Seelen zu wecken und zu stillen,
das ist das Amt, das uns vertraut ist in dem bunten Haufen,
unter den wir hineingestellt sind als Diener Dessen, von dem
es heißt: Das zerstoßene Rohr will er nicht zerbrechen und
das glimmende Docht nicht verlöschen. Der Herr segne dazu
sein Wort und die Predigt seines Worts auch in unserer
Stadt. Ja, Herr Jesu, du großer Erzhirte der Gemeinde,
laß dir auch das große Volk dieser Stadt befohlen sein. Du
siehest so viel heidnische Greuel der Abgötterei, des Unglau=
bens, des Sündendienstes, die auch bei uns im Schwange gehen
und täglich überhandnehmen: o steure diesem Heidenthum und
zertrümmere die Altäre der falschen Götter. Aber du ver=
nimmst auch das stille Seufzen so manches armen Herzens, dem
du noch ein unbekannter Gott bist, und das sich doch nach
Wahrheit, nach Gnade und Frieden sehnt. O laß dich finden
von denen, die dich bewußt oder unbewußt suchen, ja zeige
uns Allen je mehr und mehr dein Heil und führe uns aus
der Finsterniß zu deinem wunderbaren Licht!

> Zeige deines Wortes Kraft
> An uns armen Wesen,
> Zeige, wie es neu uns schafft,
> Kranke macht genesen;
> Jesu, dein allmächtig Wort
> Fahr in uns zu siegen fort,
> Bis wir ganz genesen!
>
>   (Christian Heinr. Zeller.)

Amen.

LIV

Pauli Predigt zu Athen.

Kap. 17, V. 24—34. Gott, der die Welt gemacht hat, und Alles, was darinnen ist, sintemal er ein Herr ist Himmels und der Erde, wohnet nicht in Tempeln mit Händen gemacht. Seiner wird auch nicht von Menschenhänden gepfleget, als der Jemandes bedürfe; so Er selbst Leben und Odem allenthalben gibt. Und hat gemacht, daß von Einem Blut aller Menschen Geschlechter auf dem ganzen Erdboden wohnen, und Ziel gesetzt, zuvor versehen, wie lange und wie weit sie wohnen sollen; daß sie den Herrn suchen sollten, ob sie doch Ihn fühlen und finden möchten. Und zwar Er ist nicht ferne von einem Jeglichen unter uns. Denn in Ihm leben, weben und sind wir; als auch etliche Poeten bei euch gesagt haben: Wir sind seines Geschlechts. So wir denn göttlichen Geschlechts sind; sollen wir nicht meinen, die Gottheit sei gleich den goldenen, silbernen und steinernen Bildern, durch menschliche Gedanken gemacht. Und zwar hat Gott die Zeit der Unwissenheit übersehen: nun aber gebeut Er allen Menschen an allen Enden Buße zu thun; darum, daß Er einen Tag gesetzt hat, auf welchen Er richten will den Kreis des Erdbodens mit Gerechtigkeit, durch einen Mann, in welchem Ers beschlossen hat, und Jedermann vorhält den Glauben, nachdem Er ihn hat von den Todten auferwecket. Da sie höreten die Auferstehung der Todten, da hatten es Etliche ihren Spott, Etliche aber sprachen: Wir wollen dich davon weiter hören. Also gieng Paulus von ihnen. Etliche Männer aber hingen ihm an und wurden glaubig; unter

welchen war Dionysius, einer aus dem Rath, und ein Weib,
mit Namen Damaris und andere mit ihnen.

Der alte Kirchenlehrer Irenäus hat den schönen Aus=
spruch gethan: „Die Menschenseele ist von Natur eine Chri=
stin." Das heißt: sie ist aufs Christenthum durch die Schö=
pfung schon angelegt und diese Anlage kündigt sich auch nach
dem Sündenfall in der Menschenseele noch an durch einen
Rest ursprünglichen Gottesbewußtseins, das wie ein Fünklein
unter der Asche noch glimmt auch im gesunkensten Menschen,
wie eine verborgene Goldader durch gemeines Gestein sich hin=
durchzieht auch beim rohsten und verdorbensten Volk. Diese
Goldader zu entdecken und auszubeuten, jenes Fünklein zu fin=
den und zur hellen Flamme anzufachen, an diesen Rest ur=
sprünglichen Gottesbewußtseins anzuknüpfen, darauf läuft im
Grund alle Kunst und Weisheit des evangelischen Predigt= und
Hirtenamtes hinaus, sowohl draußen in der Heidenwelt als
hier innen in der getauften Christenheit. — Als ein Meister
in dieser Kunst steht Paulus vor uns da mit seiner Predigt zu
Athen, wo er diesem geistig hochgebildeten und doch sittlich
tiefgesunkenen Griechenvolk, anknüpfend an das, was er auch
bei ihnen noch Wahres, Gutes und Schönes gefunden, mit
ebensoviel Besonnenheit als Entschiedenheit, mit ebensoviel
schonender Milde als einbringlicher Kraft die Grundwahrheit
des christlichen Glaubens verkündet vom lebendigen Gott, dem
allmächtigen Schöpfer Himmels und der Erden, und vom
Menschen, als dem Geschöpf und Ebenbild Gottes, und von
Jesu Christo, als dem einzigen Mittler, der den Menschen
zurückführt zu Gott.

Wir haben den Apostel das vorigemal verlassen, wie er
auf dem Areopagus zu Athen steht, unter freiem Himmel, im

Angesichte der herrlichen Stadt mit ihren Tempeln, Götter=
bildern und Palästen, und umgeben von einer neugierigen
Menge, die zu hören verlangt, was er denn für eine neue
Lehre bringe. Wir wollen uns im Geist unter seine Zuhörer
stellen und andächtig mitvernehmen

Pauli Predigt zu Athen,

oder die Grundwahrheiten des christlichen Glaubens.

1) von Gott. V. 24, 25.

2) vom Menschen. V. 26—29.

3) vom Heilsweg. V. 30—32.

1.

Von Gott, dem lebendigen Gott, Schöpfer Himmels
und der Erde, redet Paulus V. 24, 25. Den unbekannten
Gott, dem sie einen Altar errichtet hatten neben ihren vielen
Götzenaltären, den, sagt er, will ich euch verkünden. Und nun
kommt die majestätische Verkündigung:

V. 24. „Gott, der die Welt gemacht hat und Alles,
was darinnen ist, sintemal er ein Herr ist Himmels und der
Erde, wohnet nicht in Tempeln mit Händen gemacht." Da
haben wir den ersten Glaubensartikel, von Gott dem Vater,
dem allmächtigen Schöpfer Himmels und der Erden. —
„Im Anfang schuf Gott Himmel und Erde," das ist der
Eingang der Bibel, das ABC unsres Glaubens. Aber schon
diese Anfangsgründe der Wahrheit sind verloren gegangen
im Heidenthum. Selbst die edelsten und erleuchtetsten der
griechischen Weltweisen, ein Plato und Aristoteles, brachtens
höchstens bis zum Gedanken an einen Weltordner oder Welt=
baumeister, der aus dem von Ewigkeit her vorhandenen Urstoff
die Welt gebildet habe, wie der Bildhauer die Bildsäule aus

einem Marmorblock, der Gärtner den Garten aus einer Wüste, nicht aber zur Erkenntniß eines Weltschöpfers, der die Welt aus Nichts geschaffen durch sein allmächtiges Wort. Und auch unsre heutigen Heiden in der Christenheit, die ungläubige Weltanschauung, die jetzt das große Wort führt unter uns, will ja nichts mehr wissen von einem Schöpfer und einer Schöpfung, sondern man denkt sich die Welt als eine ewige durch sich selbst existirende, ohne Ursprung, ohne Urheber, ohne Schöpfer, weil man sich scheut vor dem Wunder einer Schö= pfung aus nichts. Ein Wunder ists freilich, dieses Schö= pfungswerk, aber doch nicht größer als das, wenn man an= nimmt, die Welt sei von Ewigkeit her durch sich selbst vor= handen; doch ein Wunder, darin der Glaube kindlich fröhlich ruht und bei welchem auch das Denken allein sich beruhigen kann. Oder geht es euch nicht so, meine Lieben, wenn ihr zum Himmel aufblicket mit seiner strahlenden Sonne bei Tag, mit seinen funkelnden Sternen bei Nacht, oder wenn ihr über die Erde hinblicket mit ihren grünen Gefilden, ihren erhabenen Gebirgen, ihren silbernen Strömen, ihrem blauen unermeßlichen Meer, — ihr könnet nicht anders als unwillkürlich euch beu= gen vor dem unsichtbaren Schöpfer, der das Alles gemacht hat und ihr fühlets: Himmel, Erde, Luft und Meer zeugen von des Schöpfers Ehr, meine Seele singe du und bring auch dein Lob herzu!

Gott ist ein Schöpfer und Herr Himmels und der Erde. Von dieser Wahrheit aus fällt nun aber ein strafendes Licht auf die Göttertempel Athens. Mit dieser Predigt vom leben= bigen Gott zerschlägt Paulus zugleich die Götzen der Griechen. „Sintemal er ein Herr ist Himmels und der Erde, wohnet er nicht in Tempeln, mit Händen gemacht." Diese Wahrheit, die schon ein Jahrtausend früher ein König Salomo zu

Jerusalem ausgesprochen, als er den Tempel einweihte, den
er dort Jehovah gebaut, die wird nun auch in Athen geprebigt,
im Angesichte seiner glänzenden Göttertempel. Der lebendige
Gott wohnet nicht in Tempeln von Händen gemacht wie euer
Zeus und eure Athene und eure erdichteten Götter alle. Der
Himmel ist sein Stuhl und die Erde seiner Füße Schemel.
— Auch wir, meine Lieben, wollen das nicht vergessen. Wohl
will er sein Haus haben auf Erden, wo seine Ehre wohnet,
wo sein Name geprebigt wird, wo ihm unsre Lobgesänge erschallen und wir haben lieb die Stätte seines Hauses, denn
wir fühlen uns hier oft lebendiger umweht von seiner Nähe
und sind selig erhoben in der Empfindung: Gott ist gegenwärtig. — Aber wir sind darum nicht weg aus seinem Tempel, wenn wir die Schwelle des Gotteshauses wieder verlassen. Die ganze Schöpfung ist sein Tempel. Wir sind seines
Naheseins nicht beraubt, wenn wir auch nicht immer in der
Kirche sein können; auch das Kämmerlein wird dem Frommen
zur Kirche, wo es fühlt: Gott ist gegenwärtig, und der beste
Tempel, den wir dem Herrn weihen können, wo er immer bei
uns ist, wo er am liebsten wohnt, das ist unser Herz, deshalb
der Christ betet: Herr, komm in mich wohnen, laß mein
Herz auf Erden dir ein Heiligthum noch werden, komm, du
nahes Wesen, dich in mir verkläre, daß ich dich stets lieb und
ehre; wo ich geh, sitz und steh, laß mich dich erblicken und vor
dir mich bücken! — Daraus folgt das Weitere.   •

B. 25. „Seiner wird auch nicht von Menschenhänden
gepfleget, als der Jemandes bedürfe; so Er selbst Jedermann
Leben und Odem allenthalben gibt." Wie der lebendige Gott
nicht in heidnischem Sinn in einem Tempel wohnt, so bedarf
er auch keines Priesterdienstes noch irgend menschlicher Hilfe
oder irbischer Gaben, denn von ihm und durch ihn und zu

ihm sind alle Dinge. — Die Götzen freilich sind Holz und
Stein, Silber und Gold, von Menschenhänden gemacht; sie
haben Augen und sehen nicht, Ohren und hören nicht, Hände
und greifen nicht, Füße und gehen nicht. Sie müssen gepflegt
und versorgt werden, an ihnen muß gebaut und gebessert wer=
den. Finden sich doch in den Städten Indiens und Chinas
Werkstätten mit der Aufschrift auf den Schildern: „Hier wer=
den alte Götter ausgebessert und neue gemacht." Und die
alten griechischen Dichter reden gerne davon, wie der Duft des
Opferfleisches und des Fettes, das auf den Altären verbrannt
wurde, als ein süßer Wohlgeruch emporsteige zu den Nasen
der Götter. Wir aber, meine Lieben, wenn wir unsre Gottes=
dienste feiern, so wissen wir wohl: wir thun eigentlich nicht
dem Herrn einen Dienst damit, dem Seligen und Alleinge=
waltigen, sondern uns selbst, indem wir uns zu ihm erheben;
die herrlichsten himmelanstrebenden Dome, die ihm erbaut wer=
den, sie dienen dem Volk zur Ehre, das seinen frommen Sinn
damit beurkundet, nicht aber Gott zum Nutzen, der nicht wohnet
in Tempeln mit Händen gemacht; die erhabensten Chorgesänge,
die zu ihm emporsteigen, sie erheben unsre Herzen gen Himmel,
für ihn aber, der unter den Lobgesängen der Cherubim thront,
sind sie wie das Lallen eines Kindes, wie das Zirpen der
Grille im Gras. Ja Herr, dir ist niemand zu vergleichen,
kein Lob kann deine Größ' erreichen, kein noch so feuriger Ver=
stand; Pracht, Majestät und Ruhm umgeben dich, aller Dinge
Quell und Leben, Licht ist dein strahlenvoll Gewand; in hohen
unermessnen Fernen, wohin kein sterblich Auge schaut, hast du
weit über allen Sternen dir deinen höchsten Sitz erbaut! —
Nun steigt Paulus vom Himmel zur Erde herab und predigt:

2.

Vom Menschen als dem Geschöpf und Ebenbild Gottes:
V. 26. „Und hat gemacht, daß von Einem Blut aller
Menschen Geschlechter auf dem ganzen Erdboden wohnen, und
hat Ziel gesetzt, zuvor ersehen, wie lange und wie weit sie
wohnen sollen." Drei christliche Grundwahrheiten über den
Menschen sind hiemit ausgesprochen. Erstens: alle Menschen sind
von Gott geschaffen, nicht wie die ungläubige Naturwissenschaft
unsrer Tage behauptet, aus der Erde herausgeboren, aus dem
Urschlamm ausgebrütet, aus Affen oder Fröschen allmälig
herausveredelt. Kann die stolze Weisheit der Welt ärger zur
Narrheit werden als durch solche Lehre? Kann der hochmüthige
Mensch, der nichts von Gottes Wort lernen will, sich selbst
schmählicher herabwürdigen als durch einen solchen Stamm=
baum, wornach ein Urangutang sein Ahnherr ist? Zweitens:
alle Menschen sind ein Blut, abstammend von einem Paar,
und darum alle Menschen Brüder, darum alle Völker gleich=
geachtet vor Gott, der schwarze Negersklave und der rothe
Indianer so gut als der weiße Europäer: nicht jede Menschen=
rasse für sich entstanden, nicht ein Volk bevorzugt vor dem
andern. Auch das ist eine wichtige Lehre unsres christlichen
Glaubens, wovor die Schranken des Völkerhasses fallen, die
Ketten der Sklaverei zerspringen müssen. — Drittens: alle
Völker stehen unter Gottes Leitung; nicht wie ein beschränkter
Nationalstolz träumt, Ein Volk allein das gottgeliebte, alle
andern neben ihm Barbaren, wie es die Griechen nannten, oder
Gojim, wie die Juden sprachen, oder Hunde, wie der Türke sagt.
Nein, Gott der allmächtige Weltschöpfer ist auch der heilige
Weltregent. Auch in der Geschichte der Völker hat er seine
Hand. Keines ist ihm zu hoch: es muß sich seinem Scepter beu=

gen; keines ist ihm zu gering: er will es für sein Reich erziehen.
Und wenn ein Volk ausgerichtet hat, wozu er es bestimmte,
oder von der Bahn gewichen ist, die er ihm vorgezeichnet, so
fällt es in den Staub, heiße es Griechenland oder Rom, Israel
oder irgend eine sich selbst so nennende „große Nation“. —
Der heilige Reichsplan aber, den Gott durchführt in der Geschichte, die hohe Bestimmung, der er die Menschheit entgegen-
leiten will, das ist die Gemeinschaft mit Gott; ihn zu suchen,
ihn zu finden, ihm zu dienen und in ihm selig zu sein.
V. 27, 28. „Daß sie den Herrn suchen sollten, ob sie
doch Ihn fühlen und finden möchten. Und zwar Er ist nicht
ferne von einem Jeglichen unter uns. Denn in Ihm leben,
weben und sind wir; als auch etliche Poeten bei euch gesagt
gesagt haben: Wir sind seines Geschlechts.“ Fürwahr ein
schöner Adelsbrief der Menschheit: „Wir sind göttlichen Geschlechts“. Fürwahr ein herrliches Ziel, das der ganzen Menschheit und jeder Menschenseele gesteckt ist: „Gott zu finden“.
Fürwahr ein heiliger Trieb, der auch im versunkensten Volk
nicht ganz unterdrückt, auch in der verdorbensten Seele nicht
ganz vertilgt werden kann: „Gott zu suchen“, und in ihm
Licht und Leben, Heil und Frieden. Fürwahr ein großer Trost,
dem Menschen mitgegeben von Gott auf die Irrbahn seines
Lebens: „Er ist nicht fern von einem Jeglichen unter uns“:
auch nach dem versunkensten Volk, auch nach der verirrtesten
Seele streckt er seine Hand aus als der gute Hirte, der da
will, daß allen Menschen geholfen werde. — Aber fürwahr
auch eine arge Thorheit, eine große Sünde und Schande, wenn
der Mensch, nach Gottes Ebenbild geschaffen, zu Gottes Gemeinschaft berufen, seine edle Herkunft und hohe Bestimmung
so vergessen kann, daß er in heidnischen Götzendienst versinkt,
wie Paulus den Griechen zu Gemüth führt.

V. 29. „So wir denn göttlichen Geschlechts sind: sollen wir nicht meinen, die Gottheit sei gleich den goldenen, silbernen und steinernen Bildern, durch menschliche Gedanken gemacht,“ — oder daß er der Sünde dient und im Schlamm des Lasters sich wälzt, wie so viel Tausende thun, die sich Christen nennen und hoch erhaben dünken über den Götzendienst der Heiden. O da möchten wir auch hinweisen mit heiligem Ernst und herzlicher Liebe wie Paulus thut, auf das Heil und den Heiland.

3.

Vom Heilsweg spricht der Apostel.

V. 30. „Und zwar hat Gott die Zeit der Unwissenheit übersehen: nun aber gebeut er allen Menschen an allen Enden Buße zu thun.“ Die Zeiten der Unwissenheit hat Gott gnädig übersehen bei jenen Heidenvölkern in seiner Langmuth und Gebuld, Er hat gleichsam ein Auge zugedrückt über ihrer Thorheit. Hätte er sie angesehen mit den Feuerflammen seiner heiligen Augen, so wäre längst kein Athen mehr in der Welt gewesen. Aber auch ihnen sollte noch das Licht der Gnade und Wahrheit aufgehen im Evangelium Jesu Christi. Schwerer noch als bei jenen Heiden, denen Paulus den unbekannten Gott predigte, lastet die Schuld der Unwissenheit auf so viel Christen, die von Kindauf wissen die heilige Schrift und denen doch Gott ein unbekannter Gott bleibt; von denen er nicht ferne ist alle Tage in seinem heiligen Wort, und die doch ihr Herz an Götzen hängen und der Sünde dienen. Aber auch diese verschuldete Unwissenheit will der Herr gnädig übersehen, wenn nur endlich, endlich noch die Seele ihr Auge dem Licht öffnet und ihre Füße auf den Weg des Friedens richtet. „Nun aber gebeut er allen Menschen

an allen Enden Buße zu thun". Das ist der einzige Weg
zum Heil für alle Menschen an allen Enden, für die weisheits=
stolzen Griechen wie für die selbstgerechten Juden, für das
getaufte Christenthum wie für einen blinden Heiden: Buße
im ernsten Hinblick auf das Gericht, denn Gott der Welt=
schöpfer und Weltregent ist auch der einstige Weltrichter, und
Buße im gläubigen Anschauen des Mannes, in welchem allen
Menschen geholfen werden soll, Jesu Christi, des Gekreuzigten
und Auferstandenen. Auf ihn weist Paulus die Athener hin
am Schlusse seiner Predigt, als auf den Mann, der auch
ihnen allein helfen könne aus der Nacht zum Licht, aus dem
Gericht zur Gnade, aus dem Tode zum Leben.

V. 31. „Darum, daß er einen Tag gesetzt hat, auf
welchen Er richten will den Kreis des Erdbodens mit Gerech=
tigkeit, durch einen Mann, in welchem Ers beschlossen hat und
Jedermann vorhält den Glauben, nachdem Er ihn hat von
den Todten auferwecket." Wenige zwar haben ihn dort ange=
nommen.

V. 32, 33. „Da sie höreten die Auferstehung der Todten,
da hatten es Etliche ihren Spott, Etliche aber sprachen: Wir
wollen dich davon weiter hören. Also gieng Paulus von ihnen."
Es bleibt dabei: Nicht viel Weise nach dem Fleisch, nicht viel
Edle sind berufen; doch einige Edle auch in Athen.

V. 34. „Etliche Männer aber hingen ihm an und wur=
den gläubig; unter welchen war Dionysius, einer aus dem
Rath, und ein Weib, mit Namen Damaris und andere mit
ihnen." — „Und andere mit ihnen." Zu diesen Andern, meine
Lieben, wollen auch wir gehören; zu diesen Andern wolle Er,
der alleingewaltige Gott, der ein Herr ist Himmels und der
Erden, Er, der Allgegenwärtige, der nicht ferne ist von einem
Jeglichen unter uns, Er, der Barmherzige, der da will, daß

allen Menschen geholfen werde, recht Viele, die noch ferne sind, herzurufen zu seinem Heil, damit alle Lande voll werden seiner Ehre.

Es danken dir die Himmelsheer',
O Herrscher aller Thronen,
Und die in Lüften, Land und Meer
In deinem Schatten wohnen,
Die preisen deine Schöpfermacht,
Die alles also wohl bedacht;
   Gebt unsrem Gott die Ehre!

Ihr, die ihr Christi Namen nennt,
Gebt unsrem Gott die Ehre;
Ihr, die ihr Gottes Macht bekennt,
Gebt unsrem Gott die Ehre!
Die falschen Götzen macht zu Spott,
Der Herr ist Gott, der Herr ist Gott;
   Gebt unsrem Gott die Ehre!

(J. J. Schütz.

Amen.

LV.

Des Herrn Kraft ist in den Schwachen mächtig.

Kap. 18, V. 1—11. Darnach schied Paulus von Athen und kam gen Korinth; und fand einen Juden, mit Namen Aquila, der Geburt aus Pontus, welcher war neulich aus Welschland gekommen sammt seinem Weibe Priscilla, (darum, daß der Kaiser Claudius geboten hatte allen Juden, zu wei= chen aus Rom). Zu denselbigen gieng er ein; und dieweil er gleiches Handwerks war, blieb er bei ihnen und arbeitete; sie waren aber des Handwerks Teppichmacher. Und er lehrete in der Schule auf alle Sabbather und beredete beide, Juden und Griechen. Da aber Silas und Timotheus aus Mace= donien kamen, drang Paulum der Geist, zu bezeugen den Juden Jesum, daß er der Christ sei. Da sie aber wider= strebeten und lästerten, schüttelte er die Kleider aus und sprach zu ihnen: Euer Blut sei über euer Haupt; ich gehe von nun an rein zu den Heiden. Und machte sich von dannen, und kam in ein Haus eines, mit Namen Just, der gottes= fürchtig war und desselbigen Haus war zunächst an der Schule. Crispus aber, der Oberste der Schule, glaubte an den Herrn, mit seinem ganzen Hause; und viele Korinthier, die zuhöreten, wurden glaubig und ließen sich taufen. Es sprach aber der Herr durch ein Gesicht in der Nacht zu Paulo: Fürchte dich nicht, sondern rede und schweige nicht; denn Ich bin mit dir und Niemand soll sich unterstehen dir zu schaden; denn ich habe ein großes Volk in dieser Stadt. Er saß aber daselbst ein Jahr und sechs Monate und lehrete sie das Wort Gottes.

In seinem ersten Brief an die Korinthier schreibt Paulus
(2, 1 ff.): „Und ich, lieben Brüder, da ich zu euch kam, kam
ich nicht mit hohen Worten oder hoher Weisheit, euch zu ver=
kündigen die göttliche Predigt, denn ich hielte mich nicht dafür,
daß ich was wüßte unter euch ohn allein Jesum Christum
den Gekreuzigten. Und ich war bei euch mit Schwachheit und
mit Furcht und mit großem Zittern." — Diesen bemüthigen
Eingang und bescheidenen Anfang unsres Apostels in Korinth
sehen wir im verlesenen Abschnitt. Aber auch das andere
Pauluswort sehen wir in diesem Abschnitt bestätigt, das er
im zweiten Brief an dieselben Korinthier schreibt (12, 9. 10):
„Und er hat zu mir gesagt: laß dir an meiner Gnade ge=
nügen, denn meine Kraft ist in den Schwachen mächtig. Darum
bin ich guten Muths in Schwachheiten, in Schmachen, in
Nöthen, in Verfolgungen, in Aengsten, um Christus willen.
Denn wenn ich schwach bin, so bin ich stark." Auch den ge=
segneten Fortgang seiner Arbeit in Korinth unter dem Gna=
benbeistand des Herrn dürfen wir mit Freuden und Bewunde=
rung anschauen in unsrem Text. Und jenes trostvolle Wort
aus des Herrn Munde; fürchte dich nicht, denn ich bin mit
dir und Niemand soll sich unterstehen dir zu schaden — darf
auch heute noch jeder treue Knecht und jede fromme Magd
Gottes sich zum Troste zueignen bei redlicher Arbeit im Dienste
des Herrn. Also zur Aufschrift über unsern heutigen Ab=
schnitt können wir das Wort setzen:

Paulus in Korinth
oder des Herrn Kraft ist in den Schwachen mächtig.

Wir sehen des Apostels Werk zu Korinth
　　1) in seinem bescheidenen Anfang. V. 1—4.

2) in seinem muthigen Fortgang. V. 5—8.

3) in seinem gesegneten Ausgang. V. 9—11.

1.

Der bescheidene Anfang.

V. 1. „Darnach schied Paulus von Athen und kam gen Korinth." Er schied von Athen; nicht mit Lorbeerkränzen und Siegestrophäen, sondern tief gebemüthigt und schwer gebeugt verließ er die Stadt. Anfechtung zwar und Verfolgung hatte er dort nicht zu dulden, aber was noch schlimmer war, Spott und Verachtung. Die stolzen Athener ließen ihn stehen und gehen. Seine herrliche Predigt auf dem Areopag hatte nur an wenig Seelen Frucht geschafft, und die Wenigen, die den unbekannten Gott sich von ihm hatten zeigen lassen, verschwanden wie kleine Lichtlein in der Finsterniß der großen Stadt. Wir dürfen uns die Missionsreisen des großen Apostels eben nicht als Siegesmärsche und Triumphzüge vorstellen, und es ist recht tröstlich für uns bei unsrer eigenen Schwachheit, daß solche Helden des Glaubens, solche Herzoge der Kirche wie Paulus uns auch vorangegangen sind auf dem rauhen Weg äußerer und innerer Demüthigung und es beim Mangel augenscheinlichen Erfolgs sich oft gesagt sein lassen mußten vom Herrn: laß dir an meiner Gnade genügen.

„Paulus schied von Athen und kam gen Korinth." Da kam er freilich, menschlich angesehen und sprichwörtlich ausgebrückt, vom Regen in die Traufe. Korinth, die damalige Hauptstadt Griechenlands, oder Achaias, wie es als römische Provinz jetzt hieß, zwischen zwei Meeren auf einer Landenge prachtvoll gelegen, war eine womöglich noch glänzendere, noch üppigere, noch lasterhaftere Stadt als Athen. Der Umfang der Stadt betrug fast eine Meile, ihre Einwohnerzahl

belief sich auf 300,000 Seelen. Handel und Gewerbe wurden
schwunghaft betrieben und die Waaren von Asien und Europa
sah man auf seinen Märkten aufgestapelt; heidnische Kunst und
Wissenschaft blühte wie in Athen; auf jedem Tritt, sagt ein
alter Redner über dieses Korinth, begegnest du einem Weisen,
und selbst vom leblosen Gestein kannst du lernen; an Tempeln,
Bildsäulen, Monumenten, Inschriften aller Art kannst du griechische Kunst und Geschichte studiren. Aber auch fabelhafter
Luxus, ausgelassener Lebensgenuß und schamlose Laster blühten
in Korinth üppiger als irgendwo. Wie kostspielig das Leben
daselbst war, bezeugt das alte Sprichwort: „nicht jedermann
kann nach Korinth reisen"; und von einem, der ein rechtes
Lasterleben führte, sagte man: „er lebt Korinthisch". Wahrlich, es gehörte viel apostolischer Muth bei unserem Paulus
dazu, unmittelbar nach den niederschlagenden Erfahrungen in
Athen sich in diesen Sündenpfuhl hineinzuwagen, und wir könnens uns wohl erklären, wenn er nachher seinen Korinthiern
gesteht, er sei gekommen „mit Furcht und großem Zittern". —
Doch der Herr, dessen Kraft mächtig ist in unserer Schwachheit, führt ihm in der großen fremden Stadt gleich zum Anfang ein paar befreundete Seelen zu.

V. 2. 3.   „Und fand einen Juden, mit Namen Aquila,
der Geburt aus Pontus, welcher war neulich aus Welschland
gekommen, sammt seinem Weibe Priscilla, (darum, daß der
Kaiser Claudius geboten hatte allen Juden, zu weichen aus
Rom). Zu denselbigen ging er ein; und bieweil er gleiches
Handwerks war, blieb er bei ihnen und arbeitete; sie waren
aber des Handwerks Teppichmacher." In einer großen Hun-
gersnoth ums Jahr 52 nach Christus hatte der römische Kaiser
Claudius, um den Zorn der Götter zu versöhnen, alle Juden
aus Rom vertrieben, und so kam dieses redliche jüdische Ehe-

paar, Aquila und Priscilla, auf ihrer Heimreise nach Pontus in Korinth an und muß da durch Gottes Fügung dem gleich= falls landfremden Paulus begegnen. Eine liebliche Führung für beide Theile, bei der wir wieder jenes Liebesworts gedenken, das sich so oft in den Lebensläufen der Christen bewährt: „So führst du doch recht selig, Herr, die Deinen, ja selig und doch meist verwunderlich." Eine liebliche Fügung wars für den verlassenen Apostel, daß er da einen redlichen Landsmann und freundlichen Hauswirth findet in der fremden Stadt; und eine selige Führung wars für den Aquila und sein Weib, daß sie in Paulus nicht nur einen lieben Haus= und Tischgenossen bekommen, sondern auch einen Prediger der Gerechtigkeit und Führer zum ewigen Leben.

Und nun, welch ein rührendes Bild: Paulus, der große Knecht des Herrn, als Teppichmacher oder Zeltweber auf dem Handwerk arbeitend mit seinem Zunftgenossen Aquila; die treuen apostolischen Hände, mit denen er seine herrlichen Briefe schrieb, sie schämen sich nicht, die Weberspule zu führen, und der gewaltige Heidenapostel, der die Teppiche des Zions= zelts unter den Heiden auszubreiten berufen war, nach dem Wort des Herrn bei Jesaia (54, 2): „Mache den Raum deiner Hütte weit und breite aus die Teppiche deiner Wohnung, spare seiner nicht; dehne deine Seile lang und stecke deine Nägel fest" — (daß auch die Heiden Raum haben unter deinem Zelt), — Paulus, dieser geistliche Zeltmacher und Teppichweber des Herrn, wirkt hier als ein Handwerksmann Zeltteppiche von Wolle, Linnen oder Leder. Die jüdischen Rabbinen lernten in der Regel neben ihrer Wissenschaft auch irgend ein Hand= werk, um sich im Nothfall damit fortzubringen, und das kam nun auch unserem Paulus zu Statten, um in Orten, wo er noch keine Freunde hatte, die ihn unterstützen konnten, oder

wo er um seiner Gegner und Verleumber willen Niemand zur
Last fallen wollte, sich selbst sein Brod zu verdienen. So hatte
ers schon in Thessalonich gehalten; dabei blieb er nun auch in
Korinth. Wo geordnete Gemeindeverhältnisse sind, da ist nun
freilich eine solche Nebenbeschäftigung und ein solcher Arbeits=
verdienst für den Geistlichen nicht mehr nöthig, denn die Kirche
soll ihre Diener ernähren, und nicht mehr möglich, denn die
Ansprüche eines geordneten Amtes lassen keine Zeit dazu übrig.
Aber ein gar lehrreiches Bild bleibt uns doch dieser Apostel
am Webstuhl auch heut noch; dem Geistlichen ruft er zu: über=
hebe dich deines Amtes nicht, sondern bleib in der Demuth
und bedenke, Jesus war ein Zimmermannssohn, Petrus und
Johannes waren Fischer und Paulus war ein Zeltweber. Und
dem Handwerksmann ruft dieser Paulus am Webstuhl zu:
Schäme dich deines Standes nicht, jede ehrliche Handthierung
ist wohlgefällig vor Gott; auch beim Handwerk kann man ein
Knecht Gottes, ein Christ, ein Apostel unter seinen Hausge=
nossen sein; auch beim Hacken und Graben, beim Hobeln und
Hämmern, beim Kochen und Waschen, beim Stricken und
Nähen kann man gute himmlische Gedanken haben, kann man
Gott dienen und arbeiten an seiner und Anderer Seligkeit.
Auch Paulus hat das nicht vergessen.

V. 4. „Und er lehrete in der Schule auf alle Sabbather
und beredete beide, Juden und Griechen." Ganz schweigen
konnte er nicht; wenigstens am Sabbath sprach er mit Juden
und griechischen Judengenossen. Doch hielt er mit der vollen
Predigt des Evangeliums noch zurück; die alte Freudigkeit und
Freimüthigkeit fehlte ihm noch; es lag noch ein Druck auf
seinem Gemüth, wie er selber nachher bekennt: „ich war bei
euch mit Schwachheit und mit Furcht und mit großem Zittern."
— Aber er sollte es nun erfahren: wenn ich schwach bin, so

bin ich stark, denn seine Kraft ist in den Schwachen mächtig.
— Auf den schüchternen Anfang kommt bald

2.

ein muthiger Fortgang.

V. 5. „Da aber Silas und Timotheus aus Macedonien
kamen, drang Paulum der Geist zu bezeugen den Juden Jesum, daß er der Christ sei." Des Apostels liebe Brüder im
Herrn, Silas und Timotheus kommen von Thessalonich nach,
wo er sie zurückgelassen, und nun geht ihm das Herz wieder
auf, nun kehrt der alte Muth ihm zurück. Schon die Gegenwart dieser alten treuen Freunde und Arbeiter ward ihm zum
Trost und zur Stärke; wir habens ja alle schon erfahren, wie
viel Stärkendes christliche Freundschaft und Gemeinschaft hat,
und welch edler Schatz, welch großer Trost des Lebens ein
treues Freundesherz ist. Erfreulich aber und ermuthigend war
ihm auch was Silas und Timotheus ihm melbeten von der
Gemeinde zu Thessalonich und ihrem Wachsthum im Guten,
wie er selber schreibt 1 Thess. 3, 7—9: „Da sind wir, lieben
Brüder, getröstet worden an euch in aller unsrer Trübsal und
Noth durch euern Glauben; denn nun sind wir lebendig, dieweil ihr stehet mit dem Herrn." — Ja, nun war er wieder
lebendig, nun drängt ihn der Geist, freudig herauszurücken
mit der ganzen Predigt des Heils. Was der Herr in Thessalonich gewirkt, kann er das nicht auch in Korinth wirken?
Weg jetzt mit aller ängstlichen Vorsicht und Rücksicht: Paulus
bezeugt den Juden Jesum, daß er der Christ sei. So, meine
Lieben, muß oft von euch, den Zuhörern, Trost und Kraft,
Muth und Freudigkeit wieder zurückströmen auf uns, die Lehrer. Euer Glaube, eure Heilsbegier, euer Christenthum kann
uns wieder aufrichten und ermuthigen und anspornen, wenn

Mißmuth oder Menschenfurcht uns die Zunge binden will, wenn wir muthlos die Hand vom Pflug ziehen wollen, weil wir meinen, wir arbeiten vergeblich. — Freilich durch Pauli kräftige Predigt kommts nun zu einem Bruch mit den Juden. V. 6. „Da sie aber widerstrebeten und lästerten, schüttelte er die Kleider aus und sprach zu ihnen: Euer Blut sei über euer Haupt; ich gehe von nun an rein zu den Heiden." Da er gegen die Predigt vom Kreuz bei den Juden zu Korinth dieselbe halsstarrige Verstocktheit findet wie fast allenthalben, so schüttelt er den Staub von den Kleidern, bricht die Gemeinschaft mit ihnen ab; er hat das Seine gethan, rein von ihrem Blut wenn sie ins Verderben fahren, wendet er sich an die Heiden. — Ein furchtbares Abschiedswort, aber ein gerechtes; vielleicht gerade durch diesen göttlichen Ernst des Apostels konnten etliche dieser widerspenstigen Seelen noch geweckt werden und jedenfalls lieber ein offener Bruch und eine völlige Scheidung als ein fauler Friede, ein längeres Hinhalten der Seelen mit halber Predigt der Wahrheit, wobei zwar keine zurückgestoßen aber auch keine gewonnen wird. Und siehe, für den augenblicklichen Verlust führt nun der Herr dem Apostel einen lieblichen Ersatz zu.

V. 7. 8. „Und machte sich von bannen und kam in ein Haus eines, mit Namen Just, der gottesfürchtig war, und desselbigen Haus war zunächst an der Schule. Crispus aber, der Oberste der Schule, glaubte an den Herrn mit seinem ganzen Hause; und viele Korinthier, die zuhöreten, wurden glaubig und ließen sich taufen." Nicht in fleischlichem Affekt läßt nun Paulus die ganze Stadt entgelten, was Einzelne verschuldet haben, sondern mit um so treuerem Eifer und herzlicherer Liebe wendet er sich an die Heiden, wo er noch Eingang hoffen darf. Und seine Hirtentreue wird belohnt; nicht

nur im Hause des Justus hart neben der Synagoge, aus der
er hat wegmüssen, thut ihm Gott eine Thür auf, sondern der
Synagogevorsteher Crispus selber mit seinem ganzen Hause
und ihm nach viele Korinthier werden gläubig. Da hieß es
wahrhaftig: vom Herrn ist das geschehen und ist ein Wunder
vor unsern Augen, oder wie eines unsrer Missionslieder singt:
„Langsam und durch Schwierigkeiten waren wir gewohnt zu
gehn; plötzlich bricht in alle Weiten beine Hand aus lichten.
Höhn." Nun ists gewonnen in Korinth. Vom schüchternen
Anfang — durch muthigen Fortgang gehts

3.

zum gesegneten Ausgang.

B. 9, 10. „Es sprach aber der Herr durch ein Gesicht
in der Nacht zu Paulo: Fürchte dich nicht, sondern rede und
schweige nicht; denn ich bin mit dir und Niemand soll sich
unterstehen dir zu schaden; denn ich habe ein großes Volk in
dieser Stadt." Eine himmlische Erscheinung, ein göttlicher Zuspruch tröstet und ermuntert den Apostel. Eine Mahnung von
oben vernimmt er: „fürchte dich nicht, sondern rede und schweige
nicht"; selbst ein so tapfres Paulusherz konnte diese Mahnung
brauchen: „fürchte dich nicht," selbst ein so treuer Zeugen-
mund mußte sich erinnern lassen: „Rede und schweige nicht,"
wie viel mehr müssen wir schwache Knechte heutzutag uns das
gesagt sein lassen als eine Mahnung wider alle Fleischesträg-
heit und Menschenfurcht: „fürchte dich nicht und schweige nicht."
Aber zur göttlichen Mahnung kommt auch eine himmlische
Tröstung: „Ich bin mit dir!" ich bein treuer Heiland, ich
dein mächtiger Schirmherr, bin mit dir künftig wie bisher
seit dem Tag von Damaskus. Darum „Niemand soll sich

unterstehn dir zu schaden". Hast du das Haupt zum Freunde
und bist geliebt bei Gott, was kann dir thun der Feinde
und Widersacher Spott? „Denn ich habe ein groß Volk in
dieser Stadt"; in dieser heidnischen, sündenvollen Stadt hab
ich ein großes Volk, viele Seelen, die nach dem Heil verlangen,
viele Schafe, die ich herzurufen will und herzuführen zu meiner
Heerde, herzurufen durch deinen Mund, herzuführen durch deine
Hand! O was kann es für einen größeren Trost, für einen
stärkeren Sporn geben einem treuen Gottesknecht, als diese
Zusage des Herrn: ich habe ein groß Volk in dieser Stadt
und du sollst mir an diesem Volk dienen und es mir zube=
reiten helfen!

B. 11. „Er saß aber daselbst ein Jahr und sechs Monate
und lehrete sie das Wort Gottes." Anderthalb Jahre blieb
Paulus auf dieses Wort hin in Korinth, länger als bisher
irgendwo, und welch großes Volk der Herr sich dort durch ihn
zubereitete, das können wir lesen im Eingang des ersten Ko=
rinthierbriefs, Kap. 1, B. 1—8. — „Ich habe ein großes Volk
in dieser Stadt", o das wolle der Herr wahr machen auch
heut und auch hier! Auch uns Predigern des Evangeliums
hier am Ort wolle Er es zum Troste sagen, wenn wir seufzen
über die Menge der Ungläubigen und Abtrünnigen, die nichts
vom Herrn wissen wollen: ich habe ein großes Volk in dieser
Stadt; viele Seelen sind noch da, die mich kennen und viel
mehrere, die mich suchen! Aber auch zur Ermunterung wollen
wirs uns gesagt sein lassen: daß wir ihm dieses große Volk
nicht verabsäumen und verwahrlosen, sondern nach Kräften
arbeiten auf diesem weiten Ackerfelde des Herrn. Und ihr,
liebe Zuhörer und wir allesammt wollen trachten, daß wir
selbst mögen hinzugethan werden zu diesem Volke des Herrn,

zu dieser seligen Zahl der Erwählten. Ja Herr, nimm du dich selber deiner Heerde an, waide und erhöhe sie ewiglich!

Bring was noch draußen ist, zu deiner kleinen Heerde,
Was drinnen ist erhalt, daß es gestärket werde,
Durchbring mit deinem Wort, bis einstens Heerd und Hirt,
Im Glauben, Herr, an dich zusammen selig wird!

(Fischer.)

Amen.

LVI

Bis hieher hat der Herr geholfen.

Kap. 18, V. 12—22. Da aber Gallion Landvogt war in Achaja, empöreten sich die Juden einmüthiglich wider Paulum; und führeten ihn vor den Richtstuhl und sprachen: Dieser überredet die Leute, Gott zu dienen, dem Gesetz zuwider. Da aber Paulus wollte den Mund aufthun, sprach Gallion zu den Juden: Wenn es ein Frevel oder Schalkheit wäre, liebe Juden, so hörete ich euch billig; weil es aber eine Frage ist von der Lehre und von den Worten und von dem Gesetze unter euch, so sehet ihr selber zu; ich gedenke darüber nicht Richter zu sein. Und trieb sie von dem Richtstuhl. Da ergriffen alle Griechen Sosthenes, den Obersten der Schule und schlugen ihn vor dem Richtstuhl; und Gallion nahm sich nichts an. Paulus aber blieb noch lange daselbst; darnach machte er seinen Abschied mit den Brüdern und wollte in Syrien schiffen, und mit ihm Priscilla und Aquila; und er beschor sein Haupt zu Kenchrea, denn er hatte ein Gelübde. Und kam hinab gen Ephesum und ließ sie daselbst. Er aber gieng in die Schule und redete mit den Juden. Sie baten ihn aber, daß er längere Zeit bei ihnen bliebe. Und er verwilligte nicht, sondern machte seinen Abschied mit ihnen und sprach: Ich muß allerdinge das künftige Fest zu Jerusalem halten; wills Gott, so will ich wieder zu euch kommen. Und fuhr weg von Epheso. Und kam gen Cäsarien und gieng hinauf und grüßete die Gemeine und zog hinab gen Antiochia.

„Bis hieher hat der Herr geholfen!" So sprach einst
Samuel nach einem glücklich vollendeten Kriegszug gegen die
Philister und nahm einen Stein und setzte ihn zum Denkmal
auf das Siegesfeld zwischen Mizpa und Sen und nannte ihn
Ebenezer, d. h. Helfenstein. (1 Sam. 7, 12.)

Nicht nur in der Geschichte des Volks Gottes im Großen
kommt je und je solch ein Ebenezer vor, solch ein Denkmal
göttlicher Durchhilfe, wo irgend ein gewaltiger Feind über=
wunden, irgend ein herrlicher Sieg errungen, irgend ein großer
Fortschritt der guten Sache gelungen ist, sondern auch im Leben
des einzelnen Christen gibt es solche Abschnitte, wo der Pilger
Gottes in Gedanken stille steht auf seinem Wege, und im
Rückblick auf die Gnadenführungen des Herrn mit dankbarer
Rührung bekennt: Bis hieher hat der Herr geholfen; lobe den
Herrn, meine Seele, und was in mir ist, seinen heiligen
Namen; lobe den Herrn, meine Seele, und vergiß nicht, was
Er dir Gutes gethan hat.

Auch unsern Paulus treffen wir am Schluß unsres dies=
maligen Abschnitts an einer solchen Stelle seiner Laufbahn,
wo er ein Ebenezer, einen Denkstein göttlicher Durchhilfe er=
richten konnte. Es ist die Heimkehr von seiner zweiten großen
Missionsreise, was uns in den so eben verlesenen Versen be=
richtet wird, und wie er selber gewiß dem Herrn Dank geopfert
hat, als er wohlbehalten wieder zu Antiochia eintraf, so finden
auch wir, die wir ihn im Geiste begleiten auf seinen gefahr=
vollen Wanderwegen, Anlaß, besonders am Schluß eines solchen
Abschnitts, den Herrn zu preisen über all der Barmherzigkeit
und Treue, die Er an diesem seinem Knecht und durch ihn an
seiner Kirche gethan hat. — Also

**Pauli Heimkehr von der zweiten Missionsreise, oder:
Bis hieher hat der Herr geholfen,**

sei die Ueberschrift unserer heutigen Betrachtung. Wir sehen
1) den Abschied von Korinth, V. 12—17.
2) die Reisestationen unterwegs, V. 18—21.
3) die Ankunft daheim, V. 22.

1.

Der Abschied von Korinth.

Es schien, dieser Abschied solle kein frieblicher, sondern
ein stürmischer, kein freiwilliger, sondern ein gezwungener wer=
den, wie einst in Lystra, Thessalonich und Beroe.

V. 12, 13. „Da aber Gallion Landvogt war in Achaja,
empöreten sich die Juden einmüthiglich wider Paulum und
führeten ihn vor den Richtstuhl und sprachen: dieser überredet
die Leute, Gott zu dienen, dem Gesetze zuwider." Neidisch
über den gesegneten Eingang, den Paulus bei den Griechen
zu Korinth fand während seines anderthalbjährigen Aufenthalts
daselbst, grollend über den ernsten Abschiedsgruß, den er ihnen
zugerufen, als er, rein von ihrer Aller Blut den Staub aus
dem Gewande schüttelte und zu den Heiden sich wandte, ver=
klagen ihn die Juden als einen gefährlichen Menschen, der die
Religion umstürzen wolle, beim römischen Landpfleger Gallion.
Aber sie kamen damit an den unrechten Mann.

V. 14, 15, 16. „Da aber Paulus wollte den Mund
aufthun, sprach Gallion zu den Juden: Wenn es ein Frevel
oder Schalkheit wäre, lieben Juden, so hörete ich euch billig;
weil es aber eine Frage ist von der Lehre und von den Wor=
ten und von dem Gesetze unter euch, so sehet ihr selber zu;
ich gedenke darüber nicht Richter zu sein. Und trieb sie von

dem Richtstuhl." Paulus ist bereit sich zu verantworten, aber es bedarf diesmal keines Worts aus seinem Munde. Was der Herr ihm verheißen in jenem nächtlichen Gesichte zu Korinth: „Fürchte dich nicht, denn ich bin mit dir und niemand soll sich unterstehen dir zu schaden," das sollte recht herrlich und augenscheinlich nun in Erfüllung gehen, und der römische Machthaber selber muß als ein Werkzeug in der Hand Gottes sich zum Schutzherrn und Schirmvogt hergeben für den bedrängten Apostel. Dieser Landpfleger Gallion war ein Bruder des berühmten römischen Philosophen Seneca, in dessen Schriften die heidnische Weisheit uns in ihrer edleren Gestalt entgegentritt, wie denn dieser Seneca namentlich sehr schöne Sprüche hat über Gott, Tugend und Unsterblichkeit. Auch der Bruder Gallion, den wir hier vor uns haben, bekommt bei römischen Geschichtsschreibern das Lob eines edlen, ebenso menschenfreundlichen als verständigen Mannes. Und als dieses Beides, als ein verständiger Mann und als ein wohlwollender Mann, zeigt er sich nun auch hier gegenüber von Paulus. Er weist die gehässige Anklage ab, weil er darin nicht Richter sein könne. Wenn sichs um ein bürgerliches Vergehen handelte, sagt er, dann, liebe Juden, würde ich euch gern anhören, aber weil von einer Religionssache, einer Lehrstreitigkeit die Rede ist, so kann ich mich nicht darein mischen. Wohlgesprochen, römischer Richter! Glaubenssachen gehören nicht vors weltliche Gericht. Hätten so die römischen Machthaber und Kaiser alle gedacht, dann wären nicht Ströme von Christenblut vergossen worden in zehn furchtbaren Christenverfolgungen während zweier Jahrhunderte. Hätten so auch die christlichen Obrigkeiten allezeit gedacht, dann hätte es keine Inquisitionstribunale, keine Folterkammern und Scheiterhaufen gegeben, wo im Mittelalter viel tausend Unschuldige um ihres Glau-

bens willen die grausamsten Martern erdulden und als Ketzer
ihr Leben lassen mußten. Ueber der bürgerlichen Ordnung
muß die Obrigkeit wachen, aber Geistliches will geistlich gerichtet sein; Irrgläubige werden nicht durchs Gefängniß bekehrt und falsche Religionsmeinungen werden nicht durch Ru-
thenhiebe ausgetrieben. Darum kann sich ein evangelischer
Christ nur freuen, wenn heutzutag der Grundsatz in allen
Ländern sich immer mehr Bahn bricht: In Religionssachen
soll der Staat sich nicht mischen, außer daß er die öffentliche
Ordnung schützt und wahrt; um seines Glaubens willen soll
niemand verfolgt werden, so lang er nicht gegen die bürgerlichen Gesetze sich verfehlt; und darum ist in unsern Tagen
mit Recht ein Schrei der Entrüstung durch ganz Europa gegangen, als wir hören mußten, wie in Spanien ein halb
Dutzend ruhiger, redlicher Bürger ins Gefängniß geworfen,
vor Gericht gestellt und theilweise zur Galeeren- und andern
harten Strafen verurtheilt wurden aus keinem andern Grund,
als weil sie als evangelische Christen die Bibel verbreitet
hatten. — Da können christliche Obrigkeiten ein Beispiel
nehmen an diesem heidnischen Landpfleger Gallion. Nur freilich nicht ebenso musterhaft ist, was noch weiter von ihm erzählt wird.

V. 16, 17. „Und trieb sie von dem Richtstuhl. Da ergriffen alle Griechen Sosthenes, den Obersten der Schule und
schlugen ihn vor dem Richtstuhl; und Gallion nahm sich nichts
an.“ Wer andern eine Grube gräbt, fällt selbst hinein.
So giengs diesmal den feindseligen Juden. Hartnäckig und
halsstarrig nach ihrer Art wollten sie mit ihren Anklagen gegen
Paulus sich nicht abweisen lassen, bis ihnen der Landpfleger
endlich durch die Gerichtsdiener die Thür weisen ließ. Und
da ergriffen nun die anwesenden Heiden die Gelegenheit, ihren

Judenhaß auszulassen, und schlugen auf den Synagogenvor=
steher Sosthenes los. Dem Apostel Paulus thaten sie damit
gewiß keinen Gefallen, sondern er wird ihnen abgewehrt haben
in dem Sinn seines Spruchs: „Die Waffen unsrer Ritter=
schaft sind nicht fleischlich" (2 Kor. 10, 4). Aber der, dessen
Sache es gewesen wäre, dieser Mißhandlung Einhalt zu thun,
Gallion, nahm sich nichts darum an. Da blickt etwas von
römischer Judenverachtung oder von vornehmer Gleichgültigkeit
heraus, wie sie einem gewissenhaften Richter nicht geziemt.
Und da müssen wir immerhin sagen: der heidnische Gallion ist
trotz seiner freundlichen Gesinnung gegen unsern Apostel darum
noch kein Muster für einen christlichen Richter. Denn dieser
soll zwar in Anderer Gewissens= und Religionssachen nicht
eingreifen, aber selber Gewissen und Religion haben, wovon
bei Gallion in diesem Fall wenigstens nichts zum Vorschein
kommt. Und er soll ferner zwar in Sachen der Lehre und
des Glaubens nicht richten, aber gegen rohe Gewaltthat den
Mißhandelten schützen, weß Glaubens er sein mag, was Gal=
lion hier unterlassen hat.

V. 18. „Paulus aber blieb noch lange daselbst; darnach
machte er seinen Abschied mit den Brüdern und wollte in Sy=
rien schiffen und mit ihm Priscilla und Aquila; und er beschor
sein Haupt zu Kenchrea, denn er hatte ein Gelübde." Paulus
blieb in Ruhe zu Korinth bis die anderthalb Jahre um waren,
die Lucas vorher als die der Stadt geschenkte Gnadenzeit an=
gegeben hat (V. 12). Nun aber zog es den Apostel mächtig
nach dem Orte seines Ausgangs, Antiochien, zurück, und er
machte sich fertig zur Heimfahrt. Aquila und dessen Weib
Priscilla, seine christlichen Freunde, sollten ihn begleiten. Er
schiffte sich ein in Kenchrea, dem östlichen Hafen der Stadt,
nachdem er vorher sein Haupt geschoren, denn er hatte ein

Gelübbe. Wahrscheinlich zum Dank gegen Gott für die neu=
liche Errettung vor dem Richterstuhl Gallions und überhaupt
für den in Korinth über Hoffen und Erwarten empfangenen
göttlichen Segen nahm er das Gelübbe eines sogenannten Na=
siräers auf sich (4 Mos. 6). Er beschor sein Haupt und ge=
lobte, dreißig Tage lang das Haar nicht zu berühren und
keinen Wein zu trinken, bis er im Tempel zu Jerusalem sein
Dankopfer gebracht hätte. Wir wissen, wie wenig Gewicht
Paulus, der Prediger der Glaubensgerechtigkeit, auf äußerliche
Gesetzeswerke legte, und so hat er gewiß mit diesem Nasiräer=
gelübbe sich nicht den Himmel verdienen wollen. Aber sein
kindlich dankbares Herz trieb ihn dazu, nach altjüdischer Sitte
dem Herrn dies Opfer zu bringen. So kann ja auch ein
evangelischer Christ sich gedrungen fühlen, durch irgend ein
außerordentliches Opfer, durch irgend ein äußeres Zeichen, durch
Enthaltung von einem unschuldigen Genuß, durch Ablegung
eines erlaubten Schmucks seine dankbare Hingabe an den Herrn
zu zeigen; nur wollen wir uns aus so etwas ja nicht ein Ver=
dienst machen und wollen nicht vergessen: die besten und Gott
wohlgefälligsten Gelübbe das sind die Herzensgelübbe der Buße,
des Glaubens, des neuen Gehorsams. „Hier ist mein Herz,
mein Gott, ich bring es dir!" das ist dem Herrn ein köst=
licheres Opfer, als wenn du ihm zu lieb als Nonne dein
schönes Haupthaar scheeren ließest oder einen goldenen Ring
von deinem Finger, eine goldene Kette von deinem Hals zum
Opfer auf den Altar legtest. — „Hier ist mein Herz!" so
hieß es auch bei Paulus, ob er zu Land war oder zu Meer,
in Griechenland oder in Asien, mit langem Haar oder mit ge=
schorenem Haupte, mit Wunden bedeckt oder mit Ehren ge=
krönt, dem Herrn gehörte sein Herz und sein Kopf, sein Leib
und seine Seele. — Nun ist er also wieder zu Schiffe, es

geht ostwärts, von Griechenland heim nach Antiochien, von
wo wir ihn am Schluß des 15. Kapitels haben ausgehen
sehen. Gewiß frohe Gedanken schwellten seine Brust, als der
Wind die Segel blähte und er zurückblickte auf die Gestade
Griechenlands, die er einst mit bangem Herzen betreten und
auf denen er nun dem Herrn ein gesegnetes Ackerfeld zurück=
lassen durfte. Da hieß es fürwahr: Der Herr hat Alles
wohlgemacht!

2.

Auch auf den Stationen unterwegs ist ihm noch
Freude bescheert.

V. 19—21. „Und kamen hinab gen Ephesum und ließ
sie daselbst. Er aber gieng in die Schule und redete mit den
Juden. Sie baten ihn aber, daß er längere Zeit bei ihnen
bliebe. Und er verwilligte nicht, sondern machte seinen Ab=
schied mit ihnen und sprach: Ich muß allerdinge das künftige
Fest zu Jerusalem halten; wills Gott, so will ich wieder zu
euch kommen. Und fuhr weg von Epheso." Er steuert ost=
wärts und kommt zuerst nach Ephesus, der großen Seestadt in
Kleinasien, wo er Aquila und Priscilla zurückläßt und wo er
selber eine so freundliche Aufnahme findet bei den Juden, daß
sie ihn bitten zu bleiben. Aber für jetzt treibt ihn der Geist
des Herrn vorwärts, der Heimath zu. Er will, wie ers ge=
lobet hat, das bevorstehende Pfingstfest in Jerusalem feiern
und dort sein Gelübde lösen. Wills Gott, so will er später
wieder kommen. Wie er wieder gekommen und was er in
Ephesus für ein gesegnetes Arbeitsfeld gefunden und wie sein
Herz an seinen lieben Ephesern gehangen, davon werden wir
später in unserer Apostelgeschichte lesen, und davon giebt der

Brief an die Epheser ein liebliches Zeugniß. Er fährt also weiter von Ephefus südwärts.

V. 22. „Und kam gen Cäsarien und gieng hinauf und grüßete die Gemeine und zog hinab gen Antiochia." Zunächst kommt der Apostel nach Cäsarien; da betritt er zum erstenmal wieder den heiligen Boden von Palästina, — „und gieng von da hinauf" — nämlich nach Jerusalem „und grüßte dort die Gemeinde", feierte Pfingsten, löste sein Gelübde im Tempel — und dann „zog er hinab gen Antiochia" in Syrien, von wo er etwa vier Jahre vorher mit Silas ausgezogen war auf diese seine zweite Missionsfahrt, seinen zweiten großen Fischzug im Ocean der Heidenwelt. So feiern wir mit ihm

3.

die Ankunft daheim.

Nur ganz kurz mit ein paar Worten berichtet die Apostel=geschichte diesen Pfingstgruß zu Jerusalem und die Heimkunft nach Antiochia, um sogleich dann den rastlosen Apostel zu wei=teren Fahrten und Thaten zu begleiten. Aber wir können uns denken, meine Lieben, was das Tage des Danks, der Lobgesänge und der Freudenthränen gewesen sein mögen für den zurückkehrenden Gotteshelden wie für die Brüder in der Heimath. Ein sieggekrönter Held wars ja der heimzog, und ein theurer geistlicher Vater, der zurückkam zu den Seinen! Was gabs da zu fragen und zu erzählen, zu beten und zu preisen im Rückblick auf diese vier Jahre der Trennung. Welche köstlichen Reisegeschenke brachte der vielgereiste Apo=stel seinen lieben Kindlein zurück: die Narben und Wunden=male, die er von Philippi her an sich trug, wo man ihn gegeißelt, und die Siegs= und Ehrenkränze, womit ihn der Herr dennoch gekrönt; die Seelen des Kerkermeisters und der

Lydia und so vieler andern, die er fürs Evangelium gewonnen,
die ersten Christengemeinden, die er in Europa gegründet, zu
Philippi, Thessalonich, Beroe und Korinth, das waren die
herrlichen Siegstrophäen, die reichen Weizengarben, die der
Knecht Gottes einbrachte von seiner Missionsfahrt, — und das
Ende seiner Erzählungen waren gewiß feurige Lob= und Dank=
psalmen für den Herrn, der Alles also wohlgemacht und das
freudige Bekenntniß: bis hieher hat der Herr geholfen! —
Bis hieher hat der Herr geholfen! so, meine Lieben, wollen
auch wir mit frohem Dank bekennen im Rückblick auf alle
Gnadenführungen des Herrn mit seinem Knecht Paulus, die
wir bisher mitansehen durften, und auf alle Wunderwege, die
er mit seiner Kirche gegangen ist bis auf diesen Tag, und auf
alle Segnungen und Durchhilfen, die auch wir selber bis heute
von ihm erleben durften. Der bis hieher geholfen, der wird
auch ferner helfen; ihm wollen wir Kirche und Gemeinde,
Haus und Familie, Leib und Seele mit kindlicher Zuversicht
übergeben in dem Vertrauen:

> Du bist mein Gott auch künftighin,
>   Darauf vertrau ich feste,
> Du änderst nie den treuen Sinn,
>   Und sorgst für mich aufs beste;
> In Lieb und Leid
> Bist du bereit,
> Mir Rath und That zu geben,
> So lang ich werde leben.

(Schmolke.)

Amen.

LVII.

Ich habe gepflanzt, Apollo hat begossen.

Kap. 18, 23—28. Und verzog etliche Zeit und reisete aus und durchwandelte nach einander das galatische Land und Phrygien und stärkete alle Jünger. Es kam aber gen Ephesum ein Jude, mit Namen Apollo, der Geburt von Alexandria, ein beredter Mann und mächtig in der Schrift. Dieser war unterweiset den Weg des HErrn, und redete mit brünstigem Geist und lehrete mit Fleiß von dem HErrn, und wußte allein von der Taufe Johannis. Dieser fieng an frei zu predigen in der Schule. Da ihn aber Aquila und Priscilla höreten, nahmen sie ihn zu sich und legten ihm den Weg Gottes noch fleißiger aus. Da er aber wollte in Achajam reisen, schrieben die Brüder und vermahneten die Jünger, daß sie ihn aufnähmen. Und als er darkommen war, half er viel denen, die gläubig waren worden durch die Gnade. Denn er überwand die Juden beständiglich, und erweisete öffentlich durch die Schrift, daß JEsus der Christ sei.

„Ich habe gepflanzet, Apollo hat begossen, aber Gott hat das Gedeihen gegeben." So schreibt Paulus an seine Korinther (1. Kor. 3, 6), im Rückblick auf das, was er selbst und sein edler Mitarbeiter unter dem Segen Gottes in jener Gemeinde gewirkt hatten. Als ein Ackerwerk Gottes, als einen feinen Garten des Herrn, reich an schönen Blüthen des Glaubens und an edlen Früchten der Gerechtigkeit, betrachtet

er seine liebe Gemeinde, der er das Zeugniß geben durfte,
„daß sie durch Christum in allen Stücken reich gemacht wor=
den sei an aller Lehre und in aller Erkenntniß und nicht
Mangel habe an irgend einer Gabe.“ Und sich darf er dabei
das Zeugniß geben: „ich habe gepflanzet“. Wie er in Ko=
rinth das Evangelium gepflanzet hat, wie er nicht ohne
Schüchternheit diesen fremden harten Boden betrat, wie er
dann zuerst mit der Pflugschaar der Gesetzespredigt das Erb=
reich zubereitete, sofort aber den Samen des Evangeliums in
die Furchen streute, da ihn der Geist drang zu bezeugen den
Juden Jesum, daß er der Christ sei; wie er ferner unter
mancherlei Anfechtung, aber auch mit großem Segen ander=
halb Jahre lang in der Gemeinde wirkte und manche schöne
Pflanze der Gerechtigkeit dort keimen sah, so daß bei seinem
Abgang von Korinth das Samenfeld schon grün und hoff=
nungsvoll dastand, das haben wir in der vorigen Stunde mit
einander gesehen und gehört.

„Ich habe gepflanzt, Apollo hat begossen“. Diesen Apollo
nun, der in Pauli Arbeit eintrat zu Korinth und der das, was
Paulus mit seinem mächtigen, bahnbrechenden Zeugniß ge=
pflanzt und gegründet, durch seine geistvolle, herzgewinnende
Predigt erhielt, pflegte und weiterförderte, diesen Apollo lernen
wir in unsrem diesmaligen Abschnitt näher kennen.

„Ich habe gepflanzt, Apollo hat begossen, aber Gott hat
das Gedeihen gegeben.“ Auch das dürfen wir heute sehen,
wie Gott das Gedeihen gab zu der Arbeit des Nachfolgers, so
gut als zu der des Vorgängers. „Aber Gott hat das Ge=
deihen gegeben“. Damit ist aller Stolz, aller Neid, aller
Selbstruhm und Rangstreit zwischen diesen beiden gesegneten
Rüstzeugen des Herrn ein für allemal abgeschnitten; wie
Paulus dort fortfährt: „So ist nun weder der da pflanzet

noch der da begeußet, etwas, sondern Gott, der das Gedeihen gibt."

Wenn von diesem Geiste frommer Demuth vor Gott, die da weiß: an Gottes Segen ist alles gelegen, und brü= derlicher Liebe, die gern und neidlos auch des Bruders Gabe und Leistung gelten läßt, alle Arbeiter in Gottes Reich durchdrungen wären — alle Bürger in einem Lande, alle Geistlichen an einer Gemeinde, alle Lehrer in einer Schule, alle Arbeiter in einem Geschäfte, alle Hausgenossen in einem Hause — o wie viel ärgerliche Zwietracht und Eifersucht wäre da abgeschnitten, wie viel Tüchtiges könnte da ausgerichtet werden, wie lieblich ließe sich da zusammenwohnen, zusammen= leben, zusammenwirken!

Ich habe gepflanzet, Apollo hat begossen, aber Gott hat das Gedeihen gegeben.

Im Lichte dieses Wortes wollen wir die Wirksamkeit des Apollo zu Korinth jetzt näher betrachten und aus unsrem Abschnitt sehen:

1) Wie er unter dem Segen Gottes selber zuerst her= anwuchs zu einer Pflanze der Gerechtigkeit;

2) wie dann durch seine Arbeit die Gemeinde wuchs.

1.

Das eigene geistliche Wachsthum des Apollo wird uns erzählt V. 24—26. Vorher noch ein kurzer Bericht über Paulus.

V. 23. „Und verzog etliche Zeit, und reisete aus, und durchwandelte nach einander das galatische Land, und Phrygien und stärkete alle Jünger." Wir haben den Apostel zu An= tiochien in Syrien verlassen, wohin er mit reichen Segens=

garben zurückgekehrt war von seiner zweiten Missionsreise. Der müde Knecht Gottes hielt da für einige Zeit Rast. Aber nicht lange. Der Eifer für des Herrn Haus läßt ihm keine Ruhe. Die Sorge um seine lieben Gemeinden braußen treibt ihn abermals hinaus auf die dritte Missionsreise, die letzte die uns die Apostelgeschichte von ihm erzählt. Zunächst ist's nur eine Visitationsreise zu den früher gegründeten Gemeinden in Kleinasien, namentlich in den Landschaften Galatien und Phrygien, wo er auf seinem vorigen Zuge gleich Anfangs Jünger gesammelt hatte (Kap. 16, 6). „Da stärkte er alle Jünger". Der Brief an die Galater, etwa ein Jahr nach diesem Besuch geschrieben, zeigt, welcherlei Stärkung ihnen Noth that, nämlich hauptsächlich Stärkung im evangelischen Glauben an die alleinseligmachende Gnade Gottes in Christo Jesu und Stärkung in der evangelischen Freiheit, daß sie sich nicht abermals fangen ließen unter das Joch knechtischer Satzung. Wie Paulus von dort dann nach Ephesus geführt worden, einer neuen besonders wichtigen Station seiner Wirksamkeit, lesen wir im nächsten Kapitel. Für jetzt tritt der große Apostel neidlos eine Weile in Schatten, gegen einen andern hochbegabten, wenn auch ihm nicht völlig ebenbürtigen Mitarbeiter, gegen Apollo, der in Korinth begießen sollte, was Paulus gepflanzet hatte. Wir sehen zuerst wie er selber heranwuchs zu einer Pflanze der Gerechtigkeit.

V. 24. „Es kam aber gen Ephesum ein Jude, mit Namen Apollo, der Geburt von Alexandria, ein beredter Mann und mächtig in der Schrift." Es ist eine schöne Ausstattung von Gaben der Natur und menschlicher Bildung, welche dieser merkwürdige Mann mitbrachte zum Dienste der Kirche. Schon seine Geburtsstadt hat einen glänzenden Namen. Er war gebürtig von Alexandria. Diese weltberühmte egyptische Küsten-

stabt am Ausfluß des Nil, von Alexander dem Großen ge=
gründet, war damals die eigentliche Hochschule jüdischer Bil=
dung und Gelehrsamkeit. Es wohnten dort fast eine Million
Juden, welche griechische Weisheit zugleich mit jüdischer Schrift=
gelehrsamkeit lernten und pflegten, namentlich in der Schule
des berühmten Juden Philo, dessen Schriften heute noch von
seinem Geist und seiner Wissenschaft Zeugniß geben. Unser
Apollo selber war von Natur „ein beredter Mann"; er hatte
die Gabe einer feurigen, Herz und Geist anziehenden und er=
greifenden Rede; eine herrliche Gabe Gottes, wenn sie einer
recht gebraucht, sei's im Dienst der Kirche oder im weltlichen
Regiment, auf der Kanzel oder in der Gerichtsstube, auf dem
Rathhaus oder im Ständesaal. Freilich auch nur eine tönende
Schelle, wo sie mißbraucht wird im Dienste der Ruhmsucht
und Eitelkeit, ja ein Schwert in eines Unsinnigen Hand, wo
sie mißbraucht wird zu schlimmen Zwecken, zur Aufreizung der
Gemüther, zum Umsturz der Ordnung. Apollo aber war fern
von solchem Mißbrauch; er stellte seine Beredsamkeit in den
Dienst des göttlichen Worts, „er war mächtig in der Schrift".
Das erst gab seiner schönsten und feurigsten Rede den rechten
Kern und Gehalt, die goldenen Aepfel für silberne Schalen.
Und zwar war seine Schriftkunde keine todte Schriftgelehrsam=
keit nach pharisäischer Weise.

V. 25. „Dieser war unterweiset den Weg des HErrn,
und redete mit brünstigem Geist, und lehrete mit Fleiß von
dem HErrn, und wußte allein von der Taufe Johannis."
Er war unterwiesen den Weg des Herrn. Er wußte etwas
vom Heilsrath Gottes in Jesu Christo, wenn auch seine Er=
kenntniß noch keine tiefere christliche war; daß das Reich Gottes
nahe herbeigekommen und daß der Glaube ans Evangelium

Die Apostelgeschichte. II.   12

der Weg zum Himmel sei, das wußte er, und diesen Weg des
Herrn suchte er nicht nur selber zu gehen, sondern auch Andre
darauf zu weisen war sein feuriges Bestreben: er redete mit
brünstigem Geist und lehrte mit Fleiß von dem Herrn Jesu,
soweit er selber ihn kannte, aber er wußte bis jetzt nur von
der Taufe Johannis, noch nicht von der Taufe auf Jesum
Christum, den Gekreuzigten und Auferstandenen. Kurz er
hatte einen hellen Schein christlicher Erleuchtung, aber noch
nicht das volle Licht der Erkenntniß; er fühlte in sich einen
feurigen Drang fürs Reich Gottes zu wirken, aber er wußte
noch nicht sicher den Weg, sich und Andere selig zu machen.
Es gieng ihm wie heut noch so manchem angehenden Prediger
des Evangeliums, der auch, wenn er zuerst an eine Gemeinde
kommt, schöne Gaben und ein schönes Wissen mitbringt und
einen feurigen Eifer für die Sache des Herrn, aber es fehlt
noch an der tieferen christlichen Herzensbildung, an der eigenen
gründlichen Heilserfahrung. — Wohl dem Neuling und An=
fänger im Dienste des Herrn, wenn ihm Gott dann so liebe
Lehrmeister zuführt, wie einen Aquila und eine Priscilla, und
wenn er sie so treulich benutzt, wie Apollo es that.

V. 26. „Dieser fieng an, frei zu predigen in der Schule.
Da ihn aber Aquila und Priscilla höreten, nahmen sie ihn
zu sich und legten ihm den Weg GOttes noch fleißiger aus.“
Den Weg Gottes, den der Auferstandene den Jüngern von Em=
maus auslegte, die Jesum von Nazareth, den Propheten, mäch=
tig von Thaten und Worten, vor Gott und allem Volk, kann=
ten und liebten, aber das Geheimniß seines Leidens und seiner
Herrlichkeit noch nicht wußten; den Weg Gottes, welchen der
erhöhete Jesus Saulo offenbarte auf dem Felde bei Damaskus
und in welchem Aquila und Priscilla selber von Paulo zu
Korinth unterwiesen worden waren, den legten sie dem Apollo

noch fleißiger aus. Freilich, schlichte, einfältige Lehrmeister, dieser Zeugmacher oder Zeltweber und seine Frau, für einen so reichbegabten und hochgelehrten Schüler, wie Apollo war; was man sonst nur aus Büchern und auf Universitäten lernt, das lernte hier der Schriftgelehrte von diesen christlichen Handwerksleuten. Aber wie oft geht es auch heut noch dem Prediger so! Mehr als aus den gelehrten Büchern lernen wir Geistliche oft im Umgange mit einem lebendigen Christen, bei Hausbesuchen, an Krankenbetten, in brüderlichen Versammlungen; und was kein Professor auf der Hochschule uns lehren konnte, lebendiges Christenthum, das können wir aus dem Umgang oder aus den Schriften eines einfältigen, aber von Gott erleuchteten Handwerkers oder Bauersmanns lernen, wie Michael Hahn einer war und so mancher andere gesalbte Christ alter oder neuerer Zeit. Darum ein demüthiges, lernbegieriges Herz, das fern von aller Einbildung der Amtswürde und der Schriftgelehrsamkeit bereit ist, überall zu lernen und begierig immer zu wachsen in der Erkenntniß — das ist's, was noth thut nicht nur dem Prediger, sondern auch jedem Christen, dem es ernst ist, daß etwas aus ihm werde zum Lobe der göttlichen Gnade. Sind wir so selber im geistlichen Wachsthum, dann können wir

2.

auch Andern zum geistlichen Wachsthum verhelfen, wie Apollo der Gemeinde zu Korinth.

V. 27 u. 28. „Da er aber wollte in Achajam reisen, schrieben die Brüder und vermahneten die Jünger, daß sie ihn aufnähmen. Und als er darkommen war, half er viel denen, die gläubig waren worden durch die Gnade. Denn er überwand

die Juden beſtändiglich, und erweiſete öffentlich durch die
Schrift, daß JEſus der Chriſt ſei." Es trieb den Apollo mit
ſeinem Pfunde nun auch zu wuchern, das Licht ſeiner chriſt=
lichen Erkenntniß nun auch leuchten zu laſſen vor den Leuten,
und da gehen ſeine Gedanken nach Korinth, wo der Herr ein
ſo großes Volk geſammelt hatte. Dahin wieſen ihn vielleicht
Aquila und Priscilla, die ja in der Gemeinde bekannt waren
und mit Paulus eben daher gekommen. Dort, ſagten ſie wohl,
wäre ein Feld für dich, dort iſt eine große Lücke durch den
Abgang des Paulus entſtanden. Wie wär's wenn du hingingſt,
zu begießen was er gepflanzt hat? Du biſt ein beredter
Mann, ein gelehrter Mann; das iſt's was jene Griechen
brauchen und ſchätzen. Und du kennſt Den, in welchem allein
das Heil iſt: in ſeinem Dienſt wirſt du deine Gaben ver=
wenden. Und ſo reden ſie ihm nicht nur zu, ſondern geben
ihm auch einen freundlichen Geleitsbrief mit, und er geht in
Gottes Namen hin und wirkt im großen Segen, ſtärkt die Gläu=
bigen (V. 27) und überwindet die Widerſacher (V. 28). —
„Paulus hat gepflanzet, Apollo hat begoſſen und Gott hat das
Gedeihen gegeben." O ein großer, treuer Gott, der ſo viele
Knechte hat zu ſeinem Dienſt und ſo mannichfaltige Gaben
der Natur und der Gnade austheilt unter den Seinen, der
neben Paulus Apollo, neben Luther Melanchthon ſtellt und
neben den Sternen erſter Größe auch kleinere Lichter leuch=
ten läßt am Himmel ſeiner Kirche. Er ſende auch ferner
treue Arbeiter in ſeine Ernte und laſſe ſie nebeneinander
ſtehen in brüderlicher Liebe. Er mache uns Alle zu ſeinen
treuen Knechten und Mägden, daß wir mit unſern Pfunden,
ſeien's fünf oder zwei oder eins, treulich wuchern zu ſeiner
Ehre und einſt das Zeugniß empfahen: Ei du frommer und

getreuer Knecht — ei du fromme und getreue Magd — du
bist über Wenigem getreu gewesen, ich will dich über viel
setzen, gehe ein zu beines Herrn Freude!

> Seele, gieb Dich nun zufrieden,
> Jesus kommt und stärkt die Müden,
> Nur vergiß nie sein Gebot:
> Sei getreu bis in den Tod.

(Schubart.)

Amen.

LVIII.

Paulus und die Johannisjünger.

Kap. 19, V. 1—7. Es geschah aber, da Apollo zu Korinth war, daß Paulus durchwandelte die obern Länder, und kam gen Ephesum und fand etliche Jünger; zu denen sprach er: Habt ihr den Heiligen Geist empfangen, da ihr gläubig worden seid? Sie sprachen zu ihm: Wir haben auch nie gehört, ob ein Heiliger Geist sei. Und er sprach zu ihnen: worauf seid ihr denn getauft? Sie sprachen: Auf Johannes Taufe. Paulus aber sprach: Johannes hat getauft mit der Taufe der Buße, und sagte dem Volk, daß sie sollten glauben an den, der nach ihm kommen sollte, das ist, an Jesum, daß er Christus sei. Da sie das höreten, ließen sie sich taufen auf den Namen des HErrn JEsu. Und da Paulus die Hände auf sie legte, kam der Heilige Geist auf sie, und redeten mit Zungen und weissageten. Und alle der Männer waren bei zwölfen.

„So ihr mich von ganzem Herzen suchen werdet, so will ich mich von euch finden lassen, spricht der Herr." Dieses Gotteswort aus Prophetenmund (Jer. 29, 13, 14) ist ein mächtiges Trostwort für viele suchende Seelen, in denen zwar ein redliches Verlangen ist nach Gottes Gnade und Wahrheit, aber noch kein fester Besitz der Gnade, noch kein helles Licht der Wahrheit; die zwar über die Welt und ihre vergänglichen Dinge hinausdenken und hinaustrachten, aber sie sind doch erst auf dem Wege zum Herrn, erst im Vorhof zum Heiligthum. Ueber solche suchende Seelen, über solche Anfänger im Christenthum bricht der Herr keineswegs den Stab, wie es in falschem Eifer manchmal geschieht von Seiten geförderter Christen, sondern er zieht auch sie in den Kreis seiner Liebe und Erbarmung, er ladet sie freundlich ein, näher zu kommen, weiter zu suchen und führt sie selber gerne weiter von Stufe zu Stufe, von einer Kraft zur andern. Freilich er verlangt von ihnen auch und erwartet von ihnen, daß sie ihn von ganzem Herzen suchen, daß sie nicht auf halbem Wege eigensinnig stehen bleiben und mit einem halben lauen Christenthum gleichgültig sich genügen lassen, sondern daß es ihnen Ernst ist mit der Bitte unseres Liedes: „Laß dich finden, laß dich finden, denn mein Herz verlangt nach dir!" So ihr mich von ganzem Herzen suchen werdet, so will ich mich von euch finden lassen, spricht der Herr. Auch an den zwölf Männern in unserm Texte, an den zwölf asiatischen Jüngern, die erst die Taufe Johannis empfangen hatten, sehen wir das erfüllt, und wenn wir genauer betrachten, was zwischen Paulus und diesen Anfängern im Christenthum vorging, so werden wir manche ernste Gewissensfrage auch an uns, aber auch mehr als eine tröstliche Verheißung für uns darin finden.

Paulus und die zwölf Johannisjünger zu Ephesus — oder: Die den Herrn suchen, die sollen ihn finden, sei die Aufschrift unseres Abschnittes, und zwei Fragen daraus müssen auch uns besonders zu Herzen gehen:

1) Habt ihr den heiligen Geist empfangen?
2) Worauf seid ihr denn getauft?

1.

Habt Ihr den heiligen Geist empfangen? Das ist die erste Gewissensfrage des Apostels an jene Johannis=jünger und an uns Alle.

V. 1. „Es geschah aber, da Apollo zu Korinth war, daß Paulus durchwandelte die oberen Länder und kam gen Ephesus, und fand etliche Jünger." Apollo war zu Korinth, wie wir im vorigen Abschnitt vernommen haben, und begoß dort, was Paulus gepflanzet hatte. Paulus aber, der unermüdliche Bahn=brecher und Vorkämpfer für's Reich Gottes, öffnet inzwischen dem Evangelium neue Wege. Zunächst durchwandelte er die oberen Länder im Innern Kleinasiens, das galiläische Land, Phrygien und die benachbarten Landschaften und stärkte dort die Jünger (K. 18, 23), aber von dort zog es seinen uner=müdlichen, unternehmenden Geist auf neue Bahnen. Er kam nach Ephesus, wo er schon neulich auf der Heimreise von Ko=rinth durchgekommen war, wo ihn die Juden freundlich ge=beten hatten, daß er länger bei ihnen bliebe; er war damals weiter geeilt nach Jerusalem, aber will's Gott, sprach er, so will ich wieder zu euch kommen. Gott hat's gewollt, und so kommt er jetzt wieder und kommt, um hier ein gesegnetes Tagewerk zu vollbringen und dem Herrn ein großes Volk zu=zuführen. Ephesus, eine blühende Küstenstadt Kleinasiens von fast 500,000 Einwohnern, die Hauptstadt der Provinz Jonien, berühmt durch ihren prächtigen Tempel der Diana, groß und reich durch ihren Handel und ihre Gewerbe, sollte nun ein Mittelpunkt des Christenthums werden, einer der sieben Leuch=ter des Evangeliums im Morgenlande. Hier wirkte Paulus zwei Jahre und sammelte dem Herrn ein großes Volk in die=ser Stadt. Hierher schrieb er nachher aus der römischen Ge=

fangenschaft seinen herrlichen Epheserbrief, hier ließ er Timo=
theus als seinen Stellvertreter zurück, hier brachte später Jo=
hannes, der Jünger der Liebe, seinen Lebensabend zu, hier soll
auch Maria, die Mutter des Herrn, unter der Pflege des Jo=
hannes ihre letzten Jahre verlebt und ihr Grab gefunden haben.
Mehrere großen Kirchenversammlungen wurden in den ersten
fünf christlichen Jahrhunderten dort gehalten, bis Ephesus von
den Türken zerstört wurde und nun daliegt als ein elender
Trümmerhaufe, als ein Denkmal göttlicher Gerichte mit der
Aufschrift aus der Offenbarung: „Aber ich habe wider dich,
daß du die erste Liebe verlässest. Gedenke, wovon du gefallen
bist und thue Buße und thue die ersten Werke. Wo aber nicht,
werde ich dir kommen bald und deinen Leuchter wegstoßen von
deiner Stätte." (Offenb. 2, 4 ff.)

In diesem Ephesus fand Paulus etliche Jünger, d. h.
etliche Christen; so schwach sie noch in der Erkenntniß sind,
der Jüngername wird ihnen von Lukas nicht verweigert, denn
so ihr mich von ganzem Herzen suchen werdet, so will ich mich
von euch finden lassen, spricht der Herr. Auch ein Anfänger im
Christenthum ist des edlen Jüngernamens werth, wenn er nur
in Gottes Augen ein Herz hat, das begierig ist nach seinem
Heil. Und solcher Seelen soll sich ein Prediger und Hirte
besonders liebreich annehmen, das sind die Säuglinge, an denen
wir Ammentreue beweisen können. Daß jene Männer freilich
noch Anfänger im Christenthum waren, das beweist die Ge=
wissensfrage, die der Apostel an sie macht, sowie die Ant=
wort, die sie darauf geben.

V. 2. „Zu denen sprach er: Habt ihr den heiligen Geist
empfangen, da ihr gläubig geworden seid? Sie sprachen zu
ihm: Wir haben auch nie gehört, ob ein heiliger Geist sei."
Habt ihr den heiligen Geist empfangen? Wahrlich, eine Ge=

wissensfrage an solche, die Jünger Jesu sich nennen. Wahr=
scheinlich waren es Fremde, unlängst in der Stadt angekommen,
und in der Judenschule mit dem Jüngerhäuflein bekannt ge=
worden. Paulus prüfte ihre Geister, fand wohl bei ihnen einen
Anfang der Erkenntniß, einen Keim des Lebens. Sie wußten
etwas von Christo, von Buße, vom Glauben, vom Himmel=
reich, aber der Apostel merkte bald, daß es mit ihrem christ=
lichen Leben noch schwach bestellt sei, daß noch viel Unklares
und Unfertiges, noch viel Angelerntes und Nachgebetetes bei
ihrem Christenthum war, der Geist aber, der freie, fröhliche
Geist der Kindschaft Gottes, der läßt sich noch nicht spüren,
darum seine Frage: Habt ihr den heiligen Geist empfangen?
Und die guten Leute sind so ehrlich und gestehen ihm, was
ihnen fehlt. Sie sprachen zu ihm: Wir haben auch nie ge=
hört, ob ein heiliger Geist sei. Daß der heilige Geist im
Himmel ist, daß er durch die Propheten und am letzten durch
Johannes geredet habe, und daß Christus mit dem heiligen Geiste
taufen werde, war ihnen freilich als Jüngern bekannt, aber daß
diese Geistestaufe schon vorhanden und der heilige Geist in der
Gemeinde Jesu Christi zu haben sei, davon hatten sie noch
nichts gehört und gesehen, geschweige denn an sich selbst er=
fahren.

Und nun, meine Lieben, — habt ihr den heiligen Geist em=
pfangen? Wie lautet unsre Antwort auf diese Gewissensfrage?
Jünger und Jüngerinnen sind wir ja wohl Alle oder wollen
es wenigstens sein. Einen Anfang in der christlichen Erkennt=
niß, einen Anfang im christlichen Leben haben wir, Gott sei
Dank, Alle schon gemacht, und gern will ich glauben, wir sind
darin weiter, als jene Johannesjünger in Ephesus. Aber wie
steht's mit dem heiligen Geist, der 'allein uns in alle Wahr=
heit leiten, zu allem Guten stärken, in aller Trübsal trösten,

zu Kindern Gottes machen kann? Hast du den heiligen Geist empfangen? d. h. ist deine Erkenntniß von Jesu Christo auch eine lebendige, ist sie Herzenssache, Erfahrungssache? Oder ist's nur ein todtes Wissen, ein blindes Nachbeten dessen, was du hörst und liesest? — Hast du den heiligen Geist empfangen? d. h. ist dein Wandel in Gottes Wegen auch ein aufrichtiger, fröhlicher? Ist's die Liebe Gottes, die dich bringet, oder nur die Knechtschaft des Gesetzes, unter der du stehst? Thust du das Gute um des Guten willen oder nur aus Lohnsucht? Meidest du das Böse, weil es bös ist oder nur aus Furcht vor Strafe? Ist dir dein Christenthum eine schwere Last oder eine süße Lust nach dem Worte des Meisters: Das ist meine Speise, daß ich thue den Willen deß, der mich gesandt hat? — Hast du den heiligen Geist empfangen? d. h. gehst du fröhlich und getrost deines Weges hienieden, fröhlich in Gott, getrost über dem Zeugniß der Gotteskindschaft in deinem Herzen? Oder fehlt dir noch dieser fröhliche kindliche Geist? Trifft man dich im Unglück verzagt und in Trübsal muthlos, so daß du nicht sagen kannst: „Sein Geist spricht meinem Geiste manch süßes Trostwort zu?" Fehlt dir vielleicht sogar in guten Tagen der freudige Geist der Kinder Gottes, daß du trübsinnig den Kopf hängst, statt harmlos deines Gottes dich zu freuen und die Gaben seiner Güte zu genießen; daß du lieblos von Andern dich absonderst, statt ihnen ein offenes Herz voll brüderlicher Liebe entgegenzutragen? — Hast du den heiligen Geist empfangen? das heißt, mit einem Wort, mein Lieber, bist du ein Kind Gottes oder noch ein Knecht des Gesetzes? Der Anfänger und Vollender unseres Glaubens helfe uns Allen dazu, daß wir auf diese Gewissensfrage antworten dürfen mit einem fröhlichen Ja!

Der himmlische Vater erneue und vermehre in uns Allen, um
Jesu Christi willen, die Gaben seines heiligen Geistes, zur
Stärkung unseres Glaubens, zur Kraft in der Gottseligkeit
zur Geduld in dem Leiden und zur seligen Hoffnung des
ewigen Lebens! — „Um Jesu Christi willen." Da reiht
sich nun eine andere Frage noch an:

2.

Worauf seid ihr getauft? Bei jenen Männern zu
Ephesus war freilich diese Frage nun sehr am Platze. Da
Paulus findet, wie schwach es noch mit ihrem Christenthum
steht, so fragt er sie:

V. 3. „Und er sprach zu ihnen: Worauf seid ihr denn
getauft? Sie sprachen: Auf Johannes Taufe." Auf den
Namen Jesu waren sie noch nicht getauft, sondern sie waren
getauft, wie Johannes am Jordan getauft hatte, zur Buße,
indem sie reumütig ihre Sünden bekannten, und zur Verge=
bung ihrer Sünden, indem sie hingewiesen wurden auf den,
der da kommen sollte, sie hinwegzunehmen, auf Christum, das
Lamm Gottes, das der Welt Sünde trägt. Aber daß und
wie nun Christus sein Erlösungswerk vollbracht habe, daß und
wie durch sein Leben, Leiden, Auferstehen, zum Vater Gehen
nun Leben und Seligkeit erworben sei, davon wußten sie noch
nichts. Und darum setzt ihnen nun Paulus den Unterschied
der Johanneischen und christlichen Taufe auseinander.

V. 4. „Paulus aber sprach: Johannes hat getauft mit
der Taufe der Buße und sagte dem Volk, daß sie sollten glau=
ben an den, der nach ihm kommen sollte, das ist, an Jesum,
daß er Christus sei." Johannes Taufe war eine Taufe auf
Christum als den zukünftigen Herrn, nun aber, nachdem er
erschienen ist und sein Werk vollendet hat, ist nur die christ=

liche Taufe die rechte. „Er muß zunehmen, ich aber muß abnehmen," dieses Wort des Täufers erfüllt sich hier zum letztenmal; von nun an verschwindet er in der neutestament= lichen Geschichte. — Und so lassen sich denn jene Jünger tau= fen auf den Namen des Herrn Jesu.

Und nun — unter den segnenden und betenden Händen des Apostels wurden sie auch ausgerüstet mit den Gaben des heiligen Geistes; ihre Herzen brannten vom Feuer eines neuen Glaubens, einer neuen Liebe und Hoffnung, und ihre Zungen strömten über vom Lobe des Herrn, der so Großes an ihnen gethan hatte.

V. 5, 6 u. 7. „Da sie das höreten, ließen sie sich taufen auf den Namen des Herrn Jesu. Und da Paulus die Hände auf sie legte, kam der heilige Geist auf sie und redeten mit Zungen und weissageten. Und alle der Männer waren bei Zwölfen." Gleichsam als eine Abschattung der zwölf Apostel, als eine heilige Jüngerschaar, bestimmt zum Samen einer neuen Gottesgemeinde in Asien, standen nun diese zwölf Män= ner da; nachdem sie selber Christo einverleibt waren durch die Wasser= und Geistestaufe, konnten sie auch für sein Reich Seelen werben und in seinem Dienst arbeiten auf dem ihnen ange= wiesenen Boden.

Aber nun, meine Lieben, ergeht auch an uns noch die Frage: Worauf seid ihr denn getauft? Wir dürfen wohl fröh= lich antworten mit unserm Konfirmationsbüchlein: ich bin ge= tauft auf den Namen Gottes, des Vaters, des Sohnes und des heiligen Geistes, dem heiligen dreieinigen Gott sei für diese unaussprechliche Wohlthat Lob und Dank gesagt in Zeit und Ewigkeit. Aber sind denn nun auch die Wirkungen der Taufe an uns zu sehen und in uns zu spüren? Wenn wir getauft sind auf Gott den Vater: sind wir denn auch gehor=

same Kinder unseres Gottes und Vaters? Wenn wir getauft
sind auf den Namen des Sohnes, sind wir denn auch treue
Jünger unseres Heilandes? Wenn wir getauft sind auf den
Namen des heiligen Geistes: sind wir denn auch gelehrige
Zöglinge dieses unseres göttlichen Lehrers, Führers und Trö-
sters? Möchten wir nicht manchen Christen, trotz dem christlichen
Namen, den er trägt, trotz dem christlichen Taufschein, den er
bei sich führt, fragen: worauf bist du denn getauft? Wenn
doch so wenig Bekanntschaft mit Christo, so wenig christliches
Leben an dir zu spüren ist: auf wen bist du denn getauft? —
„Worauf seid ihr denn getauft? Diese Frage," sagt Luther,
„sollten alle Christen täglich an sich selber richten, denn ein
Jeglicher hat sein Lebelang genug zu lernen und zu üben an
der Taufe, denn er hat immerbar zu schaffen, daß er festiglich
glaube was sie ihm zusaget und bringet Ueberwindung des Teufels und des Todes, Vergebung der Sünden, Gottes Gnade
und den ganzen Christum und heiligen Geist mit seinen Gaben." So wollen wir denn diese zwei Fragen heut mitnehmen
in unserm Herzen und Gewissen: „Hast du den heiligen Geist
empfangen?" damit wir fleißig bitten um diese köstlichste
aller Gaben, und: „Worauf bist du getauft?" damit wir
unseres Taufsegens und Taufgelübdes nicht vergessen und
mit Wahrheit sprechen können:

> Du hast zu deinem Kind und Erben,
> Mein lieber Vater, mich erklärt;
> Du hast die Frucht von deinem Sterben,
> Mein treuer Heiland, mir gewährt;
> Du willst in aller Noth und Pein,
> O guter Geist, mein Tröster sein.

> Doch hab ich dir auch Furcht und Liebe,
> Gehorsam zugesagt und Treu;

Ich habe dir aus reinem Triebe
Gelobt, daß ich dein eigen sei;
Hingegen sagt ich bis ins Grab
Der Sünde schnödem Wesen ab.

Ich gebe dir, mein Gott, auf's neue
Leib, Seel' und Herz zum Opfer hin;
Erwecke mich zu neuer Treue
Und nimm Besitz von meinem Sinn.
Es sei in mir kein Tropfen Blut,
Der nicht, Herr, deinen Willen thut!

(Nach Rambach.)

Amen.

LIX

Pauli Schwert.

Kap. 19, V. 8—17. Er gieng aber in die Schule und
predigte frei drei Monden lang, lehrete und beredete sie von
dem Reich Gottes. Da aber etliche verstockt waren und nicht
glaubten und übel redeten von dem Wege vor der Menge,
wich er von ihnen, und sonderte ab die Jünger und redete
täglich in der Schule eines, der hieß Tyrannus. Und dasselbige geschah zwei Jahr lang, also, daß alle, die in Asia
wohneten, das Wort des Herrn Jesu höreten, beide Juden
und Griechen. Und Gott wirkete nicht geringe Thaten durch
die Hände Pauli, also, daß sie auch von seiner Haut die
Schweißtüchlein und Koller über die Kranken hielten und
die Seuchen von ihnen wichen und die bösen Geister von
ihnen ausfuhren. Es unterwanden sich etliche der umlaufen-
den Juden, die da Beschwörer waren, den Namen des Herrn
Jesu zu nennen über die da böse Geister hatten und sprachen: Wir beschwören euch bei Jesu, den Paulus prediget.
Es waren ihr aber sieben Söhne eines Juden, Skeva, des
Hohenpriesters, die solches thäten. Aber der böse Geist antwortete und sprach: Jesum kenne ich wohl und Paulum
weiß ich wohl; wer seid ihr aber? Und der Mensch, in dem
der böse Geist war, sprang auf sie und ward ihr mächtig
und warf sie unter sich, also, daß sie nacket und verwundet
aus demselbigen Hause entflohen. Dasselbige aber ward kund
allen, die zu Ephefo wohneten, beide Juden und Griechen;
und fiel eine Furcht über sie alle, und der Name des Herrn
Jesu ward hoch gelobet.

Der Apostel Paulus wird von den Malern seit alter Zeit gewöhnlich mit einem bloßen Schwert in der Hand abgebildet. Dieß Schwert bedeutet zunächst sein Marterwerkzeug, das Richtschwert, womit er zu Rom enthauptet wurde. Bei diesem Schwert in des Apostels Hand können wir aber auch noch an ein anderes, geistliches Schwert denken, an jenes Schwert, das Paulus selbst zur Waffenrüstung eines Streiters Christi zählt (Ephes. 6, 17), das Schwert des Geistes, welches ist das Wort Gottes; an jenes Schwert, von welchem es im Hebräerbrief Kap. 4, V. 12 heißt: „Das Wort Gottes ist lebendig und kräftig und schärfer denn kein zweischneidig Schwert und bringet durch, bis daß es scheidet Seele und Geist, auch Mark und Bein und ist ein Richter unsrer Gedanken und der Sinne unsres Herzens." Dieses zweischneidige Schwert des göttlichen Worts, das einbringt in Mark und Bein und Herz und Gewissen, das unerbittlich scheidet zwischen Göttlichem und Ungöttlichem, Wahrheit und Lüge, und auch unter dem frommen Schein den Grund eines argen Herzens aufdeckt — wer hat es gewaltiger geschwungen, wer hat es unermüdlicher geführt, wer hat größere Thaten damit gethan und herrlichere Siege damit erfochten als unser Apostel Paulus, dieser große Prediger der göttlichen Gnade und Wahrheit? Auch im verlesenen Abschnitt sehen wir ihn dieses zweischneidige Schwert des göttlichen Wortes siegreich brauchen und große Thaten damit thun. Lasset uns betrachten

Paulus in Ephesus, wie er das Wort Gottes braucht als ein zweischneidig Schwert wider alle Mächte der Finsterniß;

1) wider die Verstocktheit ungläubiger Herzen;

Die Apostelgeschichte. II.   13

2) wider die Gewalt böser Krankheit;

3) wider die Blendwerke gottloser Zau=
berei.

1.

Wider die Verstocktheit ungläubiger See=
len muß Paulus das zweischneidige Schwert Gottes brauchen
in der Judenschule zu Ephesus.

V. 8. „Er gieng aber in die Schule und prebigte frei
brei Monden lang, lehrete und berebete sie von dem Reich
Gottes." Was Paulus zuvor mit den zwölf Johannisjüngern
verhandelt hatte, war ein Muster von Privatseelsorge; nun er=
fahren wir auch von seiner öffentlichen Wirksamkeit. Er
sperrte sich, sagt ein Ausleger, mit jenen Zwölfen und ein
paar andern Jüngern nicht von vornherein ins Kämmerlein,
um sich mit ihnen allein zu erbauen, als wären die Andern
nicht da, sonbern er sah auch die übrigen Ephefer als seine
Pfarrgemeinde an; das Evangelium soll ja von den Dächern
geprebigt werden. — Unb brei Monate lang darf er frei und
ungestört prebigen vom Reiche Gottes, das burch Jesum Chri=
stum erschienen. Und er prebigte nicht nur, sonbern was schwe=
rer ist, „unterrebete sich" auch mit seinen jübischen Zuhörern,
hörte ihre Bebenken an, beantwortete ihre Fragen, wiberlegte
ihre Einwürfe und suchte es ihnen aus den Propheten zu be=
weisen, baß Jesus der verheißene Messias sei, und wartete ge=
bulbig auf die Frucht seiner Aussaat, auf die Wirkung seiner
Prebigt. — Nun aber gieng es wieder ähnlich wie in Ko=
rinth: es kam zu einem Bruch zwischen Paulus und den Ju=
ben, zu einer Scheibung zwischen Glauben und Unglauben.

V. 9. „Da aber etliche verstockt waren und nicht glaub=
ten und übel rebeten von dem Wege vor der Menge, wich er

von ihnen und sonderte ab die Jünger und redete täglich in
der Schule eines, der hieß Tyrannus." Auch hier wieder der
jüdische Hochmuth, dem die Predigt vom Kreuz ein Aergerniß
ist, die Halsstarrigkeit jenes Volkes, das mit sehenden Augen
nicht sehen, mit hörenden Ohren nicht hören will. Und nicht
genug, daß sie das eigene Herz verstockten, sie suchten auch
Andere abwendig zu machen vom Wege des Heils und gegen
den Apostel einzunehmen. Da sieht denn Paulus: hier kann
keine Gemeinschaft fernerhin sein. Denn was hat die Gerechtigkeit für Genieß mit der Ungerechtigkeit, was hat das
Licht für Gemeinschaft mit der Finsterniß? So nimmt er
denn in Gottes Namen das zweischneidige Schwert des göttlichen Worts und haut das lockere Band der Gemeinschaft
vollends durch, sondert sich ab von diesem verstockten Volk,
vielleicht mit einem ähnlichen Abschiedsgruß wie dort zu Korinth, wo er seine Kleider ausschüttelte und sprach: Euer
Blut sei über euer Haupt, ich gehe von nun an rein zu den
Heiden. — So zieht er denn mit dem kleinen Häuflein der
Gläubigen aus und schlägt seinen Predigtstuhl auf in der
Schule eines Namens Tyrannus, wahrscheinlich eines heidnischen Weltweisen oder Redners, der aber durch Pauli Predigt für den christlichen Glauben gewonnen worden war. Und
von dort aus wirkt er nun lange Zeit in weiten Kreisen.

V. 10. „Und dasselbige geschah zwei Jahr lang, also,
daß alle, die in Asia wohneten, das Wort des Herrn Jesu
höreten, beide Juden und Griechen." Zwei Jahre lang predigt Paulus zu Ephesus ungestört und ununterbrochen. Das
Schwert des Geistes in seiner Hand leuchtet siegreich weit umher; trotzdem daß seine Widersacher ihm das Volk abzuwenden
suchen und übel reden von diesem Weg zu der Menge, schallt
doch Pauli gewaltige Predigt mächtig fort, nicht nur in Ephe-

sus, sondern weit umher in Asia. Unzählige, die durchreisten
durch die große Handelsstadt Ephesus, Juden und Griechen,
hörten das Wort und trugen den Samen der göttlichen Wahrheit mit fort in ihre Heimath, so daß von Ephesus weit umher das Evangelium sich verbreitete im Morgenlande. — Wie
viel hat doch dieser gewaltige Streiter Gottes auch auf diesem
Posten, dahin sein Herr ihn gestellt, ausgerichtet in der kurzen
Zeit von zwei Jahren, und ach! wie wenig ists, das unsereins gethan und gewirkt hat, wenn wir etwa beim Scheiden
von einem Posten zurückblicken auf zwei Amtsjahre oder auf
zehn und mehr — wie wenig ist da gethan! wie viel ist versäumt! wie stehen wir als schwache Knechte, als Schuldner
vor dem Herrn! — Aber wie für die Lehrer, so auch für die
Hörer des Evangeliums knüpft sich eine ernste Frage und
Mahnung an diese zwei Amtsjahre des Apostels zu Ephesus.
„Und dasselbige geschah zwei Jahre lang.“ Wie selig, schreibt
hiezu ein alter Ausleger, ist doch ein Land, Stadt oder Dorf,
wenn Gott das Licht seines Evangelium nicht nur zwei Jahre,
sondern wie bei uns Jahrzehente und Jahrhunderte lang von
Geschlecht zu Geschlecht darin scheinen läßt! Wie groß aber
ist auch das Gericht über die Finsterniß, in die der Schein
des Lichts gefallen, und sie hat's nicht begriffen und behalten!
Da wollen wir allesammt bitten mit unsrem Lied: Herr, laß
dein Wort eindringen in unser Herz als ein zweischneidig
Schwert: Zeige deines Wortes Kraft an uns armen Wesen;
zeige wie es neu uns schafft, Kranke macht genesen; Jesu, dein
allmächtig Wort fahr in uns zu siegen fort, bis wir ganz genesen! — Ja es macht Kranke genesen, dies allmächtige Wort.
Wie es in Pauli Hand sich als ein siegreich Schwert erwiesen,

2.

auch gegen die Gewalt böser leiblicher Krankheit, lesen wir den paar folgenden Versen.

V. 11, 12. „Und Gott wirkete nicht geringe Thaten durch die Hände Pauli, also, daß sie auch von seiner Haut die Schweißtüchlein und Koller über die Kranken hielten und die Seuchen von ihnen wichen und die bösen Geister von ihnen ausfuhren." Also nicht bloß durch den Mund, auch durch die Hände Pauli wirkte Gott große Thaten. Nicht bloß auf seine Predigt legte der Herr seinen Segen, daß sie siegreich die Herzen durchdrang und die Mächte des Unglaubens und Aberglaubens überwand: auch die Hände des Apostels durch=strömte Gott mit wunderbaren Heilkräften, daß durch sein Handauflegen Kranke genesen, ja selbst Pauli Schweißtücher und Koller oder Schürzen, kurz allerlei Stücke seiner Kleidung legte man Kranken auf, und so groß war die Macht des Glaubens an diesen Gottesmann, so groß der Einfluß dieser gewaltigen Persönlichkeit, daß auch davon Seuchen wichen und böse Geister ausfuhren.

Wir erkennen auch darin die wunderbare Siegesmacht einer ganz von Gottes Geist durchbrungenen, ganz mit gött=lichen Kräften gesättigten Persönlichkeit, die siegreiche Gewalt eines echten Kernchristen, eines wahren Gottesmenschen, wie Paulus einer war, und mögen immerhin draus schließen, welch herrliche Kräfte Leibes und der Seele noch in der menschlichen Natur schlummern, die durch Gottes Geist in uns geweckt werden könnten, wenn wir ihn ganz in uns herrschen ließen, und wie viel mehr wir wirken könnten leiblich und geistlich, wenn wir inniger mit Gott in Christo verbunden, lebten im Glauben, so daß das Wort des Herrn an uns könnte in Er=

füllung gehen: Wer an mich glaubet, von deß Leibe werden
Ströme des lebendigen Wassers fließen.

Nur, meine Lieben, damit wir nicht auf schwärmerische
Abwege und in unevangelische Wundersucht hineingerathen,
lasset uns dabei zweierlei wohl bedenken. Erstens:
Was Paulus selber betrifft, so waren ihm solche Wunder
seiner Hand durchaus nur Nebensache. Sein Hauptamt war
die Predigt; seine Hauptwaffe war Gottes Wort; sein Haupt=
geschäft war geistliche Krankheiten zu heilen; Aberglauben und
Unglauben, Werkheiligkeit und Sündendienst, das waren die
bösen Geister, die er austreiben wollte, und wollte Gott
irgendwo daneben auch zu leiblicher Heilung seine Hand stär=
ken und sein Wort segnen, so nahm er das als außer=
ordentliche Zugabe an mit bemüthigem Dank, aber er sah es
nicht als Hauptsache an, er rechnete sichs selber nicht zum
Ruhm. So müssen auch wir bei der Wirksamkeit des Apostels
das Hauptgewicht immer auf seine Predigt legen. Pauli
Schweißtücher und Koller sind längst vermodert, und wenn
man sie heute noch hätte, sie könnten uns nichts helfen; aber
sein Wort ist noch lebendig, als wäre es erst gestern gesprochen;
seine Briefe das sind seine rechten Reliquien, und ein einziger
Paulusspruch wie: Es ist je gewißlich wahr und ein theuer=
werthes Wort, daß Christus Jesus ist in die Welt gekommen,
die Sünder selig zu machen; oder: Christus ist uns von Gott
gemacht zur Weisheit und zur Gerechtigkeit und zur Heiligung
und zur Erlösung; oder: Ist Gott für uns, wer mag wider
uns sein? oder: Dieser Zeit Leiden sind nicht werth der Herr=
lichkeit, die an uns soll offenbar werden — hat mehr Wun=
der gethan, mehr Schwachen geholfen, mehr Kranke getröstet,
als seine Schweißtücher und Koller sammt Kleid und Mantel.

Das Evangelium Jesu Christi das ist und bleibt die Kraft Gottes, selig zu machen Alle die dran glauben.

Und das Andere, was wir nicht aus der Acht lassen wollen, ist der Unterschied der Personen und Zeiten. Was in Pauli Tagen und durch Pauli Hände geschah, das dürfen wir von diesem auserwählten Rüstzeug Gottes und von jenen wunderbaren Pfingstzeiten der ersten Kirche nicht ohne weiteres übertragen auf andere Personen und auf unsere Zeiten. Ferne sei von uns die abergläubische Verehrung sogenannter Reliquien der Heiligen, als könnte ein Knochen von den Gebeinen eines Apostels, ein Fetzen vom Kleide eines Märtyrers, ein Splitter vom Kreuz Jesu Wunder thun, Krankheiten vertreiben, Sieche gesund machen, kurz das verrichten, was der allmächtige lebendige Gott seiner Hand vorbehalten hat.

Ferne sei von uns die abgöttische Verehrung auch lebendiger Gottesmänner, auserwählter Rüstzeuge des Herrn, wobei man einen Menschen zu seinem Heiland macht, an seine Person, vielleicht gar an seinen Rock und allerlei äußere Anhängsel mit krankhafter Liebe sich hängt, statt durch ihn zum Herrn sich weisen zu lassen, von dem der Gläubige spricht: Such wer da will, Nothhelfer viel, die uns doch nichts erworben, er ist der Mann, der helfen kann, bei dem nie was verdorben!

Und ferne sei endlich von uns die voreilige Einbildung, als hätte Gott in uns selber, in unsern Mund, oder gar in wir unsre Hand außerordentliche Wunderkräfte gelegt, — wodurch wir nicht nur selber Schaden leiden an unsrer Seele und aus der evangelischen Demuth und Einfalt herausfallen, sondern wodurch wir dann vielleicht auch Andere vom ordentlichen gesunden Heilsweg ablenken, daß sie auf Wunder warten, statt sich zu halten an die von Gott verordneten und gesegneten

natürlichen Mittel und ans gläubige Gebet zu Dem, an dessen
Segen alles gelegen ist.

Wider solche abergläubische Wundersucht, meine Lieben,
möchte ich immer wieder die zwei alten bewährten christlichen
Hausmittel anrathen: „Bet und arbeit, das hilft allzeit", und ·
gegenüber solch unevangelischen Abwegen möchte ich allemal
wieder hinweisen auf den nüchternen Heilsweg evangelischer
Gottesfurcht und evangelischen Gottvertrauens, wie ihn das Lied
andeutet: Sing', bet' und geh auf Gottes Wegen, verrichte
deine Pflicht getreu, trau ihm und seinem reichen Segen, so
wird er täglich bei dir neu, denn wer nur seine Zuversicht auf
Gott setzt, den verläßt er nicht!

Wie leicht man in die dunkeln Regionen des Aberglaubens
und der Zauberei sich verirrt und in die Schlingen finstrer
Mächte hineingeräth, wenn man nicht auf dem einfachen
geraden Heilsweg bleibt, sehen wir sogleich. Paulus muß in
Ephesus das zweischneidige Schwert des göttlichen Wortes
brauchen auch

3.

wider die Blendwerke gottloser Zauberei.

V. 13, 14. „Es unterwunden sich aber etliche der um=
laufenden Juden, die da Beschwörer waren, den Namen des
Herrn Jesu zu nennen über die da böse Geister hatten, und
sprachen: Wir beschwören euch bei Jesu, den Paulus prediget.
Es waren ihrer aber sieben Söhne eines Juden, Skeva, des
Hohenpriesters, die solches thaten." Da sehen wir ein rechtes
Zerrbild des Glaubens, ein grelles, Exempel vom Mißbrauch
des Heiligen. Da diese Leute sehen, welch' gewaltige Thaten
Paulus im Namen Jesu vollbrachte, so gedachten sie nun,
diesen Namen Jesu kurzweg als Zauberformel zu brauchen, und

ohne an den Heiland zu glauben, ohne ihn auch nur zu kennen, meinten sie Wunder damit zu thun, Aufsehen damit zu machen, Geld damit zu gewinnen. — Aber sie wurden übel damit zu Schanden. So wenig Gehasi, Elisa's Knabe, mit des Meisters Stabe einen Todten aufwecken konnte, so wenig vermögen sie etwas zu vollbringen im Namen Jesu. Indem sie mit frevel= hafter Hand des Apostels zweischneidiges Schwert sich an= maßen, geht es ihnen wie einem vorwitzigen Knaben, der eines Helden Schwert aus der Scheide zieht und sich selbst damit verwundet, weil er es nicht zu handhaben vermag.

V. 15 u. 16. „Aber der böse Geist antwortete und sprach: Jesum kenne ich wohl und Paulum weiß ich wohl, wer seid ihr aber? Und der Mensch, in dem der böse Geist war, sprang auf sie und ward ihrer mächtig und warf sie unter sich also, daß sie nackend und verwundet aus demselbigen Hause entflohen." Wer ohne Glauben des Herzens und ohne Beruf von Gott sich in den Kampf einläßt mit dem Satan, der wird zu Schanden. Und wer den Namen Jesu und das Wort Gottes nur heuchlerisch im Munde führt, ohne daß sein Herz davon weiß, der muß darauf gefaßt sein, daß er nicht nur vor den Kindern Gottes übel damit ankommen wird, sondern daß auch die ungöttliche Welt ihn verachtet und den Wolf im Schafskleid, den Esel in der Löwenhaut herausfindet. Darum ist es ein Spott= und Strafwort für alle falschen Propheten und heuchlerischen Jünger: Jesum kenne ich wohl und von Paulus weiß ich, ihr aber, wer seid ihr, daß ihr euch geberdet als wäret ihr seinesgleichen? Die Rechte des Herrn aber behält den Sieg, und während den Zauberern ihr Zauberstab gleichsam zerbrochen vor die Füße geworfen wird, so geht das Schwert des göttlichen Worts siegreich aus jedem Kampf hervor.

B. 17. „Dasselbige aber ward kund Allen, die zu Ephe=
sus wohneten, beide, Juden und Griechen, und fiel eine Furcht
über sie alle und der Name des Herrn Jesu ward hochgelobet.“
Der Name des Herrn Jesu ward hochgelobet. Der Name
über alle Namen, vor welchem sich beugen müssen alle Kniee
der Engel im Himmel, alle Kniee der Menschen auf Erden,
alle Kniee der Dämonen unter der Erden, der ward hochge=
gelobt von Juden und Griechen, der ward verherrlicht wie
durch die Predigt des großen Apostels, so durch das Zeugniß
der bösen Geister, und wie durch die großen Thaten des Got=
tesknechtes Paulus, so durch den schmählichen Untergang der
Zauberer und Gaukler, die diesen Namen zu mißbrauchen ge=
dachten. — So wollen wir denn auch heute von seinem An=
gesicht weggehen neugestärkt im Glauben an diesen hochgelobten
Namen und in der Ehrfurcht vor dem heiligen, seligmachenden
und weltüberwindenden Wort des Herrn.

Ja, Herr, laß dein Wort ferner siegen über die Mächte
der Finsterniß, laß es siegreich ausgehen in alle Welt und die
Kräfte des Aberglaubens und Unglaubens überwinden; laß
es aber auch als ein zweischneibig Schwert eindringen in un=
sere Herzen, daß es aufdecke, was unrein und ungöttlich ist
und uns heilige Wunden der Reue und Selbsterkenntniß schlage,
und dann, o Herr, verbinde du was du zerschlagen hast,
und gieße den Balsam beines Evangeliums in unsere wunde
Seelen und laß uns froh werden beiner Gnade, daß es auch
an uns sich erfülle:

> Dieses Wort thut Wunderkuren,
> Bildet neue Kreaturen
> Und ist eine Gotteskraft,
> Die uns Seligkeit verschafft.

(Ph Fr. Hiller.)

Amen.

LX.

Ist nicht mein Wort wie ein Feuer?

Kap. 19, V. 18—21. Es kamen auch viel derer, die
gläubig waren worden, und bekannten und verkündigten, was
sie ausgerichtet hatten. Viel aber, die da vorwitzige Kunst getrieben hatten, brachten die Bücher zusammen und verbrannten sie öffentlich; und überrechneten, was sie werth waren,
und funden des Geldes fünfzig tausend Groschen. Also mächtig wuchs das Wort des Herrn und nahm überhand. Da
das ausgerichtet war, sagte sich Paulus vor im Geist, durch
Macedonien und Achaja zu reisen und gen Jerusalem zu
wandeln und sprach: Nach dem, wenn ich daselbst gewesen
bin, muß ich auch Rom sehen.

„Ist nicht mein Wort wie ein Feuer", spricht der Herr
bei Jeremias (23, 29) „und wie ein Hammer, der Felsen zerschmeißt?" Neulich haben wir das Wort Gottes in der Hand
des großen Gottesstreiters Paulus als ein zweischneidiges
Schwert betrachtet, das siegreich die Welt überwand, die Macht
des Unglaubens niederschlug, die Geister böser Krankheit ver-
scheuchte und die Schlingen gottloser Zauberkünste durchhieb.
Heute im verlesenen Abschnitt erscheint es uns als ein Feuer,
das läuternd, reinigend, erleuchtend und erwärmend in den
Herzen brennt und durch die Welt hingeht.

Ist nicht mein Wort wie ein Feuer?

Diesen Ausspruch des Herrn sehen wir in Ephesus herrlich erfüllt, und jeder unserer vier Verse giebt uns ein Zeugniß für diese Feuernatur des göttlichen Worts.

1.

Das erste dieser Feuerzeichen ist die Bußbewegung
in der Gemeinde zu Ephesus.
V. 18. „Es kamen auch viele derer, die glaubig waren
geworden und bekannten und verkündigten, was sie ausgerichtet
hatten." Man darf dabei nicht an Glaubensthaten und an
Gotteswerke denken, wie es nach Luthers Uebersetzung scheinen
könnte, vielmehr ist nach dem griechischen Urtext von sündlichen
Werken die Rede, welche die Christen zu Ephesus vor ihrer
Bekehrung begangen hatten und die sie nun dem Apostel zu
beichten sich gedrungen fühlten, weil von der Geschichte mit
den sieben Söhnen des Oberpriesters Skeva eine Furcht
über sie alle gekommen war und das Wort Gottes wie ein
Feuer in ihrem Herzen und Gewissen brannte, daß es ihnen
wie dem Psalmisten ging, wenn er bekennt Ps. 32, 3. 5:
„Da ich's wollte verschweigen, verschmachteten meine Gebeine.
Darum bekenne ich dir meine Sünden und verhehle meine
Missethat nicht." Wohl hatten sie gewiß schon bei ihrer Taufe
und ersten Abendmahlsfeier im Allgemeinen ihre vorigen Sünden
bekannt. Aber die Sinnesänderung und Bekehrung war noch
nicht gründlich genug durch alle Winkel ihres Herzens hin-
durchgegangen; noch ein Rest heidnischen Sauerteigs war in
ihren Seelen zurückgeblieben; die Einsicht in das Sündhafte
mancher Dinge, die sie zuvor getrieben, fehlte ihnen noch;
wir wissen ja, wie zäh alte Irrthümer und böse Gewohn-

heiten auch in Solchen noch haften, die sich im Ganzen für's
Gute entschieden haben, ja wie leicht auch bei Angefaßten und
Erweckten allmählig wieder ungöttliches Wesen sich einschleicht;
Alles das wurde ihnen nun vom Geist Gottes erst recht
aufgedeckt, von Gottes Wort erst recht ins Licht gestellt; ein
Feuer der Scham, der Reue, der Buße brannte in ihren Gewissen und ließ ihnen keine Ruhe, bis sie zu Paulo kamen,
ihre Herzen durch eine aufrichtige, gründliche Beichte zu erleichtern und den Trost der Sündenvergebung sich zu holen
auch für jene zuvor unerkannten Sünden, die der Herr ins
Licht vor seinem Angesicht gestellt hatte.

Sehet da die Feuernatur des göttlichen Wortes, wie es
brennt in den Herzen und Gewissen derer, die sich davon er-
fassen lassen und sie hintreibt zu den Füßen des göttlichen
Erbarmers, der allein die Wunden des Gewissens zu heilen
vermag. Auch jetzt noch offenbart sich diese Feuernatur des
göttlichen Worts im Großen und im Kleinen. — Wenn oft
in Folge göttlicher Gerichte oder gewaltiger Predigten eine
Herzenserschütterung, eine Gewissenserweckung, eine Bußbewegung durch eine ganze Gemeinde geht, daß Männer und
Frauen, Alte und Junge, Gesunde und Kranke, Vornehme
und Geringe, selbst leichtfertige Spötter und verhärtete Sünder, denen's niemand zugetraut hätte, von Sündenangst getrieben, in die Gotteshäuser sich drängen und die Seelsorger
umlagern, um Sünden zu bekennen und den Trost des Evangeliums zu begehren, wie in den vierziger Jahren in einer Gemeinde unsres Landes durch die Arbeit eines bekannten gesegneten Gottesmannes eine solche Bußbewegung entstand, eine
solche Generalbeichte hervorgerufen wurde; oder wie aus Nord-
amerika, England, Schottland in den paar letzten Jahren
uns ähnliche großartige Erschütterungen und Erweckungen be-

richtet wurden, da müssen wir denen, die so etwas nicht begreifen können, auch entgegnen: „Ist nicht mein Wort wie ein Feuer, spricht der Herr, und wie ein Hammer, der Felsen zerschmeißt?"

Nur freilich dürfen solche großartige Erweckungen ja nichts Gemachtes und Erzwungenes sein. Sie dürfen nichts Gemachtes sein von Seiten der Prediger und Knechte Gottes, daß man durch künstliche Mittel, durch donnernde Strafpredigten, durch nächtliche Gebetsversammlungen und dergleichen das mit Gewalt meint erzwingen zu können, was nur der Geist des Herrn vermag, der da bläset wo und wann er will. Sie dürfen auch nichts Gemachtes sein von Seiten der Gemeindeglieder, daß man nur äußerlich nachmacht und mitmacht, was man an Andern sieht und hört, oder sich krampfhaft in Bußgefühle hineinsteigert, von denen das innerste Herz und Gewissen nichts weiß, so daß das Heilige am Ende zum Zerrbild wird und das Feuer der Buße sich als ein Strohfeuer erweist, das ebenso schnell wieder verlodert als es aufgeflackert ist.

Aber, meine Lieben, wenns auch zu solchen auffallenden Bewegungen und großartigen Erschütterungen nach Gottes Reichs- und Heilsordnung nicht immer und nicht überall kommen kann und soll: hats nicht der Herr uns im Einzelnen, im Stillen schon oft an unsrem eignen Herzen und Gewissen bewiesen: Ist nicht mein Wort wie ein Feuer? Auch wenn wir nicht zu den Unbußfertigen gehören, und es uns ein redlicher Ernst ist, Sünde zu meiden: fällt nicht oft irgend ein Wort Gottes, ein Bibelspruch, eine Stelle aus einer Predigt uns wie ein Feuerfunke ins Gewissen und zündet uns ein neues Licht an über Sünden, die wir bisher gar nicht an uns erkannt hatten, über Schulden, von denen wir noch

nicht losgesprochen sind, und brennt in unsrem Innern wie
ein Feuer, das nicht sterben will, bis es gelöscht wird durch
die Gnadenströme der göttlichen Erbarmung? Wenn dieses
Feuer in dir brennt, liebe Seele, o dann such es nicht
zu verschweigen, nicht zu ersticken. Dann denke dran, daß
es einen Gnadenstuhl giebt im Himmel, vor dem du dich
jederzeit niederwerfen darfst mit einem demuthsvollen Bekenntniß deiner Sünden, und denke, daß es hier auf Erden
in der Kirche des Herrn einen Beichtstuhl giebt, vor dem du
dein Herz ausschütten darfst, sei es öffentlich in der allgemeinen
Beichte oder im Stillen durch besondere Zwiesprach mit deinem
Beichtvater, und daß ein Altar der Versöhnung hier aufgerichtet steht, ein Gnadenmahl Jesu Christi, zu einem besonderen Trost und Stärkung den armen betrübten Gewissen, die
ihre Sünden empfinden und bekennen, Gottes Zorn und den
Tod fürchten und nach der Gerechtigkeit hungern und dürsten.
Dann komm auch du und sprich: Ich Betrübter komme hier
und bekenne meine Sünden, laß mein Heiland mich bei dir
Gnade zur Vergebung finden, daß dieß Wort mich trösten kann:
Jesus nimmt die Sünder an!

Ist nicht mein Wort wie ein Feuer? spricht der Herr.
Das bestätigt uns

2.

ein zweites Feuerzeichen: Der Bücherbrand zu Ephesus.
V. 19. „Viele aber, die da vorwitzige Kunst getrieben
hatten, brachten die Bücher zusammen und verbrannten sie
öffentlich und überrechneten, was sie werth waren, und fanden
des Geldes fünfzig tausend Groschen." Wie ernst es ihnen
mit der Buße war, das bewiesen sie mit der That. Die Zauberei, die damals in der ganzen Heidenwelt im Schwang ging,

hatte einen Hauptſitz in Epheſus. Die „Epheſiſchen Bücher"
waren in allen Ländern berühmt und geſucht, theils förmliche
Zauber= und Wahrſagebücher, theils Zauberformeln auf Papier
und Pergament, die zum Schatzgraben oder Geiſtercitiren ge=
brauchte oder als Amulete gegen Krankheiten oder Verwun=
dungen im Krieg auf dem Leibe getragen wurden. Viele
Chriſten zu Epheſus nun, die einſt auch ſolche Narrentheidinge
getrieben und ſolche Bücher bisher wenigſtens noch in ihren
Schränken behalten hatten, brachten ſie jetzt freiwillig dem
Herrn zum Opfer und legten ſie auf einen großen Scheiter=
haufen zuſammen, wo ſie in einem gewaltigen Feuer verbrannt
wurden, und der Bücherwerth, der da in Rauch aufging, wurde
zu 50000 Groſchen oder Drachmen berechnet, die Drachme
zu 24 kr., nach unſerm Geld alſo eine Summe von
20000 fl.

War das nicht ein ſchönes Opferfeuer vor dem Herrn,
ein herrliches Zeugniß für die Feuernatur des göttlichen Worts
ein leuchtender Thatbeweis ernſter Buße, die da ſpricht: der
Welt rein; ab und Chriſto an! Mag auch der Alterthums=
forſcher den Verluſt jener Bücherſchätze bedauern, wir werfen
keinen Stein auf jene Epheſer, die noch im Feuer der erſten
Liebe brannten und lieber Schaden leiden wollten am Beutel
als an der Seele. Ja, müſſen wir nicht dem alten Stifts=
prediger K. H. Rieger Recht geben, der zu dieſer Stelle ſchreibt:
Man ſollte noch öfter einen ſolchen Brand anſtellen, denn mit
nachtheiligen Büchern iſt die Welt immer noch zu ihrem Scha=
den überſchwemmt. — Ganz gewiß auch heute wäre noch ein
ſolcher Scheiterhaufen von Epheſus am Platz in mancher Stadt,
und man könnte Berge von Büchern aufſtapeln, von denen
man ſagen muß: Es wäre kein Schaden, ſondern ein Ge=
winn für's Volk, wenn ſie alleſammt in Feuer aufgingen.

Fern zwar sei von uns jener finstere und engherzige Fa=
natismus, jener blinde und unverständige Eifer einzelner
Christen, die da meinen, außer der Bibel gehören eigentlich
alle Bücher in's Feuer; die da wähnen, ein rechter ernster
Christ müsse alle Schriften, welche der Wissenschaft und Ge=
lehrsamkeit, oder der Kunst und Poesie, oder den Zwecken dieses
Lebens angehören, von seinem Bücherbrett verbannen, aus
seinem Familienkreis fernhalten, ja wenn es möglich wäre,
ganz aus der Welt schaffen, wie jene wüsten Bilderstürmer
und Schwarmgeister zur Reformationszeit thaten, als hätte
Gott nicht auch die Gaben des Verstandes und der Phantasie
dem Menschen geschenkt, um sie zu brauchen und auszubilden
und zur Ehre des Schöpfers zu verwenden, und als gäbe es
nicht auch eine edle Kunst und Wissenschaft, die in ihrem Theil
dem Reiche Gottes dient.

Nein, wenn ein edler Dichter auf seiner unentweihten Harfe
alles Süße besingt, was das Menschenherz durchbebt, und alles
Hohe preist, was Menschenbrust erhebt, wie unser Volk in
seinem L. Uhland vor drei Tagen einen begraben hat, der edel=
sten einen, den je das deutsche Vaterland hervorgebracht, dann
mögen seine Lieder ungekränkt auf die Nachwelt kommen und
wir wollen Gott für dieselben danken. Und wenn ein ge=
wissenhafter Forscher auf irgend einem Gebiete menschlichen
Wissens mit dem ihm von Gott geschenkten Pfunde treulich
wuchert, und mit seinen Schriften der Wahrheit, der Gerech=
tigkeit, dem allgemeinen Besten dient, dann mögen seine Bücher
in allen Ehren bleiben für die Dinge dieses Lebens, sie thun
dem Buch der Bücher, das uns den Weg zum ewigen Leben
zeigt, keinen Schaden.

Aber was ins Feuer gehört, und was wir von uns und

ben Unsrigen fern halten wollen und was vom Feuer des
göttlichen Worts und der göttlichen Wahrheit zu Asche ver=
zehrt werden wird, seis hier schon in der Zeit, oder einst
in der Ewigkeit, am Tag des Gerichts, das ist jene gottlose
und heillose Literatur unserer Tage, die offener oder versteckter
drauf ausgeht, die Seelen zu vergiften und das Wort Gottes
zu entkräften; das sind nicht nur jene Zauberbücher des Aber=
glaubens, die mit sogenannter geheimer Wissenschaft und er=
logenen Offenbarungen thörichte Köpfe betrügen und oft noch
den Schein des Christenthums an sich nehmen, sondern auch
die Zauberbücher schmutziger und leichtfertiger Unterhaltung,
welche die Sünde verherrlichen und die Herzen besonders
der Jugend bestricken, und die Bücher einer gottlosen, soge=
nannten Wissenschaft, welche kein anderes Ziel hat, als der
Menschheit den Glauben an alles Höhere und Ueberirdische
wegzuleugnen, und jene frechen Zeitblätter und Zeitschriften,
die täglich drauf ausgehen, nicht etwa nur wirkliche Miß=
bräuche ehrlich aufzudecken, sondern alles, was von der
Obrigkeit kommt, keck zu entstellen und zu verhöhnen; jeden,
der ihrer Partei nicht angenehm ist, ungestraft zu beschim=
pfen und so im Volk das Gefühl für die Wahrheit, die
Achtung vor göttlicher und menschlicher Gewalt langsam und
beharrlich zu untergraben. Von solchen Büchern gilt, was
Luther sprach, als er die päpstliche Bannbulle zu Witten=
berg verbrannte: Weil du den Heiligen Gottes betrübt hast,
so soll dich das ewige Feuer verzehren! von solchen Büchern,
so reizend sie auch geschrieben seien, wollen wir uns mit Ab=
scheu abwenden und dagegen unsre Bibel ans Herz drücken
und sprechen: Herr, dein Wort, die edle Gabe, diesen Schatz
erhalte mir, denn ich zieh es aller Habe und dem größten
Reichthum für; wenn dein Wort nicht mehr soll gelten, worauf

soll der Glaube ruhn? mir ists nicht um tausend Welten, aber um dein Wort zu thun!

Ist nicht mein Wort wie ein Feuer? Ein drittes Zeugniß dafür ist in unsrem Texte

3.

das mächtige Umsichgreifen des Evangeliums von Ephesus aus.

B. 20. „Also mächtig wuchs das Wort des Herrn und nahm überhand." Wie ein Feuer um sich greift und weiter frißt, so griff das Feuer der göttlichen Gnade und Wahrheit nach jenen merkwürdigen Vorgängen von Ephesus aus als dem Feuerherd weiter um sich in die ganze Umgegend, die Herzen erleuchtend und erwärmend, das abgelebte welke Hei= denthum aber wie dürre Stoppeln verzehrend; nicht ein ver= derbliches Feuer, wie das, vor dem wir erschrecken, wenn die Sturmglocke angeschlagen wird auf dem Thurm, sondern ein seliges Feuer, jenes heilige Feuer, von dem unser Heiland sprach: Ich bin gekommen ein Feuer anzuzünden auf Erden und was wollte ich lieber, denn es brennete schon, und um das wir heute noch bitten, wenn wir beim Blick auf die todte Heidenwelt und auf die kalte Christenheit singen: O daß dein Feuer bald entbrennte, daß wir es sähn in alle Lande gehn, auf daß bald alle Welt erkennte, was zur Erlösung ihr von dir geschehn; — o breite, Herr, auf weitem Erdenkreis dein Reich bald aus zu deines Namens Preis! — Einer steht vor uns in unsrem Text, in dem brennt helllobernd dieses hei= lige Feuer vom Herrn. Das ist unser Apostel Paulus. Ist nicht mein Wort ein Feuer? spricht der Herr; ein Zeugniß davon haben wir noch

4.

an des Apoſtels feurigen Eroberungsplanen.

V. 21. „Da das ausgerichtet war, ſeßte ſich Paulus
vor im Geiſt, durch Macedonien und Achaja zu reiſen und gen
Jeruſalem zu wandeln, und ſprach: Nach dem, wenn ich da=
ſelbſt geweſen bin, muß ich auch Rom ſehen." Wahrlich ein
kühner Gedanke, der in dem Herzen dieſes Gotteshelben plöß=
lich jeßt aufflammte! Wahrlich eine Feuerſeele, dieſer Paulus
der von ſich ſagen konnte: Herr, der Eifer um dein Haus
hat mich gefreſſen! Viel hat er ausgerichtet mit Gottes
Hülfe: Kleinaſien und Griechenland hat er erfüllt mit dem
Schall des Evangeliums; aber er iſt damit nicht zufrieden,
er will nicht ausruhen auf ſeinen Lorbeern; alles was ihm
der Herr bisher gelingen ließ, iſt ihm nur ein Sporn, noch
mehr zu wagen. — Nach Jeruſalem zieht ihn zunächſt ſein
Herz, um mit der Muttergemeinde dort wieder die Fäden
herzlicher Gemeinſchaft anzuknüpfen, dann aber weiter nach
Rom! „Ich muß auch Rom ſehen", die große Kaiſerſtadt,
die Reſidenz des Heidenthums, die Hauptſtadt der damali=
gen Welt. Nicht aus eitler Neugierde will er Rom ſehen,
auch nicht als weltlicher Eroberer will er dort einziehen, ſon=
dern als ein Streiter Chriſti will er die Kreuzesfahne Jeſu
auch dorthin tragen und das Siegspanier ſeines Herrn auf=
pflanzen mitten in der Burg des Heidenthums. — Nach Jeru=
ſalem — und dann nach Rom! Der Herr hats ihm gelingen
laſſen, er kam nach Jeruſalem und wurde dort gefangen, er
kam nach Rom, er predigte dort Chriſtum, er ließ dort ſein
Leben für den Herrn und ſein ſiegreicher Heldengeiſt flog von
dort aufwärts ins himmliſche Jeruſalem.

Nach Jeruſalem und dann nach Rom — das iſt der

Weg, auf dem die Apostelgeschichte von nun an unsern Paulus noch begleitet und auf dem auch wir fernerhin ihm folgen dürfen mit unsrer Betrachtung. Der Herr nähre dazu auch in unsern Seelen das Feuer frommer Andacht und entzünde in unsern Herzen je mehr und mehr die Glut heiliger Liebe zu ihm und seinem Wort, damit es auch bei uns heiße:

Vom Feuer deiner Liebe glüht
Mein Herz, das du entzündet,
Du bists, mit dem sich mein Gemüth
Aus aller Kraft verbindet.
Ich leb in dir und du in mir,
Doch möcht ich, o mein Heil, zu dir
Noch immer näher dringen.

(A. H. Francke.)

Amen.

LXI.

Der Aufruhr zu Ephesus.

Kap. 19, V. 22—40. Und sandte zween, die ihm dieneten, Timotheum und Erastum, in Macedonien; er aber verzog eine Weile in Asia. Es erhob sich aber um dieselbige Zeit nicht eine kleine Bewegung über diesem Wege. Denn einer, mit Namen Demetrius, ein Goldschmid, der machte der Diana silberne Tempel und wendete denen vom Handwerk nicht geringen Verdienst zu. Dieselbigen versammelte er und die Beiarbeiter desselbigen Handwerks und sprach: Lieben Männer, ihr wisset, daß wir großen Zugang von diesem Handel haben. Und ihr sehet und höret, daß nicht allein zu Epheso, sondern auch fast in ganz Asia, dieser Paulus viel Volks abfällig machet, überredet und spricht: Es sind nicht Götter, welche von Händen gemacht sind. Aber es will nicht allein unserm Handel dahin gerathen, daß er nichts gelte; sondern auch der Tempel der großen Göttin Diana wird für nichts geachtet und wird dazu ihre Majestät untergehen; welcher doch ganz Asia und der Weltkreis Gottesdienst erzeigt. Als sie das höreten, wurden sie voll Zorns, schrieen und sprachen: Groß ist die Diana der Epheser! Und die ganze Stadt ward voll Getümmels. Sie stürmeten aber einmüthiglich zu dem Schauplatz und ergriffen Gajum und Aristarchum aus Macedonien, Paulus Gefährten. Da aber Paulus wollt unter das Volk gehen, ließens ihm die Jünger nicht zu. Auch etliche der Obersten in Asia, die Paulus gute Freunde waren, sandten zu ihm und ermahneten ihn, daß er sich nicht gäbe auf den Schauplatz. Etliche schrieen sonst, etliche ein anders

und war die Gemeine irre, und das mehrere Theil wußte
nicht, warum sie zusammen kommen waren. Etliche aber
vom Volk zogen Alexandrum hervor, da ihn die Juden her=
vor stießen. Alexander aber winkete mit der Hand und wollt
sich vor dem Volk verantworten. Da sie aber innen wurden,
daß er ein Jude war, erhub sich eine Stimme von allen und
schrieen bei zwo Stunden: Groß ist die Diana der Epheser!
Da aber der Kanzler das Volk gestillet hatte, sprach er: Ihr
Männer von Ephesus, welcher Mensch ist, der nicht wisse,
daß die Stadt Ephesus sei eine Pflegerin der großen Göttin
Diana und des himmlischen Bildes? Weil nun das unwider=
sprechlich ist, so sollt ihr ja stille sein und nichts Unbedächti=
ges handeln. Ihr habt diese Menschen hergeführet, die we=
der Kirchenräuber, noch Lästerer eurer Göttin sind. Hat
aber Demetrius und die mit ihm sind vom Handwerk, zu je=
mand einen Anspruch, so hält man Gericht und sind Land=
vögte da; lasset sie sich unter einander verklagen. Wollt ihr
aber etwas anders handeln, so mag man es ausrichten in
einer ordentlichen Gemeine. Denn wir stehen in der Fahr,
daß wir um dieser heutigen Empörung verklaget möchten
werden und doch keine Sache vorhanden ist, damit wir uns
solchen Aufruhrs entschuldigen möchten. Und da er solches
gesaget, ließ er die Gemeine gehen.

„Warum toben die Heiden und die Leute reden so ver=
geblich? Die Könige im Lande lehnen sich auf und die Herren
rathschlagen mit einander wider den Herrn und seinen Gesalb=
ten: Lasset uns zerreißen ihre Bande und von uns werfen ihre
Seile. Aber der im Himmel wohnet, lachet ihrer und der
Herr spottet ihrer." An diese erhabenen Worte des zweiten
Psalms, die schon so oft und viel in Erfüllung gegangen sind
in der Geschichte des Reichs Gottes, von Pharaos Untergang
bis auf unsre Tage, mahnt uns ganz besonders die so eben
vernommene Geschichte, der Aufruhr zu Ephesus gegen Paulus
und das Evangelium.

Zwei Jahre lang hatte der Apostel in jener glänzenden Handelsstadt Kleinasiens im Segen gearbeitet und „das Wort Gottes war", wie sein Begleiter Lukas sagt (V. 20), „mächtig gewachsen und hatte überhand genommen", so daß der große Apostel in seinem rastlosen Geist schon wieder weiter denkt und den kühnen Plan faßt, nachdem er im Morgenlande dem Evangelium sichern Boden bereitet, nun über Griechenland, wohin er nach V. 22 zwei seiner Begleiter, Timotheus und Erastus, vorausschickt, auch nach Rom zu gehen, um dort in der Hauptstadt der Welt, in der Residenz des großmächtigen Kaisers selber das Panier des Kreuzes aufzupflanzen. Aber ehe er Abschied nimmt von Ephesus, soll er noch einmal inne werden, was er so oft schon erfahren, daß der Weg eines Knechts Christi in dieser Welt kein Siegeslauf und Triumph= zug sei, sondern der Weg des Kreuzes, die Straße der Trüb= sal. „Ich will ihm zeigen, wie viel er leiden muß um meines Namens willen," diese Weissagung seines Herrn soll auch hier noch einmal an ihm in Erfüllung gehen. Ein so gewal= tiger Sturm erhebt sich gegen ihn in dieser Stadt, so bestialisch und dämonisch bricht die Volkswuth gegen ihn aus, daß wir wohl begreifen, wie er in Erinnerung an diese Auftritte später an die Korinthier schrieb (1 Kor. 15, 32): Habe ich mensch= licher Meinung zu Epheso mit den wilden Thieren gefochten? und daß uns das Psalmwort dabei einfällt: Warum toben die Heiden?

Aber auch das Andere sehen wir erfüllt: „Der im Him= mel wohnet, lachet ihrer und der Herr spottet ihrer." Auch die Gnadenverheißung seines Herrn, die er einst zu Korinth vor einem ähnlichen Sturm im nächtlichen Gesicht empfangen, geht in Erfüllung an unsrem Apostel: Fürchte dich nicht, denn ich bin mit dir und niemand soll sich unterstehen, dir zu scha=

ben, denn ich habe ein groß Volk in dieser Stadt. Apostel=
geschichte 18, 9. 10.

Lukas schildert uns diese Vorgänge ganz besonders aus=
führlich und anschaulich, und wir können auch für unsre Zeit
im Hinblick auf das, was wir in Staat und Kirche schon er=
lebt haben und vielleicht noch erleben werden, manch heilsame
Lehre und Mahnung daraus entnehmen, und so wollen wir

**Den Aufruhr zu Ephesus als einen lehrreichen Spiegel
auch für unsre Zeit**

betrachten

    1) in seinem unlautern Anfang;

    2) in seinem unsinnigen Fortgang;

    3) in seinem unschädlichen Ausgang.

1.

Der unlautere Anfang jener Bewegung wird uns
sehr lehrreich gezeigt zum Beginn unsres Abschnitts.

V. 23. „Es erhub sich aber um dieselbige Zeit nicht eine
kleine Bewegung über diesem Wege." Um dieselbe Zeit —
wo das Evangelium so schön im Flor stand zu Ephesus und
in der Umgegend, erhob sich der Sturm, zum Beweis: die
Welt bleibt Welt, und nie darf sich ein Knecht Gottes hienie=
den gefaßt machen auf dauernden Frieden. — Kein Wunder
auch, daß eine Bewegung sich erhub „über diesem Wege",
nämlich über dem Heilsweg, den Paulus den Leuten zeigte;
dieser Weg stand nicht Allen an, denn da müßten sie ja ihre
Wege verlassen, darüber rumoren sie, denn der Satan, sagt
ein Ausleger, möchte immer gern den schmalen Weg verhauen,
daß jedermann die breite Straße müßte gehen. Und so ent=
stand nicht eine kleine Bewegung; der heilige Geist hatte jene

Gegend gewaltig bewegt, dieser heiligen Erschütterung setzte nun der Weltgeist seine Bewegung entgegen und zwar nicht eine kleine, denn sein Reich wankte in ganz Asien. Und nun der Mann, der an die Spitze tritt:

V. 24. „Denn einer, mit Namen Demetrius, ein Gold= schmied, der machte der Diana silberne Tempel und wendete denen vom Handwerk nicht geringen Gewinnst zu." Da sehen wir nun recht in den Ursprung des Aufruhrs hinein. Es ist der Eigennutz, der sich in seinen Interessen verletzt fühlt, die Gewinnsucht, die beim Evangelium ihre Rechnung nicht findet. In Ephesus stand ein weltberühmter Tempel der Naturgöttin Diana, der zu den sieben Weltwundern gezählt ward; 425 Fuß lang, 220 Fuß breit, getragen von 127 60 Fuß hohen Säulen, in seinem Innern das uralte, nach der heidnischen Sage vom Himmel gefallene Bild der Diana bergend. Ein gewisser Herostratus hatte einst diesen Tempel in Brand ge= steckt, um sich einen unsterblichen Namen zu machen, aber er war prächtiger wieder aufgebaut worden, einem andern Feuer aufgespart, dem von welchem der Herr sagt: ist nicht mein Wort wie ein Feuer und wie ein Hammer, der Felsen zer= schmeißt? — Die Goldschmiede und Silberarbeiter nun in Ephesus hatten großen Absatz mit kleinen silbernen Modellen oder Nachbildungen dieses Dianentempels, welche die Fremden zum Andenken an Ephesus kauften, die man zum Schmuck im Zimmer aufstellte, auch auf Reisen als Schutzmittel gegen Un= glücksfälle bei sich führte. Und ein bedeutendes Geschäft dieser Art hatte Demetrius, der diese Fabrikation im Großen betrieb und eine Menge Künstler und Arbeiter damit beschäftigte; die weiß er nun auf kluge Weise für seine Zwecke zu bearbeiten.

V. 25—27. „Dieselbigen versammelte er und die Bei= arbeiter desselbigen Handwerks und sprach: Lieben Männer, ihr wisset, daß wir großen Zugang von diesem Handel haben. Und ihr sehet und höret, daß nicht allein zu Ephesus, sondern auch fast in ganz Asien dieser Paulus viel Volks abfällig macht, überredet und spricht: Es sind nicht Götter, welche von Händen gemacht sind. Aber es will nicht allein unser Handel dahin gerathen, daß er nichts gelte; sondern auch der Tempel der großen Göttin Diana wird für nichts geachtet und wird dazu ihre Majestät untergehen, welcher doch ganz Asien und der Weltkreis Gottesdienst erzeigt." Wirklich ein Meisterstück kluger und wohlangelegter Wühlerei. Der Paulus, welcher wie in Athen, so in Ephesus und aller Orten predigte: Gott, der die Welt gemacht hat und Alles, was darinnen ist, sinte= mal er ein Herr ist Himmels und der Erden, wohnet er nicht in Tempeln mit Händen gemacht, mußte freilich der abergläu= bischen Verehrung des Dianentempels und eben damit dem schwunghaften Geschäft mit dessen Abbildungen Abbruch thun, und es ist wirklich ein Beweis seiner mächtigen Wirksamkeit, daß mans spürte: der Absatz will nicht mehr gehen wie zuvor in der Stadt und in der Umgegend, wie Demetrius bezeugt: Es will mit unsrem Handel dahin gerathen, daß er nichts gelte. Das ist nun ehrlich gesprochen von dem Mann: das was er und seine Zunftgenossen nicht verschmerzen können, ist der materielle Verlust, den ihnen das Evangelium bringt. Nun aber, damit die Sache nicht so gar interessirt herauskommt, hängt man ihr noch einen schönen Mantel um, den patrioti= schen, ja den religiösen: „Auch der Tempel der großen Göttin Diana wird für nichts geachtet und wird dazu ihre Majestät untergehen, welcher doch ganz Asien und der Weltkreis Gottes= dienst erzeigt," das heißt, es handelt sich um den Ruhm und die Ehre unsrer guten Stadt Ephesus, deren Stolz, der Dianentempel, in Verachtung kommt; ja es handelt sich um

die Majeftät der großen Göttin felber, die in den Staub ge=
zogen wird von diefem Manne, der behauptet: Es ift nur Ein
Gott, Schöpfer Himmels und der Erden. Auch darin freilich
hat Demetrius im Grund ganz Recht, denn es follte nun
Ernft werden in Ephefus mit dem Worte des lebendigen
Gottes (Jef. 42, 8): Ich will meine Ehre keinem Andern
geben, noch meinen Ruhm den Göten.

So ift es ja immer noch: wo die Predigt vom lebendigen
Gott Eingang findet, da gehts rückwärts mit den Göten. Die
Götentempel verlieren ihren Zulauf, die Götenpriefter büßen
ein an ihrer Ehre, die Götenbildner leiden Schaden in ihrem
Gefchäft. — Deswegen find die Braminen in Indien wüthend,
wo die Miffionare Erfolg haben mit der Predigt des Evan=
geliums. Deswegen riefen die altdeutfchen Wodanspriefter
Rache vom Himmel, als der kühne Bonifacius, der Apoftel
der Deutfchen, die heilige Eiche umhieb im Walde bei Geis=
mar. Deswegen fchrie der Mönch Tetel über Luther, daß er
ihm feinen Ablaßhandel verderbe mit der Predigt des Evange=
liums, ja daß der Statthalter Chrifti nichts mehr hinfort
gelten folle, daß die heilige Majeftät der katholifchen Kirche
untergehen werde, „welcher doch der ganze Weltkreis Gottes=
dienft erzeigt.“ Deßwegen, meine Lieben, giebt es auch heut=
zutag Leute, die es nicht in ihrem Intereffe finden, wenn das
Evangelium eine Macht gewinnt über die Herzen und Zulauf
bekommt unter den Leuten. Denn wo der lebendige Gott
und der den er gefandt hat, Jefus Chriftus, offenbar wird in
den Herzen, da ftürzen allerlei Göten von ihren Altären,
denen man fonft auch in der Chriftenheit noch dient. Wo der
heilige Geift Gottes durchbringt, da verliert manches fündliche
Gewerbe feinen Boden. Wo ein gewaltiger Prediger die
Kirchen vollprebigt, da werden die Vergnügungsorte leerer am

Sonntag; wo eine christliche Obrigkeit über Sonntagsheiligung
hält, da glaubt da und dort ein Schenkwirth oder ein Ge=
werbsmann sich beeinträchtigt in seinem Geschäft. Muß doch
jeder Christ, wer er auch sei, allerlei kleine Haus= und Her=
zensgötzen preis geben, auf manchen unredlichen Gewinn, auf
manches zweideutige Vergnügen verzichten, wenn er Ernst
macht mit der Nachfolge Jesu; da empört sich dann auch das
Fleisch wider den Geist; da giebts dann auch oft einen Auf=
ruhr wider das Evangelium, wo nicht auf den Straßen wie
in Ephesus, doch an den Wirthstischen und in den Tagblättern.
Da gibts dann auch allerlei schöne Redensarten und hohe
Worte, mit denen man die Feindschaft gegen Gottes Wort be=
mäntelt und welche die Widersacher des Christenthums auf ihre
Fahnen schreiben: man spricht von der Majestät des Volkes,
das mündig sei und nicht mehr geknechtet werden dürfe; von
dem Fortschritt der Aufklärung, der sich mit der Bibel nicht
mehr vertrage; vom Aufschwung der Gewerbe, dem man nicht
mehr entgegentreten dürfe mit veralteten Gesetzen; — und da
giebts denn auch immer einen Haufen leichterregter, gedanken=
loser, fanatischer Menschen, die das blindlings nachschreien,
was kluge Rädelsführer ihnen vorpredigen, wie dort die Ar=
beiter und Fabrikleute in Ephesus.

B. 28. „Als sie das höreten, wurden sie voll Zorns,
schrieen und sprachen: Groß ist die Diana der Epheser!"
Ganz nach dem Leben gemalt! Was der kluge Demetrius in
seiner Volksrede unter die Leute hineingeschleudert, das hat ge=
zündet; was er ihnen ins Ohr gesagt, das schreien sie von den
Dächern: Groß ist die Diana der Epheser! Nieder mit ihren
Feinden! Tod den Pfaffen! mit dieser Losung stürmen sie nun
aus der Arbeiterversammlung hinaus auf die Straßen und
durchziehen brüllend die Stadt. Der Aufruhr ist los. Nach=

dem wir seinen unlautern Anfang gesehen, beschreibt uns nun
Lukas

2.

seinen unsinnigen Fortgang. Wir sehen jetzt eine
kleine Straßenrevolution.

B. 29. „Und die ganze Stadt ward voll Getümmels.
Sie stürmeten aber einmüthiglich zu dem Schauplatz und ergriffen Gajum und Aristarchum aus Macedonien, Paulus Gefährten." Das Feuerlein, das Demetrius angezündet, wird
zur Flamme, welche die Stadt durchrast; lawinenartig wachsend
wälzt sich der Volkshaufe durch die Gassen dem Stadttheater
zu, wo die Volksversammlungen gehalten wurden. Wie dort
einst die Juden einmüthiglich auf Stefanum losstürmten, so
stürmen hier die Heiden einmüthig auf die Boten des Evangeliums, und die ihnen zuerst in die Hände fallen, sind zwei
Begleiter des Apostels, Gajus und Aristarchus, die mit ihm
von Macedonien nach Ephesus gezogen waren (Kap. 20, 4)
und die nun als Streiter Christi zum erstenmal ins Feuer
kommen. — Den großen Apostel selbst aber, seinen treuen
Knecht, der zu Größerem noch aufgespart bleibt, nimmt der
Herr selber unter den Schatten seiner Flügel und birgt ihn
im sichern Zelt seiner Gottesmacht und Hirtenliebe vor dem
Toben der Feinde.

B. 30, 31. „Da aber Paulus wollt unter das Volk
gehen, ließens ihm die Jünger nicht zu. Auch etliche der Obersten in Asia, die Paulus gute Freunde waren, sandten zu ihm
und ermahneten ihn, daß er sich nicht gäbe auf den Schauplatz." Furchtlos wollte Paulus dem Sturm entgegentreten,
treu wollte er das Schicksal seiner Gefährten theilen und für
sie in den Riß stehen, als ein Nachfolger dessen, der dort in

Gethsemane den Kriegsknechten und Gerichtsdienern entgegentrat aus dem Häuflein seiner Jünger heraus mit dem Wort
heldenmüthiger Liebe: suchet ihr denn mich, so lasset diese
gehen. Aber Pauli letzte Stunde war noch nicht vorhanden.
Daß er nicht kreuzflüchtig war, das hat er wahrhaftig in
seinem bisherigen Heldenlauf bewiesen, aber er drängt sich auch
nicht voreilig zum Märtyrerthum. „Christen," sagt hier ein
alter Ausleger, „müssen wohl standhaftig, aber nicht eigensinnig
sein; denn die Weisheit von oben her lässet ihr sagen, sie folgt
gutem Rath und weicht gegründeten Vorstellungen." So folgt
auch Paulus hier den flehentlichen Bitten der Jünger und dem
Rath seiner heidnischen Freunde und Gönner, die ihm Gott
unter den Asiarchen, unter den Gemeinderäthen der Stadt erweckt hatte und die ihm sagen ließen, er solle nicht fruchtlos
seine Person preisgeben. Denn wo ein aufgeregter Pöbel
brüllt und schäumt wie ein stürmisches Meer, da muß auch
die gewaltigste Zeugenstimme spurlos verhallen, da kann auch
ein Paulus für den Augenblick nichts besseres thun als schweigen. — Und wirklich ein brausendes Meer war ja dieser Pöbel
zu Ephesus auf dem Theaterplatz, wie wir sogleich sehen.

B. 32. „Etliche schrieen sonst, etliche ein anders, und
war die Gemeine irre und das mehrere Theil wußte nicht,
warum sie zusammen kommen waren." Meint man nicht ein
Stück aus der neusten Zeitgeschichte zu lesen? Die Goldschmiede und Silberarbeiter wußten was sie wollten, aber die
übrigen, welche mitschrieen, hatten ihre rohe Lust an dem Getümmel, ohne zu wissen, um was es sich handelte. Wie mancher ehrliche Spießbürger hat so in Revolutionszeiten auch
mitgeschrieen in einer Volksversammlung, mitunterschrieben auf
einer Adresse, mitgestimmt bei einer Wahl und wußte lediglich
nicht um was es sich handle. Da sage man nur nicht: des

Volkes Stimme ist Gottes Stimme; wenn man unter dem Volk ben gedankenlosen Haufen ober gar einen aufgeregten Straßenpöbel versteht, da muß der vernünftige Mann und redliche Christ mit dem sterbenden Huß lächelnd seufzen: O sancta simplicitas! o fromme Einfalt! und folgsam gedenken an das mitleidige Gebet des großen Hohepriesters: Vater, vergieb ihnen, denn sie wissen nicht was sie thun! Sie wußten auch in Ephesus nicht mehr, was sie thaten. — Immer ärger wird die Verwirrung.

V. 33. „Etliche aber vom Volk zogen Alexandrum hervor, da ihn die Juden hervorstießen. Alexander aber winkete mit der Hand und wollt sich vor dem Volk verantworten." Mit der tobenden Rotte aus dem Heidenthum vereinigten sich bald auch Juden und wollten einen gewissen Alexander, vielleicht jenen Alexander den Schmied, über den sich Paulus 2 Tim. 4. beklagt, als ihren Sprecher aufstellen, um die Juden zu vertheidigen gegen Paulum oder das Feuer noch mehr zu schüren. Doch weder Freund noch Feind, weder Christ noch Jude kann vorerst zum Wort kommen. Alles geht unter im tobenden Tumulte.

V. 34. „Da sie aber innen wurden, daß er ein Jude war, erhub sich eine Stimme von allen und schrieen bei zwo Stunden: Groß ist die Diana der Epheser!" — „Groß ist die Diana der Epheser", so tönte zwei Stunden lang das Geschrei der wilden Menge fort, womit jede andere Stimme übertäubt wurde. Und, meine Lieben, so tönt es im Grunde heute noch fort dieses: Groß ist die Diana der Epheser, womit Gottes Wort soll aus dem Feld geschlagen werden. Wenn auch die Namen der Götzen wechseln, welchen die Menge ihren Beifall jauchzt und welche der Zeitgeist auf den Schild erhebt gegenüber vom lebendigen Gott und seinem Gesalbten —

jebes Zeitalter hat noch so seine Göttin Diana, der man hul=
bigen ober auf Hohn und Verfolgung gefaßt sein muß, und
selbst gute und wahre Ideen werden dadurch dem Besonnenen
verdächtig, daß die unvernünftige Menge sie mißbraucht, zum
Ekel wiederholt und Götzendienst damit treibt; das einemal
heißt die Losung: Freiheit und Gleichheit! das andremal:
Vernunft und Aufklärung! wieder ein andermal: Industrie
und Wohlstand! wieder ein andermal: Natur und Natur=
forschung! — immer aber muß die Welt so eine Diana von
Ephesus haben, mit der sie Götzendienst treibt, die sie zu ihrem
Heiland macht, statt sich zu beugen vor dem lebendigen Gott
und ihr Heil zu suchen in dem, der uns allein von Gott ge=
macht ist zur Weisheit und zur Gerechtigkeit und zur Heiligung
und zur Erlösung. — Doch es bleibt dabei, der im Himmel
wohnet lachet ihrer; es bleibt dabei: der Herr will seine Ehre
keinem Andern lassen, noch seinen Ruhm den Götzen. So giengs
auch in Ephesus. Sehet noch

3.

des Aufruhrs unschädlichen Ausgang.

Während das Volk zwei Stunden lang sich heiser schreit,
kommt ein vernünftiger Mann auf den Platz, vor dem der
Pöbel Respekt hat, weil er in weltlichen Würden und Ehren
steht. Wirkt ja auch heut noch das Wort eines weltlich ange=
sehenen Mannes mehr auf die Menge als das des gesalbtesten
Predigers, dem sie zum Voraus mißtraut.

Der Kanzler — Staatssekretär — also ein hoher Staats=
beamter, kommt selbst auf den Platz, winkt Ruhe, verschafft
sich Gehör und spricht nun ebenso freundlich als vernünftig
dem Volke zu:

V. 35, 36. „Da aber der Kanzler das Volk gestillet

hatte, sprach er: Ihr Männer von Ephesus, welcher Mensch
ist, der nicht wisse, daß die Stadt Ephesus sei eine Pflegerin
der großen Göttin Diana und des himmlischen Bildes? Weil
nun das unwidersprechlich ist, so sollt ihr ja stille sein und
nichts Unbedächtiges handeln." Der Ruhm eurer Stadt und
eures Tempels ist ja weltbekannt und über alle Anfechtung er=
haben; dafür braucht ihr euch gar nicht erst zu wehren. Mit
diesem wohlwollenden Wort schmeichelte er ihrem Nationalstolz.
Nun aber nimmt er die Apostel in Schutz.

V. 37. „Ihr habt diese Menschen hergeführet, die weder
Kirchenräuber noch Lästerer eurer Göttin sind." Ein feines
Zeugniß für die Christen zu Ephesus und für den Apostel Pau=
lus. Sie waren weder Kirchenräuber noch Lästerer, sie brauchten
keine ungesetzlichen Mittel gegen das Heidenthum. Es war nicht
Pauli Art, den Heiden ihre Götzen zu beschimpfen und zu ver=
lästern, sondern Christum suchte er ihnen groß zu machen, ein
Neues in ihnen zu bauen, indem er sie zum wahren Gott und
einzigen Erlöser hinführte, dann mußten die Götzen von selbst
hinstürzen. Auch uns Predigern heutzutag hilfts nicht viel
die Thorheiten der Welt zu geißeln und auf ihre Götzen zu
schelten, wenn wirs nicht verstehen, ihr Christum groß und
lieb zu machen als den, in welchem allein das Heil zu finden
ist. Wo das neue Leben in Christo keimt und grünt, da fällt
der alte Götzendienst von selbst hin, wie das welke braune
Eichenlaub im Mai, wenn die jungen Blätter sprossen und
grünen. — Nachdem der Kanzler so die Apostel gegen unge=
rechte Angriffe in Schutz genommen, verweist er den Deme=
trius und die Seinen, wenn sie gerechte Klagen hätten, an
die ordentliche Obrigkeit.

V. 38, 39, 40. „Hat aber Demetrius und die mit ihm
sind vom Handwerk, zu jemand einen Anspruch, so hält man

Gericht und sind Landvögte da; lasset sie sich unter einander verklagen. Wollt ihr aber etwas anders handeln, so mag man es ausrichten in einer ordentlichen Gemeine. Denn wir stehen in der Fahr, daß wir um dieser heutigen Empörung verklaget möchten werden und doch keine Sache vorhanden ist, damit wir uns solchen Aufruhrs entschuldigen möchten. Und da er sol= ches gesaget, ließ er die Gemeine gehen." So durfte Paulus und die Christen zu Ephesus es genießen, daß sie der Obrig= keit unterthan waren, als welche das Schwert trägt an Gottes Statt; nun dürfen sie auch den Schutz der Obrigkeit und den Segen des Gesetzes für sich selber erfahren.

"Und da er solches gesagt, ließ er die Gemeine gehen." So schnell das Feuer aufgelobert war, so rasch sank es wieder zusammen, nach Art der Welt, die wetterwendisch ist in ihrem Wesen und ihre Götzen bald wieder fallen läßt. So wüthend der Sturm getobt hatte, so schnell war er gestillt, gestillt durch die ruhige Festigkeit eines einzigen besonnenen Mannes, oder gestillt, wenn wir höher hinauf blicken, durch die Majestät des Gottes, der zum tobenden Völkermeer spricht: bis hieher und nicht weiter, hie sollen sich legen beine stolzen Wellen, und der noch allezeit das Wort des Psalmisten wahr macht: Warum toben die Heiden, und die Leute reden so vergeblich? Aber der im Himmel wohnet lachet ihrer und der Herr spottet ihrer. Nun, meine Lieben, so solls denn unsre Losung bleiben: Allein Gott in der Höhe sei Ehr! Seinen Namen wollen wir fürch= ten, an sein Wort wollen wir glauben, auf seine Hilfe wollen wir hoffen, für sein Reich wollen wir wirken. Und wenn auch die Menge ihren Götzen zujauchzt und nicht müde wird zu schreien: Groß ist die Diana der Epheser! groß ist die Na= tur; groß ist die Vernunft; es lebe die Freiheit; es lebe die Aufklärung! und wie diese Tagesgötter alle heißen: der schöne

Namen soll uns nicht blenden, die große Menge soll uns nicht
einschüchtern, das wilde Geschrei soll uns nicht aus der Fas=
sung bringen: alles das geht vorüber, Gottes Wort aber blei=
bet wenn Himmel und Erde vergehen. Es soll auch uns
bleiben unseres Herzens Trost und unsres Lebens Licht. Und
mit neuer Liebe wollen wir Den umfassen, welchen Gott in
die Welt gesandt hat zum Licht der Heiden wie zum Troste
des Volks Israel, Jesum Christum, den eingebornen Sohn des
lebendigen Gottes.

> Jesus ist kommen, der König der Ehren;
> Himmel und Erde, rühmt seine Gewalt!
> Dieser Beherrscher kann Herzen bekehren,
> Oeffnet ihm Thüren und Thore fein bald.
> Denkt doch, er will euch die Krone gewähren;
> Jesus ist kommen, der König der Ehren!
>
> (Württb. Gesangbuch.)

Amen.

LXII.

Der Abendgottesdienst zu Troas.

Kap. 20, V. 1—12. Da nun die Empörung aufgehöret, rief Paulus die Jünger zu sich und segnete sie und gieng aus zu reisen in Macedonien. Und da er dieselbigen Länder durchzog und sie ermahnet hatte mit vielen Worten, kam er in Griechenland und verzog allda drei Monden. Da aber ihm die Juden nachstelleten, als er in Syrien wollt fahren, ward er zu Rath, wieder umzuwenden durch Macedonien. Es zogen aber mit ihm bis in Asia Sopater von Beroe, von Thessalonich aber Aristarchus und Secundus, und Gajus von Derben, und Timotheus, aus Asia aber Tychicus und Trophimus. Diese giengen voran und harreten unser zu Troas. Wir aber schifften nach den Ostertagen von Philippen bis an den fünften Tag, und kamen zu ihnen gen Troada, und hatten da unser Wesen sieben Tage. Auf einen Sabbath aber, da die Jünger zusammen kamen, das Brod zu brechen, predigte ihnen Paulus und wollte des andern Tages ausreisen und verzog das Wort bis zu Mitternacht. Und es waren viel Fackeln auf dem Söller da sie versammelt waren. Es saß aber ein Jüngling, mit Namen Eutychus, in einem Fenster und sank in einen tiefen Schlaf, dieweil Paulus so lange redete, und ward vom Schlaf überwogen und fiel hinunter vom dritten Söller und ward todt aufgehaben. Paulus aber gieng hinab und fiel auf ihn, umfieng ihn und sprach: Machet kein Getümmel, denn seine Seele ist in ihm. Da gieng er hinauf und brach das Brod und biß an und redete viel

mit ihnen bis der Tag anbrach; und also zog er aus. Sie
brachten aber den Knaben lebendig und wurden nicht wenig
getröstet.

„Herr, unser Gott; das ist ein köstliches Ding, dir danken
und lobsingen deinem Namen, du Höchster; des Morgens deine
Gnade und des Nachts deine Wahrheit verkündigen!" An
dieses Wort des Psalmisten (Psf. 92), in das wir schon manchmal eingestimmt haben bei unsern Abendgottesdiensten, erinnert
uns auch der soeben verlesene Abschnitt. Es ist auch ein
Sonntagabendgottesdienst, von dem erzählt wird; ein Sonntagabendgottesdienst, freilich unter viel außerordentlicheren Umständen, als unsre friedlichen Abendbetstunden — aber doch
einer, von dem wir einen Gewinn ziehen und einen Segen
empfangen können auch für unsere Abendandachten, auch für
diese Andachtsstunde.

Das letztemal trafen wir den Apostel im Getümmel
eines empörten Volkes; es war der Aufruhr zu Ephesus gegen
Paulus und das Evangelium, wo zwei Stunde lang der tobende Pöbel schrie: „Groß ist die Diana der Epheser", bis
endlich, beschwichtigt durch den klugen Kanzler, die brausenden
Wellen sich legten und das Psalmwort sich erfüllte: „Warum
toben die Heiden und was reden die Leute so vergeblich? Der
im Himmel wohnet, lachet ihrer, und der Herr spottet ihrer."

Dießmal ists eine friedliche Jüngerversammlung, in der
wir den Apostel antreffen; in stiller Nacht beim hellen Licht
vieler Kerzen sind sie brüderlich beisammen zu Predigt, Gebet
und Abendmahl; aber heller noch als die Lampen, von denen
der nächtliche Saal erleuchtet war, brannte das Licht des göttlichen Wortes, das Paulus auf den Leuchter steckte, und auch
der Unfall, der die Versammlung erschreckte und die Andacht
einen Augenblick störte, mußte nur dazu dienen, die Wunder-

macht und Wunderliebe des Herrn desto heller ins Licht zu
setzen und die Flamme der Andacht und der Freude desto feu=
riger zu entzünden in den Herzen der Gläubigen.

Der Herr lasse auch in unserer Abendversammlung jetzt uns
etwas hereinleuchten von jenem seligen Licht, das in Troas
leuchtete und von dem es im Liede heißt: Ach bleib bei uns,
Herr Jesu Christ, weil es nun Abend worden ist; dein göttlich
Wort, das helle Licht, laß ja bei uns auslöschen nicht.

Wir wollen demnach nun näher betrachten

den merkwürdigen Abendgottesdienst zu Troas;

1) mit der nächtlichen Predigt des Apostels;

2) mit dem Schlaf und Fall des Jünglings
Eutychus;

3) mit dem seligen Wunder seiner Erweckung.

1.

Fassen wir zuerst den Apostel ins Aug und seine
nächtliche Predigt, so müssen wir vor allen Dingen uns
erinnern, wo er herkam.

V. 1. „Da nun die Empörung aufgehöret, rief Paulus
die Jünger zu sich, und segnete sie, und gieng aus zu reisen
in Macedonien." Der Sturm zu Ephesus hatte sich gelegt
und nun erst schickt sich Paulus zum Abschied an. Nicht heim=
lich flieht er aus der Stadt; dem wilden Pöbelauflauf zwar
hat er sich entzogen, dann aber bleibt er an Ort und Stelle,
bis er nach durchgekämpftem Kampf und wiederhergestelltem
Frieden die Gemeinde ruhig verlassen kann. Es mag ein rührender
Abschied gewesen sein, den Paulus dort von seinen lieben Glau=
bensgenossen nahm, mit denen er Leid und Freude, Gefahr und
Errettung getheilt hatte; ein schöner Segen, den er ihnen hin=

terließ mit seinem dort ausgestreuten Samen, mit seinem Gebet
und seinen Thränen, mit dem Gedächtniß seines heiligen Wan=
dels unter ihnen.   Und nun gehts zunächst auf eine Rundreise
hinüber nach Griechenland.

V. 2. „Und da er dieselbigen Länder durchzog, und sie
ermahnet hatte mit vielen Worten, kam er in Griechenland,
und verzog allda drei Monden.“ Lukas geht dießmal kurz
darüber weg, weil er nicht selber in Begleitung des Apostels
war.   Aber auch da mag der Apostel wieder recht gnadenreiche
Tage verlebt, recht gesegnete Fußstapfen hinterlassen haben!
Welche Freudenstunden mag es da gegeben haben beim Wieder=
sehen in Thessalonich bei Jason, zu Philippi im Hause der
Lydia und des Kerkermeisters, in Korinth bei seinen alten
Gastfreunden Justus und Krispus. — Auch herrliche Briefe hat
er in jener Zeit geschrieben, in der er, wie Bengel sagt, in
sonderlicher Fülle des Geistes sprudelte; von Philippi aus schrieb
er den zweiten Brief an die Korinther, womit er sich bei ihnen
anmeldete, von Korinth aus sodann den herrlichen Brief an
die Römer, diesen Fürsten unter den apostolischen Briefen,
welchen er der Gemeinde zu Rom als einen gewaltigen Pre=
diger voraussandte, ehe er selber dorthin kam.   Unsereins fühlt
manchmal das Bedürfniß, ausgespannt zu sein vom Amtsjoch
und, besonders auf Reisen, nicht immer nur Prediger, sondern
auch einmal wieder bloß Mensch, wenn auch freilich immer
und überall ein Christenmensch, zu sein.   Aber wie beschämt
uns da dieser Paulus!   Wo er war, in Gefängnissen, unter
Empörungen, im Jüngerkreis, unter der Welt, auf Reisen,
immer ist er derselbe, der unermüdete Gottesknecht, der treue
Seelenhirt, und überall, auch wo es die Erzählung nicht aus=
drücklich meldet, läßt er gesegnete Fußstapfen, unvergängliche

Samenkörner der Wahrheit zurück. Darum läßt ihm auch der
Haß der Feinde keine Ruhe.

B. 3. „Da aber ihm die Juden nachstelleten, als er in
Syrien wollte fahren, ward er zu Rath, wieder umzuwenden
durch Macedonien." In Korinth, wo er sich auf dem nächsten
Wege nach Syrien einschiffen wollte, abermals ein Mordan=
schlag der Juden gegen sein Leben. Wahrscheinlich wollten sich
Meuchelmörder ins Schiff einschleichen und ihn dort auf offener
See umbringen und den Wellen übergeben. Er aber erfuhr
durch Gottes Bewahrung bei Zeiten davon und wählte nun
zunächst den Landweg durch Macedonien. Und um sich hat er
auf dieser Reise eine gar stattliche Leibwache von sieben treuen
Glaubensbrüdern.

B. 4. „Es zogen aber mit ihm bis in Asia Sopater von
Beröe, von Thessalonich aber Aristarchus und Secundus, und
Gajus von Derben, und Timotheus, aus Asia aber Tychicus
und Trophimus." Lauter Jünger und Freunde des Apostels,
deren Namen zum Theil auch in seinen Briefen vorkommen
und von denen uns der des Timotheus der bekannteste ist.
„Sechs oder sieben fromme Leute miteinander vereinbart,"
sagt ein alter Ausleger, „sind dem Teufel eine formidable Armee,
zumal wenn sie einen Paulum zum Anführer haben. Gib, o
Herr, den Heiden solche Missionarios und vereinige sie durch
deinen Geist der Eintracht und Liebe!"

B. 5. „Diese giengen voran, und harreten unser zu Troas."
Bis nach Philippi, dem Abfahrtsort nach Asien, zogen die
Sieben mit Paulo zusammen. Von da giengen sie übers
Meer nach Troas voraus, um den Apostel anzumelden. Da=
gegen gesellte sich in Philippi unser Lukas, der Verfasser der
Apostelgeschichte, wieder zu Paulo, um ihn ferner zu begleiten,
wie das Wort „unser" andeutet. Seit der Geschichte mit dem

Kerkermeister, seit 6 Jahren hatte er in Philippi gewirkt. Was mögen beide einander zu erzählen gehabt haben!

V. 6. „Wir aber schiffeten nach den Ostertagen von Philippen bis an den fünften Tag und kamen zu ihnen gen Troada und hatten da unser Wesen sieben Tage.“ Die heilige Osterwoche brachten sie noch in Philippi zu und feierten sie wie es Christen ziemt als eine stille Woche. Dann giengs zu Schiff nach Troas in Kleinasien hinüber, wo sie am fünften Tag ankamen und gleichfalls eine gesegnete Woche im Bruder- kreise zubrachten. Und nun auf den letzten Tag vor dem Ab- schied fällt jener merkwürdige Abendgottesdienst zu Troas.

V. 7. „Auf einen Sabbath aber, da die Jünger zu- sammen kamen, das Brod zu brechen, predigte ihnen Paulus, und wollte des andern Tages ausreisen, und verzog das Wort bis zu Mitternacht.“ „Auf einen Sabbath“ aber. — Richti- ger nach dem Griechischen „am ersten Wochentag“ d. h. am Sonntag. Hier haben wir die erste Spur von einer christ- lichen Sonntagsfeier in der apostolischen Zeit. Der Aufer- stehungstag des Herrn war schon den ersten Christengemeinden ein besonders theurer und heiliger Tag; wie auch der Apo- stel Johannes nach der Offenbarung (1, 10) am Tag des Herrn entzückt ward; und so trat der Sonntag allmählig an die Stelle des jüdischen Sabbats. An einem Sonntag ward also zu Troas wegen bevorstehender Abreise des Apostels ein feierlicher Abendgottesdienst gehalten, nicht nur mit Gebet und Ansprache, sondern auch mit Brodbrechen, d. h. mit einem brüderlichen Liebesmahl, wobei das heilige Abendmahl ausge- theilt wurde. Gottesdienst und geselliges Zusammensein war bei jenen ersten Christen noch nicht so geschieden wie bei uns, wo man nur in der Kirche meint beten oder mit göttlichen Dingen sich beschäftigen zu können, und wo man beim Fa-

milientisch oder sonst in der Gesellschaft meist mit keinem
Worte etwas Heiliges meint berühren zu dürfen. Nein, beim
Gottesdienst fühlte man sich als Familie, und am Familien=
tisch fühlte man sich wie in der Kirche; die brüderliche Mahlzeit
wurde gewürzt durch fromme Gespräche und Gebete und wurde
beschlossen durch das Mahl des Herrn. So auch damals. —
„Der Apostel verzog das Wort bis Mitternacht. Und es
waren viele Fackeln (Lampen) auf dem Söller, da sie versam=
melt waren.“

Also ein feierlicher Nachtgottesdienst. Das Evangelium
hat alle Stunden und Zeiten, auch die der Finsterniß, für
seinen Dienst geheiligt. Und gerade die Abendstunden haben
etwas besonders Ansprechendes für Gottesdienst und Gebet,
weil da das Gelärm des Tages verstummt, das Geschäft des
Tages ruht und die Seele still und ungestört sich sammeln
kann in Gott, und weil da der Sieg des Herrn über alle
Macht der Finsterniß recht anschaulich wird, wenn mitten in
der Nacht das Licht seines göttlichen Wortes einen hellen
Schein giebt in die Herzen und alle Finsterniß der Sorgen
daraus verscheucht, wie vor diesen Kerzen und Flammen hier
die äußere Finsterniß jetzt aus diesem Gotteshaus weichen
muß. „Auch in stiller Nächte Stunden hat dich manches Herz
gefunden und sich aus dem Lärm der Welt einsam bei dir
eingestellt;“ wer unter uns hätte das nicht auch schon empfun=
den; seis, daß du im stillen Kämmerlein beim Lampenlicht
vor deiner Bibel oder deinem Gesangbuch saßest und ein Niko=
demusstünblein mit deinem Heiland zubrachtest in ungestörter
Zwiesprach des Herzens, oder daß du in brüderlicher Ver=
sammlung dich mit Gebet und Betrachtung erbautest, oder hier
im Gotteshaus beim feierlichen Lichte dieser Flammen einen

unfrer schönen Abendgottesbienste mitfeierteft, wie wir seit balb
zehn Jahren uns ihrer freuen, und während braußen auf
ben nächtlichen Straßen die Welt ihren Vergnügungen nach=
läuft, uns an Gott und seinem Wort vergnügen nach der
Mahnung: Suche Jesum und sein Licht, alles Andre hilft
dir nicht!

Da kann man benn wohl auch Zeit und Stunde ver=
geffen, wie Paulus bort zu Troas ber „das Wort verzog bis
Mitternacht“. Sein Abschied stand vor der Thür; ob er- biese
Brüber je wieder sehen würde, wußte er nicht, sein Herz war
so voll und so läßt er benn dem Strome des Geistes, der
sich ihm auf die Lippen brängt, vollen Lauf, indem es ihm
geht, wies in einem alten Liebe heißt: Mein Herz, wo bist
bu benn geblieben, baß ich kein Ende finden kann? Die Liebe
hat mich weggetrieben, sie führt ein starkes Vorgespann; sie
eilt mit ungebunbnem Lauf und fragt nicht gern: wann hört
man auf? Auch ihr, meine Lieben, verzeihet es ja euren Pre=
bigern, wenn sie, festgehalten vom unerschöpflichen Gotteswort,
getrieben vom Drang herzlicher Sorge um die Seelen, manch=
mal ben Stunbenschlag überhören; während es freilich auch
Leute giebt, benen ber Prebiger nicht kurz genug reben kann
und jebe Kirche zu lang bauert, wogegen sie in einem Wirths=
garten ober im Konzertsaal ober im Theater recht gut ihre
zwei, brei Stunden sitzen können. Immerhin allerdings wollen
auch wir Prebiger uns gesagt sein lassen was ein alter Aus=
leger bei bieser Stelle hier anmerkt: „Pauli langer Rebe=
strom ist ein liebliches Beispiel von der Gnabe und Inbrunst
bes Geistes, bavon sein Herz auch an seinem sich neigenben
Lebensabenb erfüllt war. Es kann aber baraus keine Ent=
schulbigung bes zu langen Prebigens genommen werben. Nicht

jeder Prediger ist ein Paulus, dessen Wort von Geist und dessen Herz von Gnade überfließt." Und nicht jede Predigt ist eine Abschiedspredigt wie diese, da Paulus des andern Tags abreisen wollte. — Nun aber eine schmerzliche Störung dieses lieblichen Abendgottesdienstes:

2.

Der Schlaf und Fall des Jünglings Eutychus.

V. 8, 9. „Und es waren viel Fackeln auf dem Söller, da sie versammelt waren. Es saß aber ein Jüngling mit Namen Eutychus in einem Fenster und sank in einen tiefen Schlaf, dieweil Paulus redete, und ward vom Schlaf über= wogen und fiel hinunter vom dritten Söller und ward todt aufgehaben." Im Schein der vielen Lampen, welche den Abendmahlstisch beleuchteten, sah man einen Jüngling auf dem Fenstergesimse sitzen; der Saal war gedrängt voll von an= dächtigen Gästen. Der Jüngling Eutychus lauschte von seinem Fensterplatz aus, den er sich mit Mühe erobert hatte, eine Stunde um die andere der Rede Pauli und konnte sich nicht zum Weggehen entschließen, obwohl der Schlaf sich bei ihm anmeldete; der Geist war willig, aber das Fleisch war schwach. Ueberwogen von Schlaf fiel er zum offenen Fenster hinaus vom dritten Stockwerk hinunter und ward für todt aufgehoben. Welch eine traurige Störung gab das bei diesem lieblichen Gottesdienst! Und welch ein schadenfrohes Lästern der Feinde war zu erwarten über diesen traurigen Ausgang der Winkel= versammlung und des nächtlichen Konventikels, wenn das Unglück in der Stadt verlautete und man einen Todten aus der Versammlung hinaustrug.

Wir, meine Lieben, urtheilen freilich nicht so wie die

Welt gern urtheilt. Ein Unfall, der bei einer rechtmäßigen und heiligen Handlung sich ereignet, ist darum kein Beweis göttlichen Mißfallens an dieser Handlung. Auch wollen wir dem Jüngling, der nachher sogar noch ein Knabe heißt, seinen Schlaf um Mitternacht nicht so sehr übel nehmen. Viel eher wären die zu schelten, welche am hellen Tag unter der Predigt schlafen. Und wie sollen vollends die entschuldigt werden, die nie einschlafen in einer Predigt, weil sie nie eine besuchen, die dafür einen schlimmern Schlaf noch schlafen als den Kirchenschlaf, den Seelenschlaf geistlicher Sicherheit, und einen noch viel ärgern Fall thun, als vom dritten Stockwerk aufs Straßenpflaster, den Fall von Gott und seinem Himmel herab in den Abgrund der Sünde und Hölle, einen Fall, davon kein Auferstehen mehr ist! Vor diesem Schlaf und diesem Fall soll uns jener Jüngling Eutychus warnen, soll uns mahnen: Wachet und betet, daß ihr nicht in Anfechtung fallet, denn der Geist ist willig, aber das Fleisch ist schwach. Sehet zu, daß ihr die Gnade nicht vergeblich empfanget! Sitzet nicht da in den Versammlungen als Träumende, als Schlafende, als Gedankenlose, die mit hörenden Ohren nicht hören und mit sehenden Augen nicht sehen, wie so manche Christen, die bei Allem zugegen sind, was es im Hause Gottes zu hören und zu sehen giebt, aber alles nur gedankenlos, gewohnheitshalber mitmachen, ohne daß ihr Herz dabei erweckt wird, ohne daß ihr Geist dabei wach ist, und die einmal einen bösen Fall thun werden aus der erträumten Höhe ihres schläfrigen Christenthums in die Nacht des Todes hinab. Darum seid nüchtern und wachet! Mache dich, mein Geist, bereit, wache, fleh' und bete, daß dir nicht die böse Zeit plötzlich nahe trete, unverhofft ist schon oft über viele Frommen die Versuchung kommen. — Und nicht immer kommt die Rettung so wunderbar wie dort in Troas.

3.

Ein seliges Wunder der Erweckung wird uns da erzählt.

V. 10. „Paulus aber gieng hinab und fiel auf ihn, umfieng ihn und sprach: Machet kein Getümmel, denn seine Seele ist in ihm." Alles ist in Aufruhr, voll Schrecken und Entsetzen. Paulus nur bleibt ruhig, gefaßt, hilfreich und thätig. Er geht hinab und wirft sich auf den Jüngling, der da für todt auf der Straße liegt, nicht nur um zu sehen, zu horchen und zu fühlen, ob noch Lebensodem in ihm sei, aber auch nicht, um ihn aus eigner Kraft wieder mit Lebensodem und Lebenswärme zu durchströmen, sondern um, wie einst Elias und Elisa jene todten Knaben, den Entseelten mit der Inbrunst betender Liebe zu umfassen und Gott anzuflehen, daß er den Lebensodem wieder zurückkehren lasse. Und siehe, er ist der göttlichen Hilfe alsbald gewiß. Machet kein Getümmel, wendet er sich zu den Umstehenden, denn seine Seele ist in ihm, er lebt! — Weichet, sprach der Herr in Jairus Haus, und stillte das Getümmel des Volks. Machet kein Getümmel! Das ist eine liebreiche Mahnung in jedes Trauerhaus hinein. Entweihet nicht die stille Todtenkammer durch trostloses Klaggeschrei und wildes Hadern mit Gott, auch nicht durch eitlen Leichenprunk oder gar durch unbrüderliches Streiten um die Erbschaft, sondern haltet stille dem Herrn in demüthigem Glauben, einträchtiger Liebe und seliger Hoffnung. Wenns still wird im Zimmer, sagt man, es geht ein Engel durchs Zimmer; so gehen durch ein stilles Trauerhaus heilige Engel Gottes, Engel des Gerichts, aber auch Engel des Trostes.

V. 11. „Da gieng er hinauf und brach das Brod und
biß an und redete viel mit ihnen, bis der Tag anbrach; und
also zog er aus." Ungestört und mit doppelt gehobener An=
dacht geht nun die Versammlung weiter und der Gottesdienst
fort. So gesammelt war Paulus in Gott und so anbächtig
waren alle Brüder, daß dieser Zwischenfall sie gar nicht aus
der Fassung brachte, wie bei unsern Gottesdiensten, wo oft
ein fallendes Blatt Papier so Viele gleich aus der Aufmerk=
samkeit bringt. Unter Gebet und brüderlichen Gesprächen
dämmert der Morgen und Paulus zieht aus. Bei ihrem Ab=
schiedsschmerz aber werden die Jünger getröstet:

V. 12. „Sie brachten aber den Knaben lebendig und
wurden nicht wenig getröstet," durch den Anblick des wun=
derbar geretteten Knaben. Lebendig hatten ihn die‘ Jünger
wieder als ein rechtes glückliches Sonntagskind und tröstliches
Abschiedsgeschenk des Apostels, ja als ein Pfand von der
Gnadengegenwart des Herrn, der den Seinen versprochen:
Wo zwei oder drei versammelt sind in meinem Namen, da
bin ich mitten unter ihnen; und als einen Beweis: Wir ha=
ben einen Gott, der da hilft und den Herrn Herrn, der vom
Tode errettet! Meine Lieben, möchten auch wir das recht oft
an uns erfahren dürfen im geistlichen Sinn. Ja möchten wir
nie versammelt sein in seinem Namen, sei es hier oder
anderswo, bei Tag oder bei Nacht, ohne daß Schlafende er=
weckt, Todte lebendig gemacht werden durch Gottes kräftiges
Wort, ohne daß wir allesammt heimgiengen als Auferweckte
im Geist, neubelebt in unsrem Glauben, unsrer Liebe, unsrer
Hoffnung. Dazu segne der Herr die Verkündigung seines
Worts, dazu segne er unsre Versammlungen, dazu segne er
auch diese Abendgottesdienste fort und fort!

So segne, Herr, denn unsre Hütte
Recht oft durch deine Gegenwart;
Sei immerdar in unsrer Mitte,
Sind wir vereint in solcher Art;
Ernähre unsrer Andacht Flammen,
In deinem heiligen Namen führ
Uns oft in dieser Zeit zusammen,
Bis wir versammelt sind bei dir!

(Spitta.)

Amen.

LXIII.

Pauli Abschied von den Aeltesten zu Ephesus.

Kap. 20, V. 13—38. Wir aber zogen voran auf dem Schiff und fuhren gen Asson und wollten daselbst Paulum zu uns nehmen; denn er hatte es also befohlen und er wollte zu Fuße gehen. Als er nun zu uns schlug zu Asson, nahmen wir ihn zu uns und kamen gen Mitylene. Und von dannen schifften wir, und kamen des andern Tages hin gen Chios; und des folgenden Tages stießen wir an Samos und blieben in Trogyllion; und des nächsten Tages kamen wir gen Miletum. Denn Paulus hatte beschlossen, vor Epheso über zu schiffen, daß er nicht müßte in Asia Zeit zubringen, wenn er eilete, auf den Pfingsttag in Jerusalem zu sein, so es ihm möglich wäre. Aber von Mileto sandte er gen Ephesum und ließ fordern die Aeltesten von der Gemeine. Als aber die zu ihm kamen, sprach er zu ihnen: Ihr wisset, von dem ersten Tage an, da ich bin in Asiam kommen, wie ich allezeit bin bei euch gewesen, und dem Herrn gedienet mit Aller Demuth und mit vielen Thränen und Anfechtungen, die mir sind widerfahren von den Juden, so mir nachstelleten; wie ich nichts verhalten habe, das da nützlich ist, das ich euch nicht verkündiget hätte und euch gelehret öffentlich und sonderlich, und habe bezeuget, beide den Juden und Griechen, die Buße zu Gott und den Glauben an unsern Herrn Jesum Christum. Und nun siehe, ich im Geist gebunden, fahre hin gen Jerusalem, weiß nicht, was mir daselbst begegnen wird, ohne daß der Heilige Geist in allen Städten bezeuget und spricht: Bande und Trübsal warten mein daselbst. Aber ich achte derer keines, ich halte

mein Leben auch nicht selbst theuer, auf daß ich vollende
meinen Lauf mit Freuden, und das Amt, das ich empfangen
habe von dem Herrn Jesu, zu bezeugen das Evangelium von
der Gnade Gottes. Und nun siehe, ich weiß, daß ihr mein
Angesichte nicht mehr sehen werdet, alle die, durch welche ich
gezogen bin und geprediget habe das Reich Gottes. Darum
zeuge ich euch an diesem heutigen Tage, daß ich rein bin von
aller Blut; denn ich habe euch nichts verhalten, daß ich
nicht verkündiget hätte alle den Rath Gottes. So habt nun
Acht auf euch selbst und auf die ganze Heerde, unter welche
euch der Heilige Geist gesetzet hat zu Bischöfen, zu weiden
die Gemeine Gottes, welche er durch sein eigen Blut erwor=
ben hat. Denn das weiß ich, daß nach meinem Abschiede
werden unter euch kommen gräuliche Wölfe, die der Heerde
nicht verschonen werden. Auch aus euch selbst werden auf=
stehen Männer, die da verkehrete Lehren reden, die Jünger
an sich zu ziehen. Darum seid wacker und denket daran, daß
ich nicht abgelassen habe drei Jahr, Tag und Nacht einen
jeglichen mit Thränen zu vermahnen. Und nun, lieben Brü=
der, ich befehl euch Gott und dem Wort seiner Gnade, der
da mächtig ist, euch zu erbauen und zu geben das Erbe unter
allen, die geheiliget werden. Ich habe euer keines Silber,
noch Gold, noch Kleid begehrt. Denn ihr wisset selber, daß
mir diese Hände zu meiner Nothdurft und derer, die mit mir
gewesen sind, gedienet haben. Ich habe euch alles gezeiget,
daß man also arbeiten müsse und die Schwachen aufnehmen
und gedenken an das Wort des Herrn Jesu, das er gesagt
hat: Geben ist seliger denn nehmen. Und als er solches ge=
sagt, kniete er nieder und betete mit ihnen allen. Es ward
aber viel Weinens unter ihnen allen und fielen Paulo um
den Hals und küsseten ihn, am allermeist betrübt über dem
Wort, das er sagete, sie würden sein Angesichte nicht mehr
sehen. Und geleiteten ihn in das Schiff.

Unsre heutige Bibelstunde soll zugleich Missionsstunde sein,
und ich habe keinen Anstand genommen, derselben den so eben
verlesenen Abschnitt der Apostelgeschichte zu Grunde zu legen,

an dem wir kürzlich mit unsrer Betrachtung stehen geblieben
sind. Der erste und großartigste Missionsbericht ist und bleibt
ja die Apostelgeschichte, der erste und gewaltigste Heidenmissio=
nar ist und bleibt der Apostel Paulus. Und eine der schön=
sten und rührendsten Erzählungen aus seinem prüfungsvollen
und reich gesegneten Missionslauf ist und bleibt die, welche
wir vorhin vernommen, sein Abschied von den Aeltesten der
Gemeinde zu Ephesus. Fürwahr ein goldener Spiegel, dieser
Abschied, für alle Hirten und Lehrer im Dienste des Evange=
liums, ob sie draußen arbeiten in den Heidenländern oder
hier innen in der Christenheit; und ein goldener Spiegel, dieser
Abschied, auch für jede Heerde und Gemeinde des Herrn, sei es
eine neugesammelte Heerde in der Heidenwelt, oder sei es eine
alte Christengemeinde wie die unsrige hier. So lasse denn der
Herr auch uns einen Segen davon tragen, wenn wir jetzt
weiter betrachten:

Pauli Abschied von den Aeltesten zu Ephesus;

1) den getrosten Rückblick auf seine Arbeit im
Dienste des Herrn,

2) den ernsten Ausblick auf die Zukunft der
Gemeinde,

3) den frommen Aufblick zum Herrn der Kirche.

1.

Mit dem getrosten Rückblick auf seine eigene Arbeit im
Dienste des Herrn beginnt der Apostel, B. 17—27. In den
vorangehenden vier Versen zählt Lukas die Reisestationen auf,
die Paulus mit seinen Begleitern berührt seit seinem Abgang
von Troas, ohne daß ihnen etwas Wichtigeres begegnet. Nun

aber kommt er und wir mit ihm wieder an einen bedeutenden
Haltpunkt.

V. 17. „Aber von Miletus sandte er gen Ephesus und
ließ fordern die Aeltesten von der Gemeine." Paulus ist jetzt
zu Milet, einer Seestadt in Kleinasien, wo schon ein Schiff
segelfertig ist, ihn nach Jerusalem zu bringen, zur apostolischen
Muttergemeinde, die er einmal wieder begrüßen möchte, um
dann das Panier des Kreuzes mit Muth und Todesverachtung
auch nach Rom zu tragen ins Herz der Heidenwelt. — Aber
wie einst den Heiland herzlich verlangte, das Osterlamm noch
mit seinen Jüngern zu essen, ehe denn er leidet, so gehts auch
seinem Apostel. Ehe er Abschied nimmt von Kleinasien, wo
er in Freud und Leid seinem Herrn so manches Jahr gedient;
ehe er nach Jerusalem geht, wo diesmal Schweres auf ihn
wartet, muß er noch einmal die Vorsteher seiner liebsten Ge=
meinde, die Aeltesten zu Ephesus sehen, um ihnen seine Heerde
noch recht auf die Seele zu binden. So läßt er sie denn zu
sich kommen, etwa neun Meilen weit nach Milet, und hält
nun eine Ansprache an sie, welche von Altersher als das Muster
einer evangelischen Abschiedsprebigt gegolten hat, die aber frei=
lich auch nur ein so musterhafter Knecht Gottes halten konnte
wie der Apostel, der sagen durfte: ich habe mehr gearbeitet
als alle!

V. 18. „Als aber die zu ihm kamen, sprach er zu ihnen:
Ihr wisset, von dem ersten Tage an, da ich bin in Asien ge=
kommen, wie ich allezeit bin bei euch gewesen." „Ihr wisset,"
beginnt er, da er von seiner Wirksamkeit in Ephesus spricht.
Wohl dem Lehrer, der so von sich sprechen kann, dem das
Wissen und Gewissen seiner Zuhörer Zeugniß für sein Leben
und seine Lehre gibt. Und nun erinnert er sie an sein Wirken.

V. 19. „Und dem Herrn gedienet mit aller Demuth

und mit vielen Thränen und Anfechtungen, die mir sind widerfahren von den Juden, so mir nachstelleten." Dem Herrn
hat er gedienet mit aller Demuth. Nicht sich selbst zu dienen,
dem eigenen Nutzen oder der eigenen Ehre, nicht den Menschen zu dienen und um ihren Beifall zu buhlen, sondern dem
Herrn zu dienen als ein Arbeiter in seinem Weinberg, als
ein Haushalter über Gottes Geheimnisse, das ist ja eines
Glaubensboten heiliger Beruf. — Und zwar gilts da, zu dienen
„unter Thränen und Anfechtungen." — Anfechtungen von
außen durch die Welt und von innen durch das Fleisch, Thränen über die eigene Schwachheit und über die Sünde und
den Jammer der Welt — o die bleiben keinem Knecht Gottes
erspart, dem sein Amt Herzenssache ist, nicht einmal uns, die
wir auf einem längst zugerichteten Ackerfeld arbeiten, noch viel
weniger den Knechten Gottes draußen, die erst ein Neues
pflügen und den harten Naturboden eines Heidenvolkes um-
brechen müssen. Jeder Lebenslauf eines Missionars, jeder
Jahresbericht einer Missionsgesellschaft, jede Briefpost aus
Afrika oder Indien berichtet auch von solchen Thränen und
Anfechtungen. — Aber da kann sich dann ein Knecht Gottes
von heutzutag trösten und spiegeln in den Thränen des Apostel Paulus. Was hat dieser Gottesmann gewirkt und gelitten, geredet und geweint! Der berühmte Prediger Adolph
Monod in Paris hat einmal eine eigene Predigt gehalten über
die Thränen des Paulus, in denen er sein ganzes Christenthum abgespiegelt sieht, seinen Schmerz um die Sünde, seine
Liebe zu den Brüdern, seine Nachfolge des Herrn in Kreuz
und Trübsal. Solche Thränen eines treuen Gottesknechtes,
im stillen Kämmerlein geweint, o die werden ihm einst höher
angeschrieben werden am Tage der Rechenschaft als die glänzendsten Predigten, die er vor Tausenden gehalten, ja solche

Thränen werden als Perlen leuchten in der Krone des Lebens, die einem Streiter Christi verheißen ist. — Und nun trotz solcher Anfechtungen und Thränen hat der Apostel treulich in allen Stücken sein Amt ausgerichtet.

B. 20. „Wie ich nichts verhalten habe, das da nützlich ist, das ich euch nicht verkündiget hätte und euch gelehret öffentlich und sonderlich.“ Sehet da zwei Hauptstücke des Lehramts. Verkündigen „Alles was nützlich ist“ zur Lehre, zur Strafe, zur Besserung, zur Züchtigung in der Gerechtigkeit — nicht etwa was gelehrt, was neu, was originell, was angenehm und anziehend für die Hörer ist, — das ist die erste Pflicht eines Botschafters Christi. Und sodann lehren und vermahnen nicht nur öffentlich in der Kirche und auf der Kanzel, sondern auch „sonderlich“ in den Häusern umher und im täglichen Umgang mit den Leuten, an Krankenbetten und bei Hausbesuchen, das ist die große Aufgabe eines treuen Zeugen der Wahrheit. Wer hätte da nicht noch zu lernen von unsrem Apostel und sich zu schämen gegenüber seinem unermüdeten Anhalten am Wort! — Und nun, was ist der kurze Inhalt unsrer Lehre?

B. 21. „Und habe bezeuget, beide den Juden und Griechen, die Buße zu Gott und den Glauben an unsern Herrn Jesum Christum.“ Buße zu Gott, d. h. Erkenntniß und Bekenntniß des eigenen Elends, und Glauben an unsern Herrn Jesum Christum, d. h. lebendiges Ergreifen der rechtfertigenden und heiligenden Gnade, das sind die beiden Angeln, um die alle ächt evangelische Predigt sich dreht vom Pfingstfest an bis auf diesen Tag; das ist, wie der selige Goßner sagt, die Generalsteuer, welche die Boten Gottes für ihn einzufordern haben auf dem ganzen Erdboden. Obs um arme Neger- und Eskimoseelen sich handelt, die in der Finsterniß des Heiden-

thums aufgewachsen sind, oder um einen Christenmenschen, der
als Kindlein schon durch die Taufe zu Gottes Reich berufen
ward: Buße und Glaube, das ist der Weg, den jeder gehen
muß, wenn er selig werden will, der Weg, auf den in jeder
Predigt, welches auch ihr Text und Thema sei, irgendwie hin=
gewiesen werden muß, soll sie etwas fruchten. — Nun nach
solchem Rückblick wendet der Apostel getrost auf vorwärts sein
Aug' auf das was sein wartet.

V. 22, 23. „Und nun siehe, ich im Geist gebunden,
fahre hin gen Jerusalem, weiß nicht was mir daselbst begeg=
nen wird, ohn daß der Heilige Geist in allen Städten be=
zeuget und spricht: Bande und Trübsal warten mein daselbst."
Im Geiste gebunden fährt er gen Jerusalem. Wie einst sein
Herr und Meister unbekümmert um die Bitte seiner Jünger:
„schone dein selbst", sein Antlitz stracks gen Jerusalem richtete
um zu leiden und zu sterben, weil es des Vaters Willen war,
so geht auch der Knecht Gottes Paulus der alten Mörderstadt
Jerusalem entgegen, obwohl Bande und Trübsale dort sein
warten, wie die Propheten ihm bezeugen, denn er fühlt in sich
den Zug des Geistes; und so besteigt auch heute noch ein
Missionar in Gottes Namen das Schiff, das ihn der heißen
Küste Westafrikas, dem Grab der Missionare, oder den fernen
Gebirgen Ostindiens zuführt in den Kampf mit den Braminen,
denn er weiß: Gott wills; er ist gebunden im Geist von
jenen heiligen Liebesbanden, davon wir singen: Liebe, die mich
hat gebunden an ihr Joch mit Leib und Sinn, Liebe, die mich
überwunden und mein Herz hat ganz dahin, Liebe dir ergeb
ich mich, dein zu bleiben ewiglich! — Solche Liebe zum Herrn
giebt dann auch Muth in Noth und Tod gegen alle Feinde.

V. 24. „Aber ich achte der keines, ich halte mein Leben
auch nicht selbst theuer, auf daß ich vollende meinen Lauf mit

Freuden, und das Amt, das ich empfangen habe von dem
Herrn Jesu, zu bezeugen das Evangelium von der Gnade
Gottes." „Aber ich achte der keines." — Das ist der Hel=
denmuth eines Knechtes Gottes, der sich nach dem Wort
Christi hält: fürchtet euch nicht vor denen, die den Leib tödten
und die Seele nicht mögen tödten, und der mit Luther spricht:
Nehmen sie uns den Leib, Gut, Ehr', Kind und Weib, laß
fahren dahin, sie habens keinen Gewinn, das Reich muß uns
doch bleiben; und um den wir in einem Missionslied für die
Glaubensboten beten: Vertilge alle Eigensucht, Gemächlichkeit
und Leidensflucht und heilge dir die Herzen; verleih zu jedem
Opfer Muth, für dich zu wagen Gut und Blut, zu dulden
Hohn und Schmerzen. — Und fürwahr, der Beruf eines Bo=
ten Christi ist ja so schön und hoch, daß man auch seinen Leib
drum wagen darf; das Evangelium von der Gnade Gottes
ist es werth, daß man tausend Leben drum wage, und wenn
der Kaufmann um zeitlichen Gewinn über Land und Meer
fährt, wenn der Soldat fürs irdische Vaterland sein Leben
wagt, — sollte nicht ein Menschenfischer Christi auch getrost
in die hohe See stechen in dem Gedanken: ich sammle unsterb=
liche Seelen; sollte nicht ein Streiter Gottes muthig sein Le=
ben dran setzen in dem Gedanken: ich kämpfe um himmlische
Güter, ich streite für Gottes unvergängliches Reich! — Und
nun ein rührendes Abschiedswort wehmüthiger Liebe.

V. 25. „Und nun siehe, ich weiß, daß ihr mein Ange=
sicht nicht mehr sehen werdet, alle die, durch welche ich ge=
zogen bin und geprediget habe das Reich Gottes." Die To=
desgedanken machen eifrige Prediger. Wer allezeit, so oft er
in die Gemeinde tritt, dächte: dies ist vielleicht meine letzte
Predigt und die Zuhörer werden mein Angesicht nicht mehr
sehen, der würde besto beweglicher sie bitten: lasset euch ver=

söhnen mit Gott! Und auch andächtigere Hörer würde es geben, wenn wir bei dem Wort eines treuen Lehrers manchmal dächten: wer weiß, ob ich seine Stimme noch lang hören, ob ich sein Antlitz noch oft sehen werde! Schon manchmal hats nach dem schnellen Hingang eines Dieners Christi nachher in der Gemeinde geheißen: hätt ich das gewußt, ich hätte ihn eifriger gehört, ich hätte ihn besser geschätzt. — Ach, wer von uns dann nur beim Abschied dem Apostel das große Wort könnte nachsprechen:

V. 26, 27. „Darum zeuge ich euch an diesem heutigen Tage, daß ich rein bin von aller Blut; denn ich habe euch nichts verhalten, daß ich nicht verkündiget hätte alle den Rath Gottes." „Ich bin rein von aller Blut." Das möchte man dem Apostel wohl nachsprechen in mancher Abschiedspredigt, aber dazu gehört viel, das will unter Müh und Arbeit, unter Anfechtungen und Thränen errungen sein. Wie viel Versäumnisse fallen da unsereinem aufs Gewissen beim Abschied von einer Arbeitsstation, daß man statt des freudigen Zeugnisses: ich bin rein von Aller Blut! weit eher zu der schmerzlichen Bitte getrieben wird: Reinige mich, Herr, mit deinem Blut! Was ich gelebt, das deck in Gnaden zu, was ich noch leben soll, regiere du! — Aber nun wendet der Apostel seine Augen von seiner Person ab auf seine Gemeinde. Nun kommt der andere Theil seiner Abschiedspredigt:

2.

Der ernste Ausblick auf die Zukunft der Gemeinde.

V. 28. „So habt nun Acht auf euch selbst und auf die ganze Herde, unter welche euch der Heilige Geist gesetzet hat zu Bischöfen, zu weiden die Gemeine Gottes, welche er durch sein eigen Blut erworben hat." Ein ernstes Wort an die Aeltesten, womit er ihnen die Gemeinde aufs Herz bindet! Habt Acht vor Allem auf euch selbst, daß ihr nicht andern prediget und selbst verwerflich werdet; denn mag auch ein Blinder dem andern den Weg weisen? Muß man nicht selbst zuerst gereinigt sein um andere zu reinigen, selbst erleuchtet um andere zu erleuchten, selbst bekehrt um andere zu bekehren? Darum habt Acht auf euch selbst ihr Alle, denen Seelen an= vertraut und unterthan sind! Nicht nur ihr Lehrer und Ael= testen, auch ihr Eltern, ihr Herrschaften, ihr Lehrherrn, ihr Obrigkeiten habt Acht auf euch selbst, daß ihr euren Wandel führet in der Furcht Gottes und eure Seelen errettet. Und dann erst könnet ihr recht Acht haben auf die Heerde, „zu weiden die Gemeinde Gottes, welche er durch sein Blut er= kauft hat." Siehe da Vater, siehe da Mutter, siehe da Lehrer, siehe da Meister, siehe da Pfarrer, das sind Seelen, die Christus durch sein Blut erkauft hat, unsterbliche Seelen, über die du dem großen Erzhirten einst mußt Rechenschaft ablegen! O meine Lieben, sollte uns das nicht zur Treue erwecken in unsrem Beruf? — Und du Gemeinde, bist eine „Gemeinde Gottes", ein Volk des Eigenthums, ihm gehörst du durch die Schöpfung und durch die Erlösung, durch seine Berufung und durch dein eigenes Bekenntniß: sollte das nicht auch euch mahnen zur Treue in eurem Beruf, zum Bleiben bei ihm? — — Zumal wenn ihr an die gefährlichen Feinde eurer Selig= keit denket.

V. 29, 30. „Denn das weiß ich, daß nach meinem Ab= schiede werden unter euch kommen gräuliche Wölfe, die der Heerde nicht verschonen werden. Auch aus euch selbst werden auf= stehen Männer, die da verkehrte Lehren reden, die Jünger an sich zu ziehen." Mit banger Sorge blickt der treue Apostel

hinaus auf die Zukunft seiner Gemeinde, wenn er denkt an
die Versucher von außen und an die Irrthümer von innen,
die nach seinem Abschied seine Arbeit zu verderben drohen, an
den bösen Feind, der Unkraut unter den Weizen säet, und an
die Wölfe, die umhergehen, die Schafe zu verschlingen.
Meine Lieben, wie oft können auch heute noch solche Gedanken
an die Zukunft einen treuen Knecht Gottes mit Wehmuth er=
füllen beim Blick auf seine Heerde. Ein Missionar, der unter
Anfechtungen und Thränen ein kleines Häuflein Gläubiger ge=
sammelt hat mitten unter den Ungläubigen und Feindseligen
— wie manchmal muß er beim Blick auf sein Arbeitsfeld
denken: aber wie wirds gehen, wenn ich nicht mehr da bin,
ja vielleicht eh ich nur weg bin? Wird nicht der böse Feind
seinen Giftsamen wieder unter meinen Weizen säen, seine Feuer=
bründe in meine Missionsstation schleudern? — Ein Prediger mit=
ten in der Christenheit, wenn er an die kräftigen Irrthümer unsrer
Zeit, an die wachsende Macht des Unglaubens und Antichristen=
thums, an die Gefahren der Zukunft benkt, — muß er nicht
beim Blick auf die Gemeinde oft auch mit Schmerzen sprechen:
Ach! es werden auch unter euch aufstehen greuliche Wölfe, und
wie viele werden beharren in der Anfechtung! Ein Seelsorger,
wenn er Abschied nimmt von seinen Konfirmanden, die nun
hinausgehen vom Altar in die tausenderlei Versuchungen des
Lebens; ein Vater oder eine Mutter, wenn sie auf dem
Sterbebett hinblicken auf ein Häuflein Kinder, die sie vielleicht
unmündig zurücklassen sollen in einer argen Welt, wie Schäf=
lein, die keinen Hirten haben, — ach in solchen Fällen fühlt
man auch etwas nach von der heiligen Liebeswehmuth des
Apostels dort am Meeresstrande bei Milet. Da bittet er sie
denn noch einmal recht herzlich und brünstig:

V. 31. „Darum seid wacker und denket daran, daß ich

nicht abgelassen habe brei Jahre, Tag und Nacht einen Jeglichen mit Thränen zu vermahnen." Denket an mein Vorbild,
an meine Ermahnungen, an meine Thränen! Und allerdings
das Bild eines treuen Vaters oder Lehrers, das man nicht
nur in Gold gefaßt auswendig an' ber Stubenwand hängen
hat oder auf der Brust trägt, sondern das man inwendig in
einem dankbaren Herzen bewahrt, das Andenken an die Bitten
und Thränen einer eblen vielleicht längst entschlafenen Mutter
kann einem Sohn, einer Tochter, einem Schüler und Zuhörer
noch nach vielen Jahren zu einem Segen und einer Bewah=
rung werden! Gebenket daran. Aber ber beste Trost und
Schutz bei solchem Abschied ist der, an den sich unser Apostel
hält im britten Theil seiner Abschiedsprebigt:

3.

Der fromme Aufblick zum Herrn der Kirche.

B. 32. „Und nun, lieben Brüder, ich befehle euch Gott,
und bem Wort seiner Gnade, ber ba mächtig ist, euch zu er=
bauen, und zu geben das Erbe unter allen, die geheiliget wer=
ben." Ja ihm, bem großen Erzhirten, der ba mächtiger ist,
als die mächtigsten Feinde, und mächtiger auch, als die treue=
sten Freunde hienieben, ihm, ber ba spricht: „ich kenne meine
Schafe und Niemand wirb sie mir aus meiner Hand reißen"
— ihm, lieber Apostel Paulus, befiehl bu getrost beine Ge=
meinbe, er wirb sie bewahren, wenn bu nicht mehr ba bist;
und siehe, er hat bein Werk unter seinen Schutz genommen,
er hat seinen Segen auf beine Arbeit gelegt, baß sie heute
noch besteht und wächst und wir bis auf biesen Tag uns bei=
ner Prebigt erfreuen! — Ihm, bem hochgelobten Haupt der
Gemeinde, bem Jesus Christus, welcher berselbe ist gestern
und heut und in alle Ewigkeit, ihm, lieben Freunbe, wollen

wir auch heut seine Gemeinde befehlen und unsre Kirchensor=
gen und Missionssorgen aufs Herz legen; er hat gesagt: alle
Lande sollen voll werden seiner Ehre, und auch die Pforten
der Hölle sollen sein Reich nicht überwältigen, er hat bis hie=
her geholfen, er wird auch ferner helfen. — Ihm, dem treuen
Seelenfreund, der gesagt hat: ich will euch nicht Waisen lassen,
ihm, ihr Väter und Mütter, wollen wir einst unsre Kinder
ans Herz legen, wenn unsre Augen sich schließen, und seinem
Wort vertrauen: siehe, ich bin bei euch alle Tage bis an der
Welt Ende! — Nochmals mahnt der Apostel seine liebe Ge=
meinde an sein uneigennütziges, liebreiches Wirken unter ihr:
V. 33—35. „Ich habe euer keines Silber, noch Gold,
noch Kleid begehret. Denn ihr wisset selbst, daß mir diese
Hände zu meiner Nothdurft und derer, die mit mir gewesen
sind, gedienet haben. Ich habe es euch Alles gezeiget, daß
man also arbeiten müsse und die Schwachen aufnehmen und
gedenken an das Wort des Herrn Jesu, das er gesagt hat:
Geben ist seliger, denn nehmen." Da hat uns Paulus gele=
gentlich eine Perle aufbewahrt, die sonst verloren gegangen
wäre, das schöne Wort aus Jesu Mund: „Geben ist seliger,
denn Nehmen." Nehmen ist menschlich, Geben ist göttlich. —
Davon kann ja jeder Armenfreund, der in eine betrübte Fa=
milie Freude bringen darf, davon kann jeder Vater und jede
Mutter, die am Christabend ihre Kinder um sich jubeln sehen,
etwas erfahren. — Geben ist seliger, denn Nehmen; Freude
machen ist himmlischer, göttlicher, als Freude empfangen. Aber
freilich wer hat das besser sagen dürfen als unser Herr Jesus
Christus, der König der Liebe, der nichts von uns empfangen
und uns alles gegeben hat, seinen Leib, sein Blut, sein Leben,
und der in dieser Hingabe selig war mitten unter den Mühen
seines Lebens, mitten unter den Schmerzen seines Todes. —

Geben ist seliger, denn Nehmen — o möchten auch wir das immer besser verstehen, immer lebendiger erfahren und gerne geben um deßwillen, der alles für uns dahingegeben. Denket auch heut Abend dran, meine Lieben, wenn ihr an den Opfer= büchsen vorbeigehet: Geben ist seliger, denn Nehmen! — Und nun noch das Schönste und Feierlichste:

B. 36. „Und als er solches gesagt, knieete er nieder und betete mit ihnen Allen." O was mag das ein feierlicher Au= genblick gewesen sein, als nun der Apostel auf die Kniee fiel und die zwölf Aeltesten oder wie viel es waren, mit ihm! Welch inniges, feuriges Gebet mag da von seinen Lippen und aus seinem und seiner Brüder Herzen gen Himmel gestiegen sein zum großen Erzhirten der Gemeinde! Und wie mag die gnadenreiche Nähe des Herrn sie wie mit Engelsflügeln tröst= lich umrauscht und das Amen von oben mit seliger Kraft ihre Herzen durchdrungen haben! — Und jetzt die letzte herzergrei= fende Scene!

B. 37, 38. „Es ward aber viel Weinens unter ihnen Allen und fielen Paulo um den Hals und küsseten ihn, am allermeisten betrübt über dem Wort, das er sagte, sie würden sein Angesicht nicht mehr sehen. Und geleiteten ihn in das Schiff." Fürwahr ein rührender Abschied auf Leben und Tod, eine der beweglichsten Scenen im Neuen Testament; so mensch= lich natürlich und doch so göttlich geheiligt! Ein Beweis, wie das Evangelium die Herzen verbindet und Bande knüpft, hei= lige, selige Bande, die hinüberreichen über Land und Meer, über Tod und Grab bis in die selige Ewigkeit, wo die, welche im Herrn sich gefunden, im Herrn verbunden sein und bleiben sollen immer und ewiglich!

Eine ganz ähnliche Scene, wie dort Paulus am Meeres= strand bei Milet, erlebte ums Jahr 1830 auf einer der Inseln

Polynesiens im stillen Ocean hinter Australien der edle eng=
lische Missionar Williams, der Apostel der Südsee, der später
1839 dort den Märtyrertob starb. Nachdem er auf einer jener
Inseln, Rarotonga, ein Jahr in großem Segen gearbeitet, den
Götzendienst abgeschafft, Schulen gegründet, ein christliches
Leben voll Friede und Liebe gestiftet und sich nun ein Schiff
gebaut hatte, um auch zu den andern nähern und ferneren
Inseln des stillen Oceans das Evangelium zu bringen, auf
deren einer er neun Jahre später den Märtyrertob fand, da
war der Schmerz der guten Leute beim Abschied groß. Schon
einen Monat vorher stimmten sie jeden Abend ein eigen ver=
faßtes Klagelied an, bei dem kein Auge trocken blieb; als sich
Williams endlich einschiffte, begleitete ihn das ganze Inselvolk,
den König an der Spitze, zum Gestade und noch vom Strande,
während sein Schiff auf die hohe See hinaussteuerte, sangen
sie ihm ihr Klagelied nach. — „Lieblich, selig ist die Freund=
schaft und Gemeinschaft, die wir haben und daran wir uns
erlaben!"

Nun, meine Lieben, der Herr stärke und belebe solche
Freundschaft und Gemeinschaft seiner Gläubigen nah und fern.
Ihn, den großen Erzhirten, wollen wir bitten, daß er der
Heidenwelt und der Christenheit je mehr und mehr Hirten er=
wecke nach seinem Herzen, die nach dem Vorbild unsers Pau=
lus nicht müde werden, auch unter Anfechtungen und Thränen
Buße und Glauben zu predigen, und wenn es sein muß, auch
ihr Leben nicht zu theuer achten, zu bezeugen das Evangelium
von der Gnade Gottes. Ihm, dem großen Hirten und Bischof
unsrer Seelen, wollen wir auch unsre Seelen befehlen, daß
er uns zu seinen Schafen mache, die seine Stimme hören und
ihm folgen; ihm wollen wir seine ganze Heerde befehlen, die
weiße und die schwarze und die braune Heerde, die welche er

sich schon gesammelt hat und die, welche er sich noch sammeln will draußen in der Heidenwelt, daß er sich seiner Heerde selbst annehme, sie waide mit seinem Wort, sie schütze mit seinem Stab, sie bewahre vor dem Wolf, und sein Volk dem seligen Ziel immer näher führe, da es heißt: Eine Heerde und Ein Hirt!

O des Tags der Herrlichkeit!
Jesus Christus, du die Sonne,
Und auf Erden weit und breit
Licht und Wahrheit, Fried und Wonne:
Mach dich auf, es werde Licht,
Jesus hält, was er verspricht!

(Friedr. Ad. Krummacher.)

Amen.

LXIV.

Des Herrn Wille geschehe!

Kap. 21, V. 1—14. Als es nun geschah, daß wir, von ihnen gewandt, dahin fuhren, kamen wir stracks Laufs gen Kos, und am folgenden Tage gen Rhodus, und von dannen gen Patara. Und als wir ein Schiff fanden, das in Phönicien fuhr, traten wir darein, und fuhren hin. Als wir aber Cypern ansichtig wurden, ließen wir sie zur linken Hand, und schifften in Syrien, und kamen an zu Tyrus; denn daselbst sollte das Schiff die Waare niederlegen. Und als wir Jünger fanden, blieben wir daselbst sieben Tage. Die sagten Paulo durch den Geist, er sollte nicht hinauf gen Jerusalem ziehen. Und es geschah, da wir die Tage zugebracht hatten; zogen wir aus, und wandelten. Und sie geleiteten uns alle, mit Weibern und Kindern, bis hinaus vor die Stadt, und knieeten nieder am Ufer, und beteten. Und als wir einander segneten, traten wir in das Schiff; jene aber wandten sich wieder zu den Ihrigen. Wir aber vollzogen die Schifffahrt von Tyrus, und kamen gen Ptolemais, und grüßten die Brüder, und blieben Einen Tag bei ihnen. Des andern Tages zogen wir aus, die wir um Paulo waren, und kamen gen Cäsarien, und gingen in das Haus Philippi, des Evangelisten, der einer von den Sieben war, und blieben bei ihm. Derselbige hatte vier Töchter, die waren Jungfrauen, und weissageten. Und als wir mehr Tage da blieben, reisete herab ein Prophet aus Judäa, mit Namen Agabus, und kam zu uns. Der nahm den Gürtel Pauli, und band seine Hände und Füße, und sprach: Das

saget der Heilige Geist: Den Mann, deß der Gürtel ist, wer=
den die Juden also binden zu Jerusalem, und überantworten
in der Heiden Hände. Als wir aber solches höreten, baten
wir ihn, und die desselbigen Orts waren, daß er nicht hinauf
gen Jerusalem zöge. Paulus aber antwortete: Was machet
ihr, daß ihr weinet und brechet mir mein Herz? Denn ich
bin bereit, nicht allein mich binden zu lassen, sondern auch
zu sterben zu Jerusalem, um des Namens willen des Herrn
Jesu. Da er aber sich nicht überreden ließ, schwiegen wir
und sprachen: Des Herrn Wille geschehe!

Auch dieser so eben verlesene Text zeigt uns den Apostel
Paulus als den treuen Knecht seines großen Herrn Jesus
Christus, dem er nun gegen das Ende seiner apostolischen Lauf=
bahn immer mehr auch in den Fußtapfen seines Leidenswegs
nachfolgt. Wie der Herr einst, als seine Stunde gekommen war,
hinaufzog gen Jerusalem, um da zu leiden und zu sterben zum
Heil der Welt, so sehen wir jetzt den Knecht des Herrn, den
großen Apostel Paulus, gleichfalls auf dem Wege nach Jeru=
salem, wo Bande und Trübsal seiner warten, und wo auch
er überantwortet werden soll in die Hände der Heiden. Und
wenn es bei unserm Herrn und Heiland der Gehorsam gegen
seinen himmlischen Vater war, in welchem er sein Antlitz
stracks gen Jerusalem wandte, also daß weder die Bitte seines
Petrus: „Herr schone dein selbst, das widerfahre dir nur nicht,"
noch der Hosiannahruf seines jubelnden Volkes ihn nur einen
Augenblick irre machen konnte in dem Entschluß, den Kelch
zu trinken, den der Vater ihm verordnet hatte und gehorsam
zu sein bis zum Tod, ja, bis zum Tod am Kreuz, so finden
wir auch seinen Knecht Paulus mit unauflöslichen Banden des
Gehorsams und der Treue gebunden an das, was er als des
Herrn Willen erkannt hatte, und weder die Weissagungen der
Unglückspropheten, noch die trüben Ahnungen seines eigenen

Herzens, weder die Bitten und Thränen seiner Freunde, noch
die finstern Gestalten seiner im Hintergrund lauernden Feinde
können ihn aufhalten in seinem Heldenlauf, können ihn irre
machen in seinem Wahlspruch: Des Herrn Wille geschehe!

Des Herrn Wille geschehe! ja, das ist die rechte Losung
für einen Knecht Gottes auf seinem Pilgergang durch diese
Welt; diese Losung giebt uns einen festen Halt bei allen
Wechselfällen unsrer Wallfahrt, bei allen Anfechtungen unsrer
Feinde, bei allen Lockungen menschlicher Liebe, bei allen
Schwächen unsres eigenen Herzens. Darüber lasset uns weiter
nachdenken in dieser Abendstunde, indem wir den Apostel be=
gleiten auf seiner Pilgerfahrt nach Jerusalem.

Des Herrn Wille geschehe!
Dieser Wahlspruch giebt einem Knecht Gottes

1.

einen festen Halt unter allen Wechselfällen seiner
Pilgerfahrt. Auf einer solchen wechselvollen Pilgerfahrt
treffen wir unsern Apostel in dem verlesenen Textabschnitt.

Wir treffen ihn, nachdem er seine dritte große Missions=
reise vollendet, auf dem Wege von Kleinasien nach Jerusalem,
wo er auf Antrieb des heiligen Geistes das Pfingstfest feiern
will. In Milet am Meeresstrande hat er jenen rührenden
Abschied genommen von den Aeltesten der Gemeinde zu Ephesus,
von denen er schied mit dem Abschiedsgruße: „Und nun, lieben
Brüder, ich befehle euch Gott und dem Worte seiner Gnade.
Und als er solches gesagt, kniete er nieder und betete mit
ihnen allen. Es ward aber viel Weinens unter ihnen Allen
und fielen Paulo um den Hals und küsseten ihn, am aller=
meisten betrübt über das Wort, das er sagete, sie würden

sein Angesicht nicht mehr sehen. Und geleiteten ihn in das Schiff." Nun gehts zu Schiff südwärts.

V. 1. „Als es nun geschah, daß wir, von ihnen gewandt, dahin fuhren, kamen wir stracks Laufs gen Kos, und am folgenden Tage gen Rhodus, und von bannen gen Patara." Strackes Laufes, d. h. mit günstigem Wind, in schneller Fahrt, gelangen sie nach Kos, einer Insel im ägeischen Meer, und von da nach Rhodus — zu deutsch „Roseninsel", einem großen prachtvollen Eiland, wo später die Johanniterritter ein Bollwerk des Christenthums gegründet und heldenmüthig vertheidigt haben, — und von da segelten sie nach Patara, einer Hafenstadt an der südlichen Ecke von Kleinasien. Dort verließen sie ihr bisheriges Fahrzeug und bestiegen ein Kauffarteischiff, das gen Phönicien fuhr und wohl allerlei köstliche Waaren brachte nach der berühmten Handelsstadt Thrus.

V. 2. „Und als wir ein Schiff fanden, das in Phönicien fuhr, traten wir darein, und fuhren hin." Die Handelsleute im Schiff ahnten freilich nicht, daß der jüdische Reisegefährte eine Ladung mit an Bord brachte, köstlicher als der Purpur von Thrus und die Specereien Arabiens und der Bernstein der Hyperboräer, — die Eine köstliche Perle des seligmachenden Evangeliums.

V. 3. „Als wir aber Cypern ansichtig wurden, ließen wir sie zur linken Hand, und schifften in Syrien, und kamen an zu Thrus; denn daselbst sollte das Schiff die Waare niederlegen." „Als wir aber Cypern ansichtig wurden." Nur von ferne begrüßte Paulus im Vorbeifahren noch einmal die schöne große Insel Cypern, wo er einst, etwa fünfzehn Jahre zuvor, seine erste Missionsstation gegründet und den römischen Prokonsul Paulus Sergius fürs Evangelium gewonnen hatte.

Und nun landen sie in Thrus, wo das Schiff seine Waaren auslud. Für die Pilger Gottes giebt's dort eine gesegnete Ruhestation.

V. 4. „Und als wir Jünger fanden, blieben wir daselbst sieben Tage. Die sagten Paulo durch den Geist, er sollte nicht hinauf gen Jerusalem ziehen." „Und als wir dort die Jünger gefunden hatten." Sie waren wohl ein kleines verborgenes Häuflein, diese Christen, in der großen, prachtvollen, gewerb= reichen Handelsstadt und mußten mit Mühe erfragt werden. Aber Paulus und seine Gefährten lassen sich das Suchen nicht verdrießen. „Ein Gelehrter erkundigt sich auf seinen Reisen nach seltenen Bücherschätzen, ein Naturforscher nach fremden Landesprodukten, ein Künstler nach Bildsäulen und Gemälden, einem Knecht Jesu ist sein liebster Fund, wenn er Kinder Gottes antrifft auf seinem Wege." Sie blieben dort sieben Tage, weil sie auf die Abfahrt des Schiffes warten mußten, aber ihre Zeit war nicht verloren, unter Jüngern Jesu wird einem Christen auch die Fremde schnell zur Heimath. Es knüpfte sich auch dort bald ein Band herzlicher Liebe und die Christen zu Thrus bitten den theuern Apostel, bei ihnen zu bleiben und nicht hinaufzugehen nach dem christusfeindlichen Jerusalem. Aber — siehe, wir ziehen hinauf gen Jerusalem, — dabei bleibt's beim Apostel, wie einst beim Herrn. Des Herrn Wille geschehe, ist seine Losung, mit der er Abschied nimmt auch von dieser lieblichen Ruhestation.

V. 5 u. 6. „Und es geschah, da wir die Tage zugebracht hatten, zogen wir aus, und wandelten. Und sie geleiteten uns alle, mit Weibern und Kindern, bis hinaus vor die Stadt, und knieeten nieder am Ufer, und beteten. Und als wir ein= ander segneten, traten wir in das Schiff; jene aber wandten sich wieder zu den Ihrigen." Wieder eine gar rührende

Abschiedsscene: der Apostel und seine Reisegefährten, samt seinen
Gastfreunden in Thrus: Männer, Frauen, Kinder, Alle in Ge=
bet knieend am Meeresstrand, unter Gottes freiem Himmel,
um einander dem Schutz und der Gnade Gottes zu befehlen,
und dann mit brüderlichem Abschiedskuß und herzlichen Segens=
wünschen von einander scheidend auf Nimmerwiedersehen in
dieser Welt! In dieser Pilgerwelt währt ja auch die süßeste
Verbindung und das lieblichste Beisammensein nur eine Zeit=
lang, dann geht's ans Scheiden. Wie ein altes Lied sagt:
„Es ist bestimmt in Gottes Rath, daß man vom Liebsten
was man hat, muß scheiden!" Denn wir haben hier keine
bleibende Stadt, sondern die zukünftige suchen wir.

V. 7. „Wir aber vollzogen die Schifffahrt von Thrus,
und kamen gen Ptolemais, und grüßten die Brüder, und blie=
ben Einen Tag bei ihnen." Ptolemais war schon eine jüdische
Seestadt am mittelländischen Meer, auch Akko genannt,
jetzt St. Jean d'Acre. Hiemit hat Paulus den Boden des
Landes Palästina betreten, der ihm diesmal verhängnißvoll
werden, den er nur als Gefangener wieder verlassen soll.
Aber auch dort findet er noch Brüder und bringt einen Tag
mit ihnen zu unter jenen herzlichen brüderlichen Gesprächen,
von denen es heißt: „Fröhlich, selig ist die Freundschaft und
Gemeinschaft, die wir haben und daran wir uns erlaben!"
Jetzt aber geht's am Meeresufer zu Lande weiter südwärts.

V. 8. „Des andern Tages zogen wir aus, die wir um
Paulo waren, und kamen gen Cäsarien, und giengen in das
Haus Philippi, des Evangelisten, der Einer von den Sieben
war, und blieben bei ihm." Die Reisenden kommen nach Cä=
sarien. Dort hatte das Evangelium schon bald nach dem
Pfingstfest eine Stätte gefunden, als Petrus den römischen
Hauptmann Kornelius taufte mit seinem ganzen Haus. Dort

hatte der Evangelift Philippus, einſt einer der ſieben Almoſen=
pfleger zu Jeruſalem, dann der Lehrer und Täufer des Käm=
merers aus Mohrenland, inzwiſchen ſeinen Wohnſitz aufge=
ſchlagen und ſein Haus war eine Hütte Gottes, ein Tempel
des heiligen Geiſtes, in dem die Loſung war: Ich und mein
Haus wollen dem Herrn dienen, und in welchem auch die
Verheißung Joels ihre wörtliche Erfüllung fand: Eure Töchter
ſollen weiſſagen.

V. 9. „Derſelbige hatte vier Töchter, die waren Jung=
frauen, und weiſſageten." Es iſt ein großer Ruhm und wah=
rer Segen von Gott, ſagt hierzu ein alter Ausleger, wenn
ein Knecht Gottes und ſonderlich ein Prediger des Evangeliums
auch fromme Töchter hat; wie hier dem Philippus nachgerühmt
wird, daß ſeine Töchter nicht nur ſittſame Jungfrauen, ſondern
auch voll Geiſtes geweſen, ihres Vaters Schmuck und Krone
vor dem Herrn und ſeiner Gemeinde. Auch unſrem Apoſtel
mag's wohl geweſen ſein in dieſem geiſtvollen chriſtlichen Fa=
milienkreis, wohin der Herr ihn geführt hatte. — Eine wechſel=
volle Fahrt hat er in kurzer Zeit zurückgelegt, von Milet bis
Cäſarien; bald zu Schiff, bald zu Land, bald unter Fremden,
bald unter Brüdern; bald raſche Fahrt bei günſtigem Wind,
bald wochenlanger Aufenthalt in fremder Stadt; bald ein
chriſtliches Grüß Gott in brüderlichem Kreis, bald ein weh=
müthiges Gott behüte euch beim allzufrühen Abſchied. Recht
ein Bild von der Pilgerfahrt des Lebens, wo auch Sturm
und Sonnenſchein, Ruhe und Arbeit, Kommen und Gehen,
Leib und Freude beſtändig miteinander abwechſeln; bald möch=
ten wir Anker werfen vor einem lieblichen grünen Eiland, das
uns Ruhe verheißt, aber ſtracks Laufs müſſen wir weiter;
bald möchten wir vorwärts, einem erſehnten Ziel entgegen,
aber wir müſſen warten und bleiben, wo es uns nicht gefallen

will; bald führt uns der Herr einen lieben Mitpilger zu auf
unsrem Lebensweg, bald muß wieder geschieden sein unter bit=
teren Thränen. Aber — des Herrn Wille geschehe! Das
war Pauli Losung auf seiner wechselvollen Pilgerfahrt, das
soll auch unsre Losung sein auf unsrer Pilgerreise. Des Herrn
Wille geschehe! Das giebt dem oft so räthselvollen Lebens=
weg des Christen seinen steten Gang und sein sicheres Ziel;
ob's durch Sturm oder Sonnenschein geht, durch grüne Auen
oder durch's finstere Thal der Trübsal, wir können getrost sein,
wenn das unser Wahlspruch bleibt: Des Herrn Wille geschehe!
und das unsere tägliche Bitte: Jesu geh voran auf der Lebens=
bahn und wir wollen nicht verweilen, dir getreulich nachzucilen,
führ uns an der Hand bis in's Vaterland. — Das giebt
denn auch

2.

einen festen Halt bei allen Anfechtungen unserer
Feinde. Auch dem Apostel stehen solche in Aussicht.

V. 10 u. 11. „Und als wir mehr Tage da blieben,
reisete herab ein Prophet aus Judäa, mit Namen Agabus,
und kam zu uns. Der nahm den Gürtel Pauli, und band
seine Hände und Füße, und sprach: Das saget der Heilige
Geist: Den Mann, deß der Gürtel ist, werden die Juden also
binden zu Jerusalem, und überantworten in der Heiden Hände."
Ein ernster Prophet, dieser Agabus. Vor Jahren schon hatte
er zu Antiochien eine große Theuerung im jüdischen Lande ge=
weissagt und dadurch eine christliche Liebessteuer veranlaßt, die
Paulus nach Jerusalem brachte. Jetzt weissagt er dem Paulus
selbst durch eine sinnbildliche Handlung, nach Art der alt=
testamentlichen Propheten, Ketten und Bande, die seiner in

Jerusalem warten. Eine dunkle Aussicht für unsern Apostel, nicht nur, weil's ihm an Leib und Leben gieng, sondern auch weil diese Bande seinem Tagewerk ein allzufrühes Ende zu machen drohten; drohten, ihm die treuen Apostelhände zu binden, die so gerne noch länger gearbeitet hätten im Dienste des Herrn. Aber läßt er sich dadurch entmuthigen oder abbringen von seiner Pilgerfahrt gen Jerusalem? Nein, es bleibt dabei: Des Herrn Wille geschehe! Es bleibt dabei, wie er schon in Milet den Brüdern gesagt: Ich, im Geiste gebunden, fahre hin gen Jerusalem. Ja, wo man dem Herrn seinem Gott verbunden ist durch die heiligen Bande des Glaubens, der Liebe, des Gehorsams, der kindlichen Treue, da sind diese Bande stärker als alles Andere. Und ob auch Ketten und Fesseln drohen, man fürchtet sie nicht und spricht: Liebe, die mich hat gebunden an ihr Joch mit Leib und Sinn, Liebe, die mich überwunden und mein Herz hat ganz dahin, Liebe, dir ergeb ich mich, dein zu bleiben ewiglich! Und ob auch Noth und Tod in Aussicht steht, man hält sich an den Herrn und spricht: Ich bin durch der Hoffnung Band zu genau mit ihm verbunden, meine starke Glaubenshand wird an ihn gelegt befunden, daß mich auch kein Todesbann ewig von ihm trennen kann! Und ob's auch in dunkle Tiefen der Trübsal hineingeht, man bleibt dabei: Des Herrn Wille geschehe! und spricht: Soll's uns hart ergehn, laß uns feste stehn, und auch in den schwersten Tagen niemals über Lasten klagen, denn durch Trübsal hier geht der Weg zu dir!

Solcher Sinn giebt uns dann auch

4.

einen festen Halt gegenüber den Lockungen mensch=licher Liebe. Auch Paulo treten solche Lockungen menschlicher

Liebe nahe und zwar einer treuen, redlichen, wohlmeinenden Liebe.

V. 12. „Als wir aber solches höreten, baten wir ihn, und die desselbigen Orts waren, daß er nicht hinauf gen Jerusalem zöge." Alle Freunde und Gefährten des Apostels, auch Lukas selber, der Erzähler der Apostelgeschichte, stehen zusammen gegen ihn mit der inbrünstigen Bitte, ja, mit heißen Thränen: er möchte solchen Unglücksweissagungen Gehör geben und ferne bleiben von der alten blutbefleckten Stadt, die da tödtet die Propheten und steiniget, die zu ihr gesandt sind.

V. 13. „Paulus aber antwortete: Was machet ihr, daß ihr weinet und brechet mir mein Herz? Denn ich bin bereit, nicht allein mich binden zu lassen, sondern auch zu sterben zu Jerusalem, um des Namens willen des Herrn Jesu." Wohl meint es diese menschliche Liebe herzlich gut, aber sie meint eben was menschlich und nicht was göttlich ist, und da kann einem pflichttreuen Knecht Gottes oft die Zärtlichkeit seiner Freunde, die besorgte Liebe einer Gattin, die wohlgemeinte Pflege zärtlicher Kinder, der vorsichtige Rath eines ängstlichen Freundes, seine Pflicht recht erschweren und seinen Berufsweg verlegen. Darf er sich aber dadurch aufhalten lassen, wenn er weiß: die Pflicht ruft mich; der Herr schickt mich? Nein, wer Vater und Mutter mehr liebt, denn mich, spricht der Herr, der ist mein nicht werth! Nein: „Des Herrn Wille geschehe!" Damit reißt ein Knecht Gottes nicht nur die Fallstricke seiner Feinde, sondern auch die Liebesbande seiner Freunde entzwei, wie unser Heiland selber, da er zu seinem Petrus sprach: Hebe dich von mir, du meinest nicht, was göttlich, sondern was menschlich ist; wie unser Paulus, da er zu seinen Freunden sprach: „Was machet ihr, daß ihr weinet und brechet mir mein Herz?" wie unser Luther, da

ihm auf dem Wege nach Worms sein Freund Spalatin nahe
vor der Stadt noch Boten entgegenschickte, er sollte nicht hin=
eingehen, und er antwortete: Und wenn so viel Teufel in
Worms wären als Ziegel auf den Dächern, so wollte ich doch
hingehen! Selig der Mann, der auch durch das Liebste auf
Erden sich nicht losreißen läßt von dem, der uns lieber sein
soll als der liebste Freund und auch den rührendsten Thränen
menschlicher Liebe gegenüber festhält an der göttlichen Liebe
und an der Losung des Gehorsams und der Ergebung: „Des
Herrn Wille geschehe!"

So hat man dann einen festen Halt auch

4.

gegen die Schwäche des eigenen Herzens. „Was
machet ihr, daß ihr weinet und brechet mir mein Herz?" Da=
mit deutet Paulus an, wie schwer ihm selber das Herz ist und
wie bitter ihm das Scheiden wird. Und fürwahr, sollte einem
treuen Knecht Gottes das Herz nicht schwer werden, wenn er
vor der Zeit scheiden soll vom unvollendeten Tagewerk?
Dürfte einem redlichen Vater, einer liebenden Mutter das
Auge nicht naß werden, wenn sie an ihrem Sterbebett ein
Häuflein Kinder weinen sehen, die sie als Waisen sollen zurück=
lassen in der Welt? Aber auch über solchen Schmerz siegt
der Glaube, der da weiß: Was Gott thut, das ist wohlgethan!
und der Gehorsam, der da spricht: Nicht mein Wille, Vater,
sondern der deine! Dieser Glaube hat dort gesiegt, nicht nur
in Paulus Heldenherzen, sondern auch in den Herzen der
Seinigen!

B. 14. „Da er aber sich nicht überreden ließ, schwiegen
wir und sprachen: Des Herrn Wille geschehe." Zu solchem
Gehorsam des Glaubens bereite du Herr auch uns je

mehr und mehr zu durch deinen heiligen Geist! Ja, Herr,
dein Wille geschehe! Er geschehe an uns, wenn auch deine
Gedanken nicht unsere Gedanken sind, denn es bleibt doch
dabei: Was du thust, das ist wohlgethan! Er geschehe durch
uns, wenn du uns auch schwere Aufgaben vorlegst, deine Kraft
ist in den Schwachen mächtig, wir wollen deinen Weg gehen
und sprechen: Ordne unsern Gang, Jesu, lebenslang! Dein
Wille geschehe wie im Himmel also auch auf Erden! Du
willst, daß allen Menschen geholfen werde und Alle zur Erkenntniß der Wahrheit kommen! So laß denn dein Wort
laufen und dein Reich kommen, bis alle Lande deiner Ehre
voll sind und alle Kniee sich dir beugen und alle Zungen bekennen: in dem Herrn habe ich Gerechtigkeit und Stärke!

> Du wirst dein herrlich Werk vollenden,
> Der du der Welten Heil und Richter bist,
> Du wirst der Menschheit Jammer wenden,
> So dunkel jetzt dein Weg, o Heil'ger, ist.
> Drum hört der Glaub' nie auf zu dir zu flehn;
> Du thust doch über Bitten und Verstehn!
>
> (Bogatzky.)

Amen.

LXV.

Des Apostels Pfingstbesuch zu Jerusalem.

Kap. 21, V. 15—26. Und nach denselbigen Tagen entledigten wir uns, und zogen hinauf gen Jerusalem. Es kamen aber mit uns auch etliche Jünger von Cäsarien, und führeten uns zu einem, mit Namen Mnason aus Cypern, der ein alter Jünger war, bei dem wir herbergen sollten. Da wir nun gen Jerusalem kamen, nahmen uns die Brüder gerne auf. Des andern Tages aber gieng Paulus mit uns ein zu Jacobo, und kamen die Aeltesten alle dahin. Und als er sie gegrüßet hatte, erzählete er eines nach dem andern, was GOtt gethan hatte unter den Heiden durch sein Amt. Da sie aber das höreten, lobeten sie den HErrn, und sprachen zu ihm: Bruder, du siehest, wie viel tausend Juden sind, die gläubig worden sind, und sind alle Eiferer über dem Gesetz; Sie sind aber berichtet worden wider dich, daß du lehrest von Mose abfallen alle Juden, die unter den Heiden sind, und sagest, sie sollen ihre Kinder nicht beschneiden, auch nicht nach desselbigen Weise wandeln. Was ists denn nun? Allerdinge muß die Menge zusammenkommen; denn es wird vor sie kommen, daß du gekommen bist. So thu nun das, das wir dir sagen. Wir haben vier Männer, die haben ein Gelübde auf sich; dieselbigen nimm zu dir, und laß dich reinigen mit ihnen, und wage die Kosten an sie, daß sie ihr Haupt bescheeren, und alle vernehmen, daß nicht sei, wes sie wider dich berichtet sind, sondern daß du auch einher gehest, und

halteſt das Geſetz. Denn den Gläubigen aus den Heiden
haben wir geſchrieben, und beſchloſſen, daß ſie der keines
halten ſollen, denn nur ſich bewahren vor dem Götzenopfer,
vor Blut, vor Erſticktem, und vor Hurerei. Da nahm Pau=
lus die Männer zu ſich, und ließ ſich des andern Tages ſamt
ihnen reinigen und gieng in den Tempel, und ließ ſich ſehen,
wie er aushielte die Tage der Reinigung, bis daß für einen
jeglichen unter ihnen das Opfer geopfert ward.

„Des Herrn Wille geſchehe!" Mit dieſer Loſung hörten
wir das vorige Mal die beſorgten Freunde unſeres Apoſtels
zu Cäſarea einwilligen in ſeine verhängnißvolle letzte Reiſe
nach Jeruſalem. „Des Herrn Wille geſchehe!" mit dieſer
Loſung im Herzen, mit dieſem Stab in der Hand, ſehen wir
nun heute den Apoſtel und ſeine Begleiter einziehen in den
Thoren des alten Zion. — Was des Herrn Wille ſei über
ſeinen Knecht, was in Jeruſalem auf ihn wartete, wie dieſe
Pfingſtfeier enden ſollte, auf die er ſich ſo herzlich freute, zu
der ihn der Geiſt ſo unwiderſtehlich diesmal hinzog, das
enthüllt ſich im heute verleſenen Abſchnitt noch nicht und bleibt
für den nächſten vorbehalten. Aber auch was wir diesmal
vernehmen, iſt merkwürdig und anziehend für Jeden, der dieſen
treuen Knecht Gottes lieb gewonnen hat. Es ſind die letzten
freien Schritte, welche die Füße des unermüdeten Friedens=
boten auf der heimathlichen Erde thun; es iſt die letzte
Freundſchaft, die er beim Eintritt in die chriſtliche Mutter=
gemeinde noch erfahren darf. Liebreich wird er von den Brü=
dern empfangen, wohlmeinend ſuchen ſie die ihm drohende Ge=
fahr von ſeinem Haupt abzuwenden, willig thut er ſelbſt das
Seinige, um die Vorurtheile ſeiner Feinde zu zerſtreuen und
Allen Alles zu werden. Aber der Menſch denkt's und Gott
lenkt's, und auch hier ſehen wir, was wir oft ſehen in der

Weltgeschichte und in den Schicksalen einzelner Menschen: wenn einmal im göttlichen Rath beschlossen ist, so und so soll es gehen, das oder das soll über einen Menschen kommen, dann muß Alles dazu helfen, dann müssen auch die Schritte, die darauf berechnet sind, irgend ein Geschick abzuwenden, nur dazu dienen, es herbeizuführen und zu beschleunigen, denn „des Herrn Wille geschehe," dabei bleibt's und kein menschlicher Wille vermag es zu wenden.

In diesem Lichte lasset uns denn diesmal betrachten

Des Apostels Pfingstbesuch zu Jerusalem.

1) Die Einkehr bei Mnason;
2) die Versammlung bei Jakobus;
3) den Eintritt in den Tempel.

1.

Die Einkehr bei Mnason.

V. 15. „Und nach denselbigen Tagen entledigten wir uns und zogen hinauf gen Jerusalem." „Wir entledigten uns," eigentlich, wir packten zusammen, machten uns reisefertig. Der Luther'sche Ausdruck: wir entledigten uns, giebt einem alten Ausleger Anlaß daran zu erinnern, daß ein Pilger Gottes, ein Waller nach dem himmlischen Jerusalem allerdings sich entledigen müsse alles dessen, was ihn an die Erde bindet und aufhält im Laufe nach oben, nach dem Gebote des Herrn: Gehet ein durch die enge Pforte — und nach der Mahnung des Apostels Petrus: Lieben Brüder, ich ermahne euch als die Fremdlinge und Pilgrime, enthaltet euch von fleischlichen Lüsten, welche wider die Seele streiten — (1 Petr. 2, 11) und nach den Worten eines unsrer Lieder (Kommt Brüder, laßt uns gehen:) Schmückt euer Herz

aufs Beste: Weit mehr als Leib und Haus, wir sind hier
fremde Gäste und ziehen bald hinaus; das Kinderspiel am
Weg läßt uns nicht viel besehen, durch Säumen und durch
Stehen wird man verstrickt und träg. — Möchten auch wir
so von Tag zu Tag uns mehr entledigen alles dessen, was
uns aufhält auf der Reise ins himmlische Vaterland.

V. 16. „Es kamen aber mit uns auch etliche Jünger
von Cäsarien, und führeten uns zu einem, mit Namen Mnason
aus Cypern, der ein alter Jünger war, bei dem wir herbergen
sollten." Also auch in Cäsarien schlossen sich Paulo und seinen
Begleitern noch etliche Brüder an, seis daß sie ohnehin das
Pfingstfest in Jerusalem zu feiern gedachten, seis daß sie aus
Theilnahme für den Apostel ihm unterwegs und in Jerusalem
dienstbar sein wollten. So sorgen sie ihm denn zuerst für eine
Herberge in der großen Stadt. „Sie führeten uns zu einem
mit Namen Mnason u. s. w." Das war wirklich ein brüder=
licher Liebesdienst, nicht blos weils überhaupt bei dem Andrang
von Fremden aufs Pfingstfest dem Ankömmling aus fernen
Landen wohlthat, gleich eine offene Thür zu finden bei einem
christlichen Gastfreund, wie heutzutage etwa bei einem Missions=
fest oder Kirchentag, — sondern auch weils für den Apostel
Paulus insbesondere, dem in Jerusalem so viel Feindschaft bei
den Juden und so viel Mißtrauen auch bei den Judenchristen
entgegenstand, überall viel werth war, gleich Anfangs eine
freundliche Thür, ein gleichgestimmtes Herz für sich offen zu
finden; und das fand er bei Mnason. Er war ein alter Jünger,
ein bewährter Christ. Wo noch alte Jünger übrig sind, sagt
Rieger, und Männer die von vorigen Zeiten her einen Schatz
aus dem Worte Gottes haben, — lebendige Lagerbücher christ=
licher Erkenntniß und Erfahrung — da soll man ihrer froh
sein. — Und was die Hauptsache ist, dieser Mnason war aus

Cypern, ein Landsmann des Barnabas, des vieljährigen Be=
gleiters unsres Paulus, also mit den gesegneten Wegen unsres
Heidenapostels wohl bekannt, kein engherziger Judenchrist, wie
sie vielfach in Jerusalem wohnten. Da wird der Apostel
denn auch freundlich aufgenommen.

V. 17. „Da wir nun gen Jerusalem kamen, nahmen
uns die Brüder gerne auf." Man sollte freilich eigentlich
denken, nicht nur freundlich, sondern mit Jubel sollte Paulus
aufgenommen werden in der Muttergemeinde zu Jerusalem,
er, der mehr gearbeitet hatte als alle Apostel; im Triumph,
wie ein siegreicher Kriegsheld, der mit Narben bedeckt aus dem
Felde zurückkommt, hätten ihn alle Brüder sollen empfangen.
Aber der treue Knecht des Herrn war ja dran gewöhnt,
Schmach statt Ehre und Undank statt Dank zu ernten; wie
er so rührend an die Korinther schreibt (2 Kor. 12, 15), „der
ich euch so sehr liebe und doch wenig geliebet werde," und wie
der Herr zu ihm gesagt: „Laß dir an meiner Gnade genügen."
Möchten auch wirs immer mehr lernen, uns an Gottes Gnade
genügen lassen und in Gott zufrieden sprechen: Allgenugsam
Wesen, das ich hab erlesen mir zum höchsten Gut! Du ver=
gnügst alleine völlig, innig, reine, Seele, Geist und Muth;
wer dich hat, ist still und satt; wer dir kann im Geist an=
hangen, darf nichts mehr verlangen! Nun begleiten wir unsern
Apostel

2.

in die Versammlung bei Jakobus.

V. 18. „Des andern Tages aber gieng Paulus mit uns
ein zu Jakobo und kamen die Aeltesten alle dahin." Von den
zwölf Aposteln war keiner mehr in Jerusalem, wahrscheinlich
keiner mehr überhaupt im jüdischen Lande. Ihnen war längst

inzwiſchen auch die Zeit gekommen, nach ihres Herrn Befehl
hinzugehen in alle Welt und das Evangelium zu predigen aller
Kreatur. Jakobus aber, der Bruder des Herrn, mit dem Bei=
namen „der Gerechte" ſtand der Muttergemeinde zu Jeruſalem
vor, und bei ihm nun waren die Aelteſten der Gemeinde ver=
ſammelt, den großen Heidenapoſtel zu begrüßen in feierlicher
Sitzung, und aus ſeinen Händen die Kollekte von Liebesgaben
der heidenchriſtlichen Gemeinden, aus ſeinem Munde den Be=
richt deſſen, was er im Dienſte des Evangeliums bisher aus=
gerichtet, zu empfangen. Paulus aber, der große Heidenapoſtel,
achtet ſich nicht zu groß, vor dieſer brüderlichen Verſammlung
Rechenſchaft abzulegen und Bericht zu erſtatten von ſeiner
apoſtoliſchen Amtsführung, nach ſeiner eigenen Vermahnung
(Phil. 2, 3): Durch Demuth achtet euch untereinander einer
den andern höher denn ſich ſelbſt. Und nun gabs einen Miſ=
ſionsbericht, wie noch kein andrer Heidenbote ihn ſeinem Comité
abgeſtattet hat ſeit 1800 Jahren.

V. 19. „Und als er ſie gegrüßet hatte, erzählte er eines
nach dem andern, was Gott gethan hatte unter den Heiden
durch ſein Amt." Vier Jahre waren vorüber, ſeit Paulus zum
letztenmal in Jeruſalem geweſen (K. 18, 22), ereignißvolle,
prüfungsreiche, aber auch ſegensreiche Jahre im Lebenslauf des
Apoſtels; in dieſer Zeit hatte er insbeſondere die blühende
Gemeinde zu Epheſus gegründet und konnte ſie als eine ſchöne
Krone dem Herrn zu Füßen legen; er hatte aber auch den
wüthenden Aufruhr zu Epheſus durchgemacht und durfte den
Herrn preiſen, der wieder Großes an ihm und durch ihn ge=
than hatte, — denn nicht was er gethan, ſondern „was Gott
gethan hatte unter den Heiden durch ſein Amt," das erzählt
er Alles, eins nach dem andern, nach dem Grundſatze aller
echten Gottesknechte: Nicht uns, Herr, nicht uns, ſondern bei=

nem Namen die Ehre! Ists ja doch auch für uns, meine Lie=
ben, in unsrem viel unbedeutenderen Lebenslauf, bei unsrem
weit geringeren Beruf doch ein seliges Geschäft, auf einen ab=
gelaufenen Abschnitt unsres Lebens, seis ein Jahr oder seis
eine längere Strecke, die sich abschließt, zurückzublicken,
und uns selbst oder Andern vorzuhalten Alles, Eins nach dem
Andern, was der Herr an uns gethan in dieser Zeit. O da
kommen wir gewiß, wenn auch trübe Erinnerungen mit unter=
laufen, allemal zurück auf das dankbare Bekenntniß: Ach ja,
wenn ich überlege, mit was Lieb und Gütigkeit du durch so
viel Wunderwege mich geführt die Lebenszeit, so weiß ich kein
Ziel zu finden, noch die Tiefen zu ergründen. Tausend, tau=
sendmal sei dir, großer König, Dank dafür! Auch dort hieß
es so:

B. 20. „Da sie aber das höreten, lobeten sie den
Herrn." Nicht Paulum lobten sie, wie er selbst nicht sich ge=
lobt hatte, sondern den Herrn, der Großes gethan hatte durch
dieses sein auserwähltes Rüstzeug; den Herrn, der so herrlich
bisher erfüllte, was er am Pfingstfest durch Petrus Mund
verkündigt hatte: Euer und eurer Kinder ist diese Verheißung
und Vieler, die ferne sind, welche Gott, unser Herr, herzurufen
wird. Vierundzwanzig Jahre ungefähr waren verflossen seit
jenem ersten herrlichen Pfingstfest, nicht Alles war mehr wie
damals, der erste Frühling war vorüber in der Kirche, aber
noch war das Feuer des heiligen Geistes nicht erloschen in den
Jüngern des Herrn, das konnte man einem Paulus ansehen,
wenn man ihm in die Augen sah; noch hatte der Herr seine
Hand nicht abgezogen von seinem Christenvolk, das konnte man
von unsrem Apostel hören, wenn er von seinen Thaten und
Schicksalen erzählte, und so gabs denn auch diesmal wieder
ein fröhliches Pfingstfest in der Christengemeinde zu Jerusalem,

da man mit feurigen Zungen redete von den großen Thaten
Gottes. Freilich die Freude wird nun gedämpft durch die
Besorgniß vor den Gefahren, welche unserem Apostel drohen,
und an die Stelle des Lobpreisens tritt eine ernstliche Be=
rathung.

V. 20. 21. „Da sie aber das höreten, lobeten sie den HErrn,
und sprachen zu ihm: Bruder, du siehest, wie viel tausend Juden
sind, die gläubig worden sind, und sind alle Eiferer über dem
Gesetz; sie sind aber berichtet worden wider dich, daß du lehrest
von Mose abfallen alle Juden, die unter den Heiden sind, und
sagest, sie sollen ihre Kinder nicht beschneiden, auch nicht nach
desselbigen Weise wandeln.“ Jener Riß zwischen den streng=
gesetzlichen Judenchristen, die da meinten, auch der Christ sei
noch an alle Satzungen des Alten Testaments gebunden, und
zwischen dem freier denkenden Apostel Paulus und seinen Hei=
benchristen, die in Christo sich ledig wußten vom Joche der
jüdischen Satzungen und vor allem festhielten an der evange=
lischen Grundwahrheit: nicht durch die Werke, sondern durch
den Glauben — jener alte Riß war zwar durch die aposto=
lische Kirchenversammlung zu Jerusalem, von der wir im
15. Kap. der Apostelgeschichte gelesen haben, etwa acht Jahre
vorher geheilt worden, aber er hatte sich inzwischen abermals
aufgethan, und der große Apostel des Glaubens und Prediger
der evangelischen Freiheit, Paulus war es, dem die engherzigen
Eiferer unter den Juden es nicht verzeihen konnten, daß er
den alten mosaischen Gesetzesboden, wie sie meinten, durch=
löchere, und dem sie Schuld gaben, wie es V. 21 heißt, „daß
du lehrest von Mose abfallen alle Juden.“ Das war in Wahr=
heit eine Verleumbung des Apostels oder ein Mißverständniß
seiner Lehre. Den Heidenchristen allerdings sagte Paulus: ihr
brauchet nicht die Beschneidung und die äußeren jüdischen

Satzungen anzunehmen, nur euren alten sündlichen Wandel müßt ihr ablegen, wie es auch die apostolische Kirchenversammlung damals an die Heidenchristen ausgeschrieben hatte. Den Judenchristen aber wollte Paulus keineswegs ihre alten Sitten und Gesetze herabsetzen oder nehmen, sondern ihnen sagte er nur: glaubet nicht, daß ihr durch Beschneidung oder andere äußere Werke gerecht und selig werdet vor Gott. — So spricht er besonders im Brief an die Galater sich aus, daneben aber schreibt er an die Korinther (1. Kor. 7, 17—19): „Ein jeglicher, wie ihn der Herr berufen hat, also wandle er; der als Jude berufen wurde, bleibe bei der Beschneidung, der als Heide berufen wurde, der lasse sich nicht beschneiden. Die Beschneidung ist nichts und das Gegentheil auch nichts, sondern Gottes Gebote halten." — Dennoch aber ist Paulus willig, ihren falschen Argwohn seinen Gegnern wo möglich zu benehmen, wie die Brüder ihm rathen.

V. 22. „Was ist es denn nun? Allerdinge muß die Menge zusammen kommen; denn es wird vor sie kommen, daß du kommen bist." Das klingt freilich wehmüthig. Jahrelang hatte sich Paulus auf diese Reise gefreut und Liebesgaben gesammelt, um nicht mit leeren Händen zu kommen, und nun muß er hören: Dein Kommen wird einen gefährlichen Rumor erregen in der Gemeinde! Nun muß er sorgen: Was ist zu machen, daß die Gemüther aufgeklärt und beruhigt werden über mich und mein Werk. Dazu geben ihm die Freunde einen wohlgemeinten Rath.

V. 23. 24. „So thu nun das, was wir dir sagen. Wir haben vier Männer, die haben ein Gelübbe auf sich; dieselbigen nimm zu dir, und laß dich reinigen mit ihnen, und wage die Kosten an sie, daß sie ihr Haupt bescheeren, und alle vernehmen, daß nicht sei, weß sie wider dich berichtet sind, sondern

daß du auch einher gehst, und hälteft das Geſetz." Es waren
vier Männer in der Chriſtengemeinde zu Jeruſalem, welche
nach alttestamentlicher Weiſe ein Naſiräergelübbe auf ſich ge=
nommen hatten, eine Zeitlang keinen Wein zu trinken und ihr
Haar nicht zu ſcheeren; die Zeit ihres Gelübbes gieng zu Ende;
morgen am Pfingſtfeſt ſollten ſie im Tempel durch das vorge=
ſchriebene Opfer ihr Gelöbniß feierlich löſen und durch den
Prieſter entbunden werden. Nun galt es bei den Juden als
eine fromme Handlung, wenn ein Reicherer ſolche Naſiräer
unter ſeinen Schutz nahm, mit ihnen zum Tempel gieng, das
Opfer für ſie darbrachte und ſich ſo ihres Gelübbes theilhaftig
machte. Und das, rathen die Brüder, ſollte Paulus thun und
dadurch den Eiferern fürs Geſetz zeigen, daß er keineswegs
ein Verächter des Moſaiſchen Geſetzes ſei, wenn er auch die
Heiden nicht daran binde und die Seligkeit nicht daran knüpfe;
denn, ſetzen ſie hinzu:

V. 25. „Denn den Gläubigen aus den Heiden haben
wir geſchrieben, und beſchloſſen, daß ſie der keines halten ſollen,
denn nur ſich bewahren vor dem Götzenopfer, vor Blut, vor
Erſticktem, und vor Hurerei." Dabei bleibts nach dem Spruch
der apoſtoliſchen Kirchenverſammlung. Es handelt ſich nur um
ein Zeugniß, daß du für deine Perſon immerhin jene alten
frommen Gebräuche achteſt, wenn auch das Heil davon keines=
wegs abhängt. Man hat ſchon gefragt, meine Lieben, war es
unſeres Apoſtels würdig, auf dieſen Vorſchlag einzugehen?
Wars nicht Heuchelei, ſich einer Satzung anzubequemen, über
die er doch im Geiſte hinaus war? Wars nicht unmännlich,
ſeine Perſon ſicher ſtellen zu wollen durch dieſes Nachgeben,
ſtatt muthig ſeinen Standpunkt auch den Widerſachern gegen=
über zu behaupten? Müßten wir das zugeben, ſo wäre damit
nicht allzuviel verloren. Auch unſer Apoſtel war ein mangel=

hafter Mensch, und hatte ein Petrus seine schwachen Stunden,
so konnten sie auch einem Paulus kommen. Nun aber steht
es in Wahrheit nicht so. Gewiß, wenn der Apostel etwas in
seinen Augen Verwerfliches auf sich genommen hätte mit jenem
Gelübde, dann müßten wir fragen: ist das der Paulus,
der spricht: werdet nicht abermal der Menschen Knechte;
nun aber hat er aus herablassender Liebe zu den Schwachen
etwas auf sich genommen, was an sich weder gut noch böse
war, sondern seinen Werth erst durch die zu Grund lie=
gende Gesinnung erhielt. Gewiß, wenn es ihm drum zu
thun gewesen wäre, seine Person sicher zu stellen und sein
Leben zu retten, dann müßten wir fragen: ist das der helden=
müthige Paulus, der noch kurz vorher zu Cäsarea sprach: ich
bin bereit, nicht allein mich binden zu lassen, sondern auch zu
sterben zu Jerusalem um des Namens Jesu willen. Nun aber
war's ihm nicht um seine Person, sondern um sein Amt, nicht um
sein Leben, sondern um die Sache des Evangeliums zu thun,
dessen Verläumder zu widerlegen, dem Freunde zu gewinnen
auch unter seinen Widersachern, und also Christo zu dienen.
Kurz den Schlüssel zu dem Schritt Pauli finden wir in seinem
eigenen Wort an die Korinther (1. Kor. 9, 20): „den Juden
bin ich geworden ein Jude, auf daß ich die Juden gewinne. —
Ich bin allen alles geworden, auf daß ich allenthalben etliche
selig mache."

Und so sehen wir denn wirklich in diesem Lichte

3.

seinen Eintritt in den Tempel.

B. 26. „Da nahm Paulus die Männer zu sich und ließ
sich des andern Tages sammt ihnen reinigen, und gieng in
den Tempel und ließ sich sehen, wie er aushielte die Tage der

Reinigung, bis baß für einen Jeglichen unter ihnen das Opfer
geopfert warb." Des andern Tages, am Pfingstfest, unterzog
er sich mit ben vier Nasiräern ben levitischen Reinigungen unb
Waschungen unb gieng mit ihnen zum Tempel, um bort bas
Opfer für sie barbringen zu lassen. Ein merkwürbiger Gang,
bieser letzte Gang bes Apostels Paulus in ben Tempel zu Jerusalem! Wehmüthige Gefühle mögen ihn erfaßt haben, als
er eintrat in jene prächtigen unb boch gottverlassenen Hallen.
Auch sein Heilanb unb Meister hatte noch voll Wehmuth in
biesem Tempel verweilt in ben letzten Tagen vor seinem Leiben
unb Sterben, hatte ihn eine Mörbergrube genannt unb gewei-s-
sagt: es werbe kein Stein auf bem andern bleiben. Inzwischen
war es nicht besser geworden mit bem Tempel, ben auch bie
Christen als Gäste noch besuchten. Ein tobter Lippenbienst
herrschte brin, nicht aber bie Anbetung Gottes im Geist
unb in ber Wahrheit. Inzwischen war ber Tag bes Gerichts
um ein Gutes näher gerückt, ba bieses Haus sollte verwüstet
werben unb in Flammen aufgehen. Aber unser Apostel trug
in seiner Seele einen andern Tempel, nicht von Steinen erbaut, bie christliche Kirche, an ber Christus ber Eckstein ist, an
ber alle Christen Bausteine sein sollen, verbunben im Glauben
unb in ber Liebe, eine Behausung Gottes im Geiste. — An
biesem Tempel mitzubauen, baran setzte er sein Leben; von
biesem Bau wußte er, baß auch bie Pforten ber Hölle ihn
nicht überwältigen sollen.

Dieser Tempel, meine Lieben, steht noch unb wächst himmelan mitten unter ben Stürmen ber Welt. Möchten auch
wir lebenbige Steine sein an biesem Tempel, gegrünbet im
Glauben, vereinigt in ber Liebe, himmelan strebenb in seliger
Hoffnung! Das walte Gott!

Erhalt uns, Herr, im wahren Glauben
Noch fernerhin bis an das End',
Laß nichts uns deine Schätze rauben,
Dein heilig Wort und Sakrament.
Erfülle deiner Christen Herzen,
O Gott, mit deinem Gnadenheil
Und gieb nach überwund'nen Schmerzen
Uns droben einst das beßte Theil!

(Nach Fr. Konr. Hiller.)

Amen.

LXVI

Pauli Gefangennehmung.

Kap. 21, V. 27—40. Als aber die sieben Tage sollten vollendet werden; sahen ihn die Juden aus Asia im Tempel, und erregeten das ganze Volk, legten die Hände an ihn, und schrieen: Ihr Männer von Israel, helfet! Dies ist der Mensch, der alle Menschen an allen Enden lehret wider dies Volk, wider das Gesetz, und wider diese Stätte, auch dazu hat er die Griechen in den Tempel geführet, und diese heilige Stätte gemein gemacht. Denn sie hatten mit ihm in der Stadt Trophimum, den Epheser, gesehen, denselbigen meineten sie, Paulus hätte ihn in den Tempel geführet. Und die ganze Stadt ward beweget, und ward ein Zulauf des Volks. Sie griffen aber Paulum, und zogen ihn zum Tempel hinaus, und alsbald wurden die Thüren zugeschlossen. Da sie ihn aber tödten wollten, kam das Geschrei hinauf vor den obersten Hauptmann der Schaar, wie das ganze Jerusalem sich empörete. Der nahm von Stund an die Kriegsknechte und Hauptleute zu sich, und lief unter sie. Da sie aber den Hauptmann und die Kriegsknechte sahen, höreten sie auf, Paulum zu schlagen. Als aber der Hauptmann nahe herzu kam, nahm er ihn an, und hieß ihn binden mit zwo Ketten, und fragte, wer er wäre und was er gethan hätte? Einer aber rief dies, der ander das im Volk. Da er aber nichts Gewisses erfahren konnte, um des Getümmels willen, hieß er ihn in das Lager führen. Und als er an die Stufen kam, mußten ihn die Kriegsknechte tragen, vor Gewalt des Volks.

Denn es folgete viel Volks nach, und schrie: Weg mit ihm.
Als aber Paulus jetzt zum Lager eingeführt ward, sprach er
zu dem Hauptmann: Darf ich mit dir reden? Er aber sprach:
Kannst du Griechisch? Bist du nicht der Egypter, der vor
diesen Tagen einen Aufruhr gemacht hat, und führetest in die
Wüste hinaus viertausend Meuchelmörder? Paulus aber
sprach: Ich bin ein jüdischer Mann von Tarsen, ein Bürger
einer namhaftigen Stadt in Cilicien; ich bitte dich, erlaube
mir zu reden zu dem Volk. Als er aber ihm erlaubte, trat
Paulus auf die Stufen, und winkete dem Volke mit der Hand.
Da nun eine große Stille ward, redete er zu ihnen auf
ebräisch, und sprach:

Jerusalem, Jerusalem, die du tödtest die Propheten und
steinigest die zu dir gesandt sind, wie oft habe ich deine
Kinder versammeln wollen, wie eine Henne versammelt ihre
Küchlein unter ihre Flügel, und ihr habt nicht gewollt!
Diese wehmüthige Klage des Herrn sehen wir bald nach seinem
eigenen Kreuzestod abermals und wörtlich erfüllt an Stephanus,
dem ersten Märtyrer, der um des Namens Jesu willen sein
Leben ließ und unter den Steinwürfen des rasenden Volkes
seinen Geist in des Herrn Hände befahl. Damals legten die
Mörder ihre Kleider nieder zu den Füßen eines Jünglings
Namens Saulus. Und dieser Saulus hatte Wohlgefallen am
Tode des Stefanus und schnaubete mit Drohen und Morden
gegen die Christen und verfolgete sie von Haus zu Haus, von
Stadt zu Stadt. Und nun, — o Wunder der göttlichen Gnade!
— derselbe Saulus der zuvor ein Lästerer und ein Schmäher
und ein Verfolger war, ist inzwischen herumgeholt worden vom
Heiland aller Sünder, denn er hat ihn zu einem gewaltigen
Rüstzeug erkoren, zu tragen seinen Namen vor den Heiden und
vor den Königen und vor dem ganzen Volk Israel. Und nun
— o heilige Gerichte Gottes! — heute nach etwa vierund=

zwanzig Jahren, nachdem aus diesem brausenden Jüngling
Saulus ein im Dienste seines Herrn frühergrauter Gottes=
mann Paulus geworden, nun wird dieser Paulus in derselben
Stadt Jerusalem, von demselben rasenden Volk, mit derselben
Anklage wie einst Stephanus gegriffen und zum Tode geschleppt,
auf daß auch an ihm des Meisters Wort in Erfüllung gehe:
Jerusalem, Jerusalem, die du tödtest die Propheten und steinigest
die zu dir gesandt sind! — Aber noch soll es mit ihm nicht zum
Tode gehen. Noch ist sein großes Tagewerk nicht vollbracht,
bis nach Rom, bis in die Hauptstadt der Welt das Panier
Christi zu tragen. Und so deckt ihn der Herr mit seinen
Flügeln und trägt ihn unversehrt durch die Staubwolken und
den Steinregen des wütenden Volksauflaufs und spricht zu
den tobenden Wellen des aufgeregten Pöbels: Bis hierher und
nicht weiter!

Das ist der Gegenstand unsres heutigen Abschnitts. Wir
wollen nun diesen ernsten Wendepunkt in der Laufbahn unsres
Apostels,

Pauli Gefangennehmung zu Jerusalem,

etwas genauer betrachten, wobei uns hauptsächlich dreierlei in
die Augen fällt:

1) das rasende Volk,
2) der rettende Hauptmann,
3) der ruhige Apostel.

1.

Das rasende Volk.

B. 27. 28. „Als aber die sieben Tage sollten vollendet
werden, sahen ihn die Juden aus Asien im Tempel und erreg=
ten das ganze Volk, legten die Hände an ihn und schrieen:

Ihr Männer von Israel, helfet! Dies ist der Mensch, der
alle Menschen an allen Enden lehret wider dies Volk, wider
das Gesetz und wider diese Stätte; auch dazu hat er die Grie=
chen in den Tempel geführt und diese heilige Stätte gemein
gemacht." Die sieben Tage, während derer Paulus das Nasi=
räergelübbe mit jenen vier Männern aus der Gemeinde voll=
ends auf sich genommen hatte, waren nun zu Ende, und er
gieng am Pfingstfest mit ihnen zum Tempel, um das Reini=
gungsopfer für sie darzubringen: da wird er von feindseligen
Juden aus Kleinasien, die auch aufs Pfingstfest nach Jerusa=
lem gekommen waren, erkannt und ergriffen und das ganze
Judenvolk gegen ihn aufgehetzt. — Also gerade das, was Pau=
lus in guter Absicht unternommen hatte, um den Judenchristen
zu zeigen, er sei kein Gesetzesverächter, sein Gelübde mit den
Nasiräern und sein Gang mit ihnen zum Tempel, gerade das
muß nach Gottes unerforschlichem Rathschluß das Unglück über
ihn herbeiführen, gerade das wird ihm von dem verblendeten
Judenvolk zum Verbrechen angerechnet. „Sie sahen ihn im
Tempel." Das hätte ihnen ein Beweis sein können, er sei
kein Tempelverächter und Gesetzesfeind. Aber nein, festgerannt
in ihrem Haß gegen ihn, sehen sie nun bloß eine unverantwort=
liche Frechheit darin, daß dieser Todfeind des Judenthums es
noch wage, den geweiheten Boden des Heiligthums zu betreten.
Und nun „erregen sie das ganze Volk". Die zum Pfingstfest
versammelte Menge kommt ihnen eben geschickt, um einen
Sturm gegen den Apostel heraufzubeschwören und ein Feuer
wider ihn anzublasen, aber nicht den Sturmwind und die
Feuerflammen des heiligen Geistes von oben her, sondern den
Sturm der blinden Leidenschaft und das Feuer des wilden
Fanatismus; es ist der Geist von unten her, der Mordgeist,

der zum Ausbruch kommt. Sie legen die Hände an ihn, den Friedsamen, und nun erhebt sich ein wildes Geschrei.

V. 28. „Ihr Männer von Israel, helfet! Dies ist der Mensch, der alle Menschen an allen Enden lehret wider dies Volk, wider das Gesetz und wider diese Stätte; auch dazu hat er die Griechen in den Tempel geführet und diese heilige Stätte gemein gemacht." Ihr Männer von Israel, helft! Her, was ein rechter Israelite ist, der es noch gut meint mit der Väter Gesetz! Dies ist der Mensch — wir kennen ihn wohl, — der alle Leute an allen Enden lehrt wider dies Volk! Als einen Judenfeind stellen sie ihn hin, den treuen Apostel, der doch überall, wo er hingekommen, immer zuerst an die Juden sich gewendet hatte mit Anbietung des Heils, ja der im feurigen Patriotismus an die Römer schreibt, er selber wollte gerne verbannt sein von Christo, wenn er sein theures Volk Israel damit retten könnte. Auch „wider das Gesetz" soll er lehren, ein Gesetzesverächter soll er sein, während er doch nur zum Gesetz das Evangelium verkündigte, wie der Herr ihn geheißen. Und „wider diese Stätte". Als ein Tempelschänder wird er hingestellt, während er doch jetzt gerade kam, um im Tempel seine Andacht zu verrichten. Aber freilich außer diesem sicht= baren Tempel, von Menschenhänden gebaut, der nun bald zu= sammenstürzen sollte unter den Zorngerichten Gottes, wollte Paulus dem Herrn einen geistlichen Tempel helfen bauen, die Gemeinde des Heilandes half er gründen und sammeln, erbauet auf den Grund der Apostel und Propheten, da Jesus Christus der Eckstein ist, eine Behausung Gottes im Geist; die neue Zeit half er heraufführen, von welcher der Herr selber am Jakobsbrunnen gesprochen: Es kommt die Zeit, daß ihr weder auf dem Berge Garizim noch zu Jerusalem werdet anbeten, sondern die wahrhaftigen Anbeter werden den Vater anbeten

im Geist und in der Wahrheit. Das war sein Verbrechen.
— Und um das Maaß der Frechheit vollzumachen, sagen sie,
hat er nicht nur selber mit gottlosem Fuß diese heilige Stätte
betreten, sondern hat auch Griechen, Heidenchristen in den
Tempel geführt, während doch am Gitterthor des Vorhofs der
Juden die Warnung geschrieben steht: „Kein Frembling darf
ins Heiligthum gehen.“ Hätte er's wirklich gethan, hätte er
einen Christen aus den Heiden mit in den Tempel genommen,
es wäre ihm keine Sünde gewesen, denn auch die Christen
aus den Heiden sind ja nicht mehr Gäste und Frembdlinge,
sondern Bürger mit den Heiligen und Gottes Hausgenossen.
Aber der besonnene Apostel, der auch der Schwachen Gebrech=
lichkeit zu tragen und den Juden ein Jude zu werden verstand
um Christus willen, hatte das nicht einmal gethan. In der
Stadt hatte man ihn an diesem Tage mit dem Griechen Tro=
phimus herumgehen sehen, aber in den Tempel hatte er ihn
keineswegs mitgenommen. Doch, wer untersucht da lang?

V. 29. „Denn sie hatten mit ihm in der Stadt Trophi=
mum, den Epheser, gesehen, denselbigen meineten sie, Paulus
hätte ihn in den Tempel geführet.“ Immer wilder wurde der
Aufruhr.

V. 30. „Und die ganze Stadt ward beweget, und ward
ein Zulauf des Volks. Sie griffen aber Paulum, und zogen
ihn zum Tempel hinaus; und alsobald wurden die Thüren zu=
geschlossen.“ Die ganze Stadt wird erreget. So ist ja das
Volk, wo es einen Skandal gibt, da findet sich in einer großen
Stadt immer ein schaulustiger, händelsüchtiger Pöbel; lawinen=
artig wächst der Aufruhr. — Sie schleppen ihn zum Tempel
hinaus und schließen augenblicklich die Thüre des Heiligthums;
sei es damit er nicht dort hinein fliehe und am Altar eine
Freistatt suche, sei es, was wahrscheinlicher ist, damit das

Heiligthum nicht mit Blut befleckt würde, wenn sie ihn nun
tödteten. Das sind ja ganz die pharisäischen Juden von damals,
die Mücken seigen und Kameele verschlucken, ganz die Juden,
die auch bei Jesu Hinrichtung scheinheilig sorgten: aber ja nicht
auf das Fest! — daß die Festfeier nicht gestört werde. —
So wird also unser lieber Paulus von seinem eigenen
Volk feierlich ausgestoßen und vom Heiligthum Israels ausge=
schlossen. So wird er inmitten eines rasenden Pöbels ohne
Recht und Urtheil zum plötzlichen Tode geschleppt. Fürwahr
ein furchtbarer Augenblick. Schrecklicher als da in Ephesus das
empörte Griechenvolk zwei Stunden lang schrie: Groß ist die
Diana der Epheser, denn damals war er für seine Person in
Sicherheit. Schrecklicher als da er ein paar Jahr später
Schiffbruch erlitt im Sturm auf dem Meer und von den to=
benden Wellen an's Ufer geschwemmt ward, denn das schreck=
lichste der Schrecken, das ist der Mensch in seinem Wahn!
Nun in diesem furchtbaren Moment werden ihm die Unglücks=
weissagungen wieder eingefallen sein, die er auf der Herreise
vernommen: Bande und Trübsal warten dein. Jetzt werden
vielleicht auch seine Jugendsünden, wird Stefanus bleiche edle
Gestalt ihm vor die Seele getreten sein, den man einst auch unter
derselben Anklage durch dieselben Gassen Jerusalems zum Tode
geschleppt hatte. Aber auch sein Herr und Heiland ist ihm
gewiß tröstend vor der Seele gestanden. Er der zu seinen
Jüngern gesprochen: Selig seid ihr, so euch die Menschen
um meinetwillen beleidigen oder verfolgen und reden allerlei
Uebles wider euch, so sie daran lügen; seid fröhlich und ge=
trost, es wird euch im Himmel wohl belohnt werden. Auch
der Verheißung seines Herrn wird er wieder gedacht haben
(18, 9, 10): Fürchte dich nicht, denn ich bin mit dir und
niemand soll sich unterstehen, dir zu schaden. — Und wir,

Die Apostelgeschichte. II. 19

meine Lieben, wenn wir die großen Helden Gottes in solchen
Kämpfen doch nicht fallen, in solchen Stürmen doch das Haupt
oben halten sehen, sollten wir nicht lernen, auch in unsern klei=
nen Kämpfen wieder muthiger, auch bei unsern Schicksalsstürmen,
die doch am Ende nur wie ein Sturm im Wasserglase sind
gegen das was jene erdulbet, wieder getroster, gottvertrauen=
der und gottergebener zu werden und uns aufzuschwingen zu der
Glaubenszuversicht, die da spricht: Ist Gott für mich, so trete
gleich Alles wider mich, so oft ich ruf' und bete, weicht alles
hinter sich. Hab' ich das Haupt zum Freunde und bin geliebt
bei Gott, was kann mir thun der Feinde und Widersacher
Rott'? — Dies bewährt sich nun auch an unsrem Paulus.
Gott schickt ihm einen Beschützer zu, von wannen er's am we=
nigsten gedacht:

2.

den rettenden Hauptmann.

V. 31. 32. „Da sie ihn aber tödten wollten, kam das Ge=
schrei hinauf vor den obersten Hauptmann der Schaar, wie das
ganze Jerusalem sich empörete. Der nahm von Stund an die
Kriegsknechte und Hauptleute zu sich, und lief unter sie. Da sie
aber den Hauptmann und die Kriegsknechte sahen, höreten sie auf,
Paulum zu schlagen." Nahe beim Tempel in der Burg Antonia
hatte der römische Stadthauptmann sein Quartier mit sammt der
römischen Besatzung; da hinauf kam die Meldung, die ganze Stadt
sei in Aufruhr. Und der römische Oberhauptmann thut sofort
seine Schuldigkeit. Er nimmt Offiziere und Soldaten mit sich
und eilt auf den Platz des Tumultes, und da der Pöbel die
römischen Helme leuchten und die Speere der Soldaten blitzen
sieht, bekommt er Respekt und hört auf Paulum zu schlagen.
So muß ein Heide den mißhandelten Gottesknecht in Schutz

nehmen wider sein eigenes Volk, wie einst Pilatus sich Jesu hatte angenommen gegen die Juden. So weiß der Herr der Heerschaaren gerade unter den Weltkindern, die sonst nicht für sein Reich beeifert sind, oft unerwartet Freunde und Gönner zu erwecken für irgend einen seiner bedrängten Knechte, wovon wir ja manches Beispiel erleben bis auf diesen Tag, denn Silber und Gold sind mein, spricht der Herr, und er lenket der Menschen Herzen wie Wasserbäche. — Freilich volles Ver= ständniß für das, was er ist, volles Recht, wie's ihm ge= bührt, kann Paulus von diesem Römer nicht erwarten.

B. 33. „Als aber der Hauptmann nahe herzu kam, nahm er ihn an, und hieß ihn binden mit zwo Ketten, und fragte, wer er wäre, und was er gethan hätte?" Für einen Missethäter hält ihn der Hauptmann jedenfalls. Darum ent= reißt er ihn zwar der Volkswuth, nimmt ihn aber vorerst in Gewahrsam und läßt ihn nach römischer Gerichtsweise mit zwei Ketten an Händen und Füßen binden. „Von diesem Punkt an ist die Apostelgeschichte eine Kettenfeier Pauli." Fortan ist und bleibt der Apostel, wie er an die Epheser schreibt, der Bote des Evangelii an der Kette, ein Gefangener in dem Herrn (Eph. 6, 20). — Der Hauptmann erkundigt sich nun, wer er wäre, und was er gethan hätte? Aber es ging, wie es unter einem solchen aufgeregten Haufen meistens geht:

B. 34. „Einer aber rief dies, der ander das im Volk. Da er aber nichts Gewisses erfahren konnte, um des Getüm= mels willen, hieß er ihn in das Lager führen." Die Meisten wußten selbst nicht, warum sie auf diesen Mann losgeschlagen hatten; einer hatte es eben dem Andern nachgemacht. Es hieß auch hier wie bei den Anklägern Jesu: ihr Zeugniß stimmte nicht überein, und so läßt er den Gefangenen vorerst hinauf

in's römische Lager, in die römische Kaserne führen, dort wollte
ihn der Herr heimlich in seinem Gezelt bergen. Auch ein kai=
serliches Kastell muß der Frommen Zuflucht werden, wenn der
Herr will.

B. 35. „Und als er an die Stufen kam, mußten ihn
die Kriegsknechte tragen, vor Gewalt des Volks." Als sie an
die Stufen des Burgsteigs kamen, wurde das Gedränge des
nachstürmenden Volkes so groß, daß ihn die Soldaten auf die
Achseln nahmen und so hinauftrugen. „Der Herr hat seinen
Engeln Befehl gegeben, daß sie dich auf den Händen tragen,
daß du deinen Fuß an keinen Stein stößest." Diesmal muß=
ten römische Soldaten diesen Engeldienst thun. Aehnlich
wie später jene geharnischten Ritter, die unsern Luther auf der
Rückreise von Worms im Wald gefangen nahmen und ihn
auf die feste Wartburg brachten, damit er geborgen wäre vor
den Nachstellungen der Päpstlichen. — Das Volk aber in seiner
Wuth verfolgte Paulum auch dorthin mit Geschrei.

B. 36. „Denn es folgte viel Volks nach und schrie:
Weg mit ihm." Weg mit diesem, gieb uns Barrabam los!
So hatten sie 25 Jahre vorher über den Herrn selber ge=
schrieen und hatten ihren Heiland und Erlöser hinausgestoßen
aus der Stadt. Weg mit diesem! so schreien sie nun auch
über seinen Knecht und stoßen ihren besten Freund hinaus ins
feindliche Lager! Weg mit ihm! Nur getrost, du armer
Gottesknecht, möchten wir sagen, der Herr wird dich bald
wegnehmen aus allem Jammer der Welt und seine Engel
werden dich emportragen in die himmlischen Gezelte! Das
bleibt ja auch heut noch des Christen selige Zuflucht, wenn die
Welt ihn mißhandelt: Sein Geist spricht meinem Geiste
manch süßes Trostwort zu, wie Gott dem Hilfe leiste, der bei

ihm ſuchet Ruh und wie er hab erbauet ein eble, neue Stabt,
da Aug' und Herze ſchauet, was es geglaubet hat. — Das
giebt Seelenruhe mitten im Tumult der Welt. Sehet ſie an
Paulus.

Sehet

3.

ben ruhigen Apoſtel.

V. 37 u. 38. „Als aber Paulus jetzt zum Lager einge=
führet ward, ſprach er zum Hauptmann: Darf ich mit dir
reden? Er aber ſprach: Kannſt du Griechiſch? Biſt du nicht
der Egypter, der vor bieſen Tagen einen Aufruhr gemacht hat
und führeteſt in die Wüſte hinaus viertauſend Meuchelmörder?“
Wo ein Anderer bie Faſſung verloren hätte in ſo entſetzlicher
Tobesgefahr, da behält ein Mann Gottes bie volle Geiſtes=
gegenwart. Wo ein Anderer jebes Wort hätte für wegge=
worfen gehalten an ein ſo raſenbes Volk, da bittet Paulus
um Erlaubniß zu reben, um wo möglich das aufgebrachte
Volk zu belehren und zu beſchwichtigen. Da fällt einem jenes
Liebeswort ein: Unverzagt und ohne Grauen ſoll ein Chriſt,
wo er iſt, ſtets ſich laſſen ſchauen; wollt' ihn auch der Tod
aufreiben, ſoll der Muth bennoch gut und ſein ſtille bleiben. —
Der römiſche Stabthauptmann verwundert ſich, daß der Mann
Griechiſch rebet und alſo zu den Gebildeten gehört. Er hatte ihn
für einen egyptiſchen Empörer gehalten, der einige Jahre zuvor
mit 4000 Banditen einen Aufruhr gegen bie Römer angefangen
hatte; ſeine Anhänger hatte er auf ben Oelberg geführt und ihnen
prophezeiht: ſie würden die Mauern Jeruſalems einfallen ſehen,
wie einſt Jerichos Mauern. Aber ſie wurden von ben römiſchen
Truppen elenb niebergehauen und zerſtreut. Der Rädelsführer

entkam, und so meinte der römische Hauptmann, derselbe habe
sein Spiel auf's Neue beginnen wollen und verwechselte den
Apostel mit dem Räuberhauptmann. So müssen Gottes Kinder
sich oft verkennen lassen von der blinden Welt und sich trösten:
der Herr kennet die Seinen. Paulus aber giebt mit würde-
voller Ruhe Auskunft über seine Person.

V. 39. „Paulus aber sprach: Ich bin ein jüdischer
Mann von Tarsen, ein Bürger einer namhaftigen Stadt in
Cilicien; ich bitte dich, erlaube mir zu reden zu dem Volk.“
Der Kommandant, der mehr und mehr Achtung fühlte vor
diesem merkwürdigen Manne, erlaubte ihm zu reden.

V. 40. „Als er aber ihm erlaubte, trat Paulus auf
die Stufen, und winkete dem Volk mit der Hand. Da nun
eine große Stille ward, redete er zu ihnen auf ebräisch, und
sprach.“ Nun macht unser Apostel die Stufen der Zions-
burg zu seiner Kanzel und winkt Stille mit seiner gefesselten
Hand. „Da ward eine große Stille.“ Der Tumult legte
sich, Alles horchte auf; denn in diesem gefesselten, zerschlagenen,
todtbleichen Manne zeigte sich etwas von der Majestät des
Menschensohns, wie er den Sturm und das Meer bedräuete:
„da ward es ganz stille.“ Was Paulus zum Volke gesprochen,
werden wir das nächstemal hören; heut aber gehen wir heim
mit dem Gefühl: es ist doch etwas Edles und Schönes um
die Seelenruhe eines gläubigen Herzens, das mit dem Psalmisten
bezeugt: Wer unter dem Schirme des Höchsten sitzet und unter
dem Schatten des Allmächtigen bleibet, der spricht zu dem
Herrn: Meine Zuversicht und meine Burg, mein Gott, auf
den ich hoffe. Herr mach auch uns stark im Glauben an dich
und fest im Vertrauen auf unsern Heiland, dann können wir
in den Aengsten des Lebens und in den Nöthen des Todes
sprechen:

Nichts, nichts kann mich verdammen,
Nichts macht hinfort mir Schmerz,
Die Höll' und ihre Flammen
Sie ängsten nicht mein Herz;
Kein Urtheil mich erschrecket,
Kein Unheil mich betrübt,
Weil mich mit Flügeln decket
Mein Heiland, der mich liebt.

(P. Gerhardt.)

Amen.

LXVII.

Der Rückblick eines Gottesknechts.

Kap. 22, V. 1—24. Ihr Männer, lieben Brüder und
Väter, höret mein Verantworten an euch. Da sie aber höreten,
daß er auf ebräisch zu ihnen redete, wurden sie noch stiller.
Und er sprach: Ich bin ein jüdischer Mann, geboren zu Tar=
sen in Cilicien, und erzogen in dieser Stadt, zu den Füßen
Gamaliels, gelehret mit allem Fleiß im väterlichen Gesetz;
und war ein Eiferer um GOtt, gleichwie ihr alle seid heutiges
Tages. Und hab diesen Weg verfolget bis an den Tod. Ich
band sie, und überantwortete sie ins Gefängniß, beide Männer
und Weiber. Wie mir auch der Hohepriester und der ganze
Haufe der Aeltesten Zeugniß giebt, von welchen ich Briefe
nahm an die Brüder, und reisete gen Damascon, daß ich,
die daselbst waren, gebunden führete gen Jerusalem, daß sie
gepeiniget würden. Es geschah aber, da ich hinzog, und nahe
bei Damascon kam, um den Mittag, umblickte mich schnell
ein großes Licht vom Himmel. Und ich fiel zum Erdboden,
und hörete eine Stimme, die sprach zu mir: Saul, Saul,
was verfolgest du mich? Ich antwortete aber: HErr, wer
bist du? Und er sprach zu mir: Ich bin JEsus von Naza=
reth, den du verfolgest. Die aber mit mir waren, sahen das
Licht, und erschraken; die Stimme aber des, der mit mir
redete, höreten sie nicht. Ich sprach aber: HErr, was soll
ich thun? Der HErr aber sprach zu mir: Stehe auf, und
gehe in Damascon; da wird man dir sagen von allem, das
dir zu thun verordnet ist. Als ich aber vor Klarheit dieses

Lichts nicht sehen konnt, ward ich bei der Hand geleitet von
denen, die mit mir waren, und kam gen Damascon. Es war
aber ein gottfürchtiger Mann nach dem Gesetz, Ananias, der
ein gut Gerüchte hatte bei allen Juden, die daselbst wohneten.
Der kam zu mir, und trat bei mich, und sprach zu mir:
Saul, lieber Bruder, siehe auf. Und ich sahe ihn an zu der=
selbigen Stunde. Er aber sprach: GOtt unserer Väter hat
dich verordnet, daß du seinen Willen erkennen solltest, und
sehen den Gerechten und hören die Stimme aus seinem Munde.
Denn du wirst sein Zeuge zu allen Menschen sein des, das du
gesehen und gehöret hast. Und nun, was verzeuchst du?
Stehe auf, und laß dich taufen, und abwaschen deine Sün=
den und rufe an den Namen des HErrn. Es geschah aber,
da ich wieder gen Jerusalem kam, und betete im Tempel,
daß ich entzücket ward, und sahe Ihn. Da sprach er zu mir:
Eile, und mache dich behend von Jerusalem hinaus; denn
sie werden nicht annehmen dein Zeugniß von mir. Und ich
sprach: HErr, sie wissen selbst, daß ich gefangen legte und
stäupete die, so an dich glaubten, in den Schulen hin und
wieder; und da das Blut Stephani, deines Zeugen, vergossen
ward, stund ich auch daneben, und hatte Wohlgefallen an
seinem Tode, und verwahrete denen die Kleider, die ihn
tödteten. Und er sprach zu mir: Gehe hin; denn ich will
dich ferne unter die Heiden senden.

„So führst du doch recht selig, Herr, die Deinen,
Ja selig und doch meist verwunderlich,
Wie könntest du es böse mit uns meinen,
Da deine Treu nicht kann verleugnen sich;
Die Wege sind oft krumm und doch gerad,
Worauf du läßt die Kinder zu dir gehn,
Da pflegt es wunderseltsam auszusehn,
Doch triumphirt zuletzt dein hoher Rath."

Diese Liebesworte sind wohl kaum je in einem christlichen
Lebenslauf so merkwürdig und augenscheinlich bestätigt worden,
wie in dem vielbewegten Leben unsres Apostels Paulus. Da

hieß es auch: „die Wege sind oft krumm und doch gerad." Auf
einem großen Umweg hat ihn der Herr zu dem gemacht, was
er werden sollte. Von einem weiten Irrweg hat ihn die Gnade
seines Heilands herumgeholt und ins rechte Geleise gebracht.
Gewaltige Hindernisse in seiner Natur, in seiner Erziehung,
in seiner Umgebung standen der Bekehrung dieses Mannes ent=
gegen — „doch triumphirt zuletzt sein hoher Rath"; der hohe
Rath dessen, der die Menschenherzen wie Wasserbäche lenkt,
der hohe Rath dessen, der seinem Sohne verheißen: Ich will
dir große Menge zur Beute geben, und du sollst die Starken
zum Raube haben — der triumphirt zuletzt über alle Hinder=
nisse der Welt und macht aus einem Saulus einen Paulus.
Ebendeßwegen war auch dieser Paulus von seiner Bekehrung
an seiner Sache so gewiß, so getrost in seinem Glauben, so
stark in seinem Amt, so freudig in seinem Lauf, so unerschüt=
terlich unter allen Stürmen, weil er sich bewußt war: nicht
ich habe diesen Weg erwählt, sondern Einer der stärker ist als
ich, dem ich nicht widerstehen konnte. Es ist des Herrn Wille,
der mich dahin geführt hat, wo ich nicht hin wollte; es ist Gottes
Gnade, durch die ich bin was ich bin.

In diesem Bewußtsein steht er auch heute vor uns ruhig
und unerschüttert, trotzdem daß die wildesten Leidenschaften
eines aufgeregten Volkes ihn umtoben, die drohendste Todes=
noth ihn umgibt. Im Tempel zu Jerusalem von den Juden
ergriffen, war er der Gefahr, vom wüthenden Pöbel als Tempel=
schänder gesteinigt zu werden, soeben durch die Dazwischenkunft
des römischen Stadthauptmanns und seiner Soldaten entrissen
worden und hatte auf seine Bitte die Erlaubniß erhalten, von
den Stufen des Zionsberges aus eine Ansprache an das ver=
sammelte Volk zu halten. Und so erzählt er ihnen denn in der
Kürze seinen ganzen Lebenslauf und namentlich die Geschichte

seiner Bekehrung, um sie zu überzeugen, daß er nichts Anbres gethan habe, als was Er im Gehorsam gegen Gott thun mußte.

Auch für uns ist er lehrreich und erbaulich, dieser

Rückblick eines treuen Gottesknechts auf seinen Lebenslauf.

Wir sehen da
1) die Irrwege des natürlichen Menschen;
2) die Gnadenwege des großen Gottes;
3) die Berufswege eines Dieners Jesu Christi.

1.

Auf die Irrwege des natürlichen Menschen blickt Paulus zurück, V. 3—5.

V. 3. „Ich bin ein jüdischer Mann, geboren zu Tarsen in Cilicien, und erzogen in dieser Stadt, zu den Füßen Gamaliels, gelehret mit allem Fleiß im väterlichen Gesetz; und war ein Eiferer um Gott, gleichwie ihr alle seid heutigen Tages." Ich bin ein jüdischer Mann, redet Paulus seine Zuhörer an in hebräischer Sprache, also euer Landsmann und Volksgenosse durch meine Geburt, wenn auch auswärts, zu Tarsus, in der kleinasiatischen Landschaft Cilicien, geboren. Und wie durch meine Abkunft, so bin ich durch meine Erziehung der Eure, denn hier in dieser Stadt Jerusalem bin ich erzogen, und zwar zu den Füßen Gamaliels, als ein Schüler des berühmten Pharisäers und Schriftgelehrten, den ihr alle kennet und bei dem ich mit allem Fleiß im väterlichen Gesetz Mosis unterrichtet wurde, sodaß auch meine Geistesrichtung eine streng jüdische war, „denn ich war ein Eiferer um Gott gleich wie ihr Alle seid heutigen Tags". — Ja ich war auch Eins mit euch in der Feindschaft gegen das Christenthum.

B. 4. „Und habe diesen Weg verfolget bis an den Tod.
Ich band sie, und überantwortete sie ins Gefängniß, beide
Männer und Weiber." „Und habe diesen Weg" — d. h. den
Weg des Heils, wie ihn das Evangelium zeigt, — „verfolgt
bis an den Tod". Da mochte ihm wohl der sterbende Stefanus vor die Seele treten, dessen Mördern er die Kleider hütete.
„Ich band sie" (wie ich jetzt gebunden bin) und überantwortete sie ins Gefängniß, beide, Mann und Weib; (auch die
zarten Frauen schonte ich nicht in meiner blinden Wuth). Und
für das Alles kann ich Zeugen aufrufen, sehr ansehnliche hier
in eurer Stadt.

B. 5. „Wie mir auch der Hohepriester und der ganze
Haufen der Aeltesten Zeugniß gibt, von welchen ich Briefe
nahm an die Brüder, und reisete gen Damascus, daß ich, die
daselbst waren, gebunden führete gen Jerusalem, daß sie gepeiniget würden." Gewiß nicht ohne tiefen Schmerz und
göttliche Traurigkeit hat Paulus auf diese Irrwege seiner
Jugend zurückgeschaut, und die edlen Kräfte, die schönen Jahre
bedauert, die er zwar in wohlgemeintem Eifer, aber doch in
thörichter Verblendung, in der Feindschaft wider den Gesalbten
des Herrn verloren hatte. Was helfen die schönsten Naturan-
lagen, mit denen dieser Jüngling Saulus ausgestattet war vor
Vielen, was hilft alle Gelehrsamkeit und alles Wissen, wie er
sich solches zu den Füßen Gamaliels gesammelt hatte, so lange
beides noch im Dienste eines unwiedergeborenen Willens steht, so
lange das Herz nicht die rechte Stellung gefunden, so lange die
Gnade Gottes dem Menschen nicht die rechte Lebensrichtung gegeben hat! — So beklagte 300 Jahre später auch der große
Kirchenvater Augustin in seinen Bekenntnissen die Irrwege, die
er als Jüngling gegangen, da er, ausgestattet mit den glänzendsten Geistesgaben und mit allen Schätzen des Wissens, doch seine

schöne Jugendzeit im Dienste der Eitelkeit, des Ehrgeizes, der Sinnenlust vergeudet habe, ehe endlich die Gnade Gottes den Sieg gewann über seine feurige Natur. — So gieng auch unser Luther in seiner Jugend in dem falschen Gesetzeswahn dahin, durch mönchische Kasteiungen und eigene Gerechtigkeit sich den Himmel zu verdienen, bis ihm die evangelische Wahrheit auf= gieng: aus Gnaden seid ihr selig worden durch den Glauben. — So muß mancher bekehrte Christ, nachdem er endlich den Weg des Lebens gefunden, mit tiefer Scham und bittrer Weh= muth zurückblicken auf die Irrwege seiner Jugend, wo er in offener Gottesfeindschaft oder doch in langer Gottentfremdung, in grobem Sündendienst oder doch im Dienste der Eitelkeit, schöne Jahre verloren hat, so daß er schmerzlich einstimmt in die Klage: „Ach! daß ich dich so spät erkennet, du hochgelobte Liebe du, und dich nicht eher mein genennet, du höchstes Gut und wahre Ruh; es ist mir leid und bin betrübt, daß ich so spät geliebt!" — Doch besser spät als nie! Glücklich wer frühe schon den Herrn gefunden, wer von Kind auf nie seinen Gott und Heiland aus dem Auge verloren hat und ohne Reue zurückblicken darf auf eine reine, fleckenlose Jugend. Aber auch der ist noch selig zu preisen, der als Feuerbrand aus dem Feuer gerettet wurde, den von den Irrwegen der ungebändigten Natur die rettende Gnade Gottes herumholte, ehe es hieß: es ist zu spät! So unsern Paulus. Er gedenkt nun

2.

der Gnadenwege des großen Gottes in seinem Lebens= laufe B. 6—11. So erzählt er die ewig denkwürdige Ge= schichte seiner Bekehrung, wie wir sie schon im 9. Kapitel gehabt haben.

B. 6 u. 7. „Es geschah aber, da ich hinzog, und nahe bei

Damascon kam, um den Mittag, umblickte mich schnell ein groß Licht vom Himmel. Und ich fiel zum Erdboden, und hörete eine Stimme, die sprach zu mir: Saul, Saul, was verfolgest du mich?" Schon war ich nahe bei Damaskus, fast am Ziel meines Feldzugs gegen die Gemeinde des Herrn, ganz erfüllt von finstern Gedanken des Hasses und blinden Eifers, die Noth war am höchsten, aber auch Gott am nächsten. — Um den Mittag, also zu einer Stunde, wo man keine Gespenster sieht und sich nicht mit Visionen täuscht, umleuchtete mich — blitzgleich — ein helles Licht vom Himmel, und da ich (geblendet von dem Licht, getroffen von dem Strahl) zu Boden stürzte, hörte ich eine Stimme vom Himmel: Saul, Saul, was verfolgst du mich?

V. 8. „Ich antwortete aber: HErr, wer bist du? Und er sprach zu mir: Ich bin JEsus von Nazareth, den du verfolgest." Ich aber, bebend vor dieser himmlischen Erscheinung, bis ins Herz getroffen von dieser überirdischen Stimme, frage: Herr, wer bist du? Und die Antwort war: Ich bin Jesus von Nazareth, den du verfolgest! — Der, dessen Namen ich schmähte, dessen Gemeinde ich verfolgte, dessen Glieder auf Erden ich mißhandelte, offenbarte mir seine göttliche Majestät und deckte mir meine Thorheit und meinen Frevel auf, indem er mir klagend, strafend, warnend, mahnend vom Himmel herab zurief: Ich bin Jesus von Nazareth, den du verfolgest. Und zum Zeugniß, daß ich mich nicht täuschte, spürten auch meine Begleiter etwas Ueberirdisches, wenn sie auch nicht deutlich verstanden was ich vernahm.

V. 9. „Die aber mit mir waren, sahen das Licht, und erschracken; die Stimme aber deß, der mit mir redete, höreten sie nicht."

V. 10. „Ich aber, — tief erschüttert, demüthig gebeugt,

im Innersten gebrochen, — sprach: Herr, was soll ich thun? Der
Herr aber sprach: Stehe auf und gehe in Damaskus, da wird
man dir sagen von Allem, das dir zu thun verordnet ist."
V. 11. „Als ich aber vor Klarheit dieses Lichtes nicht
sehen konnte, ward ich bei der Hand geleitet von denen, die
mit mir waren, und kam gen Damaskus." Geblendet von
dem himmlischen Licht, betäubt von der göttlichen Stimme,
unfähig zu sehen und zu gehen, werde ich als ein geschlagener
Mann hineingeleitet in die Stadt, in die ich einzuziehen ge=
dacht hoch zu Roß als ein finstrer Racheengel; zitternd wie ein
Lamm ziehe ich ein gen Damaskus, wo ich als ein reißender
Wolf einbrechen wollte in die Heerde Christi. Wie das ge=
kommen, das weiß ich nicht und kann's nicht erklären, es ist
und bleibt ein Wunder vor meinen Augen; es hieß eben bei
mir: Herr, du hast mich überredet und ich habe mich über=
reden lassen, du bist mir zu stark gewesen und hast gewonnen.

So erzählt Paulus seinem Volk die Geschichte seiner
Bekehrung; so haben wir sie fast Wort für Wort im 9. Kapitel
schon gelesen; so erzählt er's im 26. Kapitel noch einmal vor
dem Landpfleger Festus und dem König Agrippa; zum Zeugniß,
wie unvergeßlich ihm jener Tag bei Damaskus war, wie un=
auslöschlich das was er dort erlebt, seiner Seele sich eingeprägt
hatte. War ja doch jene Mittagsstunde bei Damaskus der
Wendepunkt seines ganzen Lebens; gieng ja von jener himm=
lischen Lichterscheinung dort auf dem Feld ein ganz neues
Licht der Gnade und Wahrheit ihm auf, das selige Licht der
Erkenntniß seines Gottes und Heilandes, in welchem er hinfort
lebte und wirkte, kämpfte und siegte, und zu welchem er viel
tausend Seelen seither ein Wegweiser geworden ist durch seine
Predigt und sein Exempel. Was unser Paulus lebenslang
fühlte im Rückblick auf jene Gnadenstunde bei Damaskus, das

ist ausgedrückt in jenen Liebesworten: „Mir ist Erbarmung
widerfahren, Erbarmung, beren ich nicht werth; ich zähl' es
zu dem Wunderbaren, mein stolzes Herz hat's nie begehrt; nun
weiß ich das unb bin erfreut unb rühme bie Barmherzigkeit."
Unb er selber hat es ausgesprochen, wenn er an Timotheus
schreibt: „Ich danke unsrem Herrn Jesu Christo, ber mich stark
gemacht unb treu geachtet hat unb gesetzt in das Amt; ber ich
zuvor war ein Lästerer unb ein Verfolger unb ein Schmäher, aber
mir ist Barmherzigkeit widerfahren, denn ich habs unwissend
gethan im Unglauben. Es ist aber besto reicher gewesen bie
Gnade des Herrn sammt bem Glauben unb ber Liebe, bie in
Christo Jesu ist. Denn das ist je gewißlich war unb ein
theuer werthes Wort, baß Christus Jesus kommen ist in bie
Welt, bie Sünder selig zu machen, unter welchen ich ber vor=
nehmste bin. Aber barum ist mir Barmherzigkeit widerfahren,
auf baß an mir fürnehmlich Jesus Christus erzeigete alle Ge=
bulb, zum Exempel benen bie an ihn glauben sollen zum
ewigen Leben." 1 Tim. 1. Unb zu biesen, meine Lieben, benen
Gottes Gnadenwege im Lebenslauf seines Knechts Paulus
zum Exempel bienen sollen, gehören auch wir. So plötzlich
zwar unb so wunderbar kommt selten einem bie Gnadenstunde
wie bort unsrem Saulus bei Damaskus, unb nicht jeber Jünger
Christi muß wie Paulus ben Tag unb bie Stunde angeben
können, wo ihm zuerst bas Licht bes neuen Lebens aufgegangen
ist, muß genau ben Ort unb bie Stelle bezeichnen können, wo
zuerst ber Ruf Gottes ihm siegreich ins Herz gebrungen ist,
benn nicht alle Seelen führt ber Herr auf gleiche Weise. „Er
will sein Werk nicht auf Gesetze bauen, so bie Vernunft unb
gute Meinung stellt; er kann ben Knoten mit bem Schwert
zerhauen, unb sanft auflösen, wie es ihm gefällt." Aber zweierlei
was bort bem Saulus widerfuhr, muß auch uns widerfahren,

wenn Gottes Gnade sich an uns verherrlichen will: Ein Licht von oben und ein Ruf von oben. Wie den Saulus dort das Himmelslicht bei Damaskus umflammte und ihm den Abgrund zeigte, an dem er stand und ihm den neuen Weg offenbarte, den er sofort gehen sollte, so muß auch uns das Licht der göttlichen Gnade und Wahrheit aufgehen in der Finsterniß unsres Herzens, daß wir unser Elend erkennen und den Weg des Friedens finden. Und wie dem Saulus dort die Stimme von oben ins Herz drang, so muß auch uns die Stimme der ewigen Liebe, der Hirtenruf Jesu Christi, in die Seele bringen: Ich bin's, Jesus, dein Heiland, der da ruft! Wohl uns, wenn auch wir nicht wider den Stachel löcken, sondern auf den Ruf der göttlichen Gnade antworten mit der Frage eines heilsbegierigen Herzens: Herr, wer bist du? und dann, wenn wir wissen wer uns gerufen, uns ihm zum Dienst und Eigenthum ergeben, mit der Frage kindlichen Gehorsams: Was willst du, daß ich thun soll? Liebe, die mich hat gebunden an ihr Joch mit Leib und Sinn, Liebe, die mich überwunden und mein Herz hat ganz dahin, Liebe, dir ergeb' ich mich, dein zu bleiben ewiglich. — Hast du schon so etwas erfahren, mein Christ? Siehe, dann kann dich der Herr auch brauchen in seinem Dienst. Blicket noch

3.

auf die Berufswege des Dieners Jesu Christi, die unserm Apostel sich aufthun durch die Gnadenführung des Herrn. V. 12—21.

Zweimal sagt der Herr seinem Knecht, was er aus ihm machen will durch seine Gnade. Zuerst sendet er ihm zu Damaskus einen treuen Freund und Tröster zu in der Person des Ananias, der ihm den Weg zeigt aus der Finsterniß zum

Licht und den Beruf anweist, zu dem der Herr ihn auserkoren,
B. 12—16. Dann zu Jerusalem im Tempel spricht der Herr
selbst im Gesichte zu ihm und weist ihm sein Zeugenamt an:
Gehe hin, denn ich will dich ferner unter die Heiden senden,
B. 17—21. Und ob auch Fleisch und Blut noch manches
„Wenn" und „Aber" hat gegen den Befehl des Herrn — wie
er denn in Jerusalem, wo er zuerst gegen den Herrn gesündigt
hatte, ihm am liebsten auch gedient hätte, — Gottes Rath
bringt durch wider alle menschliche, auch gut gemeinte Ein-
wendungen. Was er ihm vorgenommen, und was Er haben
will, das muß doch endlich kommen zu seinem Zweck und
Ziel. Und ob auch der treue Knecht schwere Arbeit hatte auf
seinem Berufsweg: der Herr, der ihn ins Amt gesetzt, hat ihn
auch stark gemacht und seinen Dienst gesegnet; muthig und
getrost steht er nach mehr als zwanzigjähriger Arbeit hier vor
unsern Augen und blickt mit gutem Gewissen auf seine Laufbahn zurück, und am Abend seines Lebens kann er sein Haupt
niederlegen mit dem Bekenntniß: Ich habe einen guten Kampf
gekämpft, ich habe den Lauf vollendet, ich habe Glauben gehalten, hinfort ist mir beigelegt die Krone des Lebens. —
Uns, Geliebte, hat der Herr so eine schwere Laufbahn nicht
angewiesen, so einen großen Beruf nicht vertraut. Aber wenn
wir nur seine Gnade erfahren haben, dann können wir seinem
Reiche dienen auch auf dem niedersten Posten; wenn wir nur
seinen Frieden im Herzen tragen, dann werden wir auch zufrieden sein mit jedem Beruf, den er in der Welt uns anweist,
und mit jedem Wege, den er hienieden uns führt. So helfe
uns denn der Herr, daß auch wir noch Alle sagen können:
mir ist Barmherzigkeit widerfahren; ich weiß an wen ich glaube;
dann, meine Lieben, können wir getrost an seiner Hand, in

seinem Dienst unsre Wege hienieden wallen und mit Paulus sprechen: Ist Gott für uns, wer mag wider uns sein?

An seinen Händen wall' ich weiter
Und fürchte nicht was kommen mag,
Wo Sonnen glänzen, ist es heiter,
Und wo Er waltet, ist es Tag;
Er ist mit mir an jedem Morgen,
Wie er schon gestern mit mir war;
Ihm ist mein Elend unverborgen,
Mir sein Erbarmen offenbar.

(Albert Knapp.)

Amen.

LXVIII.

Der Knecht Gottes vor dem Richterstuhl der Welt.

Kap. 22, V. 22—30. Sie höreten ihm aber zu bis auf dies Wort, und huben ihre Stimme auf und sprachen: Hinweg mit solchem von der Erde, denn es ist nicht billig, daß er leben soll. Da sie aber schrieen, und ihre Kleider abwarfen, und den Staub in die Luft warfen, hieß ihn der Hauptmann in das Lager führen, und sagte, daß man ihn stäupen und erfragen sollte, daß er erführe, um welcher Ursach willen sie also über ihn riefen. Als er ihn aber mit Riemen anband, sprach Paulus zu dem Unterhauptmann, der dabei stand: Ist es auch recht bei euch, einen römischen Menschen ohn Urtheil und Recht geißeln? Da das der Unterhauptmann hörete, gieng er zu dem Oberhauptmann, und verkündigte ihm, und sprach: Was willt du machen? Dieser Mensch ist römisch. Da kam zu ihm der Oberhauptmann, und sprach zu ihm: Sage mir, bist du römisch? Er aber sprach: Ja. Und der Oberhauptmann antwortete: Ich habe dies Bürgerrecht mit großer Summe zuwegegebracht. Paulus aber sprach: Ich aber bin auch römisch geboren. Da traten alsobald von ihm ab, die ihn erfragen sollten. Und der Oberhauptmann fürchtete sich, da er vernahm, daß er römisch war, und er ihn gebunden hatte. Des andern Tages wollt er gewiß erkunden, warum er verklaget würde von den Juden, und lösete ihn von den Banden, und hieß die Hohenpriester und ihren ganzen Rath kommen, und führete Paulum hervor, und stellete ihn unter sie.

„Mir aber ist's ein Geringes, daß ich von euch gerichtet werde oder von einem menschlichen Tage, auch richte ich mich selber nicht, der Herr ist's aber, der mich richtet." So schrieb einst unser Apostel an die Korinther, durchdrungen von der Würde eines Gottesknechts, der, erhaben über das Urtheil der blinden und ungerechten Welt, Gott allein Rechenschaft schuldig ist und seinem Herrn im Himmel steht und fällt. In dieser ruhigen Würde eines Knechts Gottes, den die Welt in ihrer Thorheit und Bosheit zwar verkennen, verlästern, mißhandeln, aber in seinem innern Adel nicht antasten, in seiner hohen Seelenruhe nicht stören kann, steht unser Apostel auch heute da inmitten des jüdischen Volks und der römischen Soldaten, und seiner ruhig majestätischen, still ergebenen Haltung merkt man es auch jetzt an, daß er im Herzen sprechen konnte: „Mir ist's ein Geringes, daß ich von euch gerichtet werde oder von einem menschlichen Tage, ˉauch richte ich mich selber nicht, der Herr ist's aber, der mich richtet."

Es ist etwas Erhebendes um den Anblick eines rechten Christen, eines edlen Dulders, der mitten im Getümmel wüthender Feinde, mitten im Sturm drohender Gefahr seine Seelenruhe und seinen Geistesadel bewahrt, unerschüttert wie der Fels mitten in der tobenden Brandung, die ihm nichts anhaben darf, unbefleckt wie der Mond, umlagert vom nächtlichen Gewölk, das seine silberhelle Scheibe wohl eine Zeitlang verdecken kann, aus dem er aber doch immer wieder hervortritt mit friedevoll strahlendem Antlitz.

Da erinnert uns Paulus an seinen und unsern großen Vorgänger Jesus Christus. Wie den Herrn in seiner Leidensgeschichte, so sehen wir hier auch den Knecht zuerst vor dem Gerichte seines eigenen Volks, und dann in den Händen der Heiden. Wie der Meister, so findet auch der Jünger mehr

Mitleid, mehr Gerechtigkeit bei den heidnischen Römern, als bei seinen eigenen verblendeten und erbitterten Volksgenossen. Und wie Jesus in der Dornenkrone selbst einem Pilatus Ehrfurcht und Mitgefühl einflößte durch seine ruhige Hoheit, so gebeut auch ein Paulus als Gefangener in Ketten dem römischen Stadthauptmann Achtung durch seine würdige Haltung. Lasset uns noch etwas näher betrachten

die Geistesgröße und Seelenruhe des Gottesknechts Paulus vor dem Richterstuhl der blinden Welt,

und zwar
1) der Juden;
2) der Heiden.

1.

Vor dem Richterstuhl seines eigenen verblendeten Volkes sehen wir den Gottesknecht Paulus zuerst.

V. 22. „Sie höreten ihm aber zu bis auf dieß Wort, und hoben ihre Stimme auf und sprachen: Hinweg mit solchem von der Erde; denn es ist nicht billig, daß er leben soll." Sie hörten ihm zu bis auf dieß Wort. „Und er sprach zu mir, gehe hin, ich will dich ferner unter die Heiden senden." Das war das letzte Wort in der Vertheidigungsrede des Apostels gewesen. Und da brach der lange verhaltene Sturm los; daß also das Reich Gottes sollte unter die Heiden getragen, daß das auserwählte Volk gleichsam enterbt und seines uralten Vorzugs vor allen Völkern verlustig werden sollte, das konnte der Hochmuth dieser Stockjuden nicht ertragen. So wenig sie selbst hinein wollten in's Reich Gottes, ebensowenig wollten sie es den verachteten Heiden gönnen. Das ist ja immer noch die Art der Feinde des Kreuzes Christi: nicht nur selber wollen

sie nichts davon hören und wissen, auch Andern wollen sie's
nicht gönnen, auch das bringt sie in Wuth, wenn anderswo
die Predigt vom Kreuze mit Kraft verkündigt und mit Begierde
angenommen wird. — Mehr hatte also Paulus nicht erreicht
mit seiner so besonnenen und eindringlichen Rede, als daß
Wuth und Bosheit mit verdoppelter Gewalt losbrach: so
wenig darf die Wahrheit Eingang hoffen bei einem verblen=
deten und aufgeregten Haufen; so wenig darf man die Güte
einer Predigt immer nach dem augenblicklichen Eindruck und
dem sichtbaren Erfolge schätzen.

„Hinweg mit diesem von der Erde, denn es ist nicht billig,
daß er leben soll!" Da hören wir die Söhne jener Väter,
die 24 Jahre zuvor über einen noch Größeren geschrieen hatten:
Weg mit diesem, gieb uns Barrabam los! Da hören wir
das blinde, tolle, thörichte Volk aller Zeiten, das über seine
treuesten Warner, über seine redlichsten Freunde so oft schon
geschrieen hat: Weg mit ihm; das gegen einen Moses ge=
murrt, weil er sie von den Fleischtöpfen Egyptens weggeführt;
das einen Jeremias in die Schlammgrube geworfen, weil er
ihnen die Gerichte Gottes verkündigt; das Jesum an's Kreuz
geschlagen, weil er sein Volk selig machen wollte von ihren
Sünden; das Stefanum gesteinigt, weil er ihnen die Wahrheit
gesagt; das zu Hussens Scheiterhaufen Holz herbei trug, weil
er sie frei machen wollte von den Banden des Aberglaubens;
das auch heute noch so oft über die treuen Zeugen der Wahr=
heit das Urtheil fällt: Fort mit ihm! Nieder mit ihm! Weg
mit ihm! — Ja, ihr Verblendeten, die Zeugen der Wahr=
heit könnet ihr tödten, aber die Wahrheit lebt dennoch fort;
eure treuesten Freunde könnet ihr weg haben, wenn ihr nicht
anders wollt, aber wem schadet ihr denn damit am meisten?
Niemand, als euch selber, denn euer Heil, eure Rettung ist's,

die ihr von euch stoßet! Weg mit ihm! Paulus ist bald
hernach weggeführt worden aus Jerusalem und ist nimmer
gekommen; — aber mit ihm war die letzte Rettung weg; wer
statt ihm kam, das waren die falschen Messiasse, die das Volk
vollends in's Verderben führten, und dann zwölf Jahre nach
dieser Zeit die römischen Legionen, welche die Stadt belagerten,
eroberten und verbrannten, und hinter diesen die Adler und
die Geier, welche um das Aas sich sammelten, die Wölfe und
die Schakale, welche in den Ruinen nisteten. Wer die Zeugen
der Wahrheit von sich stößt, der stößt sein Heil von sich und
öffnet dem Unheil Thür und Thor.

V. 23. „Da sie aber schrieen, und ihre Kleider abwarfen,
und den Staub in die Luft warfen." Ein entsetzlicher Tumult,
die schauerlichen Voranstalten zur Steinigung! Sie schrieen,
um mit ihrem wilden Mordgeschrei jedes weitere Wort des
Apostels, jede Stimme der Billigkeit und Gerechtigkeit zu
übertäuben, die sich etwa für ihn erheben möchte. Sie schleu=
derten ihre Kleider in die Luft, als wollten sie sich fertig
machen zur Blutarbeit der Steinigung. Sie warfen Staub gen
Himmel als Vorspiel der Steine, die bald fliegen sollten gegen
dieses verhaßte Haupt. So ist ja auch heute noch ein losge=
lassener Pöbel, wie ihn alle Revolutionen zeigen. Man brüllt
in wilder Wuth, damit keine besonnene Stimme mehr durch=
bringen kann; man reißt die Kleider ab, wirft die letzte Hülle
der Zucht und Scham hinweg und zeigt sich in der nackten
thierischen Blöße; man macht soviel Staub als möglich, um
alles Strahlende zu schwärzen, alles Edle zu besudeln und
sich selbst und Andere zu verblenden. Und wohl kann einem
bei solchen Scenen das Wort unsres Dichters einfallen: Ge=
fährlich ist's den Leu zu wecken, verderblich ist des Tigers Zahn,

jedoch der schrecklichste der Schrecken, das ist der Mensch in
seinem Wahn!

Und nun, was sagt unser Paulus zu dem Allem? Er sagt
nichts und es wird uns nichts von ihm gesagt. Aber gerade
sein Schweigen zeigt uns ihn in seiner stillen Größe, als einen
Jünger Dessen, von dem es auch inmitten seiner tobenden Feinde
und falschen Zeugen heißt: Aber Jesus schwieg stille und ant=
wortete nichts. Ja mitten unter diesem Geschrei von Flüchen
und Verwünschungen, mitten in diesem Staub und Gedräng
sehen wir den edlen Gottesknecht dastehen voll ruhiger Würde,
mit einem Blick voll Wehmuth auf sein verblendetes Volk,
für das er so gerne sein Leben gelassen, hätte er es dadurch
retten können; mit einem Blick der Erbarmung gen Himmel,
der sagte: Herr behalte ihnen diese Sünde nicht; und mit einem
Blick des getrosten Glaubens, der da sprach: Ist Gott für uns,
wer mag wider uns sein. — Ist Gott für mich, so trete gleich
Alles wider mich, so oft ich ruf und bete, weicht Alles hinter
sich; hab ich das Haupt zum Freunde und bin geliebt bei Gott,
was kann mir thun der Feinde und Widersacher Rott? — Selig,
wer das nachsprechen kann in Kraft des Glaubens und eines
versöhnten Gewissens. Und ebenso würdig und edel steht nun
unser Paulus

2.

vor der heidnischen Obrigkeit.

V. 24. „Hieß ihn der Hauptmann in das Lager führen,
und sagte, daß man ihn stäupen und erfragen sollte, daß er
erführe, um welcher Ursache willen sie also über ihn riefen."
Mehr Gerechtigkeit und Menschlichkeit allerdings als bei seinem
eigenen Volk findet der mißhandelte Paulus bei dem heidnischen
Hauptmann, der ihn aus dem rasenden Volksgetümmel ins
Lager, in die Kaserne, in die Burg Antonia hinauf in Sicher-

heit bringen läßt. Aber volles Recht, Achtung für seine wahre
Würde kann er auch dort nicht erwarten; denn er trägt ja den
Adel seiner Gotteskindschaft, wie die meisten Knechte des Herrn,
verborgen unter unscheinbarer Hülle. Ja der römische Befehls=
haber, in der Meinung, die Wuth des Volks müsse doch ihren
Grund haben in irgend einer Schuld dieses Mannes, die er
nicht eingestehen wollte, befiehlt, Peitschenhiebe als Foltermittel
anzuwenden, um ihm das Geständniß seines Verbrechens zu
erpressen. Auch in dem sonst so vielfach musterhaften Rechts=
verfahren der Römer war ein solches Foltermittel wenigstens
für gemeine Missethäter noch zuläßig. Aber jetzt protestirt der
Apostel.

V. 25. „Als er ihn aber mit Riemen anband, sprach Pau=
lus zu dem Unterhauptmann, der dabei stand: Ist es auch
recht bei euch, einen römischen Menschen ohne Urtheil und Recht
geißeln?" Ein römischer Bürger durfte mit der entehrenden
Strafe der Geißelung gar nicht belegt werden, weder vor noch
nach dem Geständniß. Und darauf beruft sich Paulus, indem
er sich als römischer Bürger zu erkennen gibt.

V. 26—28. „Da das der Unterhauptmann hörete, gieng
er zu dem Oberhauptmann, und verkündigte ihm, und sprach:
Was willst du machen? Dieser Mensch ist römisch. Da kam
zu ihm der Oberhauptmann, und sprach zu ihm: Sage mir,
bist Du römisch? Er aber sprach: Ja. Und der Oberhaupt=
mann antwortete: Ich habe dies Bürgerrecht mit großer Summe
zuwege gebracht. Paulus aber sprach: Ich aber bin auch römisch
geboren." — Ein Knecht Gottes fürchtet sich nicht vor der
Schmach der Welt, wenn sie nicht abgewendet werden kann,
aber er sucht sie nicht auf, er drängt sich nicht unnöthigerweise
zum Märtyrerthum. Ein Christ überschätzt nicht die äußeren
Vorzüge der Geburt, denn er weiß, daß sie nichts werth sind

ohne den innern Adel der Gesinnung, aber er wirft sie auch
nicht geflissentlich weg, sondern gebraucht ihrer, wo es dem
Reich Gottes dienen kann. Ein Jünger Jesu ruft nicht leicht
die Obrigkeit und das Gericht an, um Anderen zu schaden, aber
um von sich selbst Unrecht abzuwenden und rohe Gewalt zurück=
zuweisen, darf er getrost auch den Schutz der Gesetze in An=
spruch nehmen. So hat auch der arme Johannes Huß zu
Konstanz, wo sie ihm den Prozeß machten, sich auf das ihm
vom Kaiser zugesicherte freie Geleite berufen; nur leider um=
sonst, denn bei einem christlich deutschen Kaiser war damals
weniger Recht und Gerechtigkeit zu finden, als hier bei einem
heidnisch römischen Hauptmann; einem Ketzer brauche man
kein Wort zu halten, behauptete der Pabst, und Huß ward
verbrannt trotz des Kaisers Brief und Siegel.

So weit ists mit unsrem Apostel hier noch nicht.

V. 29. „Da traten alsobald von ihm ab, die ihn er=
fragen sollten. Und der Oberhauptmann fürchtete sich, da er
vernahm, daß er römisch war, und er ihn gebunden hatte.“
Selbst die gemeinen Kriegsknechte hatten soviel Achtung vor
dem Gesetz, daß sie von der Geiselung eines römischen Bürgers
auf der Stelle abstanden. Der Stadthauptmann aber fürchtete
sich, daß er ihm Fesseln hatte anlegen lassen, denn auch das
durfte einem römischen Bürger nicht geschehen, wenn er
nicht eines peinlichen Verbrechens überwiesen war. So löst
er ihn denn von seinen Banden und gibt ihm des andern
Tages Gelegenheit, sich nicht vor einem tobenden Straßenpöbel,
sondern vor den Obersten seines Volkes, vor den Schranken
des hohen Raths zu verantworten.

V. 30. „Des andern Tages wollt er gewiß erkunden,
warum er verklaget würde von den Juden, und lösete ihn von
den Banden, und hieß die Hohenpriester und ihren ganzen

Rath kommen, und führete Paulum hervor, und stellete ihn unter sie." So weiß sich der edle Gottesknecht durch seine würdige Haltung und ruhige Besonnenheit selbst bei einem heidnischen Kriegshauptmann Achtung zu verschaffen. Freilich am meisten das, daß er das römische Bürgerrecht besaß, dieser äußere Vorzug der Geburt, bewahrte ihn vor Ruthenhieben und verlieh ihm eine unverletzliche Würde in den Augen der römischen Soldaten, denn äußere Vorzüge besonders fallen ins Gewicht in der Wagschale der Welt. Wir aber beugen uns in Ehrfurcht vor ihm und sehen mit Bewunderung an ihm hinauf, nicht um dieses römischen Bürgerrechts willen, das längst seine Geltung verloren hat, sondern wegen seiner Geistesgröße, wegen seines Seelenadels, in welchem er dasteht als ein edler Gottesknecht, als ein kühner Glaubenshelden, als ein echter Bürger des Himmelreichs, als einer von denen, welchen das Lied zu Ehren sagt: Christen erwarten in allerlei Fällen Jesum mit seiner allmächtigen Hand, mitten in Stürmen und tobenden Wellen führt er das Schiff des Glaubens ans Land. Wenn sie die Nächte der Trübsal bedecken, kann doch ihr Grauen sie wenig erschrecken. Jauchzen die Feinde zur Rechten und Linken, drohet und hauet ihr blinkendes Schwert, lassen doch Christen die Häupter nicht sinken, denen sich Jesus im Herzen verklärt; wüthen die Feinde mit Schnauben und Toben, schauen sie dennoch voll Trostes nach oben. — Nun, meine Lieben, lasset das auch uns von Paulo lernen, lasset das auch uns vom Herrn uns erbitten, getrost im Glauben nach oben zu schauen, wo der Allmächtige thront, ohne dessen Willen kein Haar von unserm Haupte fällt; nach oben, von wo der erhöhete Heiland seinem Knechte zuruft: Sei getreu bis in den Tod, so will ich dir die Krone des Lebens geben; nach oben, von wo die Lichter der ewigen Heimath hernieder funkeln in

die Nacht dieser Welt. Mit diesem Glaubensblick nach oben
kann der Christ aufrecht stehen in den Stürmen des Lebens
und in den Nöthen des Todes und sprechen: Ich bin gewiß,
daß weder Tod noch Leben, weder Engel noch Fürstenthum,
noch Gewalt, weder Gegenwärtiges noch Zukünftiges, weder
Hohes noch Tiefes, noch keine andere Kreatur mag uns scheiden
von der Liebe Gottes, die in Christo Jesu ist, unserm Herrn.
(Röm. 8, 38, 39.)

> Kein Engel, keine Freuden,
> Kein Thron noch Herrlichkeit,
> Kein Lieben und kein Leiden,
> Nicht Angst noch Fährlichkeit,
> Was man nur kann erdenken,
> Es sei klein oder groß,
> Der Keines soll mich lenken
> Aus deinem Arm und Schooß!
>
> (P. Gerhardt.)

Amen.

LXIX.

Paulus vor dem hohen Rath.

Kap. 23, V. 1—11. Paulus aber sahe den Rath an, und sprach: Ihr Männer, lieben Brüder, ich habe mit allem gutem Gewissen gewandelt vor GOtt, bis auf diesen Tag. Der Hohepriester aber, Ananias, befahl denen, die um ihn stunden, daß sie ihn aufs Maul schlügen. Da sprach Paulus zu ihm: GOtt wird dich schlagen, du getünchte Wand; sitzest du, und richtest mich nach dem Gesetz, und heißest mich schlagen wider das Gesetz? Die aber umher standen, sprachen: Schiltst du den Hohenpriester GOttes? Und Paulus sprach: Lieben Brüder, ich wußt es nicht, daß er der Hohepriester ist, denn es stehet geschrieben: Dem Obersten deines Volks sollst du nicht fluchen. Als aber Paulus wußte, daß ein Theil Sadducäer war, und der andere Theil Pharisäer, rief er im Rath: Ihr Männer, lieben Brüder, ich bin ein Pharisäer und eines Pharisäers Sohn; ich werde angeklagt um der Hoffnung und Auferstehung willen der Todten. Da er aber das sagte, ward ein Aufruhr unter den Pharisäern und Sadducäern, und die Menge zerspaltete sich. Denn die Sadducäer sagen, es sei keine Auferstehung, noch Engel, noch Geist; die Pharisäer aber bekennen beides. Es ward aber ein groß Geschrei. Und die Schriftgelehrten, der Pharisäer Theil, stunden auf, stritten und sprachen: Wir finden nichts Arges an diesem Menschen; hat aber ein Geist oder ein Engel mit ihm geredt, so können wir mit GOtt nicht streiten. Da aber der Aufruhr groß ward, besorgte sich der oberste Haupt=

mann, sie möchten Paulum zerreißen; und hieß das Kriegs=
volk hinabgehen, und ihn von ihnen reißen, und in das Lager
führen. Des andern Tages aber in der Nacht stand der HErr
bei ihm und sprach: Sei getrost, Paule; denn wie du von
mir zu Jerusalem gezeuget hast, also mußt du auch zu Rom
zeugen.

„Siehe, ich sende euch wie Schafe mitten unter die Wölfe,
darum seid klug, wie die Schlangen, und ohne Falsch wie die
Tauben. — Sie werden euch überantworten vor ihre Rath=
häuser und werden euch geißeln in ihren Schulen. — Sorget
aber nicht, wie oder was ihr reden sollt, denn es soll euch zu
der Stunde gegeben werden, was ihr reden sollt.“ Diese
Weissagung des Herrn an seine Zwölfe (Matth. 16) sehen
wir auch an seinem nachberufenen Knechte Paulus hier wörtlich
erfüllt. Wir haben diesen unsern ehrwürdigen Freund bisher
auf seinem prüfungsvollen Amtslauf begleitet über Meer und
Land, durch gute und böse Gerüchte, durch Hunger und Durst
durch Blöße, Fährlichkeit und Schwert, und sind nun mit ihm
angekommen am Anfang des Endes. Zu Jerusalem, während
des Pfingstfestes, mitten im Tempel hatten feindselige Juden
aus Kleinasien ihn als einen Tempelschänder gegriffen und
einen mörderischen Volksauflauf gegen ihn erregt, wobei er
von dem rasenden Pöbel fast in Stücke gerissen worden wäre.
Aus dieser Gefahr hatte ihn der römische Stadthauptmann
errettet, der ihn über Nacht in sichern Gewahrsam brachte auf
der Burg und nun am andern Tag dem hohen Rath vorführte,
daß er sich verantworte. Da steht denn der treue Gottes=
knecht im Rathhaus und Gerichtssaal, wie einst der Meister
voraus gesagt, und führt seine Sache, so gut er's versteht, mit
Taubeneinfalt und mit Schlangenklugheit, und so wenig er
auch Recht findet vor seinen ungerechten Richtern, und so

stürmisch es auch hergeht in dem Gerichtssaale, wo Wahrheit und Weisheit thronen, wo Gerechtigkeit und Friede sich küssen sollten: sein Herr führt ihn doch unverletzt durch's Getümmel und tröstet ihn mit dem seligen Zuspruch seines Gnadenbeistands auch für die Zukunft.

Wir wollen uns das Alles nun etwas näher ansehen und betrachten:

Paulus vor dem hohen Rath in Jerusalem.

Wir vernehmen da

1) des Apostels gutes Bekenntniß,
2) seiner Richter ärgerlichen Zwiespalt,
3) seines Herrn tröstlichen Zuspruch.

1.

Des Apostels gutes Bekenntniß.

V. 1. „Paulus aber sahe den Rath an" — mit festem Blick, nach dem griechischen Text — „und sprach: Ihr Männer, lieben Brüder, ich habe mit allem guten Gewissen gewandelt vor Gott, bis auf diesen Tag." Das ist ja schon ein gutes Bekenntniß vor vielen Zeugen. Paulus sahe den Rath an. Schon in diesem Blick lag viel, den der gefangene Apostel fest und klar auf der gewaltigen Versammlung ruhen ließ. Es lag darin vor Allem die Ruhe eines guten Gewissens, das ihn die Augen getrost aufschlagen ließ vor der Welt, nach der Regel: Unverzagt und ohne Grauen soll ein Christ, wo er ist, stets sich lassen schauen. Es lag darin vielleicht auch etwas von der heiligen Wehmuth, dem höchsten Gerichtshof seines eigenen Volkes, diesen blinden Blindenleitern, so gegenüberstehen zu müssen, als ein Gebundener um der Wahrheit willen, und in dieser ungerechten, feindseligen Rathsversammlung erfüllt zu

sehen, was der Prediger sagt (3, 16): Weiter sahe ich unter
der Sonne Stätten des Gerichts, da war ein gottloses Wesen
und Stätten der Gerechtigkeit, da waren Gottlose. Doch der
treue Zeuge läßt sich dadurch nicht schrecken. Ruhig beginnt
er seine Verantwortung: „Ihr Männer, lieben Brüder, ich
habe mit allem guten Gewissen gewandelt vor Gott, bis auf
diesen Tag." — Ein gutes Gewissen, das ist der feste, blanke,
fleckenlose Schild, den er seinen Feinden entgegenhält. Das
Bewußtsein, vor Gott seinen Weg gegangen zu sein, im Auf=
sehen auf ihn sein Amt geführt zu haben, zwar in Schwachheit
und Gebrechlichkeit, aber doch als ein treuer Knecht, dem es
ein redlicher Ernst ist, seine Schuldigkeit zu thun, das ist
seine Vertheidigung gegen die Beschuldigungen seiner Feinde.
Wohl dem, der den Anklagen menschlicher Bosheit gegenüber
mit Paulus sagen kann: ich habe mit allem guten Gewissen
gewandelt vor Gott, dem Allwissenden, der in's Verborgene
sieht, dem Herrn, der die Seinigen kennt. Nun, daß wir auch
mit Wahrheit uns auf den Allwissenden berufen können und
in Wirklichkeit ein gutes, durch Gottes Gnade gereinigtes,
durch tägliches Aufsehen auf den Herrn unverletzt erhaltenes
Gewissen in uns tragen. Ein schlafendes Gewissen ist noch
kein gutes Gewissen, und auch mancher Schuldige liebt es,
vor Menschen sich auf sein gutes Gewissen zu berufen, weil
ihm eben da kein Mensch hineinsehen kann. Darum wollen
wir, wie Paulus anderswo sagt, uns üben, zu haben ein gutes
Gewissen allenthalben, beides gegen Gott und den Menschen;
(Apostelgeschichte 24, 16) und fleißig einstimmen in die fromme
Bitte: Gesunden Leib gib mir, und daß in solchem Leib die
Seele unverletzt, rein das Gewissen bleib'! — Dann können
wir auch den Faustschlägen der Welt einen ruhigen Muth ent=
gegensetzen.

B. 2. „Der Hohepriester aber, Ananias, befahl benen, bie um ihn stunben, baß sie ihn auf's Maul schlügen." Der Knecht ist nicht über ben Herrn, noch ber Jünger über ben Meister. Ganz so haben sie es ja bem Herrn selbst gemacht vor ben Schranken bes nämlichen hohen Raths. Als auch er sich auf sein reines Gewissen berief unb baß er allezeit frei öffentlich geprebigt habe vor allem Volk, ba gab ber Diener einer, bie babei stunben, Jesu einen Backenstreich unb sprach: sollst bu bem Hohepriester also antworten? Als ob es ein Verbrechen wäre, ruhig bie Wahrheit zu sagen, unb eine Beleibigung, falsche Beschulbigungen von sich abzuweisen. — Wie ber Herr bamals geantwortet, wissen wir; „Jesus antwortete: habe ich übel gerebet, so beweise es, baß es böse sei; habe ich aber recht gerebet, was schlägst bu mich?" Mit solch' himmlischer Sanftmuth freilich unb solch' göttlicher, überlegener Ruhe wie ber Meister, antwortet ber Jünger hier nicht, sonbern er braust einen Augenblick auf in natürlicher, menschlicher Entrüstung.

B. 3. „Da sprach Paulus zu ihm: GOtt wirb bich schlagen, bu getünchte Wanb; sitzest bu, unb richtest mich nach bem Gesetze, unb heißest mich schlagen wiber bas Gesetz?" Ganz gewiß ein gerechter Vorwurf. Ober ist bas nicht ein schlechter Richter, ber, während es sein heiliger Beruf ist, Recht unb Gesetz zu hanbhaben, wiber Gesetz unb Recht einen Unschulbigen mißhanbeln läßt? Verbient ber nicht eine getünchte Wanb zu heißen, ber unter ber heiligen Hülle seines weißen Priestergewanbes, vielleicht unter ber ehrwürbigen Decke seiner grauen Haare, ein arges Herz voll böser Leibenschaften hegt? Hat nicht basselbe Urtheil ber Herr selber gesprochen, wenn er bie Pharisäer übertünchte Gräber nennt unb reißenbe Wölfe, bie in Schafskleibern gehen? Auch ist bie Weissagung bes

erzürnten Apostels: Gott wird dich schlagen, du getünchte Wand,
für den ungerechten Schlag, den du mir gegeben, wirklich in
Erfüllung gegangen, als zehn Jahre nachher der Hohepriester
Ananias in einem Volksaufruhr von den Juden ermordet
wurde. — Freilich größer als der Knecht hier hat sich dort
der Meister benommen, der nicht wieder schalt, da er gescholten
ward, nicht dräuete, da er litt, und wenn's eine menschlich ge=
rechte Entrüstung war, in welcher der Apostel hier aufbraust,
so war doch etwas von Fleisch und Blut dabei, wie ja auch
die hohen Apostel keine Heilige gewesen sind, und wie ja wir
Alle, noch vielmehr als dieser edle Gottesknecht, mit Fleisch und
Blut zu kämpfen haben und immer noch lernen müssen, Unrecht
sanftmüthig ertragen, und immer wieder zu bitten haben: Hilf',
daß ich rede stets, womit ich kann bestehen, laß kein unnützes
Wort aus meinem Munde gehen, und wenn in meinem Amt ich
reden soll und muß, so gieb den Worten Kraft und Nachdruck
ohn' Verdruß! — Aber ist er um eine Linie zu weit gegangen,
mit der aufrichtigen Demuth eines Gottesknechts tritt unser
Paulus sogleich in die Schranken zurück.

V. 4 u. 5. „Die aber umher standen, sprachen: Schiltst
du den Hohepriester Gottes? Und Paulus sprach: Lieben Brüder,
ich wußte es nicht, daß es der Hohepriester ist. Denn es
stehet geschrieben: Dem Obersten deines Volkes sollst du nicht
fluchen." Etliche Ausleger haben gemeint, an diesen Worten
Pauli deuten zu müssen: den Hohepriester müsse er ja doch ge=
kannt haben, er wolle nur ironisch, mit einer Art von fein
verblümtem Vorwurf sagen: Unmöglich konnte ich glauben, daß
ein Mann, der so unwürdig und ungerecht verfährt, wirklich
der Hohepriester sei, wenn er auch auf seinem Stuhle sitzt und
sein Amtsgewand trägt. Es ist aber diese künstliche Deutung
nicht nöthig. Paulus war seit Jahren nicht in Jerusalem ge=

wesen, und mochte den damaligen Hohepriester von Angesicht
noch nie gesehen haben. Auch trug derselbe jetzt gerade weder
das hohepriesterliche Gewand, da er nicht im Tempeldienst be=
griffen war, noch führte er den Vorsitz bei der Verhandlung,
da der römische Stadthauptmann der Erste in der Versamm=
lung war. Und so meint es Paulus in vollem Ernst: hätte
ich gewußt, daß der, welcher mich mißhandeln hieß, der Hohe=
priester sei, so hätte ich's geduldig hingenommen, so Unrecht
mir geschehen ist, nicht um seiner Person, aber um seines hei=
ligen Amtes willen, denn du sollst den Obersten deines Volkes
nicht fluchen, steht geschrieben, 2. Mos. 25, und wie man der
Obrigkeit Gehorsam schuldig sei, um Gottes willen, das hat
ja unser Apostel selber uns deutlich und kräftig gesagt Röm. 1, 13.
Sehen wir in diesem offenen, bemüthigen Eingeständniß des
Apostels etwas von der Taubeneinfalt eines Jüngers Jesu, so
steht ihm nun aber auch die Schlangenklugheit zu Gebot.
	V. 6. „Als aber Paulus wußte, daß ein Theil Sabbucäer
war, und der andere Theil Pharisäer, rief er im Rath: Ihr
Männer, lieben Brüder, ich bin ein Pharisäer, und eines
Pharisäers Sohn; ich werde angeklagt um der Hoffnung und
Auferstehung willen der Todten." Um wenigstens bei Einem
Theil seiner Richter ein günstiges Gehör sich zu verschaffen,
machte Paulus das geltend, worin er den Pharisäern nahe
stehe: nicht nur seine Abkunft von einem Pharisäer und die
pharisäische Schule, die er zu Gamaliels Füßen durchgemacht
habe, sondern auch die Hoffnung, die er mit den Pharisäern
theile, die Hoffnung auf das Heil, das vom Messias
kommen soll, und den Glauben, den ja auch sie haben, an eine
Auferstehung der Todten. Was ist's denn, will er sagen, was
ich seit zwanzig Jahren predige? was ist's, wofür ich in so
viel Ländern umher kämpfe und leide? was ist's, warum ich

jetzt auch vor euch stehe, mißhandelt bis auf's Blut und an=
geklagt auf den Tod? Zwei große Wahrheiten sind's, die ja
auch ihr Pharisäer im Grunde anerkennen müßt: es ist die
Lehre vom Messias, die Hoffnung Israels von Alters her, die
sich in Jesu Christo erfüllt zeigt, und es ist die Predigt von
der Auferstehung der Todten, die ich mit Macht verkünde allem
Spotte des Unglaubens zum Trotz, indem ich Jesum Christum
den Auferstandenen, predige. Konnte nicht Paulus mit Wahr=
heit so sagen? Konnte er nicht hoffen, in diesen beiden Wahr=
heiten einen Anknüpfungspunkt für seine Predigt auch in einem
redlichen Pharisäerherzen zu finden, und von da aus diesen
oder jenen seiner Gegner weiter zu leiten in der Erkenntniß
der Wahrheit, wie ja auch er selber vom Pharisäerthum zum
Christenthum geführt worden war? Bei den leichtfertigen
Sadducäern freilich, die an keinen Geist, an keinen Engel, an
keine Ewigkeit, an nichts Ueberirdisches glaubten, da konnte
Paulus keinen Eingang hoffen für seine Predigt vom Kreuz,
darum an sie nicht, wohl aber an die ernsten Pharisäer richtet
er seine Rede. So darf und so soll ja auch heute noch ein
Prediger des Evangeliums, ohne der Wahrheit etwas zu ver=
geben, seine Predigt anknüpfen an das, was in seinen Zu=
hörern selber für's Evangelium spricht, an die Stimme ihres
eigenen Gewissens, an die Zugeständnisse ihres eigenen Ver=
standes, an die Bedürfnisse ihres eigenen Herzens, und ins=
besondere von der Kanzel hier in diesem Gotteshaus aus ist
auf diesem Weg seit zwölf Jahren schon mancher Zweifler be=
ruhigt, schon mancher Gleichgültige angefaßt, schon mancher
Suchende auf den Weg des Lebens geleitet worden, indem
ihm unser Kapff zeigte: sieh', was hier gepredigt wird, ist ja
nichts Anderes, als was dein eigenes Gewissen verlangt, dein
eigner Geist sucht, dein eignes Herz bedarf.

Freilich, indem Paulus die Pharifäer für sich zu gewinnen sucht, stößt er die Sabbucäer von sich ab. Daher nun:

2.

der ärgerliche Zwiespalt in den Reihen seiner Feinde.

V. 7, 8, 9 u. 10. „Da er aber das sagte, ward ein Aufruhr unter den Pharifäern und Sabbucäern, und die Menge zerspaltete sich. Denn die Sabbucäer sagen, es sei keine Auf= erstehung, noch Engel, noch Geist; die Pharifäer aber bekennen beides. Es ward aber ein großes Geschrei. Und die Schrift= gelehrten, der Pharifäer Theil, stunden auf, stritten und sprachen: Wir finden nichts Arges an diesem Menschen; hat aber ein Geist oder ein Engel mit ihm geredt, so können wir mit Gott nicht streiten. Da aber der Aufruhr groß ward, besorgte sich der oberste Hauptmann, sie möchten Paulum zerreißen; und hieß das Kriegsvolk hinab gehen, und ihn von ihnen reißen, und in das Lager führen." Die Pharifäer nahmen sich des Apostels an, die Sabbucäer lassen nicht von ihm ab und ge= rathen nun den Pharifäern selbst, ihren alten Widersachern, in die Haare; das Getümmel wird immer ärger, und damit Paulus nicht am Ende zerrissen wird, indem die Sabbucäer ihn greifen, die Pharifäer ihn nicht lassen wollen, und so beide Parteien ihn hin= und herzerren, muß sich der römische Stadt= hauptmann wieder in's Mittel legen, muß seine Soldaten zwischen die ergrimmten Geistlichen hineinschicken und den Apostel wieder in sichern Gewahrsam bringen. Ein schmählicher Auf= tritt das im hohen Rath, im höchsten geistlichen Kollegium des jüdischen Volks! eine rechte Räubersynode! Welche Meinung muß der heidnische Befehlshaber von diesen geistlichen Würde= trägern bekommen haben und von ihrer Religion! Tantaene

animis coelestibus irae? Sind auch himmlische Gemüther solches
Grimmes fähig? mag er mit einem römischen Dichter gefragt
haben. Aehnlich wie es heute noch aufmerksamen Heiden gehen
muß, wenn sie sehen, wie die Christen sich im Religionshader
untereinander zerreißen! Und doch dieser schmähliche Zwie=
spalt in den Reihen seiner Feinde rettet diesmal den Apostel.
Seine Widersacher richten nichts gegen ihn aus, weil sie unter
sich selbst uneins werden. Und dies Schauspiel wiederholt sich
ja immer wieder bis auf den heutigen Tag. Die Feinde des
Evangeliums sind untereinander selbst im Zwiespalt. Die
Philosophen, die wider das Christenthum kämpfen, sie sind
unter sich selbst nicht eins, und wir können ruhig zusehen, wie
einer den andern widerlegt und abthut. Die Sekten, welche die
Kirche mißhandeln, sie hadern selbst untereinander und werfen
sich mit Koth; der Herr aber herrscht mitten unter seinen
Feinden, und wie Paulus unversehrt dort aus dem Getümmel
herausgeht, so geht das Evangelium siegreich hindurch durch
den Streit der Parteien zur Rechten und Linken. — Aber
nun darf Paulus, als das wilde Geschrei der Menschen gegen
ihn verstummt ist, noch eine trostreiche Stimme vom Himmel
hören:

3.

seines Herrn tröstlichen Zuspruch.

B. 11. „Des andern Tages aber in der Nacht stand der
Herr bei ihm und sprach: Sei getrost, Paule; denn wie du
von mir zu Jerusalem gezeuget hast, also mußt du auch zu
Rom zeugen." In der Nacht seines einsamen Kerkers im
Traumgesicht, erscheint ihm der Herr, derselbe, der ihn vor
Damaskus einst bei Namen gerufen, derselbe, der zu Korinth
im Nachtgesicht ihn ermuthigt hatte: fürchte dich nicht, sondern

rede; derselbe, der den Seinen verheißen hat: siehe, ich bin bei
euch alle Tage und von dem Paulus es so besonders erfuhr:
Ich vermag Alles durch den, der mich mächtig macht, Christus;
dieser erschien ihm in seiner milden Sieges= und Friedensgestalt
und sprach ihm tröstend zu. — „Wenn ich in Jerusalem gewesen
bin, muß ich auch Rom sehen," — nicht als ein neugieriger Rei=
sender, sondern als ein muthiger Zeuge des Evangeliums, der
das Panier des Kreuzes vom Mittelpunkt des Judenthums,
Jerusalem, auch in die Hauptstadt des Heidenthums, nach Rom
verpflanzt, auf daß die Erde voll werde der Heiligkeit des
Herrn; das war seit einiger Zeit des Paulus großartiger Ge=
danke, heißer Herzenswunsch und letzter Lebenszweck. Und der
Herr spricht nun zu ihm: Sei getrost, es soll dir werden. Trotz
dem Mordgeschrei deiner Feinde zu Jerusalem, trotz den Kerker=
mauern, die dich jetzt umfangen, du sollst in Rom noch für
mich zeugen. O wie mußte des Apostels gedrückte Seele
wieder aufleben von diesem himmlischen Zuspruch! Wie mußte
er getröstet werden über alles Bittere, das er schon erfahren,
über alles Schwere, das ihm noch bevorstand, durch diese
tröstliche Zusage aus dem Munde seines Herrn! Wie
mußte da seine Seele froh werden in der Zuversicht: Ich bin
gewiß, daß weder Tod noch Leben, weder Gegenwart noch
Zukunft, weder Hohes noch Tiefes mich scheiden kann von der
Liebe Gottes in Christo Jesu, meinem Herrn. Und auch heute
noch, meine Lieben, darf ein treuer Jünger Jesu sich aufrichten
an diesem: „Sei getrost, Paule!" Wenn die Feinde des
Kreuzes Christi, die Verleugner seiner Herrlichkeit, uns
heut zu Tag oft bange machen: wie wird's noch gehen
mit seinem Reich in dieser ungöttlichen Welt: — Sei
getrost, heißt's vom Himmel herab, habe ich's nicht ge=
sagt und bis hieher bewiesen: auch die Pforten der Hölle

follen meine Kirche nicht überwältigen? Wenn ein Knecht
Gottes, ein Jünger Jesu, gedrückt von innen, bedrängt von
außen, muthlos fragen will: wozu bin ich noch da? ich richte
nichts aus in der Welt, ich komme nicht vorwärts in meinem
Beruf: — Sei getrost, heißt's von oben, meine Kraft ist in
den Schwachen mächtig; wer ausharrt bis an's Ende, wird
endlich selig sein! Wenn ein Pilger Gottes durch die Feind=
schaft der Menschen oder durch die Führungen seines Herrn
ins Dunkel der Trübsal gerathen ist, daß er, wie Paulus im
Kerker, nicht mehr weiß, wie soll's nun weiter gehen? — Sei
getrost und unverzagt, ruft sein Herr vom Himmel ihm zu;
fürchte dich nicht, ich bin mit dir, weiche nicht, ich bin dein
Gott! — „Sei getrost!" ja dieser Zuruf soll stärkend und
ermunternd auch uns jetzt hinausbegleiten aus dem Heiligthum
des Herrn auf die nächtlichen Straßen, in die Finsterniß dieser
Welt, und der Geist des Herrn, der himmlische Tröster, spreche
uns Allen in's Herz:

> Halte aus, halte aus,
> Gottes Volk, halt deine Treu.
> Laß nicht lau und träg dich finden,
> Auf, das Kleinod rückt herbei!
> Auf, verlasse, was dahinten:
> Gottes Volk, im letzten Kampf und Strauß,
> Halte aus, halte aus!

(Nach Joh. Euf. Schmidt.)

Amen.

LXX.

Der Herr hilft seinen Knechten.

Kap. 23, V. 12—24. Da es aber Tag ward, schlugen sich etliche Juden zusammen, und verbanneten sich, weder zu essen noch zu trinken, bis daß sie Paulum getödtet hätten. Ihrer aber waren mehr denn vierzig, die solchen Bund machten. Die traten zu den Hohenpriestern und Aeltesten und sprachen: Wir haben uns hart verbannet, nichts anzubeißen, bis wir Paulum getödtet haben. So thut nun kund dem Oberhauptmann und dem Rath, daß er ihn morgen zu euch führe, als wolltet ihr ihn besser verhören; wir aber sind bereit, ihn zu tödten, ehe denn er vor euch kommt. Da aber Paulus Schwestersohn den Anschlag hörete, kam er dar, und gieng in das Lager, und verkündigte es Paulo. Paulus aber rief zu sich einen von den Unterhauptleuten und sprach: Diesen Jüngling führe hin zu dem Oberhauptmann, denn er hat ihm etwas zu sagen. Der nahm ihn an, und führete ihn zum Oberhauptmann, und sprach: Der gebundene Paulus rief mich zu sich, und bat mich, diesen Jüngling zu dir zu führen, der dir etwas zu sagen habe. Da nahm ihn der Oberhauptmann bei der Hand, und wich an einen sondern Ort und fragte ihn: Was ist es, das du mir zu sagen hast? Er aber sprach: Die Juden sind eins worden, dich zu bitten, daß du morgen Paulum vor den Rath bringen lassest, als wollten sie ihn besser verhören. Du aber traue ihnen nicht, denn es halten auf ihn mehr denn vierzig Männer unter ihnen, die haben sich verbannet, weder zu essen noch zu trinken, bis sie

Paulum tödten; und sind jetzt bereit, und warten auf deine
Verheißung. Da ließ der Oberhauptmann den Jüngling von
sich, und gebot ihm, daß ers niemand sagete, daß er ihm
solches eröffnet hätte. Und er rief zu sich zween Unterhaupt-
leute, und sprach: Rüstet zweihundert Kriegsknecht, daß sie
gen Cäsarien ziehen, und siebenzig Reiter, und zweihundert
Schützen, auf die dritte Stund der Nacht; und die Thiere
richtet zu, daß sie Paulum darauf setzen, und bringen ihn bewahrt zu Felix, dem Landpfleger.

„Sei getrost, Paule, denn wie du von mir zu Jerusalem
gezeuget hast, also mußt du auch zu Rom zeugen." So hatte
der himmlische Zuspruch gelautet, den unser gefangener Apostel
in seinem nächtlichen Kerker auf der Burg zu Jerusalem aus
seines Herrn Munde vernahm nach jenem stürmischen Tag, da
er fast in Stücke zerrissen worden war von dem hohen Rath.
Und siehe, das Wort, das der Herr seinem Knechte gegeben,
das hält er ihm nun auch sogleich; den allmächtigen Schutz,
den er ihm zugesagt, den läßt er ihn nun auch erfahren, und
ob die Welt voll Teufel wär und wollt ihn gar verschlingen.
Ein teuflisches Bubenstück allerdings wird gegen den Apostel
ersonnen, blutiger Verrath wird gegen ihn angezettelt, aber
seid fröhlich ihr Gerechten, der Herr hilft seinen Knechten,
das erfüllt sich abermals. Der alte Gott lebt noch, der ein
Schirm und Schild ist der Seinen; der einst Josef aus der
Cisterne zog und Sauls Wurfspieß unschädlich vorübersausen
ließ an Davids Haupt; der den Elias in der Wüste barg
vor Ahabs Zorn und den Daniel aus der Löwengrube hervor-
gehen ließ, ohne daß ihm ein Haar gekrümmt ward; der das
Jesuskind nach Egyptenland rettete vor dem Mordschwert des
Herodes und den Petrus durch Engelshand aus dem Gefängniß führte in der Nacht, ehe er sollte hingerichtet werden: der

hält auch über seinem Knecht Paulus die schützende Hand und führt ihn unversehrt aus der Mördergrube, aus den Thoren Jerusalems, die da töbtet die Propheten und steiniget die zu ihr gesandt sind.

Lasset uns näher betrachten

Den vereitelten Mordanschlag wider Paulus Leben

oder:

Seid fröhlich ihr Gerechten, der Herr hilft seinen Knechten.

Wir sehen

   1) die teuflische Verschwörung;

   2) die glückliche Entdeckung;

   3) die gnädige Errettung.

1.

Die teuflische Verschwörung.

V. 12. 13. „Da es aber Tag ward, schlugen sich etliche Juden zusammen, und verbanneten sich, weder zu essen noch zu trinken, bis daß sie Paulum getöbtet hätten. Ihrer aber waren mehr benn vierzig, die solchen Bund machten." Ein furchtbarer Todesbund wider den gefangenen Apostel. So grimmig war die Wut seiner Feinde, der eingefleischten Juden, wider diesen Abtrünnigen, der einst mit ihnen gegen das Evangelium geeifert hatte und nun dem engherzigen Judenthum so großen Abbruch that durch seine gewaltige Predigt vom Weltheiland. Fürwahr, wenn wir sonst keine Zeugnisse hätten für die großartige, gesegnete Wirksamkeit des Apostels: dieser wütende Haß seiner Feinde müßte es uns beweisen, daß er ein großer Mann, ein mächtiges Rüstzeug war in der Hand des Herrn. „Ich habe mehr gearbeitet als Alle", sagt er bekanntlich von sich; er konnte auch sagen: ich bin mehr gehaßt

worden als Alle. Vierzig verschworen sich, weder zu essen noch
zu trinken, bis sie Paulum getödtet hätten. Allerdings war in
ihrem Talmud auch für eine Hinterthür gesorgt, eines solchen
Gelübbes wieder los zu werden, falls es sich als unmöglich
herausstellte es zu halten, und so werden sie nachher sich doch
nicht ausgehungert haben, als Paulus ihren Dolchen entzogen
war. Aber wir sehen doch, wie Ernst es ihnen war mit ihrem
Mordplan. Wie sauer lassen sichs doch die Bösen werden, das
Reich Gottes zu hindern! Wie viel Gutes wäre schon ausge=
richtet worden, wenn man zur Beförderung desselben ebensoviel
Opfer brächte, ebenso fest zusammenhielte! Und nun wie hinter=
listig greifen sies an, ihren blutigen Plan ins Werk zu setzen.

B. 14. 15. „Die traten zu den Hohenpriestern und
Aeltesten, und sprachen: Wir haben uns hart verbannet, nichts
anzubeißen, bis wir Paulum getödtet haben. So thut nun
kund dem Oberhauptmann, und dem Rath, daß er ihn morgen
zu euch führe, als wollet ihr ihn besser verhören; wir aber
sind bereit, ihn zu tödten, ehe denn er vor euch kommt." Also
auf dem Weg zum Verhör, auf dem Gang von der Burg zum
hohen Rath sollte der Apostel von den Meuchelmördern nieder=
gestoßen werden mitten unter der Wache, die ihn begleitete, und
welche die Verschwornen mit Hilfe eines Pöbelauflaufs leicht
zu durchbrechen dachten. Und der Hohepriester selbst, er, der
in seinem hohen Amt die Heiligkeit des Herrn auf dem gol=
denen Stirnband und Licht und Recht auf seinem Brustschild
von Edelsteinen trug, geht in diesen teuflischen Plan ein, läßt
sich zum Rädelsführer einer Bande von Meuchelmördern machen.
So ist dem blinden Fanatismus auch das heiligste Amt nicht
zu heilig, daß er es nicht mißbrauchte, auch das schlechteste
Mittel nicht zu schlecht, daß er nicht darnach griffe, wenn es
seinen Zwecken dient. Möchte doch dies das einzige Exempel

dieser Art geblieben sein, sagt ein alter Ausleger. Aber leider
es ist nicht das einzige geblieben. Haben sie nicht einst auch
den frommen Joh. Huß so nach Konstanz gelockt, wo er sich
vor der Kirchenversammlung verantworten sollte, unter dem
kaiserlichen Versprechen sichern Geleites hin und zurück — und
haben ihn doch dort heimtückisch in den Kerker geworfen und
unbarmherzig verbrannt? — Haben Sie nicht vor 300 Jahren
die vornehmen Protestanten in Frankreich hinterlistig nach Paris
eingeladen zur Hochzeit ihres königlichen Prinzen, und dann tau=
sende in Einer Nacht hingeschlachtet, in ihren Betten ermordet,
aus den Fenstern aufs Pflaster gestürzt, auf den Straßen er=
stochen, in der Seine ertränkt, und so jene schauderhafte Pa=
riser Bluthochzeit angerichtet, bei deren Nachricht der Pabst zu
Rom, ärger als der Hohepriester hier zu Jerusalem, ein Dank=
fest feiern, die Kanonen lösen und ein Tedeum singen ließ.
Möchte man solche Schandflecke in der Geschichte des Christen=
thums bedecken können mit dem Mantel ewiger Vergessenheit!
Auch jetzt soll dieser Mantel nicht gelüftet sein, um alten Haß auf=
zuschüren, denn die Redlichen in allen Kirchen und Konfessionen
verabscheuen heutzutage solche Greuel, sondern nur um daran
zu mahnen, wohin der blinde Fanatismus führt, der sich ver=
blendet gegen die Stimme der Wahrheit und des Gewissens,
und um daran zu erinnern, wie unsre Apostelgeschichte ein
Vorspiel der ganzen Kirchengeschichte darstellt, mit ihren blutigen
Blättern und schwarzen Flecken, aber auch mit ihren göttlichen
Durchhilfen und Gnadenthaten. Die bleiben ja nun auch bei
unserm Apostel nicht aus. Auch bei ihm heißt es: Und ob die
Welt voll Teufel wär' und wollt' uns gar verschlingen, so fürchten
wir uns nicht so sehr; es soll uns doch gelingen.

Auf die teuflische Verschwörung folgt

2.

die glückliche Entdeckung.

B. 16. „Da aber Paulus Schwestersohn den Anschlag
hörete, kam er dar, und ging in das Lager, und verkündigte
es Paulo." Der Herr hat seinen Engeln befohlen über dir,
daß sie dich behüten auf allen deinen Wegen, daß sie dich auf
den Händen tragen und du deinen Fuß nicht an einen Stein
stoßest. Auf Löwen und Ottern wirst du gehen und treten
auf den jungen Löwen und Drachen (K. 9, 1.). Dies macht
der Herr auch diesmal wahr. Den Petrus führte ein Engel
durch die ehernen Pforten des Kerkers, dem Apostel Paulus
muß ein Menschenkind diesen Engelsdienst verrichten. — Wer
dieser Schwestersohn des Apostels war, wissen wir nicht, nicht
einmal sein Name ist bekannt, nirgends sonst kommt er im
Neuen Testament vor. Auch durch ein geringes Werkzeug kann
ja Gott Großes thun; durch ein schwaches Kind ist schon
manchmal ein böser Plan entdeckt, ein Verbrechen vereitelt,
ein Frommer gewarnt und gerettet worden. — Also der Mordanschlag, so geheim er gehalten werden sollte, kommt einem
jungen Freund und Verwandten des Apostels zu Ohren, und
der eilt zu ihm in's Gefängniß, wo die Seinen ihn besuchen
durften, und entdeckt ihm die Gefahr, die über seinem Haupte
schwebt.

B. 17. „Paulus aber rief zu sich einen von den Unter=
hauptleuten, und sprach: Diesen Jüngling führe hin zu dem
Oberhauptmann, denn er hat ihm etwas zu sagen." Wohl
hatte der Apostel von seinem Herrn die Zusage: fürchte dich
nicht, ich bin mit dir; aber darum wartete er nicht auf Wunder
und Zeichen, wies nicht die natürlichen Mittel zu seiner Rettung
von der Hand, sondern benützte umsichtig und besonnen die

Umstände, in denen er eben die dargereichte Retterhand seines Herrn erkannte. So hat auch der kühne und glaubensstarke Luther es nicht verschmäht, im Herbst 1518 aus der Stadt Augsburg, wo er vor den päbstlichen Legaten Cajetan geladen gewesen war und fürchten mußte, nach Rom entführt zu werden, bei nächtlicher Weile durch ein geheimes Pförtchen zu fliehen und ohne Stiefel, Sporn und Schwert acht Meilen weit zu reiten, bis er in sichere Herberg kam. — Paulus schickt den Jüngling zum Stadthauptmann, ihm den Mordanschlag zu melden. — Der wachhabende Offizier führt ihn denn auch willig zum Kommandanten.

V. 18. „Der nahm ihn an, und führete ihn zum Oberhauptmann, und sprach: Der gebundene Paulus rief mich zu sich, und bat mich, diesen Jüngling zu dir zu führen, der dir etwas zu sagen habe." Und dieser giebt ihm freundlich Gehör.

V. 19. „Da nahm ihn der Oberhauptmann bei der Hand, und wich an einen sondern Ort, und fragte ihn: Was ist es, das du mir zu sagen hast?" Und so erfährt er von ihm die Verschwörung.

V. 20 u. 21. „Er aber sprach: Die Juden sind eins worden, dich zu bitten, daß du morgen Paulum vor den Rath bringen lassest, als wollten sie ihn besser verhören. Du aber traue ihnen nicht; denn es halten auf ihn mehr denn vierzig Männer unter ihnen, die haben sich verbannet, weder zu essen noch zu trinken, bis sie Paulum tödten, und sind jetzt bereit, und warten auf deine Verheißung." Der Kommandant entläßt ihn mit der Versicherung, daß er die Sache in die Hand nehmen werde.

V. 22. „Da ließ der Oberhauptmann den Jüngling von sich, und gebot ihm, daß er's niemand sagete, daß er ihm solches eröffnet hätte." Da heißt's fürwahr: seid fröhlich, ihr

Gerechten, der Herr hilft seinen Knechten! Wie Wasserbäche
lenkt er die Herzen der Menschen zum Besten der Seinen.
Die arglistigen Feinde hat er mit Blindheit geschlagen, daß
ihr Mordanschlag unvorsichtig verschwatzt wird und des Apostels
Freunden zu Ohren kommt. Den namenlosen, unbedeutenden
Jüngling, Pauli Schwestersohn, wappnet er mit standhaftem
Muth, daß er mit seinem Geheimniß nicht nur in des Apostels
Kerker, sondern auch vor den römischen Kommandanten sich
wagt. Den kriegerischen Gewalthabern aber, dem wachhabenden
Offizier und dem Stadthauptmann, rührt er das Gewissen,
daß sie sogleich Lust und Zeit haben, den jungen Menschen
zu hören, was sonst bei solchen Herren nicht immer der Fall
ist, und daß nun für die Sicherheit des Apostels Sorge ge=
tragen wird, als gälte es ein gekröntes Haupt. Und, meine
Lieben, wenn's beim Apostel allerdings ein gekröntes Haupt
galt, ein von Gott mit Gnaden gekröntes, mit dem heiligen
Geiste gesalbtes Haupt vor vielen Andern, einen Fürsten im
Reich Gottes, dessen Kopf mehr werth war für die Sache
des Christenthums, als zehntausend andere Köpfe, so dürfen
wir ja nicht meinen, nur auf solche hervorragende Rüstzeuge
des Herrn erstrecke sich die Vorsehung Gottes, und unsereins
sei zu klein und zu gering, um im Glauben die Zusage des
Herrn sich anzueignen: fürchte dich nicht, ich bin mit dir!
Nein, uns Allen, auch dem Geringsten unter uns, gilt ja der
Trost: nun aber sind auch eure Haare auf dem Haupte alle
gezählet. Wir Alle haben wohl auch schon in unsrem unbe=
deutenden Leben je und je eine herzerquickende glaubenstärkende
Erfahrung machen dürfen von der treuen Fürsorge und gnä=
digen Durchhilfe des Herrn, „der seine Wunder überall und
große Dinge thut,“ — „der, wo kein Mensch mehr helfen
kann, sich selbst zum Helfer stellt,“ und der, wo es die Men=

schen gedachten böse zu machen, immer noch gut machen und den Seinen eine Bahn brechen kann mitten durch's Gedränge. Auch wir wollen in seinen Wegen bleiben, dann dürfen auch wir uns seiner Gnade trösten, auf seine Hilfe hoffen und mit Freuden singen: Ist Gott für mich, so trete gleich Alles wider mich, so oft ich ruf und bete, weicht Alles hinter sich; hab' ich das Haupt zum Freunde und bin geliebt bei Gott, was kann mir thun der Feinde und Widersacher Rott'?

Ja, was kann auch unserm Apostel die Rotte seiner vierzig gegen ihn verschworenen Feinde thun? Ihnen zum Trotz sehen wir

3.

die gnädige Errettung.

V. 23 u. 24. „Und er rief zu sich zween Unterhaupt= leute, und sprach: Rüstet zwei hundert Kriegsknechte, daß sie gen Cäsarien ziehen, und siebenzig Reiter und zweihundert Schützen, auf die dritte Stunde der Nacht; und die Thiere richtet zu, daß sie Paulum drauf setzen, und bringen ihn be= wahrt zu Felix, dem Landpfleger." Da gieng es fürwahr wörtlich wie dort zu Elisa's Zeiten, da der König von Syrien den Propheten Gottes fangen wollte und die Stadt Dothan bedrohte, wo er sich aufhielt; da sahe sein Knabe die feurigen Heerschaaren des Herrn gelagert in der Nacht, und der Pro= phet sprach: Fürchte dich nicht, denn derer ist mehr die bei uns sind, als derer die bei ihnen sind (2. Kön. 6, 16). Vier= zig Bundesbrüder hatten gegen den Apostel sich verschworen, und siehe, nun stellt der Herr ihm eine Leibwache von 470 wohlbewaffneten Soldaten zu Fuß und zu Roß. In Jerusalems Mauern ist der Knecht des Herrn nicht mehr sicher vor Gift und Dolch, und siehe, nun führt ihn der

Herr aus der Mörbergrube hinaus ins Weite und bringt ihn unter fürstlicher Obhut in sichern Gewahrsam nach Cäsarien. Dort in der Burg am Meer residirte damals der römische Landpfleger Felix. Dorthin läßt der Stadthauptmann den Gefangenen bringen; dort beim Statthalter des Kaisers soll er ein ordentliches Verhör und entscheidendes Urtheil, dort aber soll er auch sichern Schutz finden gegen die gewaltsamen Anschläge seiner Feinde. Und weil der römische Stadthaupt= mann Achtung gewonnen hatte vor dem Mann, nicht nur um seines römischen Bürgerrechts willen, sondern auch wegen sei= ner sittlichen Hoheit, so giebt er ihm eine gewichtige Bedeckung mit. Mit einer so glänzenden Leibwache ist unser Apostel wohl noch nie gereist in seinem Leben, wie inmitten dieser römischen Kriegerschaar. Da hatten seine verschworenen Feinde das Nachsehen und mußten ihren Grimm verbeißen, ihre Galle hinunterschlucken. Wem fällt nicht bei diesem Paulus mit seiner kriegerischen Schutzwache sein Geistesbruder, Amtsnach= folger und Schicksalsgenosse Luther ein, wie er auf der Rück= reise vom Reichstag zu Worms von den geharnischten Rittern in die Mitte genommen und auf die Wartburg in Sicherheit gebracht wird! — Fürchte dich nicht, denn derer ist mehr die bei uns sind, als derer, die bei ihnen sind! Diesen Trost, meine Lieben, wollen wir mit heimnehmen von unserer heutigen Betrachtung, das soll unsre Zuversicht sein beim Blick auf die Kämpfe des Reichs Gottes im Großen. Wohl sind seiner Widersacher viele, ihr Haß ist groß, ihre Mittel sind zahlreich, ihre Waffen sind scharf und oft kann uns bang werden: wird nicht am End die Kirche Christi wehrlos unterliegen gegen die ungeheure Uebermacht ihrer Feinde? Aber verzage nicht, o Häuflein klein — bei dir ist die Macht der Wahrheit, bei dir sind die Gebete der Heiligen, bei dir sind die Verheißungen

Gottes, bei dir sind die Heerschaaren des Herrn, bei dir ist der Allmächtige selber, heute noch wie damals, da Paulus schrieb: Ist Gott für uns, wer mag wider uns sein? und Luther sang: Eine feste Burg ist unser Gott! — Fürchte dich nicht, ihrer ist mehr, die bei uns sind als derer, die wider uns sind! Dies, meine Lieben, soll uns zum Trost gesagt sein auch in den Widerwärtigkeiten unseres eigenen Lebens. Wohl bringen oft die Feinde von allen Seiten auf uns ein, feind=seelige Menschen um uns, Heere von Sorgen vor uns, Schaaren von Zweifeln in uns, daß wir nicht mehr wissen, wo aus und ein. Aber wenn wir im Glauben an den Herrn uns halten, wenn seine Tröstungen uns erquicken, seine Verheißungen uns leuchten, seine Engelschaaren uns umgeben, dann dürfen auch wir uns nicht fürchten, dann führt er auch uns durchs Ge=dränge, dann dürfen auch wir lobsingen:

> Fielen tausend mir zur Seiten
> Und zur Rechten zehnmal mehr,
> Ließest du mich doch begleiten
> Durch der Engel starkes Heer,
> Daß den Nöthen, die mich drangen,
> Ich jedennoch bin entgangen;
> Tausend, tausendmal sei dir,
> Großer König, Dank dafür!

(Gotter.)

Amen.

LXXI

Pauli ehrenvoller Abzug aus Jerusalem.

Kap. 23, V. 25—35. Und schrieb einen Brief, der hieß
also: Claudius Lysias dem theuern Landpfleger Felix, Freude
zuvor. Diesen Mann hatten die Juden gegriffen und wollten
ihn getödtet haben. Da kam ich mit dem Kriegsvolk dazu
und riß ihn von ihnen, und erfuhr, daß er ein Römer ist.
Da ich mich aber wollte erkundigen der Ursache, darum sie
ihn beschuldigten, führte ich ihn in ihren Rath. Da befand
ich, daß er beschuldiget ward von den Fragen ihres Gesetzes;
aber keine Anklage hatte des Todes oder der Bande werth.
Und da vor mich kam, daß etliche Juden auf ihn hielten,
sandte ich ihn von Stund an zu dir, und entbot den Klägern
auch, daß sie vor dir sagten, was sie wider ihn hätten. Ge=
hab dich wohl! Die Kriegsknechte, wie ihnen befohlen war,
nahmen Paulum, und führeten ihn bei der Nacht gen Anti=
patriden. Des andern Tages aber ließen sie die Reiter mit
ihm ziehen, und wandten wieder um zum Lager. Da die gen
Cäsarien kamen, überantworteten sie den Brief dem Land=
pfleger und stelleten ihm Paulum auch dar. Da der Land=
pfleger den Brief las, fragte er, aus welchem Lande er wäre?
Und da er erkundet, daß er aus Cilicien wäre, sprach er: Ich
will dich verhören, wenn deine Verkläger auch da sind. Und
hieß ihn verwahren in dem Richthause Herodis.

„Der Knecht ist nicht über den Herrn, noch der Jünger
über den Meister; haben sie den Hausvater Beelzebub ge=

heißen, wie viel mehr werden sie seine Hausgenossen auch also heißen." Diese ernste Weissagung des Herrn über seine Jünger sehen wir an allen Aposteln erfüllt, am allermeisten an unsrem Paulus, der mehr gearbeitet und mehr gelitten hat, als alle, und dessen Lebens= und Leidensgeschichte uns am ausführlichsten überliefert ist.

Wie den Herrn sein eigenes Volk verworfen und aus= gestoßen hat, so sehen wir auch den Apostel von seinem eigenen Volk Israel, für das er gern, wenn's möglich gewesen wäre, sein Leben gelassen hätte, um ihm das Heil zu erkaufen, ver= lassen, verrathen und auf den Tod verfolgt.

Wie der Herr vor dem hohen Rathe stand, und von einem gottlosen Hohepriester sich das Todesurtheil mußte sprechen lassen, so muß auch Paulus vor dem hohen Rath sich verant= worten und falsches Zeugniß über sich vernehmen von den Obersten seines eigenen Volkes.

Wie der Herr vor dem Gerichte der Heiden mehr Ge= rechtigkeit, mehr Billigkeit und Barmherzigkeit fand, als bei den Vätern seines eigenen Volkes, und von dem römischen Landpfleger Pilatus in Schutz genommen wurde wider seine eigenen Landsleute, so wird auch Paulus vom römischen Stadthauptmann geschützt wider das Volk, das ihn in Stücke reißen wollte.

Und wie endlich der Herr hinausgeführt ward aus der Stadt, die da tödtete die Propheten und steinigte, die zu ihr gesandt waren, und ihren Töchtern die wehmüthige Weissagung hinterließ: ihr Töchter von Jerusalem, weinet nicht über mich, sondern weinet über euch selbst und über eure Kinder! — so muß nun auch unser Paulus der Stadt den Rücken wenden, der er noch einmal das Heil in Christo Jesu angeboten hatte, aber die heute, wie damals, nicht bedenken wollte, was zu ihrem

Frieden diente, und die nun immer näher dem furchtbaren Gericht entgegenrückte, wo all' das gerechte Blut sollte von ihr
gefordert werden, das sie vergossen hatte von alten Zeiten her
bis auf das Blut Jesu und seiner treuen Zeugen Stephanus
und Jakobus. Der letzte Abschied des Apostels Paulus von
Jerusalem wird uns in dem verlesenen Abschnitt berichtet.
Noch geht's freilich bei ihm nicht sogleich zur Richtstätte, wie
bei seinem Herrn und Meister, vielmehr geht er noch einem
jahrelangen Gefängniß entgegen und soll nachher noch in Rom
das Evangelium verkünden, ehe sein Haupt unter dem Henker-
schwerte fällt. Auch wird er nicht mit Schmach bedeckt aus
den Thoren Jerusalems hinausgeführt, sondern, obwohl gefangen und auf den Tod verklagt, zieht er doch mit Ehren ab,
zum Beweis, wie auch unter der Knechtsgestalt des Apostels
der verborgene Adelsstern seiner inneren Hoheit hervorstrahlte
und der Welt Achtung abnöthigte. Wir betrachten

**des gefangenen Paulus ehrenvollen Abzug aus
Jerusalem;**

1) den ehrenvollen Geleitsbrief, den er mitbekommt;

2) die ehrenvolle Leibwache, mit der er reisen
darf;

3) den ehrenvollen Gewahrsam, dem er ent-
gegengeht.

1.

den ehrenvollen Geleitsbrief, den er mitbekommt, lesen
wir V. 25—30.

V. 26. „Claudius Lysias dem theuern Landpfleger Felix,
Freude zuvor." „Claudius Lysias," so hieß der römische Stadt-

kommandant zu Jerusalem; „Felir," das war der Name des römischen Landpflegers, des obersten Gewalthabers im jüdischen Lande, der jetzt nicht, wie einst Pilatus vorübergehend, in Jerusalem residirte, sondern in Cäsarien, am mittelländischen Meer, wo die römischen Statthalter gewöhnlich ihren Hof hielten. Dieser Felir war ein freigelassener Sklave des damaligen römischen Kaisers Claudius, dessen Gunst er diesen einträglichen Posten verdankte, bis er später in Ungnade fiel und in die Verbannung ziehen mußte. „Freude zuvor," das war der gewöhnliche Eingangsgruß in den Briefen der Alten. Diese bloß hergebrachte Briefformel hätte freilich diesmal können zur Wahrheit werden. Freude in Wahrheit hätte dem Felir können zu Theil werden. Heil hätte können seinem ganzen Hause widerfahren, hätte er den Mann zu schätzen gewußt, der ihm da von Jerusalem gesandt ward, hätte er den edlen Gast zu nützen verstanden, der nun zwei Jahre lang in den Mauern seiner Hofburg mit ihm wohnen sollte. Ja, hätte dieser Felir ein wahrheitsuchendes, heilsbegieriges Herz gehabt, wie einst jener Hauptmann Kornelius in Cäsarien, der den Petrus zu sich rufen ließ: auch ihm wäre Paulus geworden, was dort Petrus dem Kornelius ward, ein Engel Gottes, ein Bote des Friedens, und Felir wäre in der That das geworden, was der Name Felir bedeutet, ein Beglückter, ein glückseliger Mann. Daß er die gnädige Heimsuchung des Herrn nicht erkannte, wird sich später zeigen. So schickt manchem Sündenmenschen der Herr einmal einen Engel in Menschengestalt in's Haus, der ihn retten könnte, wenn er ein Auge hätte zu sehen und ein Ohr zu hören. Aber wie selten wird solch' eine Zeit der gnädigen Heimsuchung erkannt! — Nun berichtet Lysias, wie es sich mit Paulus verhalte. Wie er ihn den mörderischen Händen der Juden entrissen und sich um so

mehr seiner angenommen habe, da er erfuhr, er sei ein römischer
Bürger:

V. 27. „Diesen Mann hatten die Juden gegriffen, und
wollten ihn getödtet haben. Da kam ich mit dem Kriegsvolk
dazu, und riß ihn von ihnen, und erfuhr, daß er ein Römer
ist." Wie er ihn sodann vor den hohen Rath gestellt habe,
damit da seine Sache ordentlich untersucht würde:

V. 28. „Da ich mich aber wollte erkundigen der Ursache,
darum sie ihn beschuldigten, führete ich ihn in ihren Rath."
Wobei sich freilich bald herausgestellt habe, es handle sich ent=
fernt um kein Verbrechen, sondern nur, wie der römische
Offizier sich geringschätzig ausdrückt, um eine Frage ihres Ge=
setzes, um einen jüdischen Religionsstreit. Wie ja auch heute
noch so mancher ungläubige Weltmann in den hochheiligen
Hauptartikeln unsres christlichen Glaubens nur theologische
Schulzänkereien sieht, und auf die Fragen, an denen für einen
Christen sein Trost im Leben und seine Hoffnung im Sterben
hängt, von der Person Christi, von der Versöhnung, vom
ewigen Leben vornehm herabsieht, als wären das Dinge,
die der Gebildete ruhig könne dahingestellt sein lassen.

V. 29. „Da befand ich, daß er beschuldiget ward von den
Fragen ihres Gesetzes; aber keine Anklage hatte des Todes
oder der Bande werth." Da nun aber Paulus in Jerusalem
nicht mehr sicher sei vor den Nachstellungen seiner Feinde, so
übergebe ihn Lysias hiemit in eine mächtigere Hand und über=
lasse die Sache höherer Entscheidung, wie er denn auch die
Kläger angewiesen habe, ihre Klage höheren Orts, in Cäsarien
anzubringen:

V. 30. „Und da vor mich kam, daß etliche Juden auf
ihn hielten, sandte ich ihn von Stund an zu dir, und entbot
den Klägern auch, daß sie vor dir sagten, was sie wider ihn

hätten. Gehab dich wohl!" — Im Ganzen ein wahrheitsgetreuer
Bericht, so gut wir ihn irgend von einem ungläubigen Römer
erwarten können; aus dem wir dasselbe Urtheil herauslesen,
das dort Pilatus über den Herrn fällte gegenüber den An=
klagen seiner Feinde. „Ich finde keine Schuld an diesem
Menschen." Doch wie die Welt über ihn urtheilen, wie ein
menschlicher Beamter über ihn berichten mochte, unser Paulus
wußte, daß er einem höhern Herrn stehe und falle. Seine Grund=
sätze darüber hat er niedergelegt 1 Kor. 4: „dafür halte uns
jedermann, nämlich für Christus Diener und Haushalter über
Gottes Geheimnisse. Nun suchet man nicht mehr an den Haus=
haltern, denn daß sie treu erfunden werden. Mir aber ists
ein Geringes, daß ich von euch gerichtet werde oder von einem
menschlichen Tage, auch richte ich mich selbst nicht. Ich bin
wohl nichts mir bewußt, aber darin bin ich nicht gerechtfertiget.
Der Herr ists aber, der mich richtet." So denkt, so spricht,
so handelt ein Knecht Gottes. Können die Menschen uns
nichts Böses nachsagen, muß selbst die Welt uns ein Ehren=
zeugniß ausstellen: gut! Aber damit sind wir noch nicht ge=
rechtfertigt, die Welt sieht, was vor Augen ist. Gibt unser
Gewissen uns das Zeugniß: Du hast's redlich gemeint, hast
gethan, was du konntest, hast als ein treuer Haushalter nicht
beine Ehre, nicht deinen Nutzen gesucht, sondern nur die Sache
beines Herrn, die Ehre seines Namens, die Förderung seines
Reichs: noch besser! Aber auch darin sind wir noch nicht ge=
rechtfertigt, denn auch der innere Richter in der eigenen Brust
kann oft irren, kann bestochen sein von Eigenliebe. Der Herr
ists, der uns richtet; ihm, dem Herzenskündiger, der unsere Ge=
danken von ferne kennet, ihm, dem höchsten Herrn, der die
Seinen kennet und einst jeden seiner Knechte vor sich beruft:
thue Rechnung von deinem Haushalt, ihm steht oder fällt

jedes von uns; kein Kaiphas und kein Pilatus kann uns verdammen, wenn Er spricht: Ei du frommer und getreuer Knecht, du bist über wenigem getreu gewesen; aber auch kein Lysias und kein Felix kann uns lossprechen, wenn Er sagen muß: ich habe wider dich, daß du die erste Liebe verlässest, ich habe wider dich dieses oder jenes. Herr, diese Offenbarung drück du mir zur Bewahrung beständig in den Sinn, daß ich auf das nur sehe, ich gehe oder stehe, wie ich vor Deinem Auge bin! — Also einen ehrenvollen Geleitsbrief bekommt Paulus mit auf den Weg.

2.
Auch eine ehrenvolle Leibwache ist's mit der er reisen darf.

V. 31. „Die Kriegsknechte, wie ihnen befohlen war, nahmen Paulum und führeten ihn bei der Nacht gen Antipatriden." Eine starke Bedeckung von 200 Kriegsknechten schwer gerüsteten Fußvolks, 70 Reitern und 200 leichtbewaffneten Schützen bekam Paulus mit auf den Weg. So glänzend war der arme Apostel noch nie gereist. Ein Beweis einerseits wie schwer Lysias die List und Gewalt der feindseligen Juden anschlug, wogegen er den Apostel schützen wollte, andernseits welchen Werth er auf die Person dieses Mannes legte, vor Allem freilich weil er ein römischer Bürger war, aber doch wohl auch weil noch eine höhere Würde auf seiner Stirn thronte und aus seinen Augen leuchtete, so daß er fast mit fürstlicher Auszeichnung behandelt wurde, fast reiste wie ein gekröntes Haupt. War er ja doch wirklich ein Fürst im Reich Christi, ein gekröntes Haupt, vor Vieltausenden vom Herrn gesalbt mit einem reichen Maaß des heiligen Geistes und gekrönt mit Gnade und Barmherzigkeit. So weiß der Herr seine Knechte nicht nur zu schützen, sondern auch wo ers nöthig findet, zu ehren vor der Welt, und wer diese Ehre nicht sucht, wie unser bemüthiger Apostel, dem schadet sie auch nichts, wenn sie ihm einmal ungesucht zufällt. — Nach einem starken Nacht=marsch kamen sie den andern Morgen gen Antipatris, einer Stadt, etwa vierzehn Stunden von Jerusalem, mehr als halb=wegs nach Cäsarien. Dort kehrte das Fußvolk wieder um, weil nun Paulus aus dem Bereiche seiner Feinde war, und nur das Reitergeschwader begleitete den Apostel vollends gen Cäsarien.

V. 32 u. 33. „Des andern Tages aber ließen sie die Reiter mit ihm ziehen, und wandten wieder um zum Lager. Da die gen Cäsarien kamen, überantworteten sie den Brief dem Landpfleger, und stelleten ihm Paulum auch dar." So sicher und so ehrenvoll brachte der Herr seinen Knecht mitten durch seine Feinde hindurch. — Was der Heiland dort in Gethsemane zu Petrus sagte bei seiner Gefangennehmung: Meinest du, daß ich nicht könnte meinen Vater bitten, daß er mir zuschickte mehr denn zwölf Legionen Engel? — davon ist hier am Apostel, dessen Tagewerk noch nicht vollbracht, dessen letzte Stunde noch nicht gekommen war, etwas erfüllt worden. Diese römischen Reiter müssen Engelsdienst thun am Knechte Christi, denn auch sie stehen, ohne es zu wissen, im Dienste des Herrn der Heerschaaren, der Winde zu seinen Engeln, Feuerflammen zu seinen Dienern macht und dem auch Roß und Reiter, wenn's Noth thut, zu Gebote stehen zum Schutz der Seinen. Auch uns ist das zum Trost geschrieben. Auf solch' glänzende Bedeckung, auf solch' sichtbaren Schutz, wie er hier einem auserwählten Rüstzeug des Herrn zu Theil ward, dürfen und wollen ja wir nicht warten auf unsern be=scheidenen Lebenswegen und Berufsgängen. Aber jene römische

Leibwache, ist sie uns nicht ein schönes Bild der Engel des
Herrn, die sich unsichtbar noch allezeit um die lagern, so ihn
fürchten? Jene starke Bedeckung, unter der Paulus reiste,
darf sie uns nicht erinnern an die Bedeckung, unter der ein
Kind Gottes allenthalben reist und wohnt, geht und steht,
wacht und schläft, und von der es heißt: Wer unter dem
Schirme des Höchsten sitzet und unter dem Schatten des Allmächtigen bleibet, der spricht zu dem Herrn: meine Zuversicht
und meine Burg, mein Gott, auf den ich hoffe? Haben wir
nicht alle diesen Gnadenschutz des Allmächtigen schon erfahren?
Hat er nicht auch dich und mich schon gnädig durch's Gedränge
geführt? Darf nicht auch heute noch ein Kind Gottes, im
Rückblick auf so manche Durchhilfe des Herrn, einstimmen in
jenes dankbare Bekenntniß: Mich hast du auf Adlersflügeln
oft getragen väterlich, in den Thälern, auf den Hügeln
wunderbar errettet mich; schien mir Alles zu zerrinnen, ward
ich doch der Hilfe innen. Tausend, tausendmal sei dir, großer
König, Dank dafür! — So kommt nun unser Apostel unter
der Leitung seines Herrn

3.

in einen ehrenvollen Gewahrsam.

V. 34 u. 35. „Da der Landpfleger den Brief las, fragte
er, aus welchem Lande er wäre? Und da er erkundet, daß er
aus Cicilien wäre, sprach er: Ich will dich verhören, wenn
deine Verkläger auch da sind. Und hieß ihn verwahren in
dem Richthause Herodis." Dieses Richthaus des Herodes war
ein von Herodes dem Großen erbauter Palast, die Amts-
wohnung des römischen Statthalters, so daß also Paulus nicht
in ein gemeines Gefängniß geworfen, sondern ehrenvoll behandelt, in ritterlichem Gewahrsam gehalten ward und mit

dem Landpfleger unter Einem Dache wohnen durfte. Ueber
zwei Jahre sollte dieser Gewahrsam dauern; eine harte Ge=
duldsprobe für unsern Apostel. Die Zeit wird ihm oft lang,
das Herz wird ihm oft schwer geworden sein in diesen zwei
Jahren. Es wird ihm je und je zu Muthe gewesen sein, wie
einem tapferen Kriegsmann, der mit Schmerzen als Verwun=
deter im Spital liegen oder als Kriegsgefangener auf der
Festung sitzen muß, während draußen seine Kameraden Siege
erringen und Lorbeeren sammeln. Aber als ein treuer Knecht
wird er auch darin den guten und heiligen Willen seines Herrn
dankbar erkannt und bemüthig verehrt haben. In dieser Zeit
gezwungener Ruhe da konnte der rastlose Arbeiter neue Kräfte
sammeln für Körper und Geist. In so mancher stillen Stunde
konnte er seinen Geist sammeln zu heilsamer Betrachtung; konnte
betend auf die Wunderwege zurückblicken, die der Herr mit ihm
gegangen war seit dem Tage von Damaskus, konnte prüfend
hineinblicken in sein eigenes Herz, um das Evangelium von
Jesu Christo, das er andern geprebigt, auch an sich selbst immer
tiefer zu erproben in seiner züchtigenden, tröstenden und heili=
genden Kraft; konnte im Stillen sich rüsten für den Kampf,
der ihm noch verordnet war, und von dem er später schreibt:
ich habe einen guten Kampf gekämpft, und in frommer Hoff=
nung hinausblicken auf das selige Ziel der Vollendung, dem
er immer näher kam. Solche Ruhestunden und Arbeits=
pausen schickt der Herr seinen Knechten je und je zu ihrer
inneren Läuterung und Auszeitigung. Joseph im Kerker, Moses
in Midian, Elias in der Wüste, Johannes im Gefängniß,
Paulus im Richthaus zu Cäsarien, Luther auf der Wartburg
und viele andere Gottesknechte haben das erfahren. Wenn
auch unser einem, meine Lieben, so etwas widerfährt, wenn
uns ein liebes Arbeitsfeld vom Herrn versagt, wenn uns die

Hände, die gerne thätig sein möchten, gebunden sind, wenn wir vom Herrn auf längere oder kürzere Zeit, auf mildere oder schmerzlichere Art zur Ruhe gesetzt, auf ein Krankenlager gelegt werden: dann lassets uns glauben, auch darin liegt für uns ein heiliger Beruf, ein göttlicher Segen. Du hast lange nach Außen gewirkt, nun sollst du arbeiten an deinem eigenen Herzen; du hast dich in der Welt zerstreut, nun sollst du dich wieder sammeln; du hast ausgegeben, nun sollst du wieder einnehmen; du hast andern gepredigt, nun sollst du an dir selbst die Kraft der Wahrheit erproben; du hast dem Herrn durch Wirken gedient, nun sollst du ihn durch Dulden preisen; du hast gearbeitet, nun sollst du beten; du hast für dieses zeitliche Leben gesorgt, nun sollst du auch der himmlischen Heimat ernstlich gedenken. Selig der Knecht, der so des Herrn Willen erkennt und verehrt, wie ihn auch der Herr brauchen will. Ihm wird auch das Krankenzimmer eine Segensquelle, auch der Kerker zum Heiligthum.

> So sei nun, Seele, seine
> Und traue dem alleine,
> Der dich geschaffen hat.
> Es gehe, wie es gehe,
> Dein Vater in der Höhe
> Weiß allen deinen Sachen Rath.

(Flemming.)

Amen.

LXXII.

Die schmähliche Anklage.

Kap. 24, V. 1—9. Ueber fünf Tage zog hinab der Hohe= priester Ananias mit den Aeltesten und mit dem Redner Ter= tullus; die erschienen vor dem Landpfleger wider Paulum. Da er aber berufen ward, fing an Tertullus zu verklagen, und sprach: Daß wir in großem Frieden leben unter dir, und viele redliche Thaten diesem Volk widerfahren durch deine Vorsich= tigkeit, allertheuerster Felix, das nehmen wir an allewege und allenthalben mit aller Dankbarkeit. Auf daß ich aber dich nicht zu lange aufhalte, bitte ich dich, du wollest uns kürzlich hören nach deiner Gelindigkeit. Wir haben diesen Mann ge= funden schädlich, und der Aufruhr erreget allen Juden auf dem ganzen Erdboden, und einen Vornehmsten der Sekte der Nazarener; der auch versuchet hat, den Tempel zu entweihen, welchen wir auch griffen, und wollten ihn gerichtet haben nach unserm Gesetz. Aber Lysias, der Hauptmann, unter= kam das, und führete ihn mit großer Gewalt aus unsern Händen. Und hieß seine Verkläger zu dir kommen, von wel= chen du kannst, so du es erforschen willst, dich deß alles er= kundigen, um was wir ihn verklagen. Die Juden aber re= deten auch dazu, und sprachen, es hielte sich also.

Als wir das letztemal von unserm Apostel Paulus Ab= schied nahmen, verließen wir ihn im Gewahrsam zu Cäsarien, wohin ihn der Stadthauptmann von Jerusalem unter sicherer

Bedeckung geschickt hatte, damit der römische Landpfleger Felix die Anklage der Juden wider ihn prüfe.

Wenn wir heute den ehrwürdigen Knecht Jesu Christi wieder aufsuchen, der durch sein Leben nicht minder als durch seine Schriften, und durch sein Leiden nicht minder als durch sein Thun Christum geprediget und mehr für das Reich Gottes gearbeitet und geduldet hat als alle seine Mitknechte, so finden wir ihn im ersten Verhör vor dem Landpfleger Felix seinen Anklägern gegenüber gestellt, und zwar haben zunächst die Kläger das Wort.

„Hörest du nicht, wie hart sie dich verklagen? so lautete einst an den Meister die Frage des Landpflegers Pilatus, um dadurch sein unbegreifliches Schweigen zu brechen. „Hörest du nicht, wie hart sie dich verklagen?" so möchten wir heut auch zum Knechte des Herrn sprechen und können es kaum erwarten, bis er das Wort ergreift, ihr elendes Lügengewebe zu zerreißen; doch müssen wir uns heute damit noch gedulden. Der Apostel schweigt und nur seine Widersacher hören wir diesmal reden. Aber auch schweigend behält er Recht gegen sie; indem sie ihn so hart verklagen, legen sie nur Zeugniß ab gegen sich selbst. So war es ja von jeher und so ist es noch immer: die Lästerer des Guten richten zuletzt nur sich selbst. Lasset uns dem heut etwas weiter zusehen und betrachten:

die schmähliche Anklage wider den Apostel, wie sie zurückfällt auf das Haupt der Kläger;

1) durch ihre niedrigen Schmeicheleien gegen-über dem Richter;

2) durch ihre boshaften Beschuldigungen wider den Apostel.

Die Apostelgeschichte. II.   23

1.

Schon durch die niedrigen Schmeicheleien, mit
benen sie vor bem Richter treten, zeigen bie Ankläger
bes Apostels bie Schlechtigkeit ihrer Sache unb ihrer Ge=
sinnung. V. 1. „Ueber fünf Tage zog hinab ber Hohepriester
Ananias mit ben Aeltesten unb mit bem Redner Tertullus;
bie erschienen vor bem Lanbpfleger wiber Paulum." Wir
sehen ba, wie erbittert bie Feinbe bes Paulus sinb. Nur
wenige Tage sinb verstrichen, seit ber Apostel in Cäsarien an=
gekommen ist, unb bereits sinb ihm seine Verfolger auf ber
Ferse, bamit ja nicht etwa Felix ihn entwischen lasse, wie
Pilatus Jesum loslassen wollte mit bem Zeugniß: „Ich finbe
keine Schulb an biesem Menschen." Unb ber Hohepriester
selbst zieht hinab mit einer Deputation ber Aeltesten. So
viel Ehre thun sie bem Apostel an, so viel Werth legen sie
auf seine Verurtheilung, baß niemanb Geringeres als ber
Vorstanb bes hohen Rathes selber bie Klage gegen ihn ver=
tritt. Da hieß es bei bem wüthenb verfolgten Zeugen ber
Wahrheit wie unser altbeutsches Sprichwort sagt: Viel Feinb,
viel Ehr. „Unb bem Redner Tertullus." Einen berebten Sach=
walter, einen gewanbten Abvokaten nahmen bie Herren mit.
Wozu benn ber Redner, möchte man fragen, ihr heiligen
Männer? Brauchts benn viel Rebekunst bei einer so einfachen
Sache? Habt ihr benn einen Beistanb nöthig, wenn euer
Gewissen gut ist? Unb zwar einen römischen Abvokaten, wie
sein Name ausweist, nehmt ihr zu Hilfe, um euern Volks=
genossen, euern bereinstigen Glaubensbruber, zu verklagen,
unb wo möglich zu verberben? Aber eben bamit richten sie
zum Voraus sich selbst. Weil ihre Sache schlecht ist, barum

muß sie herausgeputzt werden durch glänzende Rednerkünste. Weil ihnen der rechte Beistand fehlt, den der Herr seinen treuen Zeugen mitgiebt vor die Schranken der Gerichte und vor die Stühle der Gewaltigen, der himmlische Paraklet, der göttliche Advokat, der Tröster, der Geist der Wahrheit, darum muß ein feiler Redekünstler für sie herhalten. Keine Sache ist so schlimm: man findet einen Advokaten dazu, sagt hier der alte Ausleger Starke. Gewiß alle Ehre einem redlichen Sachwalter, der uneigennützig, ohne Menschenfurcht, mit scharfem Blick und treffendem Wort dem Verbrechen zu Leibe geht und der Unschuld seine Dienste weiht. Hat's doch gar manche solche Advokaten nach dem Herzen Gottes gegeben, von jenem Daniel an, der für die schuldlose Susanna in die Schranken trat, bis zu unserm altwürttembergischen Landschaftskonsulenten Joh. Jak. Moser, der seinem ungnädigen Herzog unter die Augen trat mit dem Trost im Herzen und auf den Lippen: „Unverzagt und ohne Grauen soll ein Christ, wo er ist, stets sich lassen schauen," und bis auf unsre Tage. Aber Beredtsamkeit für eine böse Sache, sagt Augustinus, ist wie Gift in einem goldenen Becher. Und auch solche gewissenlose Redner, solche schlechte Sachwalter, die ihre Gesetzeskenntniß und Beredtsamkeit dem ersten Besten um Geld verkaufen, deren Kunst darin besteht, aus süß sauer und aus sauer süß zu machen, hat's ja leider genug gegeben von diesem Tertullus, der sich gegen Paulus gebrauchen läßt, bis zu jenem Doktor Eck, der im Solde des Papstes unsern Luther mit Koth bewarf, und bis auf unsere Zeit, wo ein ganzer ehrenwerther Stand um solcher unwürdiger Glieder willen oft verunehrt wird.

Daß wir unsrem Tertullus kein Unrecht thun, beweist sein ganzes Auftreten.

V. 2 u. 3. „Da er aber berufen ward, fing an Ter=
tullus zu verklagen und sprach: Daß wir in großem Frieden
leben unter dir, und viele redliche Thaten diesem Volk wider=
fahren durch deine Vorsichtigkeit, allertheuerster Felix, das
nehmen wir an allewege und allenthalben mit aller Dankbar=
keit." So viel Worte, fast so viel Lügen. — „Großen Frieden,"
rühmt der Redner, haben sie unter dem Landpfleger zu ge=
nießen. Nun ist es ja gewiß eine große Wohlthat für ein
Land, in ungestörtem Frieden ein stilles und geruhiges Leben
führen zu dürfen in aller Gottseligkeit und Ehrbarkeit, und
auch der Christ darf preisend bekennen: „Wer giebt uns Leben,
Kraft und Muth? wer hält mit seiner Hand des gülb'nen
Friedens werthes Gut in unsrem Vaterland?" Aber der Christ
setzt mit dem Liede hinzu: „Ach, Herr, mein Gott das kommt
von dir, du, du mußt alles thun, du hältst die Wach' vor
unsrer Thür und läßt uns sicher ruhn." Und der Christ giebt
auch einem menschlichen Fürsten nur so viel Ehre dabei, als
ihm gebührt. Felix war keineswegs ein musterhafter Friede=
fürst. Er hatte allerdings da und dort Unruhen im Lande
gedämpft. Aber andererseits hatte er selber den Hohepriester
Jonathan durch Meuchelmörder umbringen lassen und durch
seine Leidenschaft und Gewaltthätigkeit den Geist des Auf=
ruhrs im Volk eher genährt als unterdrückt. Von „redlichen
Thaten", nützlichen Einrichtungen und weisen Verfügungen
spricht ferner der Advokat, die dem jüdischen Volke widerfahren
seien durch die Fürsichtigkeit des Landpflegers. Auch davon
weiß die unparteiische Geschichte nichts, wohl aber von Gewalt=
thaten des Mannes, den der römische Geschichtschreiber Tacitus
eine Sklavenseele voll Willkühr und böser Lüste nennt. Die
beständige „Dankbarkeit" des Volkes gegen diesen trefflichen

Regenten rühmt endlich Tertullus. Dieser Dank hat aber
nicht lange gewährt; ein paar Jahre hernach hat dasselbe Volk
denselben Landpfleger, nachdem er abberufen worden, in Rom
beim Kaiser verklagt, wie der jüdische Schriftsteller Josephus
berichtet. Wie mancher hohe Herr, der die schmeichlerischen
Anreden, mit denen ihn kriechende Beamte bei feierlichen An=
lässen begrüßten, für baare Münze, für die Stimme seines
Volkes nahm, hat bald nachher, wenn ein Sturm in die Zeit
fuhr, ganz andere Dinge von seinem Volke hören müssen!
Und wie ganz anders lautet oft das Urtheil der Geschichte
über einen hochgestellten Mann an seinem Grabe, als das
lautet, was man ihm ins Gesicht sagte, so lang er noch in
Würden und Ehren stand. Und wie ganz anders noch, als
im Gerichte der Weltgeschichte, mag der Spruch erst ausfallen
im Gerichte Gottes, wenn Der einem Tyrannen, welcher hie=
nieden nur gewohnt war, Huldigungsadressen entgegen zu
nehmen, sein Urtheil zu lesen giebt, wie es dem Belsazar dort
an die getünchte Wand geschrieben ward: „Du bist gewogen
und zu leicht erfunden worden.“ Da darf ja Hoch und Nieder,
wem etwa die Leute wohl reden, mit rechtem Ernste bitten:
Erforsche mich Gott und erfahre mein Herz, prüfe mich und
erfahre wie ich es meine; Herr, mache mich bei Zeiten klug
und frei von schnödem Selbstbetrug!

Die schmähliche Anklage wider den Apostel fällt zurück
auf's Haupt der Kläger, schon durch ihre niedrigen Schmeiche=
leien gegenüber dem Richter. Und noch mehr

2.

durch ihre boshaften Beschuldigungen wider den
Knecht des Herrn.

Der Redner will nun zur Sache kommen.

V. 4. „Auf daß ich aber dich nicht zu lange aufhalte, bitte ich dich, du wolltest uns kürzlich hören nach deiner Ge= linbigkeit." Abermals zum Schluß noch ein Kompliment. Aber nun verwandelt sich die honigsüße Rede in Gift und Galle; nun wird die glatte Schmeichlerzunge zu einem zwei= schneidigen Schwert und aus dem gleißnerischen Schönredner entpuppt sich der boshafte Verleumder.

V. 5. u. 6. „Wir haben diesen Mann gefunden schädlich, und der Aufruhr erreget allen Juden auf dem ganzen Erd= boden, und einen Vornehmsten der Sekte der Nazarener; der auch versuchet hat den Tempel zu entweihen, welchen wir auch griffen, und wollten ihn gerichtet haben nach unserm Gesetz." Viel Anklagen auf einmal. — „Wir haben diesen Mann funden schädlich", nach dem Grundtext noch viel schärfer, „als eine Pest". Wie eine Pest von Land zu Lande schleicht, von Stadt zu Stadt sich fortpflanzt, und überall ihre giftigen Dünste verbreitet, und überall Tod und Verderben zurück läßt, so reist dieser Irrlehrer und Verführer, als eine geistige Pest, in der Welt herum. „Und der Aufruhr erreget allen Juden auf dem ganzen Erdboden!" Namentlich unter dem jüdischen Volk treibt er sich als ein Unruhstifter umher und reizt es zum Aufruhr wider Gesetz und Obrigkeit. — „Und einen vornehmsten der Sekte der Nazarener". Als ein hochmüthiges Sektenhaupt wird er hingestellt und zugleich verächtlich gemacht durch den Spottnamen eines Nazareners, der damals für die Bekenner des Evangeliums noch vielfach im Gebrauch war, obgleich wir schon im 11. Kapitel gelesen haben, daß man in Antiochien zuerst anfing, die Jünger Christen zu nennen. „Der auch versucht hat, den Tempel zu entweihen". Auch

noch ein Tempelschänder muß er sein. Unter diesem Vorwand
war er ja gegriffen worden, wie wir im 21. Kapitel ver=
nommen, weil man ihn mit vier Christen aus Kleinasien, die
man für Heiden hielt, im Tempel gesehen hatte. — Aber sehet,
meine Lieben, welch ein Gewebe von falschen Anklagen, wozu
Bosheit den Zettel und Unwissenheit den Einschlag geliefert
hat! Wie es von Gott selber heißt: bei den Verkehrten bist
du verkehrt; wie Jesus, der göttliche Meister, unter die Uebel=
thäter gerechnet, als Unruhstifter verklagt, als Tempelschänder
hingestellt wurde, so geht es nun auch seinem Knechte nicht
besser. Die Welt sieht das ehrwürdige Bild eines Zeugen
Jesu mit verkehrten Augen an und macht für sich und Andere
ein Zerrbild draus. Die heilsame Botschaft des Evangeliums,
ein Geruch des Lebens zum Leben für alle heilsbegierigen
Seelen, wird dem Ungläubigen „eine Pest", ein Geruch des
Todes zum Tode. Der heilige Eifer, die Leute aufzuwecken
aus ihrem Sündenschlaf, heißt: „Aufruhr anrichten", Jesum
bekennen, heißt: „Sektirerei". Ein entschiedener Christ, der
es merken läßt in seinem ganzen Wesen, daß es ihm ein Ernst
ist, zu verleugnen das ungöttliche Wesen und die weltlichen
Lüste, um züchtig, gerecht und gottselig zu leben in dieser
Welt, heißt „ein Nazarener", oder wie man heutzutage sagt,
ein Pietist oder Mucker. Und am Reich Gottes bauen, heißt
„den Tempel entweihen"; für die Kirche Christi arbeiten,
heißt der wahren Religion, der Anbetung Gottes, im Geist
und in der Wahrheit Abbruch thun. — So hat die Welt über
Christum und die Apostel geurtheilt: ist's ein Wunder, wenn
heute noch ähnliche Anklagen laut werden gegen das Christen=
thum und seine Bekenner? Wär's nicht vielmehr zu verwun=
dern, wenn die Welt heut anders urtheilte? Darf sich der

Christ gedrückt fühlen unter der Last solcher Schmähungen?
fallen sie nicht vielmehr auf die Schmäher selber zurück?
Und ist es nicht ein großer Trost, wenn der Geist der Wahr=
heit uns dabei das Zeugniß giebt, wie einst unserm Paulus:
„Als die Verführer — und doch wahrhaftig?" Doch unser
Redner eilt zum Schluß. „Der auch versuchet hat den Tempel
zu entweihen, welchen wir auch griffen und wollten ihn ge=
richtet haben nach unserm Gesetz." Des beabsichtigten Meuchel=
mords gegen den gefangenen Paulus gedenkt der schlaue
Advokat mit keiner Silbe. Ueber diese Greuel wird der
Mantel der Vergessenheit geworfen, und der hohe Rath hin=
gestellt als hätte er lediglich nichts anderes gewollt als Recht
und Gesetz; vielmehr auf den römischen Stadthauptmann, der
nur seine Pflicht gethan, indem er den Gefangenen den
Mörderhänden entrissen, wird im Vorübergehen der Schatten
einer Anklage geworfen, als habe er willkürlich oder gewalt=
thätig gehandelt.

V. 7 u. 8. „Aber Lysias, der Hauptmann, unterkam das,
und führete ihn mit großer Gewalt aus unsern Händen, und
hieß seine Verkläger zu dir kommen, von welchen du kannst,
so du es erforschen willst, dich des alles erkundigen, um was
wir ihn verklagen." „Auch Lysias, obgleich er dem hohen Rath
sich keineswegs gefällig erwiesen, muß doch unsre Angaben be=
stätigen." Hiermit schließt dieses Meisterstück unredlicher Ad=
vokatenkunst, von dem natürlich hier nur die Hauptgedanken
und hervorstechendsten Wendungen angegeben sind. Und nun
sprechen die Abgeordneten des hohen Raths noch ihr Ja und
Amen dazu.

V. 9. „Die Juden aber redeten auch dazu, und sprachen,
es hielte sich also". „Es hielte sich also". So behält die Lüge

für den Augenblick das letzte Wort. Unsrem verleumbeten
Apostel freilich liegt schon die Antwort auf der Zunge, und
gern möchten wir seine Verantwortung heut noch hören. Aber
unsre Zeit ist um; wir müssen uns für diesmal beruhigen mit
der Zuversicht: Recht muß doch Recht bleiben, wenn auch die
Welt Böses gut und Gutes böse nennt; die Rechte des Herrn
behält den Sieg, wenn auch die Lüge eine Zeitlang triumphirt.
Nur muß der Christ warten lernen. Geht's uns ja heut noch
oft so. Wir müssen die Schmach der Verleumdung eine Zeitlang tragen, unter dem Druck einer üblen Nachrede hingehen,
ohne uns sogleich genügend vor der Welt rechtfertigen zu
können und müssen uns an dem Trost eines guten Gewissens
genügen lassen und an das Pauluswort uns halten: Mir ist's
ein Geringes, daß ich von euch oder einem menschlichem Tage
gerichtet werde, auch richte ich mich selbst nicht, der Herr ist's
aber, der mich richtet! — bis es etwa dem Herrn gefällt, unsre
Sache zu führen und unsre Unschuld an den Tag zu bringen.
Ja das göttliche Evangelium selber, die heilige Reichssache des
Herrn, und Jesus Christus, der Sohn des Hochgelobten, muß
unter der Schmach der Welt, muß unter den Aeußerungen des
Unglaubens hingehen durch die Jahrhunderte bis ans Ende
der Tage. Soll uns das irre machen im Glauben, lässig im
Bekenntniß, wankend in der Hoffnung für sein Reich? Nein,
wir halten fest am Bekenntniß der Hoffnung; unsre innere
Erfahrung sagt's uns: das Evangelium bleibt doch eine Kraft
Gottes, selig zu machen Alle die, die daran glauben. Und
das Wort Gottes verheißt's uns: die Rechte des Herrn be-
hält den Sieg. Und immer noch schaart sich sein Volk auf's
Neue um ihn im Gehorsam des Glaubens und mit dem
Troste der Hoffnung: „Der Herr kommt!"

Er kommt zum Weltgerichte,
Zum Fluch dem, der ihm flucht,
Mit Gnad' und süßem Lichte
Dem, der ihn liebt und sucht;
Ja komm, ja komm, o Sonne,
Und hol uns allzumal
Zum ew'gen Licht und Wonne
In deinen Freudensaal!

                                              (P. Gerhardt.)

Amen.

LXXIII.

Die musterhafte Verantwortung.

Kap. 24, V. 10—21. Paulus aber, da ihm der Land=
pfleger winkete zu reden, antwortete: Dieweil ich weiß, daß
du in diesem Volke nun viele Jahre ein Richter bist, will
ich unerschrocken mich verantworten: denn du kannst er=
kennen, daß nicht mehr denn zwölf Tage sind, daß ich bin
hinauf gen Jerusalem gekommen, anzubeten. Auch haben
sie mich nicht gefunden im Tempel mit Jemand reden, oder
einen Aufruhr machen im Volk, noch in den Schulen, noch
in den Städten. Sie können mir auch nicht beibringen, deß
sie mich verklagen. Das bekenne ich aber dir, daß ich nach
diesem Wege, den sie eine Sekte heißen, diene also dem Gott
meiner Väter, daß ich glaube allem, was geschrieben stehe
im Gesetz und in den Propheten, und habe die Hoffnung zu
Gott, auf welche auch sie selbst warten, nämlich daß zukünftig
sei die Auferstehung der Todten, beides der Gerechten und Un=
gerechten. In demselbigen aber übe ich mich zu haben ein un=
verletztes Gewissen allenthalben, beides gegen Gott und den
Menschen. Aber nach vielen Jahren bin ich gekommen, und
habe ein Almosen gebracht meinem Volk, und Opfer. Dar=
über fanden sie mich, daß ich mich reinigen ließ im Tempel
ohne allen Rumor und Getümmel. Das waren aber etliche
Juden aus Asien, welche sollten hier sein vor dir, und mich
verklagen, so sie etwas zu mir hätten. Oder laß diese selbst
sagen, ob sie etwas Unrechtes an mir gefunden haben, die=

weil ich stehe vor dem Rath, ohne um des einigen Worts willen, da ich unter ihnen stand und rief: Ueber der Auferstehung der Todten werde Ich von euch heute angeklaget.

Auf einer bedenklichen Station seines prüfungsvollen Zeugenlaufs haben wir unsern Apostel verlassen. Er steht als Gefangener vor Gericht. Im Tempel zu Jerusalem, wo er nach jahrelangen Missionsreisen einmal das Pfingstfest wieder feiern wollte, war er von den erbitterten Juden als Tempelschänder gegriffen worden; mit Mühe hatte ihn der römische Stadthauptmann Lysias den Händen des rasenden Pöbels entrissen und zuerst auf die Burg in sichern Gewahrsam gebracht, dann aber, unter kriegerischer Bedeckung, zum römischen Landpfleger Felix nach Cäsarien geschickt, damit der ihm sein Urtheil spreche. Auch dorthin verfolgten den Apostel seine boshaften Feinde. Sie schickten eine Deputation nach Cäsarien, um ihre Klage dort anzubringen, an deren Spitze der Hohepriester Ananias selber stand, und ein gewandter Sachwalter, Tertullus, suchte in einer feingesetzten Rede den Apostel anzuschwärzen und den Landpfleger zu gewinnen. Eben diese Anklage haben wir im vorhergehenden Abschnitt vernommen, und heute nun dürfen wir des Apostels Verantwortung hören. Wenn in unsern Tagen eine wichtige Verhandlung beim Schwurgericht vorkommt, wo es sich um Tod und Leben für den Angeklagten handelt, wie groß ist da der Zudrang, wie gespannt die Aufmerksamkeit, wie lebhaft das Interesse, selbst für einen blutigen Verbrecher, der vielleicht ein Gegenstand unsers Abscheu's, höchstens unsers Mitleids ist! Aber nun versetzet euch einmal im Geist in jenen längst zerfallenen Gerichtssaal zu Cäsarien; sehet da auf seinem Richterstuhl, von seinem glänzenden Hof umgeben, den römischen Statthalter sitzen. Sehet vor den Schranken auf der einen Seite

die jüdischen Ankläger, mit ihren Blicken voll Haß und finstrem
Fanatismus, an ihrer Spitze den greisen Hohepriester, mit allen
Würden seines Amtes angethan. Lächelnd, mit triumphirender
Miene, hat soeben der listige Tertullus, nach beendigter Rede,
sich niedergesetzt. Und nun erhebt sich auf der andern Seite
von der Anklagebank der Knecht des Herrn, der ehrwürdige
Apostel, eine unscheinbare, leidensvolle Gestalt, mit den Mal=
zeichen des Todes Christi an seinem früh gealterten, von den
Strapazen seines Amtes hart mitgenommenen Leib, aber auf
seiner Stirn die Majestät eines guten Gewissens, in seinen
Augen den Frieden eines Friedensboten Jesu Christi; auf
seinen Lippen die einfache Beredtsamkeit einer gerechten Sache,
in seiner Brust jenen getrosten Muth eines begnadigten Gottes=
kinds, den er ausspricht 2. Kor. B. 8 ff.: wir haben allent=
halben Trübsal, aber wir ängsten uns nicht; uns ist bange,
aber wir verzagen nicht; wir leiden Verfolgung, aber wir
werden nicht verlassen; wir werden unterbrückt, aber wir kommen
nicht um. Sehet ihn, meine Lieben, und höret ihn; höret:

**Die Verantwortung des Apostels Paulus gegen seine
Ankläger, als das Muster einer rechtschaffenen,
christlichen Verantwortung,**

    1) in würdiger Haltung vor dem verordneten
Richter;

    2) in ruhiger Abwehr ungerechter Beschul=
bigungen;

    3) in freimüthigem Bekenntniß der selig=
machenden Wahrheit;

    4) in getroster Berufung auf die Zeugen seines
Wandels.

1.

Die würdige Haltung des Apostels, ebenso sanft, als fest, ebenso fern von kriechender Schmeichelei, wie von fleischlichem Trotz, tritt uns gar schön entgegen im Eingang seiner Rede.

V. 10. „Paulus aber, da ihm der Landpfleger winkete zu reden, antwortete: Dieweil ich weiß, daß du in diesem Volk nun viele Jahre ein Richter bist, will ich unerschrocken mich verantworten." Tertullus hatte seine Rede mit unwürdigen Schmeicheleien gegen den Landpfleger begonnen (V. 3), Paulus enthält sich jeder persönlichen Lobrede, und giebt seinem Richter einfach um seines Amtes willen die Ehre, die ihm gebührt. „Sei sparsam in Titeln, wie hier Paulus," sagt der alte Aus= leger Starke; „sollst du einen Feind Gottes, ungerechten Richter, hochmüthigen Haman, zur Sünde verkauften Ahab einen vortrefflichen, unvergleichlichen, hochgeschätzten Mann heißen, von seinem hohen Verdienste schwatzen? Wer die Gott= losen nicht achtet, der wird wohl bleiben, heißt es Ps. 15, V. 4." Dabei ist aber unser Apostel ferne von fleischlichem Trotz; wie sein Herr und Meister in dem Landpfleger Pilatus, so ehrt nun auch der Knecht des Herrn in Felix das von Gott ver= ordnete Richteramt, das dieser Mann zudem schon jahrelang führte. — Sechs Jahre war damals Felix im Amt, weshalb der Apostel sich umsomehr eines geneigten Gehörs, eines einsichtigen Urtheils von ihm versieht. — Und nun folgt

2.

seine ruhige Abwehr ungerechter Beschuldigungen.

V. 11. „Denn du kannst erkennen, daß nicht mehr denn zwölf Tage sind, daß ich bin hinauf gen Jerusalem gekommen,

anzubeten." Erst vor zwölf Tagen bin ich nach Jerusalem ge=
kommen, habe also kaum meinen Fuß in die Stadt gesetzt
und schwerlich in dieser kurzen Zeit mir einen Anhang werben
und böse Anschläge anzetteln können wider den Tempel und
den Gottesdienst meines Volkes. Vielmehr bin ich gekommen
anzubeten, als ein frommer Wallfahrer, als ein andächtiger
Festpilger habe ich die heilige Stätte betreten, da Gottes Ehre
von Alters her wohnt.

V. 12. „Auch haben sie mich nicht gefunden im Tempel
mit Jemand reden, oder einen Aufruhr machen im Volk, noch
in den Schulen, noch in den Städten." Vielmehr harmlos
bin ich meines Weges gezogen; weder in den Städten, durch
die ich reiste, noch in den Synagogen, die ich besuchte, noch
im Tempel, wo man mich griff, habe ich irgend etwas gegen
den Gottesdienst Israels gesagt oder gethan. Auch meine
Feinde werden mir so etwas nicht beweisen können:

V. 13. „Sie können mir auch nicht beibringen, deß sie
mich verklagten." Merke, sagt hiezu der alte Starke, „wie
Paulus erstlich des Richters Amt bescheidentlich ehret, die
Sache schlicht und kurz erzählet, die Bezüchtigung gelassen
leugnet, das Gegentheil ruhig behauptet, auf Untersuchung und
Beweis unerschrocken bringet, den rechten Grund der Klage
deutlich aufdecket. Thue desgleichen, wenn du grundlos be=
schuldigt bist." Eines besonders dürfen wir uns wohl merken
bei diesem Stück der Verantwortung unsers Apostels: das ist
die Ruhe und Gelassenheit, womit er falsche Beschulbigungen
abwehrt, die Mäßigung und Sanftmuth, womit er sich auf
die Abwehr beschränkt. Er geräth nicht in Feuer und Flamme,
wie wir so oft bei einer ungerechten Beschuldigung; er giebt
nicht den Angriff heim und häuft nun seinerseits Beschuldigungen
auf die Häupter seiner Gegner; er vertheidigt sich nur und

enthält sich seinerseits jeder Anklage, so viel Recht er auch dazu
hätte; — als ein rechter Jünger des Meisters, der nicht wieder
schalt, da er gescholten ward, stellete es aber dem heim, der da
recht richtet. Der Herr schenke auch uns je mehr und mehr
jenen sanften und stillen Geist, der köstlich ist vor Gott, und
dämpfe in uns das wilde Zornfeuer der Eigenliebe, des Stolzes
und der fleischlichen Empfindlichkeit und lehre uns, auch wo
wir ungerechte Angriffe abzuwehren haben, das Schwert der
Rede also brauchen, daß wir, wie ein edelmüthiger, ritterlicher
Fechter, zwar gegen die Streiche des Gegners uns selber schützen,
ihn aber nicht unnöthig verwunden. Nicht nur heftige Männer,
auch das sanfte Geschlecht der Frauen hat da noch viel zu
lernen. Nicht nur manche Verantwortung vor Gericht würde
besser ausfallen, auch mancher häusliche Zwist könnte schneller
beigelegt werden, wenn wir gewappnet wären mit Sanftmuth
und Geduld auch bei ungerechtem Angriff, und wir Alle haben
da Ursach zu bitten: Ach, Jesu, gieb mir sanften Muth, nach
deinem Wort zu leben, ich bin ein schwaches Fleisch und Blut;
sollt' ich dir widerstreben? Sollt' ich noch üben Rach' und Zorn?
Wie kann ein Christ, ein süßer Born, solch' bitter Wasser
geben? — Nun aber zu solch' ruhiger Abwehr so ungerechter
Beschuldigungen fügt der Apostel auch:

3.

ein freimüthiges Bekenntniß seiner wahren Her=
zensstellung und der seligmachenden Wahrheit.

V. 14. „Das bekenne ich aber dir, daß ich nach diesem
Wege, den sie eine Sekte heißen, diene also dem Gott meiner
Väter, daß ich glaube allem, was geschrieben stehet im Gesetz
und in den Propheten." Siehe da ein schönes Bekenntniß
seines Glaubens und seiner Hoffnung. Als einen Vornehmsten

der Sekte der Nazarener hatte ihn Tertullus angeschwärzt. Ja, sagt der Apostel, auf diesem Weg allerdings gehe ich; mag man's eine Sekte heißen, ich schäme mich nicht, zu diesem verachteten Häuflein mich zählen zu lassen; mag man's einen Aberglauben schelten, ich diene noch von Herzen dem Gott meiner Väter, und glaube alle dem, was geschrieben steht im Gesetz und in den Propheten. Ja, auch zu der Hoffnung bekennt er sich abermals feierlich, die ihm schon so viel Spott und Widerspruch eingetragen hat, zumal unter den Heiden und die doch so alt ist, als Gottes Wort:

V. 15. „Und habe die Hoffnung zu Gott, auf welche auch sie selbst warten, nämlich daß zukünftig sei die Auferstehung der Todten, beides der Gerechten und Ungerechten." Sehet da, meine Lieben, einen schönen Beleg zu dem, was unser Apostel an seine Römer schreibt (K. 1): Ich schäme mich des Evangelii von Jesu Christo nicht, und zu dem, was sein Mitapostel Petrus verlangt (1. Petr. 3, 15): Seid allezeit bereit zur Verantwortung jedermann, der Grund fordert der Hoffnung die in euch ist. Sehet da, meine Lieben, ein schönes Vorbild des Glaubensmuths, der Bekenntnißtreue auch für uns. Auch heute freilich wirft die Welt mit dem Titel Nazarener und ähnlichen Spottnamen um sich gegen die, denen es Ernst ist mit ihrem Christenthum. Der einfältige Bibelglaube muß gar oft ein Aberglaube, eine herzliche Frömmigkeit muß Frömmelei, eine ernste Nachfolge Jesu muß Sektirerei heißen im Munde der Spötter. Aber sollen wir uns dadurch einschüchtern lassen? Sollen wir von diesem Weg, den sie eine Sekte heißen, und der doch der rechte Weg zum Himmel, der schmale Weg zum Leben ist, auf welchem noch keiner irre gegangen, auf welchem schon Tausende seit Paulus ihr Glück hienieden und ihr Heil drüben gefunden haben, auf dem auch uns allein wahrhaft

Die Apostelgeschichte. II. **24**

wohl ist, sollten wir von dem uns abbringen lassen, weil ihrer
wenige sind, die darauf gehen, weil die Meisten die breite
Straße vorziehen, die zum Verderben abführt? Sollten wir
es für eine Schande halten, zu dienen dem Gott unsrer Väter,
dem alten Gott, zu dem David und Abraham gebetet, zu dem
ein Gerhardt gesungen: Befiehl du deine Wege — und ein
Neumark: Wer nur den lieben Gott läßt walten, und unser
Johann Heermann: O Gott, du frommer Gott, und zu glauben
dem, das geschrieben steht im Gesetze und in den Propheten,
— weil das ungläubige Geschlecht dieser Tage die Bibel, dieses
Buch der Bücher, für ein Fabelbuch, und den lebendigen Gott,
„ohne den nichts ist, was ist," für ein Hirngespinnst erklärt?
Sollten wir das, was eines Christen vornehmste Sorge und
süßester Trost und seligste Aussicht ist unter den Leiden dieser
Zeit, unter den Räthseln des Weltlaufs, bei der Uebermacht des
Bösen auf Erden: die Hoffnung eines ewigen Lebens, einer Auf=
erstehung, eines gerechten Gerichts Gottes in der Ewigkeit, —
sollten wir das wegwerfen, weil es dem irdischen Sinn der Sad=
ducäer unsrer Tage ein Aergerniß und eine Thorheit ist? —
Nein, mögen sies halten, wie sie wollen, uns aber sollen sie
kein Verbrechen draus machen; wir wollen uns des schmalen
Wegs, der zum Leben führt, und der Furcht des Herrn, welche
der Weisheit Anfang ist, und unsres Glaubens, der unsres
Lebens Ruhe ist, und unsrer Hoffnung, die mit hohem Haupte,
wenn die Welt ihr Alles raubte, hinblickt, wo sie wonnevoll
Alles wiederfinden soll, nicht schämen vor den Menschen, und
wenn sie uns darüber zur Rede stellen im Ernst oder im
Spott, so wollen wir mit dem alten Josua sprechen: Gefällt
es euch nicht, daß ihr dem Herrn dienet, so erwählet euch
heute, welchem ihr dienen wollet, ich aber und mein Haus
wollen dem Herrn dienen, und wollen mit unsrem Paulus

dabei bleiben: Ich schäme mich des Evangelii von Jesu Christo nicht, denn es ist eine Kraft Gottes, die da selig machet alle, so daran glauben. — Nur daß dann mit dem Bekenntniß unsres Mundes auch unser Wandel, mit unsrem Glauben auch unser Leben übereinstimme, wie bei unsrem Paulus.

B. 16. „In demselbigen aber übe ich mich zu haben ein unverletztes Gewissen allenthalben, beides gegen Gott und den Menschen." So spricht der Apostel, der so nachdrücklich schreibt: durch den Glauben werden wir selig und nicht durch die Werke. Also nicht einen faulen, todten Glauben meint er, sondern einen lebendigen; nicht ein Polster für die Trägheit und ein Deckmantel für die Sünde ist ihm sein Glaube, sondern ein Sporn zum Guten, ein Antrieb zur Heiligung. Das ist das rechte Ziel, dahin alle wahre Religion den Menschen führen muß. So lang unser Glaubensbekenntniß nur eine Sache des Kopfes oder des Mundes oder gar ein Zankapfel der Ketzermacherei bleibt, ist es Spreu ohne Kern, Schatten ohne Leben. Nur dann verdient es den Namen eines wahren Glaubens und einer lebendigen Hoffnung, wenn in demselben und durch dasselbe die tägliche Uebung gerecht, fromm und gottselig zu werden, getrieben wird. Wer an Gott glaubet, sagt Luther, der große Panierträger des alleinseligmachenden Glaubens, wer an Gott glaubet und gewiß ist, daß er uns Gutes gönne, sintemal er uns seinen Sohn und mit ihm die Hoffnung des ewigen Lebens gegeben hat, wie wollte der nicht von ganzem Herzen Gott lieben? Wie wollte er ihn nicht fürchten und ehren? Wie wollte er sich nicht befleißen, ein dankbar Herz für solche große Gaben und Wohlthaten zu erzeigen? Wie wollte er nicht beweisen Geduld und Gehorsam im Unglück? Also führet der Glaube mit sich einen Haufen

vieler sehr herrlichen und schönen Tugenden und ist nimmer
allein. — Merket dabei, meine Lieben, wie scharf es Paulus
mit seinem guten Gewissen nimmt, daß er es allenthalben,
beide gegen Gott und Menschen, haben will, unbefleckt nicht
nur gegen die Menschen, wie die, deren ganze Gewissenhaftig=
keit darin besteht, daß sie sprechen: mir kann kein Mensch etwas
Böses nachsagen, während der Gott, der ins Verborgene sieht,
gar manchen Flecken in ihrem Leben, gar manchen Greuel in
ihrem Herzen entdeckt; aber auch nicht blos gegen Gott, wie
die, welche sich zwar immer darauf berufen: Der Herr kennet
die Seinen, mit meinem Gott bin ich im Reinen, laffen's aber
fehlen an dem Beweis vor den Menschen, an der Probe der
Gottseligkeit, von welcher der Herr selber sagt: An ihren
Früchten sollt ihr sie erkennen. — Merke aber auch dabei, wie
demüthig der große Apostel von seinem guten Gewissen spricht:
nicht, ich rühme mich zu haben ein unbeflecktes Gewissen, son=
dern, ich übe mich es zu haben, ich strebe darnach, ich arbeite
daran, — denn wahrlich, wer es genau nimmt mit seinem
Gewissen, der wird ja nie, auch wenn er im Stande der
Gnade und guten Werke steht, nie wird er sagen: ich bin
fertig mit der Heiligung, ich bin im Reinen mit meinem Ge=
wissen, sondern immer, auch wenn er nur auf einen Tag, nur
auf eine Woche seines Wandels zurückblickt, wird ihm sein Ge=
wissen Fehltritte und Versäumnisse aufdecken, die ihn wieder
zum Gnadenquell hinführen, zur Buße mahnen und ins
Gebet hineintreiben, daß durch den Beistand des heiligen
Geistes je mehr und mehr „die Seele unverletzt, rein das Ge=
wissen bleib'."

Bei solcher Gewissenhaftigkeit kann denn der Apostel sein
Schutzrede schließen

4.

mit getroster Berufung auf die Zeugen seines Wandels.

Zuerst stellt er noch einmal den Sachverhalt einfach hin:

V. 17. „Aber nach vielen Jahren bin ich gekommen, und habe ein Almosen gebracht meinem Volk und Opfer." Also nicht um irgend einem Menschen etwas zu Leib zu thun, sondern mit Liebesgedanken im Herzen, mit einer Liebesgabe in der Hand, bin ich nach so langer Zeit wieder einmal zu meinem immer noch theuern Volk, in die auch mir ehrwürdige Stadt Jerusalem gekommen.

V. 18. „Darüber fanden sie mich, daß ich mich reinigen ließ im Tempel, ohne allen Rumor und Getümmel." Also nicht um das Haus des Herrn zu schänden, sondern um ein Gelübde dort zu lösen, um eine heilige Handlung zu verrichten, habe ich die heilige Stätte betreten. Etwas anderes wird mir auch Niemand nachsagen und beweisen können; nicht die Juden, die mit mir aus Asia gekommen sind und dort Zeugen meines Wandels waren, so feind sie mir sein mögen:

V. 19. „Das waren aber etliche Juden aus Asien, welche sollten hier sein vor dir, und mich verklagen, so sie etwas zu mir hätten." Noch auch diese, die als meine Ankläger von Jerusalem hierher gekommen sind:

V. 20 u. 21. „Oder laß diese selbst sagen, ob sie etwas Unrechtes an mir gefunden haben, dieweil ich stehe vor dem Rath, ohne um des einigen Wortes willen, da ich unter ihnen stand und rief: Ueber der Auferstehung der Todten werde ich von euch heute angeklaget!" Auch sie, die mich vor dem hohen Rathe stehen sahen, werden mir kein Verbrechen nachsagen können, wenn nicht das ein Verbrechen ist, daß ich von der

Auferstehung der Todten gesprochen habe. — So hat ja auch der Herr selber vor dem hohen Rath sich berufen auf die, welche Zeugen waren seines Lebens und seiner Lehre: Frage die darum, die gehöret haben, was ich zu ihnen geredet habe. — Wohl dem Lehrer und Prediger, der sich auf die Zeugen seines Lebens und Wandels berufen darf. Er kann den Mund noch einmal so freudig aufthun und wird noch einmal so viele Frucht schaffen mit seiner Predigt. Wohl uns Allen, wenn wir nicht das Zeugniß der Menschen wider uns haben am großen Gerichtstag der Ewigkeit, die wir etwa geärgert und denen wir Uebels gethan, wenn vielmehr solche Entlastungs= zeugen für uns auftreten am Tage der Rechenschaft, wie die, in deren Namen der Herr dort spricht: Ich bin hungrig ge= wesen und ihr habt mich gespeist, durstig, und ihr habt mich getränkt u. s. w., denn was ihr gethan habt dem Geringsten unter meinen Brüdern, das habt ihr mir gethan. — Ja, Herr unser Gott, hilf uns hienieden also wandeln und handeln, daß wir nicht zu Schanden werden vor dir an deinem großen Tag!

> Ach Gott, verlaß mich nicht, ich bleibe dir ergeben,
> Hilf mir, o großer Gott, recht glauben, christlich leben,
> Und selig scheiden ab, zu sehn dein Angesicht,
> Hilf mir in Noth und Tod; ach Gott, verlaß mich nicht!

(Salomo Franck.)

Amen.

LXXIV.

Paulus vor Felix.

Kap. 24, V. 22—27. Da aber Felix solches hörete, zog er sie auf, denn er wußte fast wohl um diesen Weg, und sprach: Wenn Lysias, der Hauptmann, herabkommt, so will ich mich euers Dinges erkundigen. Er befahl aber dem Unterhaupt= mann, Paulum zu behalten, und lassen Ruhe haben, und Niemand von den Seinen wehren, ihm zu dienen, oder zu ihm zu kommen. Nach etlichen Tagen aber kam Felix mit seinem Weibe Drusilla, die eine Jüdin war, und forderte Paulum, und hörete ihn von dem Glauben an Christum. Da aber Paulus redete von der Gerechtigkeit, und von der Keuschheit, und von dem zukünftigen Gericht, erschrack Felix und antwortete: Gehe hinauf diesmal, wenn ich gelegene Zeit habe, will ich dich her lassen rufen. Er hoffte aber daneben, daß ihm von Paulo sollte Geld gegeben werden, daß er ihn los gäbe; darum er ihn auch oft fordern ließ, und besprach sich mit ihm. Da aber zwei Jahre um waren, kam Portius Festus an Felix Statt. Felix aber wollte den Juden eine Wohlthat erzeigen, und ließ Paulum unter sich gefangen.

„Wer seiner Seelen Heut verträumet,
Hat oft die Gnadenzeit versäumet,
Dem wird hernach nicht aufgethan;
Heut komm, heut nimmt dich Jesus an!“

So mahnt und warnt uns eines unserer schönsten Lieder. („Mein Heiland nimmt die Sünder an.“)

Jeder Mensch hat hienieden seine Gnadentage und Gnaden=
stunden, wo ihm der treue Gott, der nicht will, daß eine Seele
verloren werde, sein Heil näher legt als sonst, wo ihm, durch
irgend eine Führung Gottes, der Ruf unüberhörbar in's Ohr
klingt: Gieb mir, mein Kind, dein Herz und laß deinen Augen
meine Wege wohlgefallen; seine Gnadenstunden, wo er auch
innerlich vielleicht angefaßt ist von Gottes Wort und Gottes
Geist, wo sein besseres Ich sich in ihm regt, und man von
ihm hoffen möchte: Dieser ist nicht fern vom Reiche Gottes.
Aber wie Wenige kommen doch wirklich hinein in's Reich
Gottes! Wie Viele kehren auf der Schwelle wieder um! Wie
manchmal geht die Gnadenstunde unbeachtet und unbenützt
vorüber an einem Menschen, so daß man schmerzlich über ihn
ausrufen möchte, wie Jesus über Jerusalem: Ach, daß du be=
dächtest zu dieser deiner Zeit, was zu deinem Frieden dient,
nun aber ist es vor deinen Augen verborgen; und daß man
ihn traurig wieder weggehen sieht von dem Herrn, dem er
schon nahe gekommen war, wie den reichen Jüngling im
Evangelium.

　　Eine solche verscherzte Gnadenstunde tritt uns auch in dem
eben verlesenen Abschnitt vor Augen. Ein solcher Mensch, der
nicht erkennen wollte die gnädige Heimsuchung des Herrn, ist
jener Landpfleger Felix zu Cäsarien. Auch ihm war auf seinem
dunkeln Erdenweg der Herr nahe getreten mit seiner Gnade,
indem er ihm den Apostel Paulus sandte mit der Predigt des
Evangeliums. Wenn er diese Bekanntschaft genützt, wenn er
dem Worte der Wahrheit sein Ohr geliehen hätte, — er hätte
in Wirklichkeit werden können, was sein Name Felix bedeutet,
ein glücklicher Mensch, ein seliger Mann; er hätte ein Fürst
werden können im Reich Gottes, so gut als jener römische
Statthalter Sergius Paulus auf der Insel Cypern, von dessen

Belehrung durch unſern Apoſtel wir in einem frühern Kapitel
geleſen haben. Aber ein ſolcher Mann iſt unſer Felix nicht.
Dazu fehlt es ihm an der rechten Wahrheitsliebe, die das
Wort Gottes eindringen läßt durch Mark und Bein als einen
Richter der Gedanken und der Sinne des Herzens; es fehlt
ihm an der rechten Willenskraft, die nun auch Ernſt macht,
der erkannten Wahrheit zu folgen, die nun auch ein Herz faßt,
die Stricke der Sünde zu zerreißen; Felix iſt ein ſchwacher,
ein leichtſinniger Menſch, wie Pilatus, und ſo bleibt ihm die
Begegnung mit Paulus ohne Frucht für ſein Leben, ſo geht
ihm die Gnadenſtunde nutzlos vorüber, wie dem Pilatus die
heilige Stunde, da Jeſus ſelber, der König der Wahrheit, vor
ihm ſtand, und er iſt uns ein warnendes Beiſpiel für die
Mahnung: Nein, weil Gott ruft, ſo höre du, und greif' mit
beiden Händen zu; wer ſeiner Seele heut verträumet, hat oft
die Gnadenzeit verſäumet, dem wird hernach nicht aufgethan;
heut komm, heut nimmt dich Jeſus an! — Laſſet uns dem
weiter nachdenken, indem wir aus unſrem Textabſchnitt uns
vorſtellen:

Paulus vor Felix oder die verſäumte Gnadenſtunde.

Wir ſehen die Gnadenſtunde des Felix,
   1) wie ſie ſo freundlich kommt;
   2) wie ſie ſo traurig verſäumt wird.

1.

Wie kommt ſie ſo freundlich, die Gnadenſtunde
des Felix!
   V. 22. „Da aber Felix ſolches hörete,“ nämlich die
wackere Verantwortung des Apoſtels, wie wir ſie im Vorher=
gehenden vernommen, „zog er ſie auf,“ d. h. vertröſtete er

seine Ankläger, vertagte die Sache, schob sie auf die lange
Bank, „denn er wußte ganz wohl um diesen Weg," war bekannt genug mit den Angelegenheiten der Christen, um einzu-
sehen, Paulus, ist unschuldig; um aber der Deputation des
hohen Raths doch einen Kanzleitrost mit auf den Weg zu
geben, sprach er: „Wenn Lysias, der Stabthauptmann zu
Jerusalem, der ja auch Zeuge war von dem Tumult gegen
Paulus, herab kommt, so will ich aus seinem unpartheischen
Munde Genaueres über die Sache hören." Inzwischen aber
wird der Apostel in gelindem Gewahrsam gehalten.

V. 23. „Er befahl aber dem Unterhauptmann, Paulum
zu behalten, und lassen Ruhe haben, und Niemand von den
Seinen wehren, ihm zu dienen, oder zu ihm zu kommen." Frei-
lich nur eine halbe Maßregel; hätte er dem Apostel sein volles
Recht angedeihen lassen, so hätte er ihn müssen freisprechen.
Aber es war wenigstens eine milde Gefangenschaft, in welcher
Paulus gehalten wurde, ihm selber vielleicht zum Besten, wie
Luther sein Aufenthalt auf der Wartburg, zur Sicherung vor
den Nachstellungen seiner Feinde. Und auch dem Landpfleger
Felix hätte dieser Gewahrsam des Apostels zum Besten dienen
und zum Heil ausschlagen können, denn:

V. 24. „Nach etlichen Tagen aber kam Felix mit seinem
Weibe Drusilla, die eine Jüdin war, und forderte Paulum,
und hörete ihn von dem Glauben an Christum." Die vornehmen
Herrschaften bekommen ein Gelüste, den berühmten Apostel
einmal predigen zu hören. Es mochte dieser Wunsch namentlich von Drusilla ausgegangen sein, die eine Jüdin war, eine
Tochter des Königs Herodes Agrippa, der den Jakobus hin-
richten ließ, den Petrus gefangen setzte und zu Cäsarien eines
plötzlichen Todes gestorben war. Sie war eine berühmte
Schönheit, war die Gemahlin eines arabischen Königs ge-

wesen; diesem hatte sie Felix entführt und sich mit ihr
vermählt. Es war freilich ohne Zweifel mehr Neugierde,
als Verlangen nach Wahrheit, warum das erlauchte Paar
Paulum sehen und hören wollte. Unser alter Stiftsprediger
Rieger sagt darüber ganz treffend: „Weil die Menschen auch
mit ihrem Hören allerlei Abwechslung haben wollen, so kommt
das Hörenwollen auch zuweilen an das Evangelium, entweder
eine Weide der natürlichen Sinne dabei zu sehen, aus welchem
Grunde dort Herodes längst gern Jesum gesehen hätte, oder
oft auch aus dem Evangelium etwas heraus zu nehmen und sich
daraus für den Brand seines Gewissens einen kühlenden Um=
schlag zu machen. So hört auch heutzutag Mancher einen
Prediger um den Andern, gehorcht aber keinem recht, sondern
möchte nur von jedem etwas erschnappen, das zusammen einen
für das Fleisch erträglicheren Religionsbegriff austrüge.“ Ganz
nach dem Leben und aus unserer heutigen Erfahrung heraus.
Und doch, meine Lieben, hat auch schon je und je einer bei
solchem Herumkosten in allerlei Predigten und Versammlungen
einen Stachel in die Seele bekommen, den er nicht mehr los
wurde, ist bei solchem Herumflattern ums Evangelium einmal
wirklich hängen geblieben um nicht mehr loszukommen, hat
die Kirche, in die er blos aus Neugier, zur Unterhaltung, viel=
leicht mit spöttischem Gelächter eingetreten war, als ein anderer
Mensch verlassen, ins Gewissen getroffen vom Worte der Wahr=
heit, durchdrungen von dem Entschluß: Auf will ich von
Sünden stehen und zu meinem Vater gehen. — Auch dem Felix
und seiner Gemahlin hatte eine Gnadenstunde geschlagen. Nur
leider

2.

ward sie gar traurig versäumt.

B. 25. „Da aber Paulus redete von der Gerechtigkeit, und von der Keuschheit, und von dem zukünftigen Gericht; erschrack Felix, und antwortete: Gehe hin auf dießmal; wenn ich gelegene Zeit habe, will ich dich her lassen rufen." In diesem Vers haben wir den Wendepunkt unsres Abschnitts, in diesem Vers ist eine ganze Herzensgeschichte, ja, die Geschichte von tausend Herzen enthalten. Da sehen wir an einem anschau= lichen Beispiel, warum so vielen Seelen ihre Gnadenstunde vergebens schlägt, warum es bei den Meisten, auch wenn sie einmal berührt worden sind vom Evangelium, doch nie dazu kommt, daß sie rechten Ernst mit dem Christenthum machen.

„Da aber Paulus redete von der Gerechtigkeit und von der Keuschheit und von dem zukünftigen Gericht." Sehet da den kühnen Wahrheitszeugen, den unerschrockenen Hofprediger. Paulus predigt hier einem vornehmen Herrn, seinem Richter, von dessen Gunst sein Schicksal abhing, und doch predigt er ihm den ganzen Rath Gottes zu unsrer Seligkeit, er kitzelt seine Ohren nicht, er schmeichelt seinen Lüsten nicht, er macht ihm den Weg zum Himmelreich nicht breiter, er predigt ihm das Evangelium, aber er schenkt ihm auch das Gesetz nicht, ja er tastet sogar die Schooßsünden seines Zuhörers an. Oder sollte es so ganz zufällig gewesen sein, daß er, indem er den Weg des Lebens zeigte, besonders auch redete von der Ge= rechtigkeit, von der Keuschheit und von dem zukünftigen Ge= richt? Von der Gerechtigkeit redete zu dem bestechlichen Be= amten, von der Keuschheit zu dem ehebrecherischen Liebespaar, von dem zukünftigen Gericht zu dem ungerechten Richter, dem schon das kaiserliche Gericht zu Rom drohend bevorstand? Wohl wird der Apostel, nach seiner Weisheit und Erfahrung, nicht in plumper und beleidigender Weise mit dem Finger auf Felix gedeutet haben, um ihn vor seinem Hofe zu beschämen, sondern

er hat ſicherlich mit heiligem Ernſt und apoſtoliſcher Würde
von dieſen Stücken überhaupt geredet. Strafpredigten ſollen ja
nicht den Eindruck von perſönlichen Beleidigungen machen,
ſondern ſie ſollen herzdurchbohrende Auslegungen des Worts
Thut Buße! ſein, wobei die Sünde in ihrem Grundweſen,
wie in ihren einzelnen Geſtalten von Zeitſünden, Ortſünden,
Standesſünden, ſchonungslos aufgedeckt wird, aber ohne per=
ſönliche Anzüglichkeiten, die mehr erbittern, als beſſern, ſo viel=
mehr, daß jedem Hörer überlaſſen bleibt, die Anwendung auf
ſich ſelber zu machen, und daß nicht der menſchliche Prediger
auf der offenen Kanzel, wohl aber der göttliche Prediger im
ſtillen Herzen, der Geiſt der Wahrheit, auf den Einzelnen
mit dem Finger deutet und ſpricht: du biſt der Mann! Frei=
lich kann's auch bei ſolch' ernſter, würdiger, ruhig gemeſſener
Bußpredigt nicht fehlen, daß oft der Einzelne ſich perſönlich
getroffen fühlt und meint: das iſt auf mich gemünzt, damit
hat er mich gemeint, während der Prediger gar nicht an ihn
gedacht hat, vielleicht gar nichts von ihm weiß: denn das
Wort Gottes iſt lebendig und kräftig und ſchärfer, denn kein
zweiſchneidig Schwert, und ſchneidet durch bis daß es ſcheide
Seele und Geiſt, auf Mark und Bein, und iſt ein Richter
unſrer Gedanken und der Sinne unſres Herzens. Auch Felix
hat davon etwas erfahren.

„Da aber Paulus redete von der Gerechtigkeit und von der
Keuſchheit und von dem zukünftigen Gerichte, erſchrack Felix.“
Auf ſolch ein Thema war er nicht gefaßt. Eine intereſſante
Unterhaltung hatte er gewünſcht, nicht aber eine Bußpredigt.
Wie das Harfenſpiel David's vor dem König Saul ſollte das
Evangelium zu ihm kommen, den finſtern Geiſt der Lange=
weile und des Ueberbruſſes zu bannen, nicht aber als zwei=
ſchneidiges Schwert, das durch Mark und Bein bringt. Es

gieng dem Worte Gottes bei ihm, wie's noch heut oft geht bei
den Kindern der Welt. Als Zeitvertreib in müßigen Stunden,
als Reizmittel zu flüchtiger Rührung läßt man sich's gefallen;
von Gottes Vaterliebe hört man gerne predigen, die Schil=
derungen des oft mit eigenen Farben ausgemalten Wieder=
sehens in der Ewigkeit ergötzen die Seele, aber wenn das
Wort „Buße" ertönt, wenn von der engen Pforte der Selbst=
verleugnung und vom schmalen Pfade der Heiligung und von
den Schrecken des Gerichts geredet wird, wenn das Wort
Gottes unsre Lieblingssünden uns antastet und eine völlige
Wiedergeburt des Herzens und Lebens verlangt, dann erschrickt
man, dann heißt's: das ist eine harte Rede, wer kann sie hören?
Und doch — dieses Erschrecken könnte immer noch zum Heil
ausschlagen. „Felix erschrack." Dieser sein Schrecken ist nicht
blos ein Beweis von der Macht und Majestät des Wortes
Gottes, das im Munde eines wehrlosen Gefangenen, eines ar=
men Zeltmachers, den vornehmen Herrn, den mächtigen Ge=
walthaber erschreckt, sondern er ist auch ein Zeugniß des
erwachenden Gewissens in Felix. Er ist noch kein ganz ver=
härteter Sünder, kein ganz vertrockneter Weltmensch, kein ganz
unzugänglicher Spötter; es ist noch etwas Gutes in ihm, das
vom Guten sich angezogen fühlt, ein Wahrheitsgefühl, das
von der Wahrheit sich getroffen fühlt. Wie glücklich hätte
Felix noch werden können, hätte er von diesem heilsamen
Schrecken sich weiter führen lassen, wie die Männer am Pfingst=
fest, denen des Petrus Predigt durch's Herz gieng, daß sie
fragten: Ihr Männer, lieben Brüder, was sollen wir thun?
wie der Kerkermeister zu Philippi, der die Apostel fragt: liebe
Herren, was soll ich thun, daß ich selig werde?

Aber dahin leider kommts bei Felix nicht. Felix erschrack
und sprach: Gehe hin für diesmal, wenn ich gelegenere Zeit

habe, will ich dich her lassen rufen. O trauriger Ausgang
einer vielversprechenden Gnadenstunde! Großen Herren, sagt
der alte Starke, ist nicht gut predigen, denn wenn ihnen das
Gewissen getroffen wird, so entlassen sie die Prediger in Un=
gnaden oder lassen sie auch wohl ohne Kopf nach Hause gehen.
So schlimm macht es wohl nun Felix nicht. Er entläßt den
Apostel in Gnaden, ja er behält sich vor, ihn zu gelegener Zeit
weiter zu hören. Aber was ist das anderes als eine Ausflucht,
womit er seine Flucht vor Gottes Wort zu verstecken, womit
er den Apostel und sich selber zu täuschen sucht. — „Wenn ich
gelegene Zeit habe.“ Ja so entschlüpft man auch heut noch
so gern den Anfassungen des göttlichen Worts. Man wills
nicht ganz abweisen, aber man wills auch fürs Erste noch nicht
Meister werden lassen. Wenn ich alt bin, denkt man, oder
wenn ich des Lebens Lust genossen habe, oder wenns zum
Sterben geht, dann soll mir der Seelsorger willkommen sein,
dann will ich das Wort Gottes gern ankommen lassen, dann
will ich mich bekehren, dann will ich mich auf die Ewigkeit
bereiten. Jetzt aber hab ich keine Zeit, jetzt nimmt die Welt,
das Geschäfte, die Gesellschaft, das Leben mich in Anspruch. —
Aber wie gehts? Die gelegene Zeit kommt immer nicht, und
eh’ sie kommt, geht’s von der Zeit hinüber in die Ewigkeit.
Aber wehe, wenn’s dann zu spät ist, wehe, wenn dann Gott
unser leichtfertiges: „Gehe hin für diesmal!“ heimgiebt mit
seinem furchtbaren: „Gehet hin, ihr Verfluchten, in das ewige
Feuer!“ „Wenn ich gelegene Zeit werde haben“: Wir lesen
nicht, daß sie dem Felix noch gekommen wäre, diese gelegene
Zeit. Wohl hatte er noch zwei Jahre den Apostel neben sich
im Gefängniß und besprach sich öfter mit ihm, aber zu einem
näheren Verhältniß, zu einer Umkehr kam es nicht, denn Felix
hat dem Worte Gottes ein für allemal die Spitze abgebogen.

Auch in Rom, wohin Felix nach ein paar Jahren abgerufen wird zur Verantwortung vor den Kaiser, traf er mit dem gefangenen Paulus noch einmal in Einer Stadt zusammen, aber daß sie einander noch einmal gesehen und gesprochen hätten, daß Felix oder Drusilla irgend einen Segen davon getragen hätten von der gnädigen Heimsuchung des Herrn zu Cäsarien, darüber lesen wir nichts. „Wann ich gelegene Zeit werde haben", o, täusche sich doch keins mit dieser Ausflucht. Wann ist die gelegene Zeit zur Buße? Immer für den, der nur will, denn täglich und auf allerlei Weise ruft uns Gott zur Buße, durch äußere Führung und innere Rührung, und immer und in jedem Beruf kann der Mensch Zeit finden, auf Gottes Wort zu hören. Aber nimmer kommt die gelegene Zeit für den, der nicht will; wann Gott ihn rufen mag: nie ist's dem Fleische gelegen, und wann er einst nach Gott rufen möchte in der letzten Noth, dann kann's zu spät sein, dann kann er die Antwort bekommen: Ihr werdet mich suchen und nicht finden! (Joh. 8, 21.) Darum — was noch heute kann geschehn, laß bis morgen nicht anstehn! Schmiedet das Eisen, weil es heiß ist! Das sind Regeln auch im geistlichen Leben. Jetzt ist die angenehme Zeit, jetzt ist der Tag des Heils. Heute, so ihr seine Stimme höret, verstocket eure Herzen nicht! — Es kann noch ein Morgen kommen, es können noch Jahre kommen und doch — die Gnadenstunde kommt vielleicht nie mehr so, wie heute. So war's bei Felix.

V. 26. „Er hoffte aber daneben, daß ihm von Paulo sollte Geld gegeben werden, daß er ihn los gäbe; darum er ihn auch oft fordern ließ, und besprach sich mit ihm." Also nicht um von seiner Gegenwart etwas zu gewinnen für Herz und Geist, sondern um schnöden Geldgewinns willen hält er den Apostel in Cäsarien fest; nicht um weiteres von ihm zu

hören über die Gerechtigkeit und die Keuschheit und das Ge=
richt, sondern um ihm Gelegenheit zu geben, sich aus der Ge=
fangenschaft loszukaufen, etwa durch ein Lösegeld, das die
Christengemeinden für ihn erstatteten, läßt er ihn oft vor sich
kommen. So niedrig denkt der hochgestellte Mann. Aber nicht
auf dem Weg der Ungerechtigkeit will Paulus seine Freiheit
erkaufen. Nicht durch menschliche Umtriebe, sondern durch
Gottes Willen kommen Paulus und Felix auseinander.

V. 27. „Da aber zwei Jahre um waren, kam Portius
Festus an Felix Statt. Felix aber wollte den Juden eine
Wohlthat erzeigen, und ließ Paulum unter sich gefangen."
Eine lange Ruhe= und Wartezeit für den Apostel, aber gewiß
nicht ungesegnet für seinen inwendigen Menschen. Der so viel
auszugeben hatte, konnte nun auch wieder einnehmen in stiller
Sammlung; der so viel zu streiten hatte im Dienste des Herrn,
konnte nun wieder Kräfte sammeln in der Ruhe. — Eine lange
Zeit der gnädigen Heimsuchung für den Landpfleger, aber sie
brachte keine Frucht mehr, denn die Gnadenstunde war ver=
säumt.

> Drum sprich doch nicht: es ist noch Zeit,
> Ich muß erst diese Lust genießen,
> Gott wird ja nicht schon eben heut
> Die offne Gnadenpforte schließen;
> Nein, weil er ruft, so höre Du
> Und greif' mit beiden Händen zu!
> Wer seiner Seelen Heut verträumet,
> Hat oft die Gnadenzeit versäumet,
> Dem wird hernach nicht aufgethan;
> Heut komm, heut nimmt dich Jesus an!

(Lehr.)

Amen.

LXXV.

„Ich berufe mich auf den Kaiser."

Kap. 25, V. 1—12. Da nun Festus ins Land gekommen war, zog er über drei Tage hinauf von Cäsarien gen Jerusalem. Da erschienen vor ihm die Hohenpriester und die Vornehmsten der Juden wider Paulum, und ermahneten ihn, und baten um Gunst wider ihn, daß er ihn fordern ließe gen Jerusalem; und stelleten ihm nach, daß sie ihn unterwegs umbrächten. Da antwortete Festus, Paulus würde ja behalten zu Cäsarien, aber Er würde in Kurzem wieder dahin ziehen. Welche nun unter euch (sprach er) können, die lasset mit hinab ziehen und den Mann verklagen, so etwas an ihm ist. Da er aber bei ihnen mehr denn zehen Tage gewesen war, zog er hinab gen Cäsarien; und des andern Tages setzte er sich auf den Richtstuhl und hieß Paulum holen. Da derselbige aber darkam, traten umher die Juden, die von Jerusalem herab gekommen waren und brachten auf viele und schwere Klagen wider Paulum, welche sie nicht mochten beweisen; dieweil er sich verantwortete: Ich hab weder an der Juden Gesetz, noch an dem Tempel, noch an dem Kaiser mich versündiget. Festus aber wollte den Juden eine Gunst erzeigen, und antwortete Paulo und sprach: Willt du hinauf gen Jerusalem und daselbst über diesem dich vor mir richten lassen? Paulus aber sprach: Ich stehe vor des Kaisers Gerichte, da soll ich mich lassen richten; den Juden habe ich kein Leid gethan, wie auch du aufs beste weißest. Habe ich aber jemand Leid gethan und des Todes werth ge-

handelt, so wegere ich mich nicht zu sterben; ist aber der
keines nicht, des sie mich verklagen, so kann mich ihnen nie=
mand ergeben. Ich berufe mich auf den Kaiser. Da besprach
sich Festus mit dem Rath und antwortete: Auf den Kaiser
hast du dich berufen, zum Kaiser sollt du ziehen.

> „Ach, wie werd ich Armer stehen?
> Wen zum Anwalt mir erstehen,
> Wenn Gerechte schier vergehen?
>
> Hehrer König, Herr der Schrecken,
> Gnade nur deckt unsre Flecken;
> Gnade, Gnade, laß mich decken.“

Dieser Noth= und Angstruf jenes alten schauerlichen Liedes
vom Weltgericht ist heut am großen Jahresbußtag unsrer gan=
zen Gemeinde und jeder einzelnen Seele in der Gemeinde recht
ernstlich nahe gelegt. Wenn wir im Geist vor Gottes Richter=
stuhl uns stellen, vor's Angesicht des Heiligen, Allwissenden und
Gerechten; nein, da kann keines unter uns bestehen, da bleibt
für uns Alle kein anderer Urtheilsspruch übrig, als „Schuldig!“
keine andre Hoffnung übrig, als „Gnade!“ kein andrer An=
walt übrig, als Jesus Christus, unser einziger Mittler, Für=
sprecher und Friedefürst, welchen dasselbe Lied anruft mit dem
Seufzer: Du, der frei sprach einst Marien, und dem Schächer
noch verziehen, hast auch Hoffnung mir verliehen!

Möchten recht Viele heute diesen Anwalt auf's Neue ge=
sucht haben in Buße, Glauben und neuen Gehorsam. Möchten
unter den Bußpredigten dieses Tages manche Gewissen erweckt
worden sein, ihre Sünden zu erkennen; möchte unter den Buß=
gebeten, die heut an heiliger Stätte gen Himmel stiegen, nicht
nur die Kniee, sondern auch die Herzen bemüthig, heilsbegierig,
gnadesuchend sich gebeugt haben vor dem Richter mit der hei=
ligen Wage! Möchten an den Abendmahlstischen, die heute

gedeckt standen in unsern Gotteshäusern, manche Seelen er=
quickt und gestärkt worden sein durch das Gnadenzeugniß ihres
Gottes und Heilandes: Sei getrost, deine Sünden sind dir
vergeben! Möchte der Segen des heutigen Tages mit der
Sonne dieses Abends nicht untergegangen sein, sondern in
uns Allen nachwirken durch neuen Ernst in der Heiligung,
durch neue Treue in der Nachfolge Jesu, durch neue Be=
festigung in der Gnade unsres Herrn Jesu Christi, in der
Liebe Gottes unsres Vaters, und in der Gemeinschaft des
heiligen Geistes, als unsres besten Lehrers, Führers und
Trösters auf dem Wege durch die Zeit zur Ewigkeit.

Wer so steht, wer vor dem Richterstuhl des Allerhöchsten
Gnade gefunden und im lebendigen Glauben an seinem Hei=
land die Gerechtigkeit erlangt hat, die vor Gott gilt, der braucht
dann vor keinem anderen Gerichte mehr zu zittern, der kann
aufrecht stehen vor menschlichen Klägern und Richtern, der
kann von dem ungerechten Urtheil der Welt sich ruhig berufen
auf den Richter mit der heiligen Wage und auch in den ent=
scheidendsten Augenblicken seines Lebens getrost seine Sache in
Gottes Hand und Schooß legen, der da recht richtet und von
dem er weiß: So führst du doch recht selig, Herr, die Deinen,
ja selig und doch meist verwunderlich.

Das sehen wir heut wieder an unserm Apostel Paulus,
dem edlen Knecht Gottes und treuen Diener Jesu Christi.
Wir finden ihn an einem entscheidenden Wendepunkt seiner
stürmevollen und prüfungsreichen Laufbahn; wir hören ihn
ein Wort aussprechen und sehen ihn einen Schritt thun, der
für sein ganzes noch übriges Schicksal, für sein Leben und
Sterben, ja für den ganzen weiteren Verlauf des Reichs
Gottes auf Erden, für die folgende Geschichte der christlichen
Kirche auf Jahrhunderte hinaus von der entscheidendsten

Wichtigkeit ist, indem der Apostel das Wort spricht: ich be=
rufe mich auf den Kaiser, indem er von seinen ungerechten
Klägern und unzuverlässigen Richtern appellirt an die höchste
Obrigkeit auf Erden, an den Kaiser zu Rom.

„Ich berufe mich auf den Kaiser."

Dieses entscheidende Wort des Apostels lasset uns genauer
betrachten, wie sich darin zwar

1) die hartnäckige Bosheit seiner Feinde, aber
auch

2) das gute Gewissen des Apostels, ja

3) der herrliche Rathschluß Gottes selber aus=
spricht.

1.

Die Bosheit seiner Feinde, die dem Apostel die
Berufung auf den Kaiser eigentlich abnöthigte, zeigt sich uns
recht deutlich in den neun ersten Versen unseres Kapitels.

B. 1. „Da nun Festus ins Land gekommen war, zog
er über drei Tage hinauf von Cäsarien gen Jerusalem." An
die Stelle des abberufenen Felix, der den Apostel gefangen in
Cäsarien zurückgelassen hatte, war Festus als römischer Land=
pfleger nach Palästina gekommen. Pauli Loos war also wie
ein Spielball wieder in die Hände eines andern Gewalthabers
geworfen, von dem er noch nicht wußte, wie er gegen seine Per=
son und gegen das Evangelium gesinnt sein möchte; der Apostel
wird übrigens diese Personenveränderung mit der Gemüths=
ruhe angesehen haben, womit auch heute der Christ einen Re=
gierungswechsel betrachtet, ohne überspannte Hoffnungen und
ohne allzuängstliche Befürchtungen, in der Zuversicht: Gott
sitzt im Regimente und führet Alles wohl; Könige mögen

sterben und irdische Regenten wechseln: Jesus Christus gestern und heute und derselbe auch in Ewigkeit.

Der neue Landpfleger Festus thut für's erste, was seines Amtes ist; von Cäsarien, wo er gelandet war und auch ge= wöhnlich residirte, begiebt er sich gleich nach drei Tagen gen Jerusalem, in die Hauptstadt des Landes, um sich da vorzu= stellen und die obersten Behörden der Juden sich vorstellen zu lassen. Und die zeigen sich auch sogleich ganz als die Alten.

V. 2 u. 3. „Da erschienen vor ihm die Hohenpriester und die Vornehmsten der Juden wider Paulum und ermah= neten ihn, und baten um Gunst wider ihn, daß er ihn fordern ließe gen Jerusalem; und stelleten ihm nach, daß sie ihn unter= wegs umbrächten." Gleich die erste Vorstellung vor Festus benützen die erbosten Häupter des Volks, um ihr Anliegen gegen den Apostel Paulus als eine Nationalangelegenheit, als einen Schmerzensschrei der jüdischen Nation, wie man heute sagen würde, vorzubringen, und eben so klug wie boshaft er= bitten sie sich's als die erste Gunst von dem neuen Landpfleger, daß er diesen verjährten Handel zu Ende bringe und zwar nicht in Cäsarien, sondern in Jerusalem, wo nicht nur das Verbrechen verübt worden, sondern wo auch Festus jetzt gerade anwesend sei. Ihrer Ansicht nach aber sollte Paulus gar nicht lebendig nach Jerusalem kommen, sondern sie dachten ihn unter= wegs durch Meuchelmörder überfallen und aus dem Wege räumen zu lassen. Vielgeprüfter Apostel, so ist dir denn aber= mals eine mörderische Grube vor den Füßen gegraben, so hängt abermals das Schwert des Todes über deinem Haupt! Wohl konntest du später deinen Römern schreiben: Wir sind geachtet wie Schlachtschafe! und deinen Korinthern klagen: ich sterbe täglich! — Aber auch diesmal bewährt sich dein Wort:

Ist Gott für uns, wer mag wider uns sein? Auch diesmal
spricht der Allmächtige: beschließet einen Rath und es werde
nichts daraus!

B. 4 u. 5. „Da antwortete Festus, Paulus würde ja
behalten zu Cäsarien, aber er würde in kurzem wieder dahin
ziehen. Welche nun unter euch (sprach er) können, die lasset
mit hinab ziehen, und den Mann verklagen, so etwas an ihm
ist." Wohl gesprochen, Landpfleger Festus, wie es einem ge=
rechten Richter, einem umsichtigen Staatsmann, einem unab=
hängigen Römer geziemt! Die Gefahr war nicht klein, in
welcher Paulus schwebte, ohne in seinem Gewahrsam zu Cä=
sarien auch nur eine Ahnung davon zu haben. Aber Gott
wandte sie gnädig ab. Die Versuchung war groß für den
neuen Statthalter, durch Bewilligung dieser ersten Gunst sich
sogleich beliebt zu machen bei den Obersten der Juden. Aber
die Leidenschaft muß doch zu deutlich aus ihren Worten heraus=
getönt, der Haß muß doch zu sichtbar aus ihren Augen geblitzt
haben. Festus traut ihnen nicht, er wahrt seine eigene Stellung
und wahrt die Sicherheit des Gefangenen, indem er sich vor=
behält, den Prozeß in seiner eigenen Residenz zu schlichten und
die Kläger anweist, ihm dort hin zu folgen. Da möchte man
wahrhaftig sagen, der, welcher der Fürsten und Gewaltigen
Herzen in der Hand hat, habe sichtlich diesen guten Bescheid
dem Festus in's Herz gegeben und auf die Lippen gelegt! So
geschieht's denn auch:

B. 6 u. 7. „Da er aber bei ihnen mehr benn zehn Tage
gewesen war, zog er hinab gen Cäsarien; und des andern
Tages setzte er sich auf den Richtstuhl und hieß Paulum holen.
Da derselbige aber darkam, traten umher die Juden, die von
Jerusalem herab gekommen waren, und brachten auf viel und
schwere Klagen wider Paulum, welche sie nicht mochten be=

weisen." Da wiederholt sich also derselbe Auftritt, wie schon zwei Jahre vorher unter Felix. Auf dem Richterstuhl sitzt der Heide, der Römer, der Weltmann, nicht bös gesinnt, nicht übel wollend gegen den Apostel, aber auch ohne Sinn und Verständniß für seine heilige Sache, ohne energischen Willen, die Unschuld kräftig in Schutz zu nehmen, der Un= gerechtigkeit nachdrücklich entgegenzutreten, scheinbar unpartheiisch, in Wahrheit aber gleichgültig, unentschieden, charakterlos. Und vor diesem Richter eine jüdische Deputation, mit ihren leidenschaftlichen Anklagen, mit ihren fanatischen Beschuldi= gungen, mit ihren blutgierigen Gelüsten losstürmend auf ihren eigenen Landsmann und ehemaligen Religionsgenossen Paulus, und durch ihre häßliche Wuth weit mehr sich selber, als den Apostel vor den Augen des festen und kalten Römers be= schimpfend; und diesen erbitterten Feinden gegenüber der treue Zeuge der Wahrheit, mit den Malzeichen des Leidens Christi an seinem abgezehrten Leib, aber mit der Ruhe eines guten Gewissens in der Brust, mit dem Feuer muthigen Gottver= trauens im Auge, mit dem Zeugniß der Unschuld auf den Lippen.

V. 8. „Dieweil er sich verantwortete: Ich habe weder an der Juden Gesetz, noch an dem Tempel, noch an dem Kaiser mich versündiget." Es wäre menschlich gewesen, wenn dem Apostel endlich die Gedult ausgegangen wäre, gegen die alten, schon so oft wiederholten Verleumdungen sich auf's Neue zu vertheidigen; es wäre verzeihlich gewesen, wenn ihn endlich einmal der Unwille übermannt und er die Anklagen, die man auf ihn schleuderte, auf's Haupt seiner Feinde zurück geworfen, sie verklagt, entlarvt und an den Pranger gestellt hätte vor dem Richter. Aber davon ist er ferne, diesmal wie früher; er hält sich in den Schranken einer ruhigen Vertheidigung, er

beweist einfach, daß er weder an der Juden Gesetz überhaupt
sich versündigt, noch insbesondere den Tempel, wie man ihm
Schuld gab, geschändet, oder gar gegen den Kaiser etwas im
Schilde geführt, Unruhen angezettelt, den Samen des Un=
gehorsams gegen die weltliche Obrigkeit ausgestreut, kurz, daß
er sich gegen die bürgerlichen Gesetze so wenig, als gegen die
kirchlichen versündigt habe. „Ich übe mich, zu haben ein un=
verletzt Gewissen allenthalben, beide gegen Gott und den
Menschen." So hat er schon vor Felix bezeugt, so kann er
auch vor Festus sagen. Und

2.

dieses, sein gutes Gewissen, spricht sich nun auch aus in
seiner Berufung auf den Kaiser.

Trotz seiner ruhigen, einleuchtenden Rechtfertigung broht
nämlich seine Sache eine schlimme Wendung zu nehmen.

B. 9. „Festus aber wollte den Juden eine Gunst er=
zeigen, und antwortete Paulo, und sprach: Willst du hinauf
gen Jerusalem, und daselbst über diesem dich vor mir richten
lassen?" Also doch auch dieser Festus kein zuverlässiger Mann,
auch dieser Beamte kein alter Römer mehr, kein Charakter
mehr, wie der römische Dichter Horaz ihn schildert: gerecht
und beharrlich; auch er angefressen von der allgemeinen Ver=
berbniß jener Zeit und von der Korruption der damaligen
Beamtenwelt, auch in ihm die schwächliche Pilatusader, sich
endlich herumbringen zu lassen und nachzugeben gegen eigenes
Wissen und Gewissen. Was er zuerst mit Recht verweigerte,
das macht er nun doch Miene zuzugestehen, die Auslieferung
des Apostels nach Jerusalem. Der alte Starke sagt hierzu:
„Wenn gleich Menschen, die ohne Furcht Gottes leben, eine
Weile in einer Sache auf rechter Bahn sind, so schlagen sie

doch wohl aus zeitlichen Absichten, ehe man sich's versieht, wieder um und handeln trüglich. Darum ist gut auf den Herrn vertrauen und nicht sich verlassen auf Menschen" (Pf. 118). In diesem seinem Gottvertrauen und im Bewußtsein seiner gerechten Sache thut denn unser Apostel den kühnen, entscheidenden Schritt.

V. 10 u. 11. „Paulus aber sprach: Ich stehe vor des Kaisers Gericht, da soll ich mich lassen richten; den Juden habe ich kein Leid angethan, wie auch Du auf's beste weißest. Habe ich aber Jemand Leid gethan, und des Todes werth gehandelt: so weigere ich mich nicht zu sterben; ist aber der keines nicht, deß sie mich verklagen: so kann mich ihnen Niemand ergeben. Ich berufe mich auf den Kaiser." Als römischer Bürger hatte Paulus das Recht, an den Kaiser, als seinen obersten Landesherrn, zu appelliren. Und nun, da er sieht, vom Landpfleger habe er keinen kräftigen Schutz zu hoffen, da es den Anschein hat, er solle seinen erbittertsten Feinden, dem hohen Rath zu Jerusalem ausgeliefert werden, wo er ein gerechtes Urtheil nimmermehr zu erwarten hatte, selbst wenn er lebendig in Jerusalem angekommen wäre, macht der Apostel von diesem letzten Rechtsmittel Gebrauch und verlangt vor den Kaiser in Rom gestellt zu werden. Ein kühner Schritt allerdings von dem Judensohn aus Tarsus: in der Weltstadt Rom sein Recht zu suchen, in die Höhle des Löwen sich aus freien Stücken zu wagen, von einem blutigen Tyrannen Nero Gerechtigkeit zu erwarten. Aber der Apostel thut diesen kühnen Schritt unverzagt in Gottes Namen; er thut ihn nicht leichtsinniger Weise, sondern weil ihm kein anderer Ausweg offen steht; er thut ihn im Vertrauen auf seine gerechte Sache und auf den Schutz des Allerhöchsten; er thut ihn in dem apostolischen Bewußtsein, es sei Gottes Wille, daß er auch in Rom

von ihm zeuge und das Panier des Kreuzes hineintrage mitten
in die Burg des Heidenthums; er verlangt nach Rom mit
demselben Zeugenmuth, mit dem 1500 Jahre später sein großer
Amtsbruder und Kampfgenosse Martin Luther entschlossen war
nach Worms zu gehen, vor Kaiser und Reich, und wenn so
viele Teufel in der Stadt wären, als Ziegel auf den Dächern.
Er verlangt nach Rom, auf die Gefahr hin, dort sein Leben
zu lassen und seinen Apostelberuf mit seinem Blute zu besiegeln,
denn eine Stimme in der Tiefe seiner Brust sagt ihm: es ist
Gottes Wille; der Herr will mich dort haben und darum bleibt
es sein letztes Wort: ich berufe mich auf den Kaiser. Und
der Herr im Himmel spricht sein Ja und Amen dazu. Nicht
nur die Bosheit seiner Feinde, nicht nur das gute Gewissen
des Apostels:

3.

auch der Rathschluß Gottes selber spricht in dieser Berufung sich aus. Zunächst giebt Festus seine Einwilligung
dazu:

V. 12. „Da besprach sich Festus mit dem Rath, und
antwortete: auf den Kaiser hast du dich berufen, zum Kaiser
sollst du ziehen.“ Ja, Festus, du hast Recht, Paulus soll nach
Rom, aber nicht weil du mit deinem geheimen Rath und
deinen Kronjuristen es für gut findest, sondern weil es im
Rathe Gottes längst also beschlossen ist. Der Herr will
herrschen mitten unter seinen Feinden. Selbst das römische
Kaiserthum, der Todfeind des Reichs Christi, muß dem Rathschluß Gottes dienen, der Sache Jesu Vorschub thun. — Wenn
ich in Jerusalem gewesen bin, muß ich auch Rom sehen! So
hatte Paulus schon damals, da er seine letzte Pilgerreise nach
Jerusalem antrat, in begeisterter Vorahnung seiner letzten und

größten apostolischen Aufgabe gesprochen (Apg. 19, 21). Nun soll er Rom sehen, wenn auch als Gefangener. Und als er in Jerusalem gefangen saß, da hatte ihm der Herr in einem nächtlichen Gesichte zugerufen: Sei getrost Paule, denn wie du von mir zu Jerusalem gezeuget hast, also mußt du auch zu Rom zeugen (Apostelg. 23, 11). Mit diesem Zeugniß wird es nun Ernst und mit diesem Zeugniß des Paulus zu Rom begann der große Kampf des Reichs Christi mit der römischen Weltmonarchie. Und wenn auch Paulus sein edles Blut in Rom verspritzte und wenn Tausende frommer Mär=tyrer im Circus zu Rom im Kampf mit wilden Thieren ihr Leben aushauchten und wenn zwei Jahrhunderte lang in zehn blutigen Christenverfolgungen die römischen Kaiser gegen die Christen auf der ganzen Erde wütheten: die Rechte des Herrn behielt den Sieg und Rom selber wurde die Hauptstadt der christlichen Welt, zum Beweis:

Und ob gleich alle Teufel
Hie wollten widerstehn,
So wird doch ohne Zweifel
Gott nicht zurücke gehn.
Was Er ihm vorgenommen
Und was Er haben will,
Das muß doch endlich kommen
Zu seinem Zweck und Ziel.

(P. Gerhardt.)

Amen.

LXXVI.

Der Chriſt inmitten der Weltmenſchen.

Kap. 25, V. 13—27. Aber nach etlichen Tagen kamen
der König Agrippas und Bernice gen Cäſarien, Feſtum zu
empfahen. Und da ſie viel Tage daſelbſt geweſen waren, legte
Feſtus dem Könige den Handel von Paulus vor und ſprach:
Es iſt ein Mann von Felix hinterlaſſen gefangen, um welches
willen die Hohenprieſter und Aelteſten der Juden vor mir er=
ſchienen da ich zu Jeruſalem war, und baten, ich ſollte ihn
richten laſſen; welchen ich antwortete: Es iſt der Römer
Weiſe nicht, daß ein Menſch ergeben werde umzubringen,
ehe denn der Verklagte habe ſeine Kläger gegenwärtig, und
Raum empfange, ſich der Anklage zu verantworten. Da ſie
aber her zuſammen kamen, machte ich keinen Aufſchub, und
hielt des andern Tages Gericht und hieß den Mann vor=
bringen. Von welchem, da die Verkläger auftraten, brachten
ſie der Urſache keine auf, der Ich mich verſahe. Sie hatten
aber etliche Fragen wider ihn von ihrem Aberglauben, und
von einem verſtorbenen Jeſu, von welchem Paulus ſagte, Er
lebe. Da Ich mich aber der Frage nicht verſtand, ſprach ich,
ob er wollte gen Jeruſalem reiſen, und daſelbſt ſich darüber
laſſen richten? Da aber Paulus ſich berief, daß er auf des
Kaiſers Erkenntniß behalten würde, hieß ich ihn behalten,
bis daß ich ihn zum Kaiſer ſende. Agrippas aber ſprach zu
Feſto: Ich möchte den Menſchen auch gerne hören. Er aber
ſprach: Morgen ſollſt du ihn hören. Und am andern Tage,
da Agrippas und Bernice kamen mit großem Gepränge, und

giengen in das Richthaus mit den Hauptleuten und vornehm=
ſten Männern der Stadt, und da es Feſtus hieß, ward Pau=
lus gebracht. Und Feſtus ſprach: Lieber König Agrippa,
und alle ihr Männer, die ihr mit uns hier ſeid, da ſehet ihr
den, um welchen mich die ganze Menge der Juden angelanget
hat, beides zu Jeruſalem und auch hier, und ſchrieen, er ſolle
nicht länger leben. Ich aber, da ich vernahm, daß er nichts
gethan hatte, das des Todes werth ſei, und er auch ſelbſt
ſich auf den Kaiſer berief, habe ich beſchloſſen, ihn zu ſenden.
Von welchem ich nichts Gewiſſes habe, das ich dem Herrn
ſchreibe. Darum habe ich ihn laſſen hervorbringen vor euch,
allermeiſt aber vor dich, König Agrippa, auf daß ich nach
geſchehener Erforſchung haben möge, was ich ſchreibe; denn
es dünkt mich ungeſchickt Ding ſein, einen Gefangenen zu
ſchicken, und keine Urſach wider ihn anzuzeigen.

„Man wird euch vor Fürſten und Könige führen, um
meinetwillen, zum Zeugniß über ſie und über die Heiden. —
Der Jünger iſt nicht über ſeinen Meiſter, noch der Knecht über
ſeinen Herrn. — Haben ſie den Hausvater Beelzebub ge=
heißen, wie vielmehr werden ſie ſeine Hausgenoſſen alſo heißen?
— Darum fürchtet euch nicht vor ihnen!“ So hat der Herr
einſt (Matth. 10) ſeinen Apoſteln vorausgeſagt, welche Auf=
gaben ihrer warteten in ihrem Zeugenberuf — und dieſe Weis=
ſagung ſehen wir heute vor unſern Augen erfüllt. „Man wird
euch vor Fürſten und Könige führen!“ Das hat nun auch
Paulus, dieſer große Knecht Jeſu Chriſti zu erfahren bekommen.
In der Leidensgeſchichte Jeſu begleiten wir den Herrn vor's
Gericht des hohen Raths und ſehen ihn bald hernach auch
vor dem heidniſchen Landpfleger Pilatus und vor dem gali=
läiſchen Fürſten Herodes. In unſrer Apoſtelgeſchichte ſehen
wir Paulum, den Knecht Chriſti gleichfalls vor Fürſten und
Könige geführt, vor heidniſche und jüdiſche Gewalthaber
geſtellt, zum Zeugniß über ſie und zum Zeugniß für ſeinen

Herrn. Aber wie der Jünger Theil hat an der Schmach sei=
nes Herrn, so fällt auch ein Abglanz auf ihn von der Herr=
lichkeit seines Herrn; wie wir in der Leidensgeschichte Jesu
seine Herrlichkeit sehen mitten in der Schmach, so daß vor
ihm, dem Angeklagten, seine Kläger, vor ihm, dem Wehrlosen,
seine Tyrannen, vor ihm, dem Mißhandelten, seine Peiniger
vor ihm, dem Verurtheilten, seine Richter, vor ihm, dem Opfer=
lamm, seine Mörder zu Schanden werden — so macht auch
unser Paulus vor seinen Richtern einen ähnlichen Eindruck.
Er, der geringe Mann, der Wehrlose, der Gefangene, der
Verklagte, steht ruhig und aufrecht da in seinem Seelenfrieden,
seinem Zeugenmuth, seinem Gottvertrauen; sie aber, die mäch=
tigen Gewalthaber, die vornehmen Weltleute, die römischen
Hoheiten und jüdischen Majestäten, sehen wir vor ihm in
Rathlosigkeit und Verlegenheit, bei all ihrer Bildung ohne
Verständniß für seine Person und seine Sache, bei all ihrer
Macht ohne Rath und Entschluß, was sie mit ihm anfangen
sollen, bei all ihrem Glanz und Prunk doch in Schatten ge=
stellt von der ruhigen Würde seiner sittlichen Hoheit. Das ist
der Eindruck, den uns besonders der so eben verlesene Ab=
schnitt giebt. Paulus kommt darin selber noch gar nicht zum
Wort und doch ist er der Mittelpunkt, um den sich alles dreht;
er ist der wehrlose Gefangene, und doch ist er der Held der
ganzen Erzählung. Lasset uns näher betrachten:

**Paulus, der Knecht Gottes vor den Fürsten und Ge=
waltigen zu Cäsarien — oder: Der Christ inmitten
der Weltmenschen,**

wie sie zu Schanden werden

    1) mit ihrer weltlichen Bildung vor seinem ein=
fältigen Glauben;

2) mit ihrer eitlen Neugier vor seinem heiligen
Ernst;

3) mit ihrer äußeren Herrlichkeit vor seiner
inneren Hoheit.

1.

Als ein gebildeter Weltmann, aufgeklärt in seinen
Grundsätzen, human in seiner Handlungsweise, gefällig in sei=
nen Formen, stellt sich uns Festus durchaus dar im vorliegen=
den Abschnitt. Als solcher will er sich namentlich gegenüber sei=
nen Standesgenossen im günstigsten Lichte zeigen.

V. 13. „Aber nach etlichen Tagen kamen der König
Agrippas und Bernice gen Cäsarien, Festum zu empfangen.“
Herodes Agrippa II., der Sohn jenes Herodes, welcher den
Apostel Jakobus enthauptet, den Petrus gefangen gesetzt und
später zu Cäsarea so ein schnelles böses Ende genommen hatte
(Apostelg. 12), war unter römischer Oberherrschaft Fürst über
das Ost=Jordanland mit dem Titel eines Königs und kam mit
seiner schönen Schwester Bernice, die damals an seinem Hofe
lebte, nach Cäsarea, um dem neuen römischen Statthalter seinen
Anstandsbesuch zu machen. Und bei dieser Gelegenheit kam
nun auch der gefangene Paulus zur Sprache.

V. 14 u. 15. „Und da sie viel Tage daselbst gewesen
waren, legte Festus dem Könige den Handel von Paulo vor,
und sprach: Es ist ein Mann, von Felix hinterlassen gefangen,
um welches willen die Hohenpriester und Aeltesten der Juden
vor mir erschienen, da ich zu Jerusalem war, und baten, ich
sollte ihn richten lassen.“ Die ersten Tage, sagt hierzu der
alte Stiftsprediger Rieger in seiner Bibelerklärung, werden
auf anderweitige Ergötzlichkeiten gegangen sein, womit man
hohen Fremden eine Ehre anzuthun pflegt. Nach vielen Tagen

aber, da die andern Materien erschöpft waren, kam man auch auf ernstere Dinge zu sprechen." Da unterläßt nun Festus nicht, sein gerechtes und humanes Verfahren gegen Paulus ins rechte Licht zu setzen.

B. 16. „Welchen ich antwortete: Es ist der Römer Weise nicht, daß ein Mensch ergeben werde umzubringen, ehe denn der Verklagte habe seine Kläger gegenwärtig, und Raum empfange, sich der Anklage zu verantworten." „Audiatur et altera pars", man höre auch den andern Theil, ehe man ein Urtheil spricht, war einer der ersten Rechtsgrundsätze der Römer, die ja in Dingen des Rechts und der Gerechtigkeit heute noch vielfach unsere Lehrer und Gesetzgeber sind. Und der alte Starke hat Recht, wenn er hierzu sagt: Zu wünschen wäre, daß diese so billige Regel und Gewohnheit der Römer — beide Theile zu hören — überall, in den Palästen großer Herren und in den Rathhäusern, in Stein und Erz mit großen Buch= staben eingegraben, noch viel mehr aber, daß sie allen Richtern und Obrigkeiten in's Herz geschrieben sein möchte. Das sind Henker und keine Richter, die mit der Execution anfangen und die Beklagten, sie seien schuldig oder unschuldig, ohne Ver= hör und ordentlichen Prozeß verdammen. — Und wenn von solcher türkischen Justiz bei unserer geordneten Rechtspflege, Gottlob, keine Rede mehr ist, so dürfen wir's doch auch für unser gewöhnliches Leben uns merken: Es ist der Römer Weise nicht — wie viel weniger soll es der Christen Weise sein, einen ihrer Nebenmenschen ungehört zu verdammen, in der ersten Hitze der Leidenschaft ein Urtheil zu fällen, alles Böse, was man einem Andern nachsagt, ohne Weiteres zu glauben. — Nun berichtet Festus weiter von der Verhandlung, die er mit Paulus vorgenommen.

B. 17 u. 18. „Da sie aber her zusammen kamen, machte

Die Apostelgeschichte. II.   26

ich keinen Aufschub, und hielt des andern Tages Gericht, und
hieß den Mann vorbringen. Von welchem, da die Verkläger
auftraten, brachten sie der Ursach keine auf, der ich mich ver=
sahe." Festus kann sich da allerdings das Zeugniß eines be=
sonnenen, humanen, unpartheiischen Richters mit Recht aus=
stellen. Aber auch unsrem Apostel stellt er damit ein Zeugniß
aus, das wir hoch anschlagen dürfen im Munde des Römers.
„Ich finde keine Schuld an diesem Menschen; man hat
nichts auf ihn gebracht, das des Todes werth sei;" so hat
das Urtheil des Pilatus über den Herrn und Meister gelautet.
Und nun erweist sich auch Paulus als ein würdiger Jünger
dieses Meisters, denn auch ihm wird vom heidnischen Richter
das gleichlautende Zeugniß ertheilt: „Sie brachten der Ur=
sachen gegen ihn keine auf, deren ich mich versahe." Wohl
dem Jünger Jesu, meine Lieben, der also bestehen kann gegen=
über den Anklagen und Verleumdungen böswilliger Wider=
sacher; wohl dem Christen, der durch einen rechtschaffenen
Wandel in den Wegen des Herrn auch den Weltmenschen
Achtung abzwingt, daß sie bekennen müssen: man kann ihm
nichts Böses nachsagen, was seinen Charakter und seinen
Lebenswandel betrifft! Aber freilich nun kommt die Grenze,
wo der Weltmensch nicht weiter Bescheid weiß, wo er zu
Schanden wird mit all' seiner Bildung gegenüber einem ernsten
Christen und seinem Glauben.

V. 19. „Sie hatten aber etliche Fragen wider ihn von
ihrem Aberglauben, und von einem verstorbenen Jesu, von
welchem Paulus sagte, er lebete." Wie blind urtheilt hier der
gebildete Weltmann von den Dingen der Religion; wie ver=
ächtlich spricht der humane Mann von den heiligsten Gegen=
ständen des Glaubens! Einen Aberglauben nennt er in seiner
vermeintlichen Aufklärung die Religion der Juden; was Gott

durch Moses und die Propheten geredet, die ganze Offenbarung
des Alten Testaments, aus welcher von dem lebendigen Gott
und seinem heiligen Gesetz mehr zu lernen ist, als aus allen
griechischen Philosophen und römischen Gesetzgebern, sie ist ihm
ein Aberglaube, über den ein Gebildeter hinweg ist, auf den
nicht nur er als Römer für seine Person herabsieht, sondern
über den er auch seinen hohen Standesgenossen Agrippa, ob=
gleich der ein geborner Jude war, erhaben glaubt, sonst würde
er doch wohl nicht so geringschätzend vor seinen Ohren davon
reden. Rieger sagt hierzu: Weil große Herren leicht in dem
Credit stehen, daß sie sich aus der Religion, zu der sie sich
äußerlich noch bekennen, nicht viel machen, so wagen es andere
freche Zungen leicht, auch ihnen ins Gesicht geringschätzig da=
von zu reden. Also das Alte Testament ist ein Aberglaube in
Festus Augen — und nun das Neue? Da handelt sich's „von
einem verstorbenen Jesu, von dem Paulus sagt, er lebe". —
Ein gewisser verstorbener Jesus — ein jüdischer Rabbi, der
einst in Galiläa gelebt haben soll, der wie es heißt am Kreuz
gestorben ist, der jedenfalls längst verschollen und verschwunden
ist von der Erde wie tausend Andere vor ihm und nach ihm,
— das ist Alles, was der gebildete Weltmann weiß von dem
Namen, außer welchem kein anderer Name den Menschen ge=
geben ist, darin sie sollen selig werden, von dem Manne, der
uns von Gott gemacht ist zur Weisheit und zur Gerechtigkeit
und zur Heiligung und zur Erlösung; von dem Heiland, von
dem die gläubige Seele bezeugt: du bist Christus, der Sohn
des lebendigen Gottes; von dem ewigen Könige, von dem
die Weltgeschichte beweist, Jesus Christus derselbe gestern und
heut und in Ewigkeit, und von dem Herrn der Herrlichkeit,
von dem das Wort Gottes prophezeiht, daß ihm sich noch

beugen follen aller berer Kniee, bie im Himmel unb auf Erben
unb unter ber Erben find.

Ein verstorbener Jesus! Nun, meine Lieben, einem Festus
können wir's billiger Weise nicht zum Verbrechen anrechnen,
wenn er, ein Heibe von Geburt unb Erziehung, nicht mehr
von Jesu wußte — aber wie vielen sogenannten Christen, bie
auf Christum getauft unb erzogen find, wie vielen gerabe unter
ben Gebilbeten unb Aufgeklärten unserer Tage ist ber Herr
ber Herrlichkeit auch nichts weiter als ein tobter Mann, ein
verstorbener Jesus unb seine Auferstehung ein Märchen unb
ber Glaube an ihn eine Thorheit unb ein lebenbiger Christ
ein Räthsel. Wie verräth bie vielgerühmte Bilbung unb Auf=
klärung, Weisheit unb Wissenschaft unsrer Zeit ihre Unzuläng=
lichkeit, ihre Oberflächlichkeit unb Seichtigkeit gerabe barin zu=
meist, baß sie für bie heiligsten Fragen ber Religion keine Ant=
wort, für bie tiefsten Bebürfnisse ber Menschen keine Befrie=
bigung, für bie göttliche Person Jesu kein Verständniß, für
bas Dasein bes Christenthums keinen Schlüssel, für bas
Glaubensleben eines Christen keinen Sinn hat. Festus hat
seine Unwissenheit in geistlichen Dingen benn auch offen ein=
gestanben unb bie Entscheidung einem Höheren vorbehalten.

V. 20 u. 21. „Da ich mich aber ber Frage nicht ver=
stanb, sprach ich, ob er wollte gen Jerusalem reisen, unb ba=
selbst sich barüber lassen richten? Da aber Paulus sich berief,
baß er auf bes Kaisers Erkenntniß behalten würbe, hieß ich
ihn behalten, bis baß ich ihn zum Kaiser senbe.“ Darin liegt
immer noch eine ehrenwerthe Mäßigung, baß er Glaubens=
sachen nicht vor bem weltlichen Gericht ausmachen, baß er in
Dingen, bie er nicht versteht, sich kein Urtheil anmaßen will.
Aber wenn heutzutage ein getaufter unb geschulter Christ sich
ber Frage entzieht: was bünket euch von Christo? wenn so viele

unter den sogenannten Gebildeten unserer Tage die wichtigsten
Glaubensfragen über Gott und Welt, über Tod und Ewig=
keit, über Bibel und Christenthum einfach dahingestellt sein lassen
weil sie nie ernstlich darüber nachgedacht, nie das Wort Gottes,
lernbegierig darüber befragt haben: dann, meine Lieben, ist
solche Unwissenheit in dem Einen was noth thut, unverant=
wortlich für einen Christenmenschen; dann sollte so ein feinge=
bildeter Weltmensch sich schämen vor einem einfachen gläubigen
Christen, der mit seiner Bibel in der Hand und mit seinem
Heiland im Herzen sagen kann: ich weiß, an wen ich glaube!
— Und wie mit ihrer weltlichen Bildung, so werden die Welt=
menschen vor einem Christen zu Schanden auch

2.

mit ihrer eitlen Neugier, denn die spricht sich doch
wohl aus, wenn wir weiter lesen:

V. 22. „Agrippas aber sprach zu Festo: Ich möchte den
Menschen auch gerne hören. Er aber sprach: Morgen sollst
du ihn hören." Unser Herodes Agrippa war zwar nach dem
Zeugniß der Geschichte nicht ohne löbliche Eigenschaften, er
war wie der letzte, so auch der beste unter den Herodessen des
Neuen Testaments, gerecht, wohlwollend, bei den Juden beliebt.
Wenn Festus die Angelegenheit des Paulus, in der er selbst
keinen Rath weiß, ihm vorlegt, so kommt er damit jedenfalls
an einen bessern Mann als Pilatus, wenn er Jesum, mit dem
er nichts anzufangen wußte, zu seinem Großoheim, jenem leicht=
fertigen Herodes Antipas, dem Vierfürsten von Galiläa, sandte.
Und wenn unser Herodes Agrippa hier sagt: ich möchte den
Menschen auch gerne hören, so mag seine Neugierde immerhin
eine edlere und tiefere gewesen sein, als die jenes alten Herodes,
der Jesum längst gern gesehen hätte, und ihn verspottete, weil

er ihm kein Wunder that. Aber als ein Weltmann, dem bei
all ſeinen religiöſen Eigenſchaften doch ein tieferer religiöſer
Grund fehlt, ſteht eben auch unſer Agrippa vor uns hier und
im folgenden Kapitel. Als eine Regung der Neugier und Ge=
nußſucht, wenn auch einer edleren — denn auch in geiſtlichen
Dingen giebt's eine Neugier und Genußſucht — müſſen wir's
doch betrachten, wenn Agrippa unter andere vornehme Ver=
gnügungen und Unterhaltungen hinein nun auch einmal dieſen
Mann aus Tarſus zu ſehen und zu hören wünſcht, von dem
ihm Feſtus geſagt, von dem er auch ſonſt durch's Gerücht ſchon
manches vernommen hatte. Wie eitel, wie ſeicht, wie ober=
flächlich ſteht doch dieſer König mit ſeinem: „ich möchte den
Menſchen auch gerne hören" — neben dem heiligen Ernſte des
Apoſtels, der alle Kraft ſeines Geiſtes, alles Glück ſeines
Lebens an die Erkenntniß Jeſu Chriſti und ſeines Heils ſetzte
und Alles für Schaden achtete, daß er Chriſtum gewönne!
Wie eitel, wie ſegenslos und unfruchtbar erſcheint doch jene
Neugierde der Weltleute, mit der ſie auch einmal in eine Kirche
gehen, weil ſie heute keine andere Unterhaltung wiſſen, einen
Prediger hören wollen, weil er gerade in der Mode iſt, ein er=
bauliches Buch in die Hand nehmen, weil ſie Langeweile haben,
gegenüber der ernſten Lernbegier und Heilsbegier eines redlichen
Chriſten, der zu Jeſu kommt, weil er weiß: Du haſt Worte
des ewigen Lebens; für den, der dem Worte Gottes nach=
geht, weil's ihm ein heiliger Ernſt iſt mit der Frage: Was
muß ich thun, daß ich ſelig werde? — Und endlich, wie wird

3.

alle äußere Herrlichkeit der Weltleute zu Schanden
an der inneren Hoheit eines rechten Chriſtenmenſchen.

V. 23. „Und am andern Tage, da Agrippas und Ber=

nice kamen mit großem Gepränge, und giengen in das Richt=
haus, mit den Hauptleuten und vornehmsten Männern der
Stadt, und da es Festus hieß, ward Paulus gebracht." Da
rauschen sie also herein die vornehmen Herrschaften, im fürst=
lichen Schmuck, der römische Statthalter, der jüdische König,
die schöne Bernice, gefolgt von einem glänzenden Hofstaat und
allen Notabilitäten der Stadt. Und ihnen gegenüber steht der
schlichte Teppichmacher aus Tarsus, den Festus vorstellt.

B. 24—27. „Und Festus sprach: Lieber König Agrippa
und alle ihr Männer, die ihr mit uns hier seid, da
schet ihr den, um welchen mich die ganze Menge der Juden
angelanget hat, beide zu Jerusalem und auch hier, und schrieen,
er solle nicht länger leben. Ich aber, da ich vernahm, daß er
nichts gethan hatte, das des Todes werth sei, und er auch
selbst sich auf den Kaiser berief, habe ich beschlossen, ihn zu
senden. Von welchem ich nichts Gewisses habe, das ich dem
Herrn schreibe. Darum habe ich ihn lassen hervorbringen vor
euch, allermeist aber vor dich, König Agrippa, auf daß ich nach
geschehener Erforschung haben möge, was ich schreibe, denn es
dünkt mich ungeschickt Ding sein, einen Gefangenen zu schicken,
und keine Ursache wider ihn anzuzeigen." Und doch, meine
Lieben, auf welcher Seite ist die höhere Würde, die wahre
Hoheit? Jesus in seiner Dornenkrone, steht er nicht erhabener
da, als Herodes mit seinem Hofgesinde und Pilatus auf seinem
Richtstuhl? Paulus in seiner Knechtsgestalt steht er nicht ehr=
würdiger da, als diese ganze fürstliche Versammlung um ihn her?
Und ein schlichter Christenmensch, der das Zeugniß der Gottes=
kindschaft in seiner Brust und das Siegel des heiligen Geistes
auf seiner Stirne trägt, sieht er nicht mehr gleich als die eitlen
Weltleute mit dem Prunke ihrer Macht und Würde, die vor
Gott nichts gilt, und mit dem Schmuck ihrer Eitelkeit, die im

Grab in Staub zerfällt? Darum, im Angeſicht unſres Apoſtels
Paulus zu Cäſarien, im Aufblick zu unſrem Heiland in der
Dornenkrone, laſſet uns auf's neue die Eitelkeit der Welt
erkennen und die Schmach Chriſti auf uns nehmen und das
Eine was Noth iſt ſuchen und den Herrn bitten:

> O Jeſu, verborgenes Leben der Seelen,
> Du heimliche Zierde der inneren Welt,
> Laß beinen verborgenen Weg uns erwählen,
> Wenn gleich uns die Bürde des Kreuzes 'entſtellt!
> Hier übel genennet
> Und wenig erkennet,
> Hier heimlich mit Chriſto im Vater gelebet,
> Dort öffentlich mit ihm im Himmel geſchwebet!

(Nach Richter.)

Amen.

LXXVII

„Durch Gottes Gnade bin ich das ich bin."

Kap. 26, V. 1—23. Agrippas aber sprach zu Paulo: Es ist dir erlaubt, für dich zu reden. Da verantwortete sich Paulus, und reckte die Hand aus: Es ist mir sehr lieb, lieber König Agrippa, daß ich mich heute vor dir verantworten soll alles, deß ich von den Juden beschuldiget werde; allermeist weil du weißt alle Sitten und Fragen der Juden. Darum bitte ich dich, du wollest mich geduldiglich hören. Zwar mein Leben von Jugend auf, wie das von Anfang unter diesem Volk zu Jerusalem zugebracht ist, wissen alle Juden, die mich vorhin gekannt haben, wenn sie wollten bezeugen. Denn ich bin ein Pharisäer gewesen, welche ist die strengste Sekte unseres Gottesdienstes. Und nun stehe ich und werde angeklagt über der Hoffnung an die Verheißung, so geschehen ist von Gott zu unsern Vätern, zu welcher hoffen die zwölf Geschlechter der Unsern zu kommen, mit Gottesdienst Tag und Nacht emsiglich. Dieser Hoffnung halber werde ich, lieber König Agrippa, von den Juden beschuldiget. Warum wird das für unglaublich bei euch gerichtet, daß Gott Todte auferwecket? Zwar ich meinete auch bei mir selbst, ich müßte viel zuwider thun dem Namen Jesu von Nazareth. Wie ich denn auch zu Jerusalem gethan habe, da ich viele Heilige in das Gefängniß verschloß, darüber ich Macht von den Hohenpriestern empfing; und wenn sie erwürget wurden, half ich das Urtheil sprechen. Und durch alle Schulen peinigte

ich sie oft, und zwang sie zu lästern, und war überaus un=
sinnig auf sie, verfolgte sie auch bis in die fremden Städte.
Ueber welchem, da ich auch gen Damaskus reisete, mit Macht
und Befehl von den Hohenpriestern, mitten am Tag, lieber
König, sahe ich auf dem Wege, daß ein Licht vom Himmel,
heller denn der Sonnen Glanz, mich und die mit mir reiseten,
umleuchtete. Da wir aber alle zur Erde niederfielen, hörete
ich eine Stimme reden zu mir, die sprach auf Ebräisch: Saul,
Saul, was verfolgest du mich? Es wird dir schwer sein,
wider den Stachel zu löcken. Ich aber sprach: Herr, wer
bist du? Er sprach: Ich bin Jesus, den du verfolgest; aber
stehe auf, und tritt auf deine Füße. Denn dazu bin ich dir
erschienen, daß ich dich ordne zum Diener und Zeugen deß,
das du gesehen hast, und das ich dir noch will erscheinen
lassen. Und will dich erretten von dem Volk und von den
Heiden, unter welche ich dich jetzt sende, aufzuthun ihre Augen,
daß sie sich bekehren von der Finsterniß zu dem Licht, und
von der Gewalt des Satans zu Gott; zu empfangen Verge=
bung der Sünden und das Erbe sammt denen, die geheiliget
werden durch den Glauben an mich. Daher, lieber König
Agrippa, war ich der himmlischen Erscheinung nicht ungläu=
big, sondern verkündigte zuerst denen zu Damaskus und zu
Jerusalem, und in alle Gegend des Jüdischen Landes, auch
den Heiden, daß sie Buße thäten, und sich bekehreten zu Gott
und thäten rechtschaffene Werke der Buße. Um deßwillen
haben mich die Juden im Tempel gegriffen, und unterstanden
mich zu tödten. Aber durch Hülfe Gottes ist es mir gelungen,
und stehe bis auf diesen Tag, und zeuge beides den Kleinen
und Großen, und sage nichts außer dem, das die Propheten
gesagt haben, daß es geschehen sollte, und Moses. Daß
Christus sollte leiden, und der Erste sein aus der Auferstehung
von den Todten, und verkündigen ein Licht dem Volk und
den Heiden.

„Denn ich bin der Geringste unter den Aposteln, als der
ich nicht werth bin, daß ich ein Apostel heiße, darum, daß ich
die Gemeine Gottes verfolget habe. Aber von Gottes Gnaden

bin ich, das ich bin, und seine Gnade an mir ist nicht ver=
geblich gewesen, sondern ich habe viel mehr gearbeitet, denn sie
Alle; nicht aber ich, sondern Gottes Gnade, die mit mir ist."
So lautet im 1. Korintherbrief (15, 9 u. 10) das schöne
Zeugniß unsres Apostels von sich selbst, ein Zeugniß eben so
voll herzlicher Demuth beim Blick auf sich selbst und seine
sündige Natur, wie voll freudigen Hochgefühls im Bewußtsein
dessen, was Gottes Gnade an ihm und in ihm und durch ihn
gethan hat. Ein Zeugniß, dessen Widerhall wir vernehmen
in jenen Liebesworten: „An mir und meinem Leben ist nichts
auf dieser Erd, was Christus mir gegeben, das ist der Liebe
werth."

Ganz auf demselben Standpunkt wie dort seinen christ=
lichen Brüdern in Korinth gegenüber, steht der Apostel auch
hier vor einem ungläubigen Richter in Cäsarien. Wir wissen,
er ist dort noch ein Gefangener des Landpflegers Festus, von
den Juden auf den Tod verklagt. Um nach zweijährigem
Hinziehen seines Processes endlich einen Rechtsspruch zu em=
pfangen, hat der Apostel sich auf den Kaiser berufen und ver=
langt nach Rom gebracht zu werden. Ehe er nun dorthin
abgeführt wird, soll er vor dem jüdischen König Herodes
Agrippa, dem Vierfürsten des Ostjordanlands, und dessen
schöner Schwester Bernice, welche auf Besuch zum Landpfleger
gekommen und auf den merkwürdigen Gefangenen neugierig
waren, sich sehen und hören lassen. Vor den glänzenden
Herrschaften, die sich bequem im Audienzsaal niedergelassen
mit ihrem Hofstaat, steht denn der einfache Teppichweber aus
Tarsus mit seiner abgezehrten, im Apostelamt früh gealterten
Gestalt, mit seinem bleichen, von Leiden um Christi willen
durchfurchten Gesicht, mit seinen feurigen, von Glaubensmuth
flammenden Augen, nicht viel anders, als fünfzehnhundert Jahre

später das Mönchlein von Wittenberg vor Kaiser und Reich im Saale zu Worms, und bekommt nun das Wort.

V. 1. „Agrippas aber sprach zu Paulo: Es ist dir erlaubt für dich zu reden. Da verantwortete sich Paulus, und reckte die Hand aus." Mit feierlich ausgestreckter Hand, als wollte er dem Agrippa ans Herz langen, beginnt er sein Zeugniß. Und was für ein Zeugniß! Es ist ihm erlaubt für sich zu reden, aber indem er für sich redet, redet er eigentlich nur für seinen Herrn, durch den er Alles ist, was er ist. „An mir und meinem Leben ist nichts auf dieser Erd', was Christus mir gegeben, das ist der Liebe werth!" Darauf läuft seine ganze Lebensführung hinaus. „Von Gottes Gnade bin ich, das ich bin"; dieses Wort könnte man als Thema seiner ganzen Rede bezeichnen, in welcher er zuerst sein Leben vor der Bekehrung, dann seine denkwürdige Berufung, endlich seine apostolische Laufbahn seinen Zuhörern zeigt im Lichte der allwirksamen göttlichen Gnade.

Durch Gottes Gnade bin ich, das ich bin.

Dies zeigt sich

1.

schon im Leben des Paulus vor seiner Bekehrung, sofern es zwar ein Wandel in pharisäischer Gesetzesgerechtigkeit war, aber dennoch in grobe Irrwege ausartete, weil es noch unerleuchtet war vom Lichte der göttlichen Gnade. — Zuvörderst beginnt der Apostel mit einer ebenso würdevollen, als bescheidenen Anrede an die Erlauchtesten unter seinen Zuhörern.

V. 2 u. 3. „Es ist mir sehr lieb, lieber König Agrippa, daß ich mich heute vor dir verantworten soll alles, beß ich von

ben Juden beschuldiget werde; allermeist weil du weißt alle
Sitten und Fragen der Juden. Darum bitte ich dich, du
wollest mich gedulbiglich hören." Ganz unerschrocken, ja mit
Freudigkeit thut der Apostel seinen Mund auf vor seinem ge=
krönten Zuhörer. Nicht um der Ehre willen, vor einem Könige
predigen zu dürfen, auch nicht aus Rachsucht, weil er hoffte
durch dessen Gunst über seine Feinde zu triumphiren, freut er
sich dieser Gelegenheit, sondern weil es seinem apostolischen
Herzen eine Befriedigung ist, ein Zeugniß abzulegen von der
evangelischen Wahrheit vor einem mächtigen, vielvermögenden
Fürsten, und zwar vor einem Fürsten, bei dem er nicht blos
ein ungläubiges Kopfschütteln, ein vornehmes Lächeln für sein
Zeugniß zu erwarten hatte, wie bei einem heidnischen Felix
und Festus, sondern bei dem er, weil er sein jüdischer Lands=
mann und Glaubensgenosse war, Theilnahme für seine Person
und Verständniß für seine Sache hoffen durfte. Und so stellt
er sich ihm sogleich als einen jüdischen Volksgenossen vor, der
sein Leben von Jugend auf wohl dürfe sehen lassen vor den
Augen seiner Landsleute.

V. 4 u. 5. „Zwar mein Leben von Jugend auf, wie
das von Anfang unter diesem Volk zu Jerusalem zugebracht
ist, wissen alle Juden, die mich vorhin gekannt haben, wenn
sie wollten bezeugen. Denn ich bin ein Pharisäer gewesen,
welche ist die strengste Sekte unsers Gottesdienstes." Daß
freilich auch die strengste Gesetzesgerechtigkeit eines eifrigen
Pharisäers noch keine Gerechtigkeit vor Gott gebe, das wußte
niemand besser als ein Apostel Paulus seit seiner Bekehrung,
und davon sind alle seine Briefe voll. Aber dennoch darf er,
gegenüber den Anschuldigungen seiner Gegner, die ihn als
einen Abtrünnigen vom Gesetz Mosis hinstellten, mit gutem
Grund darauf hinweisen, daß er dieses Gesetz, soweit es in

eines Menschen Kraft stehe, redlich habe zu halten gesucht von
Jugend auf und daß er sich vor Menschen seines Wandels
keineswegs zu schämen habe. War gleich jener Jüngling
Saulus in seinem Unglauben ein Feind Jesu, so war er doch
seiner damaligen Erkenntniß nach ein Freund der Tugend,
nach dem Gesetz unsträflich. Er war keiner von denen, die
ihre Jugendjahre und Jugendkräfte in fleischlichem Leichtsinn
und sündlichen Lüsten vergeuden und dann, wenn sie auch durch
Gottes Gnade noch wie ein Brand aus dem Feuer gerettet
werden, doch einen zerrütteten Körper, ein beschädigtes Ge=
wissen und einen befleckten Namen vor der Welt in ihren Be=
kehrungsstand mit hinüber nehmen; er giebt für seine Person,
wie ein alter Ausleger sagt, kein Beispiel dafür ab, daß auch
aus dissoluten Studenten immer noch die besten Prediger
werden können, als ob die Ordination die Sinnesänderung
und die Kirche die Bekehrung von selber mit sich brächte.
Nein, er hat sich von Jugend auf beflissen, mit ganzem Ernst
Gottes Gebote zu halten und darum hat er eine ungebrochene
Manneskraft und einen unbescholtenen Namen vor der Welt
als schätzbare Mitgabe herüber genommen auch in den Stand
seiner Bekehrung. Um so unbegründeter muß ihm deßhalb
der Haß seiner jüdischen Landsleute erscheinen, ·mit denen er
ja eigentlich auf demselben Gesetzesboden sich weiß, ja eigent=
lich auch auf demselben Glaubensgrund.

V. 6 u. 7. „Und nun stehe ich, und werde angeklagt
über der Hoffnung an die Verheißung, so geschehen ist von
Gott zu unsern Vätern; zu welcher hoffen die zwölf Ge=
schlechter der Unsern zu kommen, mit Gottesdienst Tag und
Nacht emsiglich. Dieser Hoffnung halber werde ich, lieber
König Agrippa, von den Juden beschuldiget.“ Wie kommt's
denn, will Paulus sagen, daß ich, ein redlicher Israelit, ein

treuer Diener des Gesetzes, ein eifriger Pharisäer, nun hier
stehe als ein Angeklagter, als ein Gefangener auf Anstiften
der Juden? Was ist mein Verbrechen in ihren Augen? Daß
ich an die Verheißung Gottes glaube, den Vätern von An=
beginn gegeben und geglaubt von allen Stämmen Israels, an
die Verheißung eines Messias, und daß ich diese Verheißung
erfüllt sehe in Jesu Christo, dem Gekreuzigten und Auferstan=
denen, ist denn das ein Verbrechen? Ist denn das ein Abfall
vom Glauben der Väter? Sollten denn darin nicht alle echten
Abrahamssöhne mit mir eines Sinnes sein? Oder ist nur
das der Stein des Anstoßes, daß ich Jesum Christum predige
als den Auferstandenen? Daß ich eine Auferstehung von den
Todten, ein ewiges Leben, ein zukünftiges Reich der Herrlich=
keit verkünde?

V. 8. „Warum wird das für unglaublich bei euch ge=
richtet, daß Gott Todte auferwecket?" Wenn die Heiden das
leugnen, wenn die Griechen darüber spotten, so ist's kein
Wunder, denn sie kennen nicht den lebendigen Gott. Aber
ein Israelite, ein Anbeter des allmächtigen Gottes, Schöpfers
Himmels und der Erde; ein Kind des auserwählten Volks,
an dem der Herr so viel Gnadenwunder gethan hat von Alters
her, als der Gott der da hilft, als der HErr HErr der vom
Tode errettet; ein Zögling der Propheten, eines David, Jesaias,
Ezechiel, Daniel, die mit so manchen großartigen Verheißungen
hinüberdeuten in ein himmlisches Gottesreich, — der sollte sich
ärgern an dieser größten Verheißung des göttlichen Wortes, an
dieser seligsten Hoffnung des Erdenpilgers: ich glaube an eine
Auferstehung der Todten! — Warum wird denn das für un=
glaublich bei euch gehalten, daß Gott Todte auferweckt? Ja, so
möchte man auch heute noch die Auferstehungsleugner fragen.
Ist's der Hochmuth eines beschränkten Verstandes, der Alles

wegwirft, was er nicht begreifen kann? Oder ist's die Verzagtheit eines schwachen Herzens, das nicht zu glauben wagt an die Wundermacht des lebendigen Gottes? Oder ist's die Angst eines bösen Gewissens, das sich fürchtet vor Ewigkeit und Gericht? Aber keines von diesen dreien ziemt einem Menschen, der ein offenes Aug' hat für die Wunder Gottes im Reiche der Natur und der Gnade. — Freilich so lange die Gnade nicht selber den Menschen erleuchtet, kann er auf böse Irrwege kommen in seinem Denken und Handeln. Ist's ja selbst einem Paulus so gegangen. Auf diese düsteren Irrwege seiner Jugend kommt er nun mit Schmerzen zu sprechen:

V. 9—11. „Zwar ich meinete auch bei mir selbst, ich müßte viel zuwider thun dem Namen Jesu von Nazareth. Wie ich denn auch zu Jerusalem gethan habe, da ich viele Heilige in das Gefängniß verschloß, darüber ich Macht von den Hohenpriestern empfing; und wenn sie erwürget wurden, half ich das Urtheil sprechen. Und durch alle Schulen peinigte ich sie oft, und zwang sie zu lästern, und war überaus unsinnig auf sie, verfolgte sie auch bis in die fremden Städte." O, mit welch' schmerzlicher Beugung mag der edle Apostel zurück geblickt haben auf diese schwere Zeit der Verirrung und der Verblendung! Wie vorwurfsvoll mag das blutige Märtyrer= bild des Stephanus, den er frohlockend sterben sah, mögen die rührenden Gestalten der unschuldigen Christen, die er verfolgte, in's Gefängniß, auf die Folterbank, auf den Richtplatz brachte, oder die er zwang, Christum zu lästern und ihren Glauben zu verleugnen, wie vorwurfsvoll mögen sie allemal wieder aufgestiegen sein vor seiner Seele, wenn er jener Zeiten ge= dachte! Wie bemüthig erkannte er da, was der Grundton seiner Predigt wurde, was ewig wahr ist: daß der natürliche Mensch nichts vermag ohne den Geist Gottes, daß der schärfste

Verstand, der redlichste Wille, das edelste Herz auf die traurigsten Abwege gerathen kann ohne das Licht der göttlichen Gnade. Wie tief aus seiner zerknirschten Seele kamen da allemal wieder jene Bußbekenntnisse, daß er der geringste unter den Aposteln, der elendeste unter den Menschen, der vornehmste unter den Sündern sei, „denn ich war ja ein Lästerer und Schmäher und Verfolger". Wie mußte es da der Grundton seiner Herzensstimmung, die Summa seiner Lebenserfahrung werden: Von Gottes Gnaden bin ich, was ich bin.

Aber Gottlob, daß diese Gnade an einer solchen un= zeitigen Geburt, wie er sich nennt, so mächtig sich verherrlichen wollte! —

„Durch Gottes Gnade bin ich, das ich bin";

das beweist nun der Apostel

2.

weiter aus seiner wunderbaren Berufung, dadurch der Herr seinen alten Menschen in den Tod gelegt und eine neue Kreatur aus ihm gemacht habe. Da bekommen wir denn zum drittenmal in der Apostelgeschichte, (Vgl. K. 9 u. 22), zum zweitenmal aus des Apostels eignem Mund jene ewig denk= würdige Geschichte vom Felde bei Damaskus zu hören.

Von seinen Mordgedanken, die ihn dorthin führten:

V. 12. „Ueber welchem, da ich auch gen Damaskus reisete, mit Macht und Befehl von den Hohenpriestern."

Von dem überirdischen Lichte, das ihn dort umflammte:

V. 13. „Mitten am Tag, lieber König, sahe ich auf dem Wege, daß ein Licht vom Himmel, heller denn der Sonnen Glanz, mich und die mit mir reiseten, umleuchtete."

Von der himmlischen Stimme, die ihn da erschütterte:

B. 14. „Da wir aber alle zur Erde niederfielen, hörete ich eine Stimme reden zu mir, die sprach auf Ebräisch: Saul, Saul, was verfolgest du mich? Es wird dir schwer sein wider den Stachel zu löcken."

Aber auch von der herrlichen Berufung, die ihm nun durch des Herrn Gnade zu Theil wird, und die am ausführlichsten und erhabensten gerade an dieser unsrer Stelle ausgesprochen wird:

B. 15—18. „Ich aber sprach: Herr, wer bist du? Er sprach: Ich bin Jesus, den du verfolgest; aber stehe auf, und tritt auf deine Füße. Denn dazu bin ich dir erschienen, daß ich dich ordne zum Diener und Zeugen deß, das du gesehen hast, und das ich dir noch will erscheinen lassen. Und will dich erretten von dem Volk, und von den Heiden, unter welche ich dich jetzt sende, aufzuthun ihre Augen, daß sie sich bekehren von der Finsterniß zu dem Licht, und von der Gewalt des Satans zu Gott; zu empfahen Vergebung der Sünden und das Erbe sammt denen, die geheiliget werden, durch den Glauben an mich." — „Aber stehe auf und tritt auf deine Füße." Ja, der Herr tödtet und machet lebendig, er schlägt und richtet auf die niedergeschlagen sind (1. Sam. 6, 1, Ps. 146, 8). Das hat er nirgends herrlicher bewiesen, als da er aus Saulus Paulum machte. Aber diese Bekehrungsgeschichte des Paulus ist ein Gnadenspiegel für Alle, die der Herr auf den Weg des Friedens, insbesondere auch für Alle, die er in's Zeugenamt beruft. Mit Recht hat man gesagt, in diesen drei Versen (16, 17, 18) haben wir ein herrliches Bild einer rechten Ordination zum christlichen Lehramt und eine treffliche Anleitung über den Zweck des evangelischen Predigtamts.

Siehe in B. 16, 17; 1) die wahre Ordination ist ein

göttliches Werk: „baß ich dich ordne zum Diener und Zeugen."
Der Herr muß heilen, salben, ordiniren; Jesus muß Kräfte
geben zu stehen, zu zeugen, zu dienen. 2) Nicht zu einem
Herrscher im geistlichen Amt, sondern zum „Diener" ordnet er
seinen Apostel und ordnet er auch unsereins, wie er selber gekommen ist, daß er diene, nicht daß er ihm dienen lasse.
3) Nicht nur zum Zeugen beß, das er gesehen habe, sondern
auch beß, das ihm noch erscheinen soll, ordnet Jesus seinen
Apostel und ordnet er auch unsereins. Die alten Gnadener-
fahrungen müssen durch immer neue aufgefrischt und bereichert
werden, sonst ist unser Zeugniß kein lebendiges. 4) Der Herr
hängt seiner Ordination auch gleich die Verheißung an, daß er
den Paulus bei seinem Zeugniß und Dienst schützen und „erretten" wolle. Ein treuer Zeuge darf versichert sein, wo ihn
der Herr braucht, da kann und wird er ihn auch schützen, wie
Paulus das reichlich erfahren hat in vierundzwanzig Amts-
jahren. Und nun sehet, ihr Lieben, V. 18 auch eine treffliche
Anleitung über des Predigtamts Zweck an euch. Es zielt auf
eurer Seelen 1) Belehrung: „aufzuthun ihre Augen;" 2) Bekehrung: „baß sie sich bekehren" u. s. w.; 3) Begnadigung:
„zu empfangen Vergebung der Sünden;" 4) Heiligung und
Beseligung: „und das Erbe sammt denen, die geheiliget werden." Und das Mittel zu dem Allem ist der Glaube: „durch
den Glauben an mich." — Und nun, baß er solche Gnade der
Berufung nicht vergeblich empfangen, beweist Paulus

3.

durch seine apostolische Laufbahn, in der er's mit der
That bewiesen:

„Durch Gottes Gnade bin ich, der ich bin!"

Solcher Gnadenerscheinung und solchem Gnadenauftrag gegenüber konnte er nicht ungehorsam sein:

V. 19. „Daher, lieber König Agrippa, war ich der himmlischen Erscheinung nicht ungläubig." Den Weg der Buße und Gnade, den Gott ihm gezeigt, den zeigt er nun auch andern und zwar da zuerst, wo er einst die meisten Seelen geärgert hatte:

V. 20. „Sondern verkündigte zuerst denen zu Damaskus und zu Jerusalem, und in alle Gegend des Jüdischen Landes, auch den Heiden, daß sie Buße thäten, und sich bekehreten zu Gott, und thäten rechtschaffene Werke der Buße." An Anfechtung zwar hat's nicht gefehlt, von Anfang an bis auf diesen Tag:

V. 21. „Um deßwillen haben mich die Juden im Tempel gegriffen, und unterstanden mich zu tödten." Aber auch nicht an der gnädigen Hilfe des Herrn und an der ausharrenden Treue seines Knechts:

V. 22. „Aber durch Hülfe Gottes ist es mir gelungen, und stehe bis auf diesen Tag, und zeuge beides den Kleinen und Großen, und sage nichts außer dem, das die Propheten gesagt haben, daß es geschehen sollte, und Moses." Und darum freudig auch in Banden, unerschrocken auch vor Königen und Fürsten wiederholt er sein Zeugniß:

V. 23. „Daß Christus sollte leiden, und der Erste sein aus der Auferstehung von den Todten, und verkündigen ein Licht dem Volk und den Heiden." — Ein solcher Zeuge, meine Lieben, durfte ja wohl von sich sagen: Von Gottes Gnaden bin ich, das ich bin und seine Gnade ist an mir nicht vergeblich gewesen. Unsereins hat der Herr freilich nicht zu so auserwählten Gefäßen seiner Gnade, zu so herrlichen Rüstzeugen seiner Ehre bestimmt. Aber aus uns Allen kann und

soll etwas werden zum Lobe seiner herrlichen Gnade. Wenn
wir nur, wie Paulus, die Unzulänglichkeit eigner Gerechtigkeit
von ihm uns zeigen lassen, wie Paulus seinem Gnadenruf an
uns nicht widerstehen und wie Paulus mit unsrer Gabe ihm
und seiner Gemeinde treulich dienen, dann haben auch wir die
Gnade nicht vergeblich empfangen; dann können auch wir
getrost sprechen: Von Gottes Gnade bin ich, was ich bin;

> Der Grund, darauf ich gründe,
> Ist Christus und sein Blut;
> Das machet, daß ich finde
> Das ewig wahre Gut;
> An mir und meinem Leben
> Ist nichts auf dieser Erd';
> Was Christus mir gegeben,
> Das ist der Liebe werth.
>
> (P. Gerhardt.)

Amen.

LXXVIII.

Paulus und seine fürstlichen Zuhörer.

Kap. 26, V. 24—32. Da er aber solches zur Verantwortung gab, sprach Festus mit lauter Stimme: Paule, du rasest, die große Kunst macht dich rasend. Er aber sprach: Mein theurer Feste, ich rase nicht, sondern ich rede wahre und vernünftige Worte: Denn der König weiß solches wohl, zu welchem ich freudig rede. Denn ich achte, ihm sei der keines nicht verborgen, denn solches ist nicht im Winkel geschehen. Glaubest du, König Agrippa, den Propheten? Ich weiß, daß du glaubest. Agrippa aber sprach zu Paulo: Es fehlt nicht viel, du überredest mich, daß ich ein Christ würde. Paulus aber sprach: Ich wünschte vor Gott, es fehlte an viel oder an wenig, daß nicht allein du, sondern alle, die mich heute hören, solche würden, wie ich bin, ausgenommen diese Bande. Und da er das gesagt, stand der König auf, und der Landpfleger, und Bernice, und die mit ihnen saßen, und entwichen beiseits, redeten mit einander und sprachen: Dieser Mensch hat nichts gethan, das des Todes oder der Bande werth sei. Agrippas aber sprach zu Festo: Dieser Mensch hätte können los gegeben werden, wenn er sich nicht auf den Kaiser berufen hätte.

Als vor dreihundert Jahren unser württembergischer Reformator, der edle Johannes Brenz, als Propst an dieser Stiftskirche stand und nicht nur Sonntags, sondern auch in

Wochengottesdiensten fleißig auf jener Kanzel dort predigte,
geschah es, daß einst ein fremder Gast einer dieser Wochen=
predigten zuhörte. Er gieng nachher mit Brenz aus der Kirche
und drückte ihm sein Befremden aus, daß er die Predigt eines
so treuen Zeugen der Wahrheit so schwach besucht gefunden
habe. Sie giengen eben am Marktbrunnen vorüber und Brenz
fragte den Gast, ob er auch die vorzüglichste Tugend dieses
Brunnens kenne? — Und was ist das für eine? fragte der
Fremde. Er läuft unermüdet fort, antwortete Brenz, ob
jemand Wasser holt oder nicht. — So, wollte er sagen, ist
auch das die liebliche Tugend des rechten evangelischen Predigt=
amts: es spendet das Lebenswasser des göttlichen Wortes un=
ermüdet fort, ob die Welt es hören will, annehmen will, auf
sich wirken lassen will oder nicht.

Mancher treue Zeuge der Wahrheit in Stadt= und Land=
kirchen muß sich damit trösten, wenn er bei redlichem Be=
mühen, das Wort, das unsre Seelen selig machen kann, seiner
Gemeinde nahe zu bringen, zu seiner schmerzlichen Demüthigung
oft leeren Bänken und tauben Ohren predigt. Hat ja selbst
der große Apostel Paulus manchmal ähnliche Erfahrungen
machen müssen bei Juden und Heiden, in Volksversammlungen
und Fürstensälen! Wie eindringlich und kräftig war die
Predigt, die wir kürzlich aus unsers Apostels Munde zu Cä=
sarien hörten vor Festus und Agrippa. Recht ein frischer
Brunnquell, aus der Tiefe des evangelischen Heilsgrundes
strömend! Und wie tief mußte der Eindruck bei seinen un=
mittelbaren Zuhörern sein, welche nicht nur das geschriebene
Wort vor sich hatten, wie wir, sondern den lebendigen Zeugen,
an dem Alles mitpredigte, seine begeisterte Stimme, sein feu=
riges Auge, seine abgezehrte Gestalt, die Bande selbst, die er

trug! — Und doch — was ist nun der Erfolg seines Zeug=
nisses? Was finden wir heut als Wirkung bei seinen Zu=
hörern? Offenen Spott bei dem Einen, ein höfliches Aus=
weichen bei dem Andern. Das Lebenswasser hat er gespendet,
rein und lauter, frisch und kräftig, aber seinen vornehmen Zu=
hörern ist es zu schal, der Eine schüttet es verächtlich aus, der
Andere kostet davon und läßt es doch stehen und geht davon.
Paulus aber, unbeirrt durch die kühle Aufnahme seines Evan=
geliums, drückt mit seinen Schlußworten noch ein kräftiges
Sigel auf sein Zeugniß, bei welchem er bleibt, in dem er lebt
und auf das er auch zu sterben bereit ist. Es ist der Mühe
werth, dabei zu verweilen und zu betrachten:

Paulus und seine fürstlichen Zuhörer
oder:
Die verschiedenen Stellungen der Menschen zur evangelischen Wahrheit.

Da sehen wir

1) Festus, der sie ganz ablehnt mit seinem: „Paule,
du rasest";

2) Agrippa, der sich halb zu ihr wendet mit
seinem: „Es fehlt nicht viel, du überredest mich";

3) Paulus, der ganz drin lebt, mit seinem: „Wollte
Gott, ihr alle würdet wie ich!"

Höret einmal

1.

Festus mit seinem: Paule, du rasest!"

V. 24. „Da er aber solches zur Verantwortung gab,
sprach Festus mit lauter Stimme: Paule, du rasest; die große

Kunst macht dich rasend;" mit andern Worten: dein Stubiren
hat dir den Kopf verrückt. So urtheilt der kühle Weltmann
über den begeisterten Zeugen der Wahrheit. Und wir können
uns über den Römer, den Heiden, nicht wundern, wenn er
kein Verständniß hat für das reine Licht evangelischer Wahr=
heit, für das heilige Feuer apostolischen Zeugengeistes. Urtheilt
ja auch heute noch ganz ebenso die christliche Welt! Ist's einem
Prediger gegeben, das Schwert des Worts kräftig zu führen,
so ist die Welt nicht abgeneigt, ihm einiges Talent zuzuerkennen,
aber sie meint dann, nur um damit zu glänzen, lasse er sein
Licht leuchten; daß es ihm Herzenssache sei, gesteht sie schwer=
lich zu und es heißt auch über ihn: die große Kunst macht dich
rasend! Macht ein Christ Ernst mit seinem Christenthum in
Glauben, Leben und Wandel, so gilt er den kühlen Weltleuten
wo nicht für einen unlautern Heuchler, so doch für einen über=
spannten Schwärmer, dem sein übertriebenes Bibellesen und
Kirchgehen den Kopf verrückt habe, und abermals heißt es:
Paule, du rasest! — Das ist das gewöhnliche Urtheil des
Weltmenschen über den Gottesmenschen, womit er ihm seinen
kindlichen Glauben als Geistesbeschränktheit, seinen ernsten
Christenwandel als Kopfhängerei, seine selige Christenhoffnung
als Träumerei erklären und die eigene Lauigkeit und Gleich=
gültigkeit als die rechte Nüchternheit, Besonnenheit, Aufklärung
und Bildung hinstellen möchte. So haben sie ja schon am
Pfingstfest über die Zeugen der Wahrheit geurtheilt: sie sind
voll süßen Weines! und haben von Christo selber, dem Lichte
der Welt, gesagt: Er ist unsinnig und hat den Teufel.
(Joh. 10, 20.) — Aber höret, ihr Festusgenossen, was Paulus
euch erwidert!

B. 25. 26. „Er aber sprach: Mein theurer Feste, ich

rase nicht, sondern ich rede wahre und vernünftige Worte:
denn der König weiß solches wohl, zu welchem ich freudig
rede. Denn ich achte, ihm sei der keines nicht verborgen, denn
solches ist nicht im Winkel geschehen." Ruhig und besonnen,
ehrerbietig und fest hält er dem spottenden Festus den Ungrund
seines Einwurfs entgegen, indem er sich auf die Kundbarkeit
der ganzen Geschichte von Jesu beruft, die ja vor den Augen
der Welt geschehen sei, wie Agrippa als Jude bestätigen könne,
und indem er durch seine ebenso entschiedene als bescheidene
Haltung beweist, daß er kein Phantast und Schwärmer, daß,
was er sage, wahr und wie er es sage, vernünftig sei. Nimm
dir ein Beispiel dran, lieber Christ, beim Spott der Welt. Prüfe
dich immerhin, ob ihre Vorwürfe keinen Grund haben, ob in
deinem Glauben keine unbiblische Schwärmerei, in deinem
Wandel keine ungesunde Sektirerei, in deinem Eifer für Gottes
Sache keine fleischliche Leidenschaft mit unterlauft; aber wenn
du sagen kannst: ich weiß, an wen ich glaube, wenn du das
Zeugniß des göttlichen Worts und die Heilserfahrung deines
eigenen Herzens für dich hast, dann laß dich keinen Augenblick
irre machen durch den vornehmen oder durch den gemeinen
Spott der Welt, dann laß es ruhig drauf ankommen, wer am
Ende als der Rasende und wer als der Weise sich herausstellen
wird. Ob der Christ raset, der seinen Glauben gründet auf
die bewährten Zeugnisse der Schrift und tausendfältiger Her=
zenserfahrung der Christenheit, oder der Unchrist, der blind=
lings verlacht, was er mit seinen fünf Sinnen nicht begreifen
kann; ob der Christ raset, der sein Leben einrichtet nach Gottes
Geboten und gewisse Tritte thut auf dem Weg der Heiligung,
oder der Unchrist, der, ein Spielball seiner Leidenschaften, hal=
tungslos dahintaumelt auf der breiten Straße, die zum Ver=

berben abführt; ob der Christ raset, der seine Hoffnung setzt auf eine Ewigkeit, die ihm mahnend und tröstend unverrückt vor Augen steht unter allen Wechseln der Zeit, oder der Unchrist, der all sein Glück sucht in dieser vergänglichen Zeit, die wie ein Traum verfliegt und nichts ihm zurückläßt, als ein schreckliches Erwachen.

„Ich rede wahre und vernünftige Worte." O diese Behauptung unsres Paulus, sie ist ja glänzend erwiesen durch die Geschichte, denn Pauli thörichte Predigt hat die Welt überwunden, während der Römerwitz eines Festus längst verschollen ist; sie wird noch heute bestätigt durch die Zustimmung redlicher Herzen, die in diesen Paulusworten ihr hellstes Licht ihre beste Kraft und ihren süßesten Trost finden, und sie wird einst ins helle Licht gesetzt werden am großen Tag der Ewigkeit, denn Himmel und Erde werden vergehen, aber des Herrn Wort bleibet, und dort drüben werden die stolzen Weltgeister erschrocken bekennen über den Gerechten: Wir Narren hielten sein Leben für unsinnig, wie ist er nun gezählt unter die Kinder Gottes? Weish. 5, 5. — Mit Festus also und seinem: Paule du rasest! wollen wirs nicht halten, sondern festhalten an dem Bekenntniß: Ich weiß, an wen ich glaube, ich weiß, was fest besteht, wenn alles hier im Staube wie Rauch und Staub verweht; ich weiß, was ewig bleibet, wo alles wankt und fällt, wo Wahn die Weisen treibet und Trug die Klugen hält. — Aber wenn wir die evangelische Wahrheit nicht geradezu ablehnen: ists vielleicht genug, daß wir uns halb zu ihr und dann wieder von ihr wenden wie

2.

Agrippa mit seinem: „Du überredest mich schier."?

An ihn, seinen jüdischen Volks- und Glaubensgenossen, wendet sich nun der Apostel mit einer einbringlichen Gewissensfrage:

V. 27. „Glaubest du, König Agrippa, den Propheten? Ich weiß, daß du glaubest," nämlich an die Verheißung der Propheten, an die Hoffnung Israels, und also, wenn du nicht auf halbem Wege stehen bleiben willst, an ihre Erfüllung in Jesu Christo, dem Gekreuzigten und Auferstandenen. Ein kühner Griff, mit dem der Apostel hier dem König ans Herz langt. Als äußeren Zeugen für die großen Thatsachen des Lebens und Sterbens Jesu, die nicht im Winkel geschehen seien, hat er ihn schon vorhin dem spottenden Römer gegenüber gestellt; nun faßt er ihn noch stärker an, faßt ihn an bei dem alttestamentlichen Glauben, den er doch bei ihm als einem Abrahamssohn voraussetzen darf, faßt ihn an bei einer christlichen Regung, bei einer evangelischen Rührung, die er wohl während seiner Predigt in des Agrippa Gesicht zu lesen glaubt, ob es ihm nicht gegeben würde, auch diesen Großen der Welt als eine köstliche Beute seinem Herrn und König zu Füßen zu legen. „Glaubest du, König Agrippa?" Eine kühne Frage an so erlauchte Ohren. Aber das sind die rechten Hofprediger, sagt ein Ausleger zu dieser Stelle, die sich durch den Stern auf der Brust nicht abhalten lassen darnach zu fragen ob auch der himmlische Morgenstern in der Brust leuchtet. — Wie besteht vor dieser Frage unser König Agrippa?

V. 28. „Agrippa aber sprach zu Paulo: Es fehlet nicht viel, du überredest mich, daß ich ein Christ würde." Nach dem griechischen Grundtext heißt's eigentlich: Mit Wenigem willst du mich überreden, d. h. du machst kurzen Prozeß mit meiner Bekehrung, verlangst gar zu schnell von mir, daß ich ein Christ

werbe. Am Ende kommt's aber immerhin auf Luthers Aus=
legung hinaus: ich will deinem beredten Zeugniß nicht geradezu
widersprechen, aber ganz hast du mich doch noch nicht und be=
kommst mich auch nicht. O wie Viele giebt's heut noch solcher
Beinahe=Christen, wie der reiche Jüngling einer war (Luc. 13)
und wie Agrippa einer für einen Augenblick wenigstens zu sein
scheint. „Es fehlt nicht viel;" o hütet euch, ihr Lieben, vor
diesem gefährlichen Wort, bei dem eben doch meist zuletzt alles
noch fehlt! Wie oft sind auch wir dem Himmelreich nahe ge=
wesen: es fehlte nicht viel, wir wären durchgedrungen aus der
Finsterniß zum Licht, aus dem Unglauben zum Glauben, aus
der Sünde zur Buße, aus dem Unfrieden zum Frieden, aus
der Welt zu Gott. Das Herz war angefaßt, der Verstand
überzeugt, das Gewissen geweckt, die Stunde günstig, die
Gnadenstunde, welche hätte entscheiden können über unser ewiges
Heil; — es fehlte nicht viel. Aber das Wenige, was noch fehlte,
mochten wir nicht dran strecken; von Einem Erbengut mochten
wir uns nicht losreißen, Eine Lieblingssünde mochten wir nicht
lassen, Eine Zerstreuung verwehte wieder den guten Eindruck,
Eine Versuchung brachte uns wieder zu Fall, und der Schatz,
den wir schon fast gehoben hätten, blieb vergraben in der Erde,
weil wir zu träge waren, den letzten Spatenstich vollends zu
thun; das Rettungsseil, an dem wir schon fast herausgehoben
waren aus den Fluthen des Verderbens, riß wieder, weil wir
zu lang in der Luft schwebten, weil wir feige zögerten, festen
Fuß zu fassen auf dem Felsengrunde des Heils; wir ge=
hörten wieder der Welt, wir waren wieder ferne vom Herrn!
O, liebe Seele, wenn nicht viel mehr fehlt zu deinem Heil, so
eile doch, thue das Wenige vollends dazu, eh' wieder alles ver=
loren geht und bitte den Herrn: Zerbrich, zerreiße und zermalme,

was deinen Augen nicht gefällt; ob mich die Welt an einem Halme, ob sie mich an der Kette hält, ist alles Eins in deinen Augen, da nur ein ganz befreiter Geist, ein Herz, das ganz dein eigen heißt, vor deinem Blick vermag zu taugen. — Ein solches Herz, einen solchen Geist, einen solchen ganzen Mann in Christo sehet

3.

an unserm Paulus mit seinem: „Wollte Gott, ihr Alle würdet wie ich!"

V. 29. „Paulus aber sprach: Ich wünschte vor Gott, es fehlte an viel oder an wenig, daß nicht allein du, sondern alle, die mich heute hören, solche würden, wie ich bin, aus= genommen diese Bande." Da steht er, der Gottesmann in seinen Ketten, von Festus verspottet, von Agrippa höflich ab= gewiesen, getäuscht in seiner freudigen Hoffnung auf einen durch= schlagenden Erfolg seiner Predigt und doch fest in seinem Glauben, getrost in seinem Gott, nicht einmal abgekühlt in seiner Liebe zu den Seelen, die er vor sich hatte und in seinem Eifer, seinem Herrn Herzen zu gewinnen. Dem leichten Scherz= wort Agrippa's antwortet der Apostel mit tiefem, heiligen Ernst: — „Wollte Gott" — nicht allein bei dir, o König, würde es Ernst, was du jetzt scherzweise mir in Aussicht stellst, sondern auch diese Alle, und dabei mag sein Blick mit treuer Hirten= liebe über die versammelten Hofleute, Bernice an der Spitze, hingeschweift sein, „wollte Gott, diese Alle, ohne Ausnahme, würden was ich bin, ausgenommen diese Bande!" Meine Ketten wünsche ich ihnen ja gewiß nicht, aber daß sie Gebundene Jesu Christi würden, ihm angehörig mit Leib und Seel, auf Leben und Sterben, ganze Christen, wie ich es bin — das ist mein

heißer Herzenswunsch. O schönes Feuer eines glühenden
Glaubens, einer flammenden Liebe, einer unverwüstlichen Hoff=
nung in einem vom Geist des Herrn durchbrungenen und
wiedergeborenen Herzen!

Zunächst zwar sieht der Apostel seinen Wunsch und seine
Hoffnung nicht erfüllt; die Herrschaften brechen auf; sie haben
für jetzt genug gehört, der feurige Prediger wird ihnen un=
bequem, denn er hat ihnen an's Herz und Gewissen gegriffen.
B. 30. „Und da er das gesagt, stand der König auf,
und der Landpfleger, und Bernice, und die mit ihnen saßen."
Für seine Person zwar läßt der Apostel einen günstigen Ein=
druck und eine wohlwollende Stimmung bei seinen erlauchten
Zuhörern zurück:

B. 31 u. 32. „Und entwichen beiseits, redeten mit
einander, und sprachen: Dieser Mensch hat nichts gethan, das
des Todes oder der Bande werth sei. Agrippas aber sprach
zu Festo: Dieser Mensch hätte können los gegeben werden
wenn er sich nicht auf den Kaiser berufen hätte." Aber noch
lieber als daß er sie für sich gewonnen, wäre ihm gewesen,
er hätte sie für den Herrn gewonnen. — Doch was er dort nicht
wirken konnte durch sein treues Zeugniß, sollte er's nicht an
uns wirken mit Gottes Hilfe? Sollten wir nicht auch heute
wieder durch den Anblick dieses edlen Wahrheitszeugen, durch
die Betrachtung seines kräftigen Wortes wie seines unsträf=
lichen Wandels und seines muthigen Duldens, bestärkt werden
in der Ueberzeugung: Er, der solches wirkt in den Seinen, ist
uns Allen von Gott gemacht zur Weisheit und zur Gerechtig=
keit und zur Heiligung und zur Erlösung; — sollten wir nicht
heut aufbrechen und heim gehen mit dem erneuerten Entschluß:
dir ergeb ich mich, Jesu, ewiglich? — Ja:

Jesu, meine Ruh',
Ew'ge Liebe du;
Dein sei all mein Thun und Wallen,
Nichts als du soll mir gefallen;
Ew'ge Liebe du,
Jesu, meine Ruh'.

(Drese.)

Amen.

LXXIX.

Paulus im Sturm.

Kap. 27, V. 1—26. Da es aber beschlossen war, daß wir in Welschland schiffen sollten, übergaben sie Paulum und etliche andere Gefangene dem Unterhauptmann, mit Namen Julius, von der kaiserlichen Schaar. Da wir aber in ein Adramitisch Schiff traten, daß wir an Asien hinschiffen sollten, fuhren wir vom Lande, und es war mit uns Aristarchus aus Macedonien von Thessalonich; und kamen des andern Tages an zu Sidon. Und Julius hielt sich freundlich gegen Paulum, erlaubte ihm zu seinen guten Freunden zu gehen, und seiner zu pflegen. Und von dannen stießen wir ab, und schifften unter Cypern hin, darum, daß uns die Winde entgegen waren. Und schifften auf dem Meer vor Cilicien und Pamphylien über, und kamen gen Myra in Lycien. Und daselbst fand der Unterhauptmann ein Schiff von Alexandrien, das schiffte in Welschland, und lud uns darauf. Da wir aber langsam schifften, und in vielen Tagen kaum gen Knidus kamen (denn der Wind wehrete uns), schifften wir unter Creta hin, nach der Stadt Salmone. Und zogen kaum vorüber, da kamen wir an eine Stätte, die heißt Gutfurt, dabei war nahe die Stadt Lasea. Da nun viele Zeit vergangen war, und nunmehr gefährlich war zu schiffen, darum, daß auch die Fasten schon vorüber war, vermahnete sie Paulus, und sprach zu ihnen: Lieben Männer, ich sehe, daß die Schifffahrt will mit Beleidigung und großem Schaden ergehen, nicht allein der

Die Apostelgeschichte. II.   28

Last und des Schiffes; sondern auch unsers Lebens. Aber der Unterhauptmann glaubte dem Schiffherrn und dem Schiffmann mehr denn dem, das Paulus sagte. Und da die Anfurt ungelegen war zu wintern, bestanden ihrer das mehrere Theil auf dem Rath, von dannen zu fahren, ob sie könnten kommen gen Phönice zu wintern, welches ist eine Anfurt an Creta, gegen den Wind Südwest und Nordwest. Da aber der Südwind wehete, und sie meineten, sie hätten nun ihr Vornehmen, erhuben sie sich gen Asson, und fuhren an Creta hin. Nicht lange aber darnach erhub sich wider ihr Vornehmen eine Windsbraut, die man nennet Nordost. Und da das Schiff ergriffen ward, und konnte sich nicht wider den Wind richten, gaben wir es dahin, und schwebeten also. Wir kamen aber an eine Insel, die heißt Clauda, da konnten wir kaum einen Kahn ergreifen. Den hoben wir auf, und brauchten der Hülfe, und banden ihn unten an das Schiff, denn wir fürchteten, es möchte in die Syrten fallen, und ließen das Gefäß hinunter, und fuhren also. Und da wir großes Ungewitter erlitten hatten, da thaten sie des nächsten Tages einen Auswurf. Und am dritten Tage warfen wir mit unsern Händen aus die Bereitschaft im Schiff. Da aber in vielen Tagen weder Sonne noch Gestirn erschien, und nicht ein kleines Ungewitter uns zuwider war, war alle Hoffnung unseres Lebens dahin. Und da man lange nicht gegessen hatte, trat Paulus ins Mittel unter sie, und sprach: Lieben Männer, man sollte mir gehorchet, und nicht von Creta aufgebrochen haben, und uns dieses Leidens und Schadens überhoben haben. Und nun ermahne ich euch, daß ihr unverzagt seid, denn keines Leben aus uns wird umkommen, ohne das Schiff. Denn diese Nacht ist bei mir gestanden der Engel Gottes, deß ich bin und dem ich diene, und sprach: Fürchte dich nicht, Paule, du mußt vor den Kaiser gestellet werden, und siehe, Gott hat dir geschenkt alle, die mit dir schiffen. Darum, lieben Männer, seid unverzagt; denn ich glaube Gott, es wird also geschehen, wie mir gesagt ist. Wir müssen aber anfahren an eine Insel.

Eine der erhabenſten Scenen in der evangeliſchen Ge=
ſchichte, welche wie wenig andere den Pinſel des Malers zur
Schilderung, die Harfe des Sängers zum Lobgeſang, das Herz
des Gläubigen zum Preis und zur Anbetung herausfordert,
bleibt die Erzählung von der Stillung des Sturms auf dem
See Genezareth. Jeſu Siegs= und Friedensgeſtalt, hochauf=
gerichtet am Borde des Schiffleins auf dem Hintergrunde des
ſchwarzen Wetterhimmels, umbraust von den ſchäumenden
Wogen, umbrängt von den zagenden Jüngern, und mit ruhiger
Majeſtät die königliche Rechte ausgeſtreckt, den Wind und das
Meer zu bedräuen — wo gäbe es ein ſchöneres Bild für die
Macht und Treue Deſſen, der zu den Seinen ſpricht: Mir iſt
gegeben alle Gewalt im Himmel und auf Erden, und ſiehe
ich bin bei euch alle Tage bis an der Welt Ende! — „Ihr
Kleingläubigen, warum ſeid ihr ſo furchtſam?" Dieſes Wort
in Sturmesnoth aus Jeſu Mund — wie oft ſchon hat es
ſtrafend und tröſtend ſeinen Jüngern ins Ohr geklungen, wenn
der Kleinglaube zagte und klagte: Herr, hilf uns, wir verder=
ben; ſeis, daß das Schifflein der Kirche Chriſti Noth litt auf
den Wogen der empörten Welt, ſeis, daß der Lebenskahn des
Einzelnen umhergeworfen ward von Stürmen der Trübſal; ſo
daß der Glaube wieder ſtark und das Herz wieder ſtill ward
und die geängſtete Seele ſich faßte in der Zuverſicht: „Ob
auch Maſt und Segel bricht, läßt doch Gott die Seinen nicht!"
Nun, meine Lieben, ein ſchönes Nachbild jenes evangeliſchen
Urbilds haben wir heut in unſrer Apoſtelgeſchichte vor uns.
Abermals wie ſchon oft ſehen wir Paulus, den großen Knecht
Jeſu Chriſti, recht buchſtäblich in den Fußſtapfen ſeines gött=
lichen Meiſters. Sehet auch hier ein ſchwaches Schifflein in
Sturmesnoth auf empörter See, — nur iſts ſtatt des Land=
ſees Genezareth das ſtürmiſche, auch bei Römern und Griechen

deßhalb verrufene Adriameer. Sehet auch hier eine zagende
Schiffsmannschaft, — nur sinds statt der galiläischen Fischer
sturmgewohnte Matrosen und römische Soldaten. Sehet auch
hier einen Gottesmenschen aufrecht stehen inmitten der zagen=
den Menschen, der empörten Elemente, und die Kleingläubigen
trösten mit dem Schirm des Allmächtigen, — nur ists statt
des Meisters der Knecht, statt des Herrn Jesu sein Apostel
Paulus!

Es ist die letzte Reise, auf der wir unsern Apostel jetzt
begleiten, diese Seefahrt von Cäsarien nach Rom, um dort
vor den Kaiser gestellt zu werden, und auch dieser letzte Weg,
den wir im Geiste mit ihm machen dürfen, bietet des Merk=
würdigen, Lehrreichen und Erbaulichen noch viel für die an=
dächtige Betrachtung. Ein gesalbter Prediger in Berlin, der
liebe Müllensiefen, hat in seinen „Zeugnissen von Christo"
Pauli Schifffahrt ausgelegt als ein Bild des menschlichen
Lebens in vier schönen und erbaulichen Betrachtungen von der
Ausfahrt an bis zum Schiffbruch und der Landung. Und es
liegt allerdings nahe, von unsrer Erzählung eine solche bild=
liche Anwendung zu machen, hat man ja gar oft schon die
Welt mit einem Meer und das menschliche Leben mit einer
Reise verglichen. Aber auch wenn wir unser 27. Kapitel
der Apostelgeschichte nur als eine wirkliche Reisebeschreibung
betrachten, werden wir viel daraus lernen und uns herzlich
dran erbauen können für unsre eigene Lebensfahrt. — Und
so zeigt sich uns für heut in der verlesenen ersten Hälfte

**Paulus auf dem stürmischen Meer, ein würdiger
Knecht seines großen Herrn.**

Wir sehen
    1) die ernste Abfahrt;

2) die steigende Sturmesnoth;
3) den rechten Rettungsanker.

1.

Ernst ist schon die Abfahrt — für den Apostel, wie für seine Begleiter.

B. 1. „Da es aber beschlossen war, daß wir in Welsch=land schiffen sollten, übergaben sie Paulum und etliche andere Gefangene dem Unterhauptmann, mit Namen Julius, von der kaiserlichen Schaar.“ Es war im Spätherbst des Jahres sechzig nach Christi Geburt, in der stürmischen Jahreszeit, als die gefahrvolle Seereise angetreten ward; gefahrvoll für den Apostel und viele seiner Schiffsgenossen, nicht blos wegen dessen, was unterwegs ihnen begegnen konnte, sondern auch wegen dessen, was am Ziel ihrer wartete. Denn nicht nur Paulus war ein Gefangener, von den Juden auf den Tod verklagt, der aus dem Munde des Kaisers, auf den er sich berufen hatte, sein Endurtheil empfangen sollte, sondern auch die übrigen Passagiere waren großentheils Verbrecher, über deren Loos, über deren Leben oder Tod vielleicht, in Rom ent=schieden werden sollte. Mit welchen Gefühlen die Andern an Bord gegangen sind, wissen wir nicht, von Paulo aber sind wir's gewiß, daß seine Reiselosung hieß: In Gottes Namen; daß er zu Schiff gieng im Gehorsam gegen den, der ihm gesagt hatte: du mußt auch in Rom von mir zeugen! und im Vertrauen auf den, von dem er wußte: Ist Gott für uns, wer mag wider uns sein? Und daß Gott für ihn sei, davon durfte er gleich zum Anfang seiner ernsten Reise etliche liebliche Zeugnisse erfahren.

B. 2 u. 3. „Da wir aber in ein Abramitisch Schiff traten, daß wir an Asien hin schiffen sollten, fuhren wir vom

Lande; und es war mit uns Aristarchus aus Macedonien von
Theffalonich; und kamen des andern Tages an zu Sidon.
Und Julius hielt sich freundlich gegen Paulum, erlaubte ihm
zu seinen guten Freunden zu gehen, und seiner zu pflegen."
Das Schiff, das die hohe Ehre hatte, den größten Knecht des
größten Herrn an Bord zu nehmen, war ein Kauffahrer aus
der kleinafiatischen Seestadt Abramittium, der nach Hause kehrte
und vorerst die Gefangenen aufnahm, um sie unterwegs gelegentlich an ein anderes Fahrzeug, das nach Italien gieng, ab-
zugeben. Da fuhr man denn zunächst nordwärts am afiatischen
Gestade hin, zur Rechten die Küste von Palästina, Phönizien
und Syrien, wo der Libanon mit seinen Cedernwäldern, der
Hermon mit seinem schneebedeckten Scheitel unsrem Apostel den
letzten Abschiedsgruß aus der Heimat zuwinkte, zur Linken das
jonische Meer, für jetzt noch ruhig und glatt unter dem blauen
Himmel sich hindehnend. Und auch auf dem Schiff selbst fehlte
es dem Apostel nicht an freundlicher Ansprache. Zwischen rohen
Matrosen und allerlei Verbrechern fand er auch befreundete
Seelen. Da ist Lukas, sein treuer Begleiter, der Erzähler
unsrer Geschichte, wie das Wörtlein „wir" bezeugt, das
vom zweiten Vers an wieder eintritt. Da ist Aristarchus von
Theffalonich aus Macedonia, ein Bruder aus der dort von
Paulus gestifteten Christengemeinde, der dem geliebten Lehrer
freiwillig, wie es scheint, in die Gefangenschaft folgte. Da ist
ferner der römische Unterhauptmann Julius, der, obwohl ein
Heide, sich freundlich gegen Paulum hielt, ihn mit Achtung
behandelte und ihm gleich bei Sidon erlaubte, an's Land zu
steigen, die christlichen Freunde dort zu besuchen und Leib und
Seele für die Weiterreise zu stärken. So geht's denn weiter.

V. 4. „Und von dannen stießen wir ab, und schifften
unter Cypern hin, darum, daß uns die Winde entgegen waren."

Auf der schönen Insel Cypern, an deren Küste sie hinfuhren,
weil der Wind sie nicht in's offene Meer hinausließ, hatte
Paulus einst sein Missionswerk begonnen; wunderbar mußte
ihm zu Muthe sein, nach so manchem Kampf, den er inzwischen
gekämpft, wieder an jenen Gestaden vorüber zu segeln, an
denen er einst in jugendlichem Eifer seine ersten Garben ge=
schnitten hatte. — Immer an der Südküste Kleinasiens hin=
segelnd kommen sie denn auch an Pauli Vaterland, an Cilicien,
vorüber; wie manche Erinnerungen mußten auch da im Apostel
wach werden zu Gottes Lobe, der ihm bis hieher geholfen!

B. 5. „Und schifften auf dem Meer vor Cilicien und
Pamphylien über, und kamen gen Myra in Lycien." Und
nun werden sie übergeladen in ein anderes Schiff, das sie nach
Rom bringen soll.

B. 6. „Und daselbst fand der Unterhauptmann ein Schiff
von Alexandrien; das schiffte in Welschland, und lud uns
darauf." Aus Alexandria in Egypten, der Kornkammer des
römischen Reiches, brachte das Schiff Weizen nach Rom. Daß
es auch das Brod des Lebens in die Kaiserstadt bringen sollte,
das seligmachende Wort Gottes, und daß, während die sicht=
bare Labung bald von den Fluthen verschlungen ward, die un=
sichtbare, das Wort Gottes, unversehrt hinüber kommen sollte:
wer ahnte das auf dem Schiff? Aber noch ist's, als wollte
der Feind den himmlischen Segen nicht hinüber lassen in's
Abendland; immer langsamer und widriger gestaltet sich die
Fahrt.

B. 7 u. 8. „Da wir aber langsam schifften, und in vielen
Tagen kaum gegen Knidus kamen (denn der Wind wehrete
uns), schifften wir unter Creta hin, nach der Stadt Salmone.
Und zogen kaum vorüber, da kamen wir an eine Stätte, die
heißt Gutfurt, dabei war nahe die Stadt Lasea." Windstillen

unb Gegenwinb muß ja auch der Christ auf seinem Lebens=
schifflein sich manchmal gefallen lassen: wer mit flatternben
Wimpeln fröhlichen Jugenbmuths unb vollen Segeln stolzer
Hoffnungen seine Lebensfahrt begonnen, ber muß oft nach kurzer
Frist schon Anker werfen unb auf halbem Wege sein Segel
flicken, wie unsre Reisegenossenschaft in dem Hafen Gutfurt,
an der Insel Creta, benn — der Mensch benkt unb Gott
lenkt. Bist bu boch nicht Regente, der Alles führen soll, Gott
sitzt im Regimente unb führet Alles wohl. — Freilich er führt
oft durch Sturm an's Ziel. So unseren Paulus. Wir kommen
nun mit ihm

2.

in die steigenbe Sturmesnoth.

Noch wäre die Gefahr zu vermeiden gewesen.

V. 9. u. 10. „Da nun viele Zeit vergangen war, unb
nunmehr gefährlich war zu schiffen, barum, baß auch die Fasten
schon vorüber war: vermahnete sie Paulus, unb sprach zu
ihnen: Lieben Männer, ich sehe, baß die Schifffahrt will mit
Beleibigung unb großem Schaden ergehen, nicht allein der Last
unb bes Schiffes; sondern auch unsers Lebens." Ein kluger
Rath, bessen Befolgung viel Noth unb Gefahr erspart hätte.
Knechte Gottes müssen ja beßhalb in irbischen Dingen nicht
blinb, in weltlichen Sachen nicht unbrauchbar sein. Wurde ja
auch der fromme Joseph von Gott gebraucht, durch seinen
weisen Rath ganz Egyptenlanb unb Kanaan in der Hungers=
noth zu erhalten. Paulus zeigt sich trotz seinem Christensinn
auch für Abwenbung leiblicher Gefahr unb zeitlichen Schabens
besorgt, unb belehrt uns bamit, baß ein Christ weber sein
Leben tollkühn gefährbet, noch bas Zeitliche unnöthig ver=
schleubert, eingebenk der Wahrheit: „Es ist ja dein Geschenk

unb Gab', mein Leib unb Seel unb was ich hab in biesem armen Leben." — Freilich ber Apostel prebigt tauben Ohren.

B. 11. „Aber ber Unterhauptmann glaubte bem Schiff= herrn unb bem Schiffmann mehr benn bem, bas Paulus sagte." Die Schiffsleute mögen sich gebrüstet, nach Schiffermanier groß gethan unb ben Kopfhänger Paulus mit seiner Besorgniß aus= gelacht haben.

B. 12. „Unb ba bie Anfurt ungelegen war zu wintern, bestanben ihrer bas mehrere Theil auf bem Rath, von bannen zu fahren; ob sie könnten kommen gen Phönice zu wintern, welches ist eine Anfurt an Creta, gegen ben Winb Südwest unb Norbwest." Ein bequemerer Hafen soll aufgesucht werden. Doch es geht, wie so manchmal auf ber Lebensreise: man könnte zufrieden sein mit bem was ba ist, aber man will's besser haben, unb siehe, nun büßt man auch bas ein, was man noch Gutes hatte unb kommt vom Regen in bie Traufe. An= fangs zwar scheint sich's gut anzulassen.

B. 13. „Da aber ber Südwinb wehete, unb sie meineten, sie hätten nun ihr Vornehmen; erhuben sie sich gen Affon, unb fuhren an Creta hin." Da werben bie Schiffer trium= phirenb gesagt haben: Siehst bu, wie es nun so herrlich geht; was wollen boch bie Gottesgelehrten von ber Schifffahrt wissen. Aber ber Triumph kam zu früh.

B. 14. „Nicht lange aber barnach erhub sich wiber ihr Vornehmen eine Winbsbraut, bie man nennet Norboft." Das ist ja eine gemeine Wetterregel: Rühme bich nicht bes morgenben Tags, benke nicht, weil bu jetzt guten Winb hast, es werbe immer so sein: auf einen linben Südwinb kann eine grimmige Winbsbraut folgen (Spr. 27, 1).

B. 15. „Unb ba bas Schiff ergriffen warb, unb konnte sich nicht wiber ben Winb richten, gaben wir es bahin, unb

schwebeten also." Rathlos muß die menschliche Klugheit die
Segel streichen, machtlos muß menschliche Kraft die Hände
sinken lassen vor dem Rathschluß des Alleinweisen und Allein=
gewaltigen. Wohl dem, der, wenn sein Lebensschifflein so hin=
treibt vor dem Sturme, sich mit Paulo tröstet: Ich bin gewiß,
daß nichts mich scheiden kann von der Liebe Gottes in Christo
Jesu meinem Herrn, und mit jenem kleinen Steuermannssohn,
der im Sturm auf dem Schiff mitten unter den ängstlichen
Passagieren allein unerschrocken blieb, auf die Frage: hast denn
du keine Angst? in kindlichem Glauben antworten kann: Was
sollte ich Angst haben: mein Vater sitzt ja am Steuer! —
Aber immer höher steigt nun die Noth.

V. 16 u. 17. „Wir kamen aber an eine Insel, die heißt
Clauda; da konnten wir kaum einen Kahn ergreifen. Den
hoben wir auf, und brauchten der Hülfe, und banden ihn
unten an das Schiff; denn wir fürchteten, es möchte in die
Syrten fallen, und ließen das Gefäß hinunter, und fuhren
also." Bereits macht man sich auf einen Unglücksfall gefaßt,
entweder an der kleinen Insel Clauda zu scheitern, oder vom
Orkan auf die gefürchtete afrikanische Syrte oder Sandbank
geschleudert zu werden. Deswegen wird der Nothkahn, das
Rettungsboot an Bord heraufgezogen, um es bei der Hand zu
haben, wenn das Schiff in Trümmer gienge, und das Schiff
selber wird mit starkem Tauwerk unterbunden, um es so lang
als möglich zusammen zu halten. Die Segel aber werden ein=
gezogen, herunter gelassen und fest gebunden, damit der Wind
sich nicht drin fangen kann. — Noch mehr wird zur Rettung
aufgewendet.

V. 18 u. 19. „Und da wir großes Ungewitter erlitten
hatten, da thaten sie des nächsten Tages einen Auswurf. Und
am dritten Tage warfen wir mit unsern Händen aus die

Bereitschaft im Schiff." Um das Schiff zu erleichtern, wird
alles Entbehrliche über Bord geworfen, zuerst ein Theil der
Fracht, dann am dritten Tag auch die zur Ausstattung des
Schiffs gehörigen Geräthschaften, Tische, Schränke u. s. w.
Und die Passagiere müssen selber mit Hand anlegen, wie Lukas
andeutet, wenn er sagt: „wir warfen mit unsern Händen aus".
Ein recht anschauliches Bild gewaltiger Sturmesnoth. Aber
auch wieder eine lehrreiche Schifferregel für den Menschen auf
der Seefahrt des Lebens, in den Stürmen der Trübsal. Da
gilts auch manchen unnöthigen Ballast über Bord zu werfen,
um leichter durch die Klippen zu kommen, irdische Güter, weltliche Wünsche, zeitliche Genüsse, gewohnte Bequemlichkeiten,
woran man bisher sein Herz gehängt hat; da gilt es, sich ein-
zuschränken, sich zu verleugnen, sich mit wenigem genügen zu
lassen und manchem zu entsagen, was man bisher lieb gehabt,
um seine Seele zu erretten; gilt unter Schmerzen die Erfahrung zu machen: Was hat die Welt? was beut sie an?
Nur Tand und eitle Dinge! Wer einen Himmel hoffen kann,
der schätzet sie geringe. — So hat unser Paulus gedacht. Er
hat auch im grausigen Sturm

3.

den rechten Rettungsanker bei der Hand. — Vor menschlichen Augen freilich sah es trostlos aus.

V. 20. „Da aber in vielen Tagen weder Sonne noch
Gestirn erschien, und nicht ein kleines Ungewitter uns zuwider
war, war alle Hoffnung unsers Lebens dahin." Viele Tage
lang kein Sonnenblick bei Tag, kein Sternenlicht in der Nacht,
über sich nur das finstere Gewölk, um sich nur das brausende
Meer — freilich eine angstvolle Fahrt, eine trostlose Lage. So
müssen ja auch wir manchmal dahin fahren in Anfechtungs-

zeiten auf dem stürmischen Meere dieses Lebens; kein Sonnen-
strahl des Trosts und der Freude bringt durch die dunkeln
Wolken der Trübsal; selbst die Sterne der göttlichen Verheißung haben ihr Licht verloren für die angefochtene Seele,
die bange gen Himmel seufzt: Wie lange, Herr, willst du dein
Antlitz vor mir verbergen? — Aber dem Gerechten muß das
Licht immer wieder aufgehen und unser Glaube ist der Sieg,
der die Welt überwindet. Das sehet an unserm Paulus, der
nicht nur selber getrost ist in seinem Gott, sondern auch als
Tröster eintritt unter die zagenden Schiffsgenossen.

V. 21. „Und da man lange nicht gegessen hatte" — weil
man weder Zeit, noch Lust und Ruhe dazu fand in der
Sturmesnoth und den mancherlei Anstalten, die jeden Augenblick nöthig waren — „trat Paulus mitten unter sie" — mit
einer erhabenen Ruhe in seiner Haltung, mit einem heitern
Frieden auf seinem Antlitz tritt er unter die verstörten Ge-
sichter hinein, er, der schwache Gefangene, nun der einzige Held
unter den seegewohnten, wetterharten Schiffsleuten; er, der
nichts vom Seewesen verstand, nun dennoch der Rathgeber
und Tröster für die Andern — „und sprach: Lieben Männer,
man sollte mir gehorchet, und nicht von Creta aufgebrochen
haben, und uns dieses Leidens und Schadens überhoben haben."
Damals freilich habt ihr meinen Rath verachtet, nun sehet
ihr: er war doch nicht so schlecht. Aber auch jetzt dürft ihr
den Muth nicht verlieren.

V. 22. „Und nun ermahne ich euch, daß ihr unverzagt
seid; denn keines Leben aus uns wird umkommen, ohne das
Schiff." Saget, meine Lieben, haben wir da nicht in dem
Knechte Paulus das schöne Abbild des Herrn und Meisters,
wie er seine zagenden Jünger tröstet auf dem See Genezareth?
Hören wir nicht in den Worten des Apostels: Und nun er-

mahne ich euch, daß ihr unverzagt seid, einen deutlichen Wider=
hall der Worte des Herrn im Evangelium: Ihr Kleingläubigen,
warum seid ihr so furchtsam? Und sollte nicht in den Stürmen
unsres Lebens dieses Trostwort des Herrn und diese Mahnung
seines Apostels widerhallen auch in unsern Seelen, daß wir
mit dem Psalmisten sprächen (Ps. 46): Gott ist unsere Zuver=
sicht und Stärke, eine Hülfe in den großen Nöthen, die uns
troffen haben; darum fürchten wir uns nicht, wenn gleich das
Meer wüthete und wallete und von seinem Ungestüm die Berge
einfielen — und uns·im Glauben trösteten: Unter seinem
Schirmen bin ich vor den Stürmen aller Feinde frei, mag von
Ungewittern rings die Welt erzittern: Jesus steht mir bei? Der
große Apostel freilich hatte eine besondere Gnadenversicherung
seines Gottes empfangen.

B. 23 u. 24. „Denn diese Nacht ist bei mir gestanden
der Engel Gottes, deß ich bin und dem ich diene, und sprach:
Fürchte dich nicht, Paule, du mußt vor den Kaiser gestellet
werden, und siehe, Gott hat dir geschenkt alle, die mit dir
schiffen.“ Sei getrost, Paule, denn du mußt auch zu Rom
von mir zeugen! so hatte ihm der Herr schon im Gefängniß
zu Jerusalem verheißen (K. 23, 11) und diese Verheißung ist
ihm nun auf offener See durch eine Engelserscheinung bestätigt
worden. Ja mit ihm und um seinetwillen soll auch die
Schiffsgenossenschaft gerettet sein. Denn das ist ja das könig=
liche Vorrecht der Frommen und Gerechten seit Abrahams
und Loths Tagen, daß um ihretwillen, auf ihre Fürbitte und
in ihrer Gesellschaft oft auch die Kinder dieser Welt in Nöthen
bewahrt, aus Gefahren errettet und mit allerlei Gutem ge=
segnet werden und es also mit Recht von Gottes Kindern im
Liebe heißt: „Sie bleiben ohnmächtig und schützen die Welt.“

Und so tröstet denn Paulus nochmals seine Reisegenossen und Unglücksgefährten:

V. 25. 26. „Darum, lieben Männer, seid unverzagt; denn ich glaube Gott, es wird also geschehen, wie mir gesagt ist. Wir müssen aber anfahren an eine Insel" — nämlich, um dort zu stranden und als Schiffbrüchige durch Gottes Gnade ans Land zu kommen. — „Ich glaube Gott, es wird also geschehen, wie mir gesagt ist," das, meine Freunde, ist der Anker, welchen Paulus auswirft mitten in Sturmesnoth, der Glaube an Gottes untrügliches Wort. Und wenn wir diesen Anker auch in unsrem Lebensschifflein haben, wenn wir auf den Gott vertrauen, „beß wir sind und dem wir dienen," wohin er uns auch sendet auf unseren Lebens= und Berufs= wegen; wenn wir an sein Wort glauben, das da bleibet, ob auch Himmel und Erde vergehen, dann dürfen auch wir unver= zagt unsere Pilgerreise fortsetzen auf dem Meere dieser Welt, — dann haben wir den Herrn selber im Schiff, der Wind und Meer bedräuen kann, daß es ganz stille wird, und können mitten im Sturm mit den Gläubigen singen:

Soll ich aber länger bleiben
Auf dem ungestümen Meer,
Wo mich Wind und Wellen treiben
Durch so mancherlei Beschwer,
Ach, so laß in Kreuz und Pein
Hoffnung meinen Anker sein!

(Friedr. Konr. Hiller.)

Amen.

LXXX

Obgleich Maſt und Segel bricht,
Läßt doch Gott die Seinen nicht!

Kap. 27, V. 27—44. Da aber die vierzehnte Nacht kam, und wir in Adria fuhren um die Mitternacht, wähneten die Schiffleute, ſie kämen etwa an ein Land. Und ſie ſenkten den Bleiwurf ein, und fanden zwanzig Klafter tief, und über ein wenig von dannen ſenkten ſie abermal, und fanden fünfzehn Klafter. Da fürchteten ſie ſich, ſie würden an harte Oerter anſtoßen, und warfen hinten vom Schiff vier Anker, und wünſchten, daß es Tag würde. Da aber die Schiffleute die Flucht ſuchten aus dem Schiff, und den Kahn niederließen in das Meer, und gaben vor, ſie wollten die Anker vorne aus dem Schiff laſſen, ſprach Paulus zu dem Unterhauptmann und zu den Kriegsknechten: Wenn dieſe nicht im Schiff bleiben, ſo könnet Ihr nicht beim Leben bleiben. Da hieben die Kriegs=knechte die Stricke ab von dem Kahn, und ließen ihn fallen. Und da es anfing licht zu werden, ermahnete ſie Paulus alle, daß ſie Speiſe nähmen, und ſprach: Es iſt heute der vier=zehnte Tag, daß ihr wartet und ungegeſſen geblieben ſeid und habt nichts zu euch genommen. Darum ermahne ich euch, Speiſe zu nehmen, euch zu laben, denn es wird euer keinem ein Haar von dem Haupt entfallen. Und da er das geſagt, nahm er das Brod, dankete Gott vor ihnen allen, und brach es, und fing an zu eſſen. Da wurden ſie alle gutes Muths, und nahmen auch Speiſe. Unſer waren aber alle zuſammen

im Schiff zweihundert und ſechs und ſiebenzig Seelen. Und
da ſie ſatt geworden, erleichterten ſie das Schiff, und warfen
das Getreide in das Meer. Da es aber Tag ward, kannten
ſie das Land nicht, einer Anfurt aber wurden ſie gewahr, die
hatte ein Ufer; da hinan wollten ſie das Schiff treiben, wo
es möglich wäre. Und da ſie die Anker aufgehoben, ließen ſie
ſich dem Meer, und löſeten die Ruderbande auf, und richteten
den Segelbaum nach dem Winde, und trachteten nach dem
Ufer. Und da wir fuhren an einen Ort, der auf beiden Seiten
Meer hatte, ſtieß ſich das Schiff an, und das Vordertheil
blieb feſt ſtehen unbeweglich, aber das Hintertheil zerbrach
von der Gewalt der Wellen. Die Kriegsknechte aber hatten
einen Rath, die Gefangenen zu tödten, daß nicht Jemand, ſo
heraus ſchwämme, entflöhe. Aber der Unterhauptmann wollte
Paulum erhalten, und wehrete ihrem Vornehmen, und hieß,
die da ſchwimmen konnten, ſich zuerſt in das Meer laſſen,
und entgehen an das Land; die andern aber, etliche auf
den Brettern, etliche auf dem, das vom Schiff war. Und
alſo geſchah es, daß ſie alle erhalten zu Lande kamen.

Unter den aus allerlei Nöthen Erretteten, welche im
107. Pſalm aufgefordert werden zum Danke gegen den all=
mächtigen und barmherzigen Gott, werden auch die genannt
vom frommen Sänger: „die mit Schiffen auf dem Meere
fuhren und trieben ihren Handel in großen Waſſern, die des
Herrn Werke erfahren haben und ſeine Wunder im Meer,
wenn er ſprach und einen Sturmwind erregte, der die Wellen
erhub, und ſie gen Himmel fuhren und in den Abgrund fuhren,
daß ihre Seele vor Angſt verzagte, daß ſie taumelten und
wankten wie ein Trunkener und wußten keinen Rath mehr,
und ſie zum Herrn ſchrieen in ihrer Noth und er ſie aus ihren
Aengſten führete, und ſtillete das Ungewitter, daß die Wellen
ſich legten, und ſie froh wurden, daß es ſtille worden war und
er ſie zu Lande brachte nach ihrem Wunſch: die ſollen dem

Herrn danken um seine Güte und um seine Wunder, die er an den Menschenkindern thut." (Pf. 107, V. 23—31.)

„Auf dem Meere lernt man beten", sagt das Sprichwort nicht umsonst. Schon mancher rohe Mensch, der in einem wilden Leben das Beten verlernt hat und nur noch beim Fluchen den Namen Gottes auf die Lippen zu nehmen gewohnt war, hat in Sturmesnoth, den gähnenden Todesabgrund zu seinen Füßen, wieder zu Gott beten und nach Gott schreien, vor seiner Allmacht sich beugen und seine Barmherzigkeit anrufen gelernt. Und schon manches harte Herz, welches die Gefühle des Dankes gegen seinen Schöpfer und Erhalter in guten Tagen Jahre lang in sich erstickt hatte, hat sich wieder hergegeben zu einem gerührten: Nun danket Alle Gott; manches stolze Auge ist feucht geworden und manches steife Knie hat sich unwillkürlich wieder vor Gott gebeugt, wenn er aus Sturmesnoth ein Schiff gnädig gerettet hatte; wenn die tobende See wieder eben und glatt wurde; wenn der sturmgeprüfte Reisende nach langer gefährlicher Seefahrt die trügerischen Bretter des schwankenden Schiffes verlassen und zum ersten Male wieder den Fuß auf den sichern Boden des festen Landes setzen durfte, sei es, daß sein Schiff wohlbehalten in den Hafen einlief, oder daß er als Schiffbrüchiger mit Verlust seiner Habe, ohne etwas zu retten als das nackte Leben, triefend aus den Wellen stieg und es wörtlich an sich erfahren durfte: Obgleich Mast und Segel bricht, läßt doch Gott die Seinen nicht!

Ein solcher Geretteter des Herrn, eine ganze Schaar von fast 300 solcher Geretteten steht vor uns im verlesenen Textabschnitt. Haben wir Paulus, den großen Knecht des Herrn, neulich in Sturmesnoth gesehen und bewundert, so bekommen wir ihn diesmal zu sehen und zu bewundern als Schiffbrüchigen und bekommen an ihm, dem Schiffbrüchigen und Geretteten,

zu ſehen und zu bewundern den allmächtigen und barmherzigen
Gott, der an ihm wahr gemacht hat ſeine Verheißung: So
du durch's Waſſer gehſt, will ich bei dir ſein, daß dich die
Ströme nicht ſollen erſäufen (Jeſ. 43, 2), und ausführte
ſeine Zuſage: Sei getroſt, Paule, denn wie du von mir zu
Jeruſalem gezeuget haſt, alſo mußt du auch zu Rom zeugen.
(Apoſtel=Geſchichte 23, 11.)

Als Ueberſchrift können wir über unſere Betrachtung ſetzen
jene Liebesworte:

> „Obgleich Maſt und Segel bricht,
> Läßt doch Gott die Seinen nicht!" .

Wir ſehen dabei:
1) den Tröſter in der Sturmesnoth;
2) den Schiffbruch und den ſichern Tod;
3) die Rettung durch den treuen Gott.

1.

Der Tröſter in der Sturmesnoth iſt Niemand an=
ders als der eble Apoſtel Paulus. Schon im vorigen Ab=
ſchnitt hat er ſich auf der Seefahrt nützlich gemacht mit klugem
Rath wegen der Ueberwinterung, der nur leider nicht befolgt
ward, und mit freundlichem Troſt durch die Verheißung, daß
nach der ihm gewordenen göttlichen Zuſage keiner von der
Schiffsgeſellſchaft umkommen würde. Und auch jetzt wieder,
wo die Noth auf's Aeußerſte ſteigt, iſt es ſein beſonnener
Rath, der großes Unheil verhütet, ſein tröſtlicher Zuſpruch,
der die Schiffsmannſchaft ſtärkt zum letzten Kampf ¡mit den
tobenden Elementen.

V. 27—29. „Da aber die vierzehnte Nacht kam, und
wir in Adria fuhren um die Mitternacht, wähneten die

Schiffleute, sie kämen etwa an ein Land. Und sie senkten den
Bleiwurf ein, und fanden zwanzig Klafter tief, und über ein
wenig von dannen senkten sie abermal und fanden fünfzehn
Klafter. Da fürchteten sie sich, sie würden an harte Oerter
anstoßen, und warfen hinten vom Schiff vier Anker, und
wünschten, daß es Tag würde." Die vierzehnte Nacht war
es, seit man jene Anfurt in Kreta verlassen hatte (B. 12).
O wie manche solcher elenden Nächte, sagt K. H. Rieger, hat
es inzwischen auch gegeben, nicht nur bei denen, die auf dem
Meer fuhren, sondern auch bei Andern, die aus der Tiefe zum
Herrn riefen und seiner Hülfe harreten von einer Morgenwacht
zur andern. — Sie wurden immer noch im Adriameer umhergeworfen, das Wort hier im weiteren Sinn genommen, so
daß auch das südlich liegende jonische Meer mit der Insel
Malta dazu gehört. Mitten in der Nacht vermutheten die
Schiffsleute, wahrscheinlich aus dem wachsenden Getöse der
Brandung, sie nähern sich dem Lande, eine Entdeckung, die
ihnen keineswegs zum Trost, sondern zum Schrecken gereichte,
wegen der Gefahr, vom Sturm an die Felsen geschleudert zu
werden. Man warf das Senkblei wiederholt aus und wirklich
bestätigte sich die Vermuthung, indem man zuerst 20 Klafter
oder 120 Fuß, halb nachher nur noch 15 Klafter oder 90 Fuß
Tiefe fand. So rasch näherte man sich vom Sturme getrieben
dem Land, so schnell stieg die Gefahr. Es werden deßhalb
alle Vorsichtsmaßregeln ergriffen, indem man nicht weniger als
vier Anker auswirft, um den Tag abzuwarten und zu sehen,
wo man etwa am ungefährlichsten landen könnte. Am Hintertheil des Schiffs werden die Anker ausgeworfen, weil von
hinten der Wind, der Nordoststurm, blies. Von dem berühmten
englischen Admiral Nelson wird angemerkt, daß er im Jahr
1804 unter ähnlichen Umständen vor Kopenhagen die Anker

ausnahmsweiſe hinten auswerfen ließ, ſeiner Flotte zum Heil, und zwar nachdem er an jenem Morgen gerade unſer 27. Kap. der Apoſtelgeſchichte geleſen hatte und dadurch auf dieſen Ge= danken gekommen war.　Wir aber, meine Lieben, wollen nicht vergeſſen, was des Chriſten Anker iſt in den Stürmen der Trübſal, jener Anker, der ſeinen Halt hat in dem untrüglichen Grunde des göttlichen Worts, jener Anker, von welchem es in dem ſchönen Liede heißt: Soll ich aber länger bleiben auf dem ungeſtümen Meer, wo mich Wind und Wellen treiben durch ſo mancherlei Beſchwer — ach ſo laß in Kreuz und Pein Hoffnung meinen Anker ſein! — Gegen die Tücke der Ele= mente hat man ſich alſo nothbürftig geſichert, aber nun broht menſchlicher Verrath das Verderben.

V. 30. „Da aber die Schiffleute die Flucht ſuchten aus dem Schiffe, und den Kahn niederließen in das Meer, und gaben vor, ſie wollten die Anker vorne aus dem Schiff laſſen.“ Die Matroſen, an der Rettung des Schiffes verzweifelnd, wollen heimlich das Boot hinunterlaſſen, ſchnöde entfliehen und die Reiſenden ihrem ſichern Untergang preisgeben. Solchen Bubenſtücks iſt der Menſch fähig, wenn er den Kompaß des Gewiſſens und den Anker des Gottvertrauens verloren hat, wenn an die Stelle des Pflichtgefühls die nackte Selbſtſucht getreten und der ſchnöde Grundſatz zur Herrſchaft gelangt iſt: Jeder iſt ſich ſelbſt der Nächſte, und Noth kennt kein Gebot. Siehe da, wie treulich die Welt Stich hält zur Zeit der Noth. (Sir. 6, 8.) Erkenne da, wie ſchnöde es iſt, wenn in den Stunden der Gefahr ein Prediger das Schifflein der ihm an= befohlenen Kirche, ein Beamter ſeinen Poſten im gemeinen Weſen, ein Hausvater ſeine Familie, irgend ein Chriſt den Platz, wo er ſtehen ſoll, wo er helfen kann, feige verläßt.

Siehe nun aber auch in dieser äußersten Gefahr wieder das Muster eines Gottesmanns.

V. 31 u. 32. „Sprach Paulus zu dem Unterhauptmann, und zu den Kriegsknechten: Wenn diese nicht im Schiff bleiben, so könnet Ihr nicht beim Leben bleiben. Da hieben die Kriegsknechte die Stricke ab von dem Kahn, und ließen ihn fallen." Fürwahr ein ganzer Mann, dieser Apostel. Auch in dieser äußersten Gefahr verliert er weder den Kopf, noch das Herz. Mit wachsamem Blick erkennt er den bösen Anschlag, ungesäumt warnt er den römischen Befehlshaber, und nun werden die Stricke des Rettungsboots abgehauen, daß es in's Meer fällt und niemand mehr dienen kann. Die letzte Brücke zwischen dem Schiff und dem nahen Lande war hiemit abgebrochen. Gottes Verheißung durch Pauli Mund ist nun noch das einzige rettende Boot, der Glaube an Gottes Allmacht und Barmherzigkeit ist noch das einzige starke Tau für fast dreihundert scheinbar einem sichern Untergang geweihten Seelen. Wohl dem, der dieses Tau des Glaubens sich nicht abschneiden läßt, diesem Boote der göttlichen Verheißung sich muthig anvertraut in der Zuversicht, daß der Herr den nicht verläßt, der auf ihn sich verläßt. Und daß in allen Fällen er mir zur Seite steh' und dämpfe Sturm und Wellen und was mir bringet Weh! In solcher Zuversicht des Glaubens wird denn Paulus, der besonnene Rathgeber, auch ein freundlicher Tröster.

V. 33 u. 34. „Und da es anfing licht zu werden, ermahnete sie Paulus alle, daß sie Speise nähmen, und sprach: Es ist heute der vierzehnte Tag, daß ihr wartet und ungegessen geblieben seid, und habt nichts zu euch genommen. Darum ermahne ich euch, Speise zu nehmen, euch zu laben; denn es wird euer keinem ein Haar von dem Haupt entfallen." Der Morgen dämmert, der Tag graut, nach menschlicher Wahr-

ſcheinlichkeit der letzte Tag für die Meiſten im Schiff. Aber
ſtatt ſich einer unthätigen Verzweiflung hinzugeben, ermuntert
Paulus die ganze Schiffsgenoſſenſchaft, Leib und Seele zu
ſtärken zu neuen Anſtrengungen, zum letzten Kampf mit dem
tobenden Element. Ihren abgematteten Leib ſollen ſie einmal
wieder erquicken durch ein ordentliches Mahl, wozu man ſeit
lange keine Zeit mehr gehabt, und ihre zagenden Seelen ſollen
ſie aufrichten an der erneuten Verheißung der nahen Rettung,
der göttlichen Hülfe. Wiederum ſehet da: ein ganzer Mann,
nicht nur ein ganzer Chriſt, ſondern auch ein ganzer Mann!
Der unſcheinbare Gefangene, deſſen Niemand geachtet hatte,
da er an Bord ſtieg, der iſt nun die Hauptperſon geworden
auf dem ganzen Schiff, der Rathgeber, der Proviantmeiſter,
der Hausvater, der Steuermann, der Schiffsprediger und der
Schiffskapitän in Einer Perſon. So ſehen wir ja manchmal
noch in Zeiten der Noth und Stunden der Gefahr, wenn die
Großſprecher kleinlaut werden, wenn die Klugen in der Welt
den Kopf und die Muthigen nach dem Fleiſch das Herz und
die Rangunterſchiede in der Geſellſchaft ihre Bedeutung ver=
lieren, da ſehen wir manchmal die unſcheinbare Knechtsgeſtalt
eines bisher überſehenen Gottesmenſchen in den Vordergrund
treten und zum Mittelpunkt werden durch ſeine Geiſtesgegen=
wart, ſein Gottvertrauen, ſeine hingebende Menſchenliebe, da
glänzt der Ordensſtern der Gotteskindſchaft unter dem Knecht=
gewand hervor, da zeigt ſich der Adel eines echten Chriſten,
da offenbart ſich's zum Staunen der Welt und zur Ehre des
Herrn: Chriſten ſind ein göttlich Volk; Gottſeligkeit iſt zu allen
Dingen nütze; unſer Glaube iſt der Sieg, der die Welt über=
windet. — „Es wird euer keinem ein Haar von dem Haupt
entfallen." — „Sei unverzagt, du führſt den Cäſar und ſein
Glück!" So hatte ungefähr hundert Jahre früher auf dem=

selben stürmischen Abriameer der große Römer Julius Cäsar
zu dem ängstlichen Steuermann gesprochen. Aber wie viel
schöner doch und berechtigter als jener heidnische Römermuth
ist dieses christliche Gottvertrauen des Apostels, der nicht auf
sein blindes Glück, sondern auf den lebendigen Gott und sein
untrügliches Wort sich verläßt. Ja, seid unverzagt, ihr Schiffsleute, möchte man sagen, ihr führet in eurer Mitte mehr als
den Cäsar und sein Glück; ihr führet einen Knecht Christi,
einen Liebling Gottes, ihr habt den Heiland der Welt selber
und sein selig machendes Evangelium an Bord, das auch in
Rom soll verkündet, das auch dem Abendland soll zu Theil
werden, darum fürchtet euch nicht, euer Keinem wird ein Haar
gekrümmt! — Und nun welcher feierliche Auftritt!

B. 35 u. 36. „Und da er das gesaget, nahm er das
Brod, dankete Gott vor ihnen allen, und brach's, und fing an
zu essen. Da wurden sie alle guts Muths, und nahmen auch
Speise." Dieses Tischgebet des Apostels, o wie rührend, wie
erhebend, wie feierlich mag es geklungen haben mitten im
Brausen der Brandung und im Geheule des Sturmes; gewiß
es gieng nach der Tonart des 46. Psalms: „Gott ist unsre
Zuversicht und Stärke, eine Hülfe in den großen Nöthen, die
uns troffen haben. Darum fürchten wir uns nicht, wenn
gleich die Welt untergienge und die Berge mitten in's Meer
sänken. Wenn gleich das Meer wüthete und wallete und von
seinem Ungestüm die Berge einfielen. Sela." Dieses Frühmahl
auf dem umstürmten Schiff, den danksagenden und brodbrechenden
Paulus in der Mitte — erinnert es uns nicht an jenes Abendmahl, das der Herr mit den Seinen hielt in jener dunklen
Stunde, ehe der letzte Sturm der Anfechtung hereinbrach über
ihn und seine Jünger, ehe die Wogen des Todes zusammen-
schlugen über seinem Haupt? — „Sie wurden Alle guten

Muths", heißt es, „und nahmen Speise", auch die Heiden
wurden aufgerichtet durch Pauli frohen Muth und frommes
Gebet. Gedenke auch du, o Christ, in den Sturmesnöthen
beiner Pilgerfahrt, in den dunklen Stunden beiner Trübsal,
gedenke an das Lebensbrod des göttlichen Worts, gedenke an
die Wunderkraft des Gebets, gedenke an die Himmelsspeise
des heiligen Abendmahls, und auch du wirst wieder guten
Muths werden und es erfahren, was der Gemeinde des Herrn
verheißen ist: Gott ist bei ihr drinnen, darum wird sie wohl
bleiben; Gott hilft ihr frühe (Pf. 46, 6). Dieser Hülfe des
Herrn wartet nun auch dort auf dem Schiff eine große Schaar.

V. 37 u. 38. „Unser waren aber alle zusammen im
Schiff zweihundert und sechs und siebenzig Seelen. Und da
sie satt geworden, erleichterten sie das Schiff, und warfen das
Getreide in das Meer." Dieser letzte Auswurf der kostbarsten
Schiffsladung, des Getreides, war ein Beweis, daß man nun
auf Rettung des Schiffs ganz verzichtete, daß man nur noch
mit dem nackten Leben davon kommen wollte, indem man das
Schiff möglichst zuvor erleichtert wollte auf den Strand laufen
lassen. — Siehe, mein Christ, bemerkt hiezu der alte Starke,
diese Leute werfen die zeitliche Nothdurft von sich, um nur den
Rest ihres zeitlichen Lebens zu erhalten, und du willst nicht
die vergänglichen Güter dieser Welt dran geben, um das ewige
zu erhalten? Was hülfe es dem Menschen, so er die ganze
Welt gewänne und nähme doch Schaden an seiner Seele? —
Nun kommt die Entscheidung. Nun sehen wir

2.

den Schiffbruch und den sichern Tod.

V. 39 u. 40. „Da es aber Tag ward, kannten sie das
Land nicht, einer Anfurt aber wurden sie gewahr, die hatte

ein Ufer; da hinan wollten sie das Schiff treiben, wo es
möglich wäre. Und da sie die Anker aufgehoben, ließen sie
sich dem Meer, und löseten die Ruderbande auf, und richteten
den Segelbaum nach dem Winde, und trachteten nach dem
Ufer." Der Tag ist angebrochen, sie sehen das Land, aber sie
kennen es nicht; eine Bucht zeigt sich — bis heute noch heißt
sie die St. Paulus=Bucht, an der nordöstlichen Ecke der Insel
Malta, dorthin will man das Schiff auf den Strand fahren
lassen, weshalb man die Anker kappt und ein Segel aufspannt.
— Sie kannten das Land nicht, dem sie entgegensteuerten, der
Christ aber kennt das Rettungsland und die Friedensbucht,
welcher er entgegensteuert durch die Stürme dieses Lebens, und
durch die Wogen des Todes, und singt: Gottlob, ich weiß mein
Vaterland, dem jeder Tag mich näher leitet. Aber freilich, es
geht vorher noch durch bittere Todesnoth hindurch.

V. 41. „Und da wir fuhren an einen Ort, der auf beiden
Seiten Meer hatte, stieß sich das Schiff an, und das Vorder=
theil blieb fest stehen unbeweglich, aber das Hintertheil zer=
brach von der Gewalt der Wellen." Eine Erdzunge lief unter
dem Wasserspiegel hin, auf dieser stieß das Schiff mit aller
Gewalt auf und rannte sich mit dem Vordertheil fest, indeß
das im Wasser liegende Hintertheil von den Wogen zertrüm=
mert ward. Und während so dem schiffbrüchtigen Apostel und
seinen Leidensgenossen der Tod in den Fluthen drohte, wird
auch noch das Schwert gegen sie gezückt.

V. 42. „Die Kriegsknechte aber hatten einen Rath, die
Gefangenen zu tödten, daß nicht Jemand, so heraus schwämme,
entflöhe." Nach strengem römischem Kriegsrecht waren die
Soldaten mit ihrem eigenen Leben für ihre Gefangenen ver=
antwortlich, wie ja Herodes (Kap. 12) nach Petri Rettung
aus dem Gefängniß den Kriegsknechten dafür den Prozeß

machte. Und so wollten denn diese römischen Soldaten auch mitten in der Verwirrung eines Schiffbruchs ihrer Dienstpflicht eingedenk den Apostel und seine Mitgefangenen lieber tödten, als entkommen lassen. Aber wenn die Noth am höchsten, dann ist Gott am nächsten. Weder ein Raub der Wellen, noch eine Beute des Schwertes soll der auserwählte Knecht Gottes werden.

Aus dem Schiffbruch und dem sichern Tod geht's nun

3.

zur Rettung durch den treuen Gott.

V. 43 u. 44. „Aber der Unterhauptmann wollte Paulum erhalten, und wehrete ihrem Vornehmen, und hieß, die da schwimmen konnten, sich zuerst in das Meer lassen, und entgehen an das Land; die andern aber, etliche auf den Brettern, etliche auf dem, das vom Schiff war. Und also geschah es, daß sie alle erhalten zu Lande kamen." Von Anfang an hatte sich jener Unterhauptmann Julius freundlich gegen Paulum gezeigt (V. 3). Und Alles, was er während der mehrmonatlichen stürmischen Fahrt von diesem Gottesmann gesehen und gehört, hatte nur dazu gedient, seine Zuneigung und Hochachtung zu erhöhen. So rettet er denn ihm und um seinetwillen seinen Mitgefangenen das Leben. Und wie kein Schwert der Kriegsknechte, so darf auch keine Wuth der Wellen denen ein Haar krümmen, die Gott zu retten beschlossen hat. Zuerst kommen die Einen schwimmend an's Land, dann folgen die Andern auf Brettern, Masten und andern Schiffstrümmern nach, und als man am Lande die Geretteten sammelt und zählt, siehe da fehlt von zweihundert und sechs und siebenzig Seelen kein einziger Mann, alle waren wohlbehalten an's Land gekommen; Paulus hat Recht behalten: es wird euer keinem

ein Haar vom Haupt entfallen; der Herr hat seine Zusage
erfüllt: Siehe, Gott hat dir geschenkt Alle, die mit dir schiffen!
Wir aber, meine Lieben, wollen anbeten die Wundermacht
und Wundertreue des Herrn, der es an seinem Knecht Paulus
so oft und hier zu guter Letzt noch einmal so herrlich erwiesen
hat: So führst du doch recht selig, Herr, die Deinen, ja selig
und doch meist verwunderlich! Wir wollen dankbar gedenken
der Wunderhülfe des Herrn, die auch wir mit den Unsern
schon erfahren durften in so mancher Angst und Noth auf der
stürmischen Seefahrt dieses Lebens und wollen es ihm zur
Ehre bezeugen: schien mir alles zu zerrinnen, ward ich doch der
Hülfe innen; tausend, tausendmal sei dir, großer König, Dank
dafür. Wir wollen auch künftig unser Lebensschifflein seinem
Schutz befehlen und seiner Führung überlassen und einst, wenn's
nach manchem Sturm hineingeht in die letzte Brandung, wenn
der letzte Stoß uns zu Herzen bringt, davon. unser Leib aus
den Fugen geht wie ein morscher Kahn, und wenn die Wogen
des Todes über unsrem Haupte zusammenschlagen, dann wollen
wir sterbend unsre Seele Dem übergeben, der auch aus des
Todes Rachen die Seinen erlösen kann und ihre Füße stellen
auf den Felsen des Heils und ihnen hinüber helfen an die
Friedensgestade der seligen Ewigkeit:

> Alsdann werd ich nicht ertrinken,
> Christus ist mein Arm und Schild,
> Und sein Schifflein kann nicht sinken,
> Wär' das Meer auch noch so wild.
> Obgleich Mast und Segel bricht,
> Läßt doch Gott die Seinen nicht!
>
> (Friedr. Konr. Hiller.)

Amen.

LXXXI

Paulus auf Melite.

Kap. 28, V. 1—10. Und da wir auskamen, erfuhren wir, daß die Insel Melite hieß. Die Leutlein aber erzeigeten uns nicht geringe Freundschaft, zündeten ein Feuer an, und nahmen uns alle auf, um des Regens, der über uns gekommen war, und um der Kälte willen. Da aber Paulus einen Haufen Reiser zusammenraffte und legte es aufs Feuer, kam eine Otter von der Hitze, und fuhr Paulo an seine Hand. Da aber die Leutlein sahen das Thier an seiner Hand hangen, sprachen sie unter einander: Dieser Mensch muß ein Mörder sein, welchen die Rache nicht leben läßt, ob er gleich dem Meer entgangen ist. Er aber schlenkerte das Thier ins Feuer und ihm widerfuhr nichts Uebels. Sie aber warteten, wenn er schwellen würde, oder todt niederfallen. Da sie aber lange warteten, und sahen, daß ihm nichts Ungeheures widerfuhr, verwandten sie sich und sprachen, er wäre ein Gott. An denselbigen Oertern aber hatte der Oberste in der Insel, mit Namen Publius, ein Vorwerk; der nahm uns auf, und herbergete uns drei Tage freundlich. Es geschah aber, daß der Vater Publii am Fieber und an der Ruhr lag. Zu dem gieng Paulus hinein, und betete, und legte die Hand auf ihn, und machte ihn gesund. Da das geschah, kamen auch die andern in der Insel herzu, die Krankheiten hatten, und ließen sich gesund machen. Und sie thaten uns große Ehre, und da wir auszogen, luden sie auf, was uns noth war.

Unsre Pilgerfahrt im Gefolge des Apostels Paulus nähert
sich dem Ziel. Es ist das letzte Kapitel der Apostelgeschichte,
das wir heute aufgeschlagen haben; es ist die letzte bedeutende
Haltstation auf der langen und gefahrvollen Seefahrt nach
Rom, auf der wir diesmal mit dem Apostel verweilen. Aber
auch hier giebt es des Merkwürdigen genug noch zu sehen und
zu hören. Ja es drängt sich dort auf dem Raume jener kleinen
Insel zu guter Letzt fast Alles im Kleinen zusammen, was zu
der apostolischen Lebensordnung des großen Knechts Jesu
Christi während seiner fünfundzwanzigjährigen Amtsführung
gehörte und wovon er im 2. Korinthierbrief jenes denkwürdige
Register seiner durchgemachten Leiden aufführt, worin es heißt
(2. Kor. 11, 26 f.): „Ich hab oft gereiset; ich bin in Fährlichkeit gewesen zu Wasser, in Fährlichkeit unter den Mördern,
in Fährlichkeit unter den Juden, in Fährlichkeit unter den
Heiden, in Fährlichkeit in den Städten, in Fährlichkeit in den
Wüsten, in Fährlichkeit auf dem Meer, in Fährlichkeit unter
den falschen Brüdern, in Mühe und Arbeit, in viel Wachen,
in Hunger und Durst, in viel Fasten, in Frost und Blöße.“
Aber auch die Verheißung seines Herrn über ihn: „Dieser ist
mir ein auserwähltes Rüstzeug“ geht bis zum Ende an ihm
in Erfüllung; als ein Schützling der göttlichen Allmacht, als
ein Werkzeug der göttlichen Liebe, als ein Gefäß der göttlichen
Gnade erscheint unser Apostel auch auf dieser letzten Haltstation seiner Missionslaufbahn. Wir wollen dem weiter nachdenken:

**Der schiffbrüchige Paulus auf Melite, ein aus-
erwähltes Rüstzeug des Herrn,**

in dessen Kraft er

1) dem Schlangengift entgeht;

2) Barbarenherzen gewinnt;
3) Segensspuren hinterläßt.

1.

V. 1. „Und da wir auskamen, erfuhren wir, daß die Insel Melite hieß.“ Von den Einwohnern, die sich ohne Zweifel beim Scheitern des Schiffs neugierig am Gestade versammelt hatten, erfuhren die Schiffbrüchigen erst wo sie waren, nämlich auf der Insel Melite oder Malta, im mittel= ländischen Meer, südlich von Sicilien, auf welcher noch heut zu Tage die Bucht an der nordöstlichen Ecke, wo Paulus ge= strandet haben soll, die Sankt=Paulusbucht heißt.

V. 2. „Die Leutlein aber erzeigeten uns nicht geringe Freundschaft, zündeten ein Feuer an, und nahmen uns alle auf, um des Regens, der über uns gekommen war, und um der Kälte willen.“ Die Leutlein, nach dem Griechischen eigent= lich die Eingebornen oder wörtlich die Barbaren, weil sie weder griechisch noch römisch redeten, waren ursprünglich Karthager aus Nordafrika, welche die kahle Insel durch hergeführte Erde urbar und zu einem blühenden Handelsplatze gemacht hatten. Daß sie keine Barbaren im schlimmen Sinne des Worts, keine „Wilde“ und „Menschenfresser“ waren, das zeigen sie sogleich durch die menschenfreundliche Aufnahme der Verunglückten. Triefend von der Meeresfluth, aus der sie sich gerettet, zitternd vor Frost, erschöpft von der ausgestandenen Todesangst, von einem eingetretenen Platzregen auf's Neue durchnäßt, standen die Schiffbrüchigen hülfsbedürftig am Gestade. Wie wohl mußte ihnen da die gastfreundliche Handreichung der Ein= gebornen thun, die sofort ein großes Feuer anzündeten, damit sich die Geretteten dran trocknen und wärmen. So glimmt auch in der Brust des wilden Naturmenschen ein Fünklein des

göttlichen Ebenbilds in Mitleid und herzlichem Erbarmen, und
diese menschenfreundlichen „Barbaren" auf der Insel Melite
können, wie die Ausleger erinnern, ein beschämendes Beispiel
für christliche Strandbewohner in manchen Gegenden sein, die
von der Plünderung verunglückter Schiffe leben, wie z. B. an
der Nord= und Ostsee vor Zeiten da und dort im sonntäg=
lichen Kirchengebet unter andern Bitten um leibliche Gaben
auch die vorgekommen sein soll: Segne unsern Strand, nämlich
mit den Trümmern gescheiterter Schiffe, ungefähr wie wir um
gedeihliche Witterung oder um eine gesegnete Ernte bitten. —
Aber auch auf sicherem Lande, am wärmenden Feuer, unter
hülfreichen Menschen droht unsrem Apostel eine neue Gefahr.

B. 3. u. 4. „Da aber Paulus einen Haufen Reiser
zusammen raffte, und legte es auf's Feuer, kam eine Otter
von der Hitze, und fuhr Paulo an seine Hand. Da aber die
Leutlein sahen das Thier an seiner Hand hangen, sprachen sie
unter einander: Dieser Mensch muß ein Mörder sein, welchen
die Rache nicht leben läßt, ob er gleich dem Meer entgangen
ist." Wie der Apostel auf dem Schiff während des Sturmes
sich hülfreich erwiesen hatte mit Trost und Rath, so hilft er
auch jetzt am Strand Reisig zum Feuer hertragen. Und dabei
geschah es, daß eine giftige Otter, von der Gluth des nahen
Feuers aus ihrer winterlichen Erstarrung geweckt, auffuhr und
sich dem Apostel um die Hand ringelte, so daß man im Scheine
der Flammen die schillernde Viper als eine böse Armspange an
seiner Handwurzel glänzen sah. Die Eingebornen, die das
giftige Thier erkennen, erwarten jeden Augenblick den tödtlichen
Biß und das furchtbare Aufschwellen des Gebissenen, und in
ihrem heidnischen Wahn machen sie den Schluß: Sehet, das
muß ein von Gott Gezeichneter und Verfolgter sein: kaum ist

er bem Tod in ben Wellen entronnen, so holt ihn bie Rache
ber Götter am Lande ein. Abermals ein Fünklein bes gött=
lichen Ebenbilds, ein Rest bes unerschaffenen Gottesbewußtseins
in biesen Barbarenseelen: ber Glaube an eine göttliche Ge=
rechtigkeit, bie richtenb auf Erben waltet unb welcher ber Ver=
brecher nicht entrinnen könne; eine bunkle Ahnung ber heiligen
Allgegenwart Gottes, von welcher ber Psalmist singt (Ps. 139):
Nähme ich Flügel ber Morgenröthe unb bliebe am äußersten
Meer, so würbe mich boch beine Hanb baselbst führen unb
beine Rechte mich halten. — Aber freilich bie guten Leutlein
irren sich biesmal gewaltig in ber Person unb machen eine
grunbfalsche Anwenbung von ihrem richtigen Glauben an bie
rächenbe Gerechtigkeit Gottes.

V. 5. „Er aber schlenkerte bas Thier ins Feuer, unb
ihm wiberfuhr nichts Uebels." Derselbe Gott, ber vorhin bie
Verheißung an ihm erfüllt: So bu burch's Wasser gehst, will ich
mit bir sein, baß bich bie Ströme nicht sollen ersäufen, ber schützt
ihn nun auch in ber Gefahr, bie aus bem Feuer ihm broht.
Unb was ber Herr unb Meister seinen Jüngern verheißt
(Marc. 16), „sie werben Schlangen vertreiben", in Kraft ihrer
apostolischen Vollmacht, bas kommt auch unsrem Paulus zu
Gute. Ruhig schleubert er bie giftige Natter in's Feuer, unb
sei's, baß sie ihn merkwürbiger Weise gar nicht gebissen, ober
baß ber sonst giftige Biß ihm nicht schabet — unversehrt steht
er ba, ein Schützling ber göttlichen Allmacht, bem bas
Schlangengift nicht schaben barf unb ber auch.

2.

Barbarenherzen gewinnt.

V. 6. „Sie aber warteten, wenn er schwellen würbe
ober tobt nieberfallen. Da sie aber lange warteten unb sahen,

daß ihm nichts Ungeheures widerfuhr, verwandten sie sich, und
sprachen, er wäre ein Gott." Die Insulaner, nach Art der
Naturkinder von einem Aeußersten zum andern überspringend,
halten nun eben so schnell den für einen Gott, den sie zuvor
als einen Mörder angesehen, wie denn die Griechen eine Sage
hatten von ihrem Halbgott Herakles, als dem Schlangentödter
und Ueberwinder aller möglichen Ungeheuer. — Nein, ihr lie=
ben Leutlein, ein Gott ist's nicht, der da unter euch steht, aber
ein Gottesmensch, ein Gottesknecht, ein Gotteskind, an dem
ihr sehen möget und an dem auch wir sehen, wie der All=
mächtige an den Seinen es erfüllen kann: „Der Herr ist deine
Zuversicht, es wird dir kein Uebles begegnen. Auf den Löwen
und Ottern wirst du gehen und treten auf den jungen Löwen
und Drachen" (Ps. 91). Ein Mann steht da vor uns, der
uns lehren soll, wenn wir Leibliches auch geistlich zu deuten
verstehen, wie ein Knecht Gottes zwar darauf gefaßt sein muß,
daß ihm, während er eben im Dienste seines Herrn und in
der Handreichung der Liebe begriffen ist, die Natter des Un=
danks, die giftige Schlange der Verleumdung an die Hand
fährt mit ihrem boshaften Biß, aber sie darf ihm nicht schaden,
sie bleibt nicht an ihm hängen, er schleudert sie ruhig von sich
— und derselbe, auf den die Welt eine Zeitlang mit Fingern
gedeutet als auf einen von Gott Gezeichneten, wird früher
oder später wieder offenbar als ein Unschuldiger und Gerechter,
als ein Schützling Gottes, dem auch die leichtsinnige Menge
ihre Achtung nicht versagen darf. Ein Mann Gottes endlich
steht da vor uns, der durch gute und böse Gerüchte, durch
Weltschmach und Weltehre unerschüttert dahingeht mit auf=
rechtem Haupt und festem Schritt. In Lystra hatten sie einst
unserm Paulus zuerst als einem Gott opfern wollen und dann
ihn gesteinigt (Kap. 14). Hier auf Melite wird er zuerst als

ein Auswurf der Menschheit angesehen und dann wie ein Gott
verehrt — aber weder das Eine noch das Andere bringt ihn
aus der Fassung, aus der getrosten Seelenruhe eines Gottes=
menschen, der da weiß: Ist Gott für uns, wer mag wider
uns sein? und aus der bemüthigen Haltung eines Knechts
Christi, der da spricht: Von mir selbst will ich nichts rühmen
ohne meiner Schwachheit (2. Kor. 12). An mir und meinem
Leben ist nichts auf dieser Erd', was Christus mir gegeben,
das ist der Liebe werth. — Und eben darum, in der Kraft
seines Herrn, dem er ein eben so bemüthiger Knecht, wie ein
auserwähltes Rüstzeug ist, kann der Apostel auch

3.

liebliche Segensspuren zurücklassen auf jener gast=
freundlichen Insel. So zunächst in dem vornehmsten Hause
daselbst.

V. 7 u. 8. „An denselbigen Oertern aber hatte der
Oberste in der Insel, mit Namen Publius, ein Vorwerk; der
nahm uns auf, und herbergete uns drei Tage freundlich. Es
geschah aber, daß der Vater Publii am Fieber und an der
Ruhr lag. Zu dem gieng Paulus hinein, und betete, und legte
die Hand auf ihn, und machte ihn gesund." Gott erweckt sei=
nem auserwählten Knecht allenthalben Freunde und weiß ihm
auch hohe Thüren aufzuthun. Wie er einst bei seiner ersten
Missionsreise auf der Insel Cypern einen vornehmen Gönner
und Freund gefunden hatte in der Person des römischen Procon=
suls Sergius Paulus, so ist's auch hier der Oberste der Insel,
der römische Statthalter Publius, der auf seinem Landgut, in
dessen Nähe das Schiff gestrandet hatte, den Apostel Paulus
mit Lukas und dem römischen Unterhauptmann Julius, als die
Vornehmsten unter den Reisegenossen, drei Tage lang beher=

bergte, bis für ihr anderweitiges Unterkommen gesorgt war. Und er hatte diese Freundschaft nicht zu bereuen; es bewährte sich an ihm die Mahnung (Hebr. 13, 2): Gastfrei zu sein vergesset nicht, denn durch dasselbige haben Etliche ohne ihr Wissen Engel beherbergt, und die Verheißung (Matth. 10, 42): Wer dieser Geringsten einen nur mit einem Becher kalten Wassers tränkt — wahrlich, ich sage euch: es wird ihm nicht unvergolten bleiben. Die heiligen Paulushände haben weder durch die lange Seefahrt noch durch den giftigen Schlangen= biß an ihrer apostolischen Segenskraft etwas verloren. Mit Inbrunst faltet sie der Apostel zum Gebet über des Publius krankem Vater, heilend und segnend legt er sie dem Siechen auf, und die apostolische Verheißung tritt ein (Luc. 16): Auf die Kranken werden sie die Hände legen, so wird's besser mit ihnen werden. Und nun geht's bei dem Knecht, wie einst bei dem Herrn. Seine Kundschaft wird immer größer, der Zu= lauf immer stärker.

B. 9. „Da das geschah, kamen auch die Andern in der Insel herzu, die Krankheiten hatten, und ließen sich gesund machen." Also leibliche Genesung suchten Viele bei unserm Apostel. Ob auch Nachfrage nach dem Wort Gottes entstand, ob Paulus Gelegenheit bekam, den Leutlein auf der Insel etwas zu verkünden von dem lebendigen Gott, Schöpfer Himmels und der Erden, der nicht ferne ist von einem Jeglichen unter uns, und von dem Heiland, der die Seelen gesund machen kann und der alten Schlange den Kopf zertreten hat, davon steht nichts im Text. Aber der treue Zeuge, dessen Grund= satz war: Ich glaube, darum rede ich, hat gewiß nicht drei Monate lang — denn so lange dauerte der Aufenthalt auf der Insel — geschwiegen von dem der uns von Gott gemacht ist zur Weisheit und zur Gerechtigkeit und zur Heiligung und zur Erlösung. Und als sie mit Ehrenbezeigungen verabschiedet, mit Reiseproviant ausgestattet, wieder zu Schiff giengen: — V. 10. „Und sie thaten uns große Ehre, und da wir auszogen, luden sie auf, was uns noth war", — da hat doch vielleicht eine und die andere Seele dem Apostel auch etwas mehr zu danken gehabt als leibliche Hilfe; da ist doch vielleicht auf der Insel auch da und dort ein Samenkörnlein göttlicher Wahrheit als Segensspur vom Besuch des Gottesmannes zurückgeblieben. — Heutzutage giebt es auf der Insel Malta keine giftigen Schlangen mehr; die Malteser glauben, seit Paulus jene Otter ins Feuer geworfen, haben' alle Ottern auf der Insel ihr Gift verloren; die Naturforscher dagegen sagen: je mehr die Waldungen gelichtet und der Boden angebaut werde, um so mehr verschwinden von selbst die giftigen Gewürme. Das wird wohl das Richtige sein. So ist es ja auch ·im Geistlichen. Wo der Same des Evangeliums gepflanzt und gepflegt wird, wo das Reich Gottes grünt und blüht, sei es im Boden eines einzelnen Herzens oder im Gebiet ganzer Länder und Völker, da muß die Schlangenbrut der Sünde immer mehr abnehmen und aussterben. Darum wollen wir heute schließen mit der Bitte an den großen Schlangentreter, daß er den Paradiesessamen seines Gnaden= und Friedens= reiches immer weiter ausbreite auf diesem Erdboden bis zu den fernsten Inseln und immer tiefer wurzeln lasse auch in unsern Herzen, damit der Same der alten Schlange ausgerottet werde und die selige Zeit immer näher komme, davon der Prophet weissagt, Jes. 11, 8: Und ein Säugling wird seine Lust haben am Loch der Otter und ein Entwöhnter wird seine Hand strecken in die Höhle des Basilisken; wollen schließen mit der Bitte für uns und die ganze Welt:

Herr, zermalme, brich, zerstöre
Alle Macht der Finsterniß.
Der preist nicht mehr deine Ehre,
Den sie fort zum Tode riß;
Heb uns aus dem Staub der Sünden,
Wirf die Schlangenbrut hinaus,
Laß die Kinder Freiheit finden,
Freiheit in des Vaters Haus.

(Arnold.)

Amen.

LXXXII

Die Ankunft zu Rom.

Kap. 28, V. 11—16. Nach dreien Monaten aber schifften wir aus in einem Schiff von Alexandrien, welches in der Insel gewintert hatte, und hatte ein Panier der Zwillinge. Und da wir gen Syrakus kamen, blieben wir drei Tage da. Und da wir umschifften, kamen wir gen Region, und nach Einem Tage, da der Südwind sich erhub, kamen wir des andern Tages gen Puteolen. Da fanden wir Brüder, und wurden von ihnen gebeten, daß wir sieben Tage dablieben. Und also kamen wir gen Rom. Und von dannen, da die Brüder von uns höreten, giengen sie aus, uns entgegen, bis gen Appiker und Tretabern. Da die Paulus sahe, dankete er Gott, und gewann eine Zuversicht. Da wir aber gen Rom kamen, überantwortete der Unterhauptmann die Gefangenen dem obersten Hauptmann. Aber Paulo ward erlaubt zu bleiben, wo er wollte, mit einem Kriegsknechte, der seiner hütete.

„Des Herren Rath ist wunderbar und führet es herrlich hinaus"; so dürfen wir mit dem Propheten (Jes. 28, 29) anbetend bekennen an dem Punkt, auf welchem wir nun angelangt sind. Wunderbar war ja wohl der Rathschluß des Herrn über seinen Knecht Paulus: Wie du in Jerusalem gezeuget hast, also mußt du auch zu Rom von mir zeugen (Kap. 23, 11); über=

menschlich war der Gedanke, die Predigt vom Gekreuzigten, den Juden ein Aergerniß und den Griechen eine Thorheit, hineinzutragen mitten in die Hauptstadt der Heidenwelt und den unscheinbaren Mann von Tarsus als einen Herold des Evangeliums hinzustellen vor das Angesicht eines Kaisers Nero, dieses blutigsten Thrannen aller Zeiten, und so in der aller= kühnsten Auslegung jenen Auftrag durch ihn zu erfüllen, den er schon bei Damaskus vom Herrn empfangen hatte: Dieser ist mir ein auserwählt Rüstzeug, daß er meinen Namen trage vor den Heiden und vor den Königen und vor den Kindern von Israel (Kap. 9, 15). — Was hatte sich Alles dem Apostel in den Weg gestellt auf diesem Wege von Jerusalem nach Rom! Der Mordanschlag der wüthenden Juden drohte meuch= lings seiner Laufbahn ein Ende zu machen; in einer zwei= jährigen Gefangenschaft zu Cäsarien schien sein herrlicher Zeugenlauf gleich einem edlen Strom elend im Sande ver= kümmern zu müssen; wider den reisenden Gottesknecht ver= schworen sich die tobenden Elemente und warfen sein Schifflein zertrümmert an die Klippen; dem aus dem Schiffbruch Ge= retteten noch droht der Biß einer giftigen Otter den Tod. — Und doch dem Allem zum Trotz führt der Herr seinen wunder= baren Rath siegreich und herrlich hinaus: Paulus ist in Rom; als ein Schiffbrüchiger kommt er an; als ein Gefangener zieht er ein; aber er ist da, wo der Herr ihn haben will; er ist da, wohin sein eigenes feuriges Apostelherz seit lange verlangte, und mit ihm ist das Evangelium an dem Ziel, dem es seit dem Pfingst= fest zusteuerte, im Herzen der Heidenwelt, von wo es nun lang= sam, aber unaufhaltsam auch in ihre entferntesten Glieder brin= gen sollte, und die Apostelgeschichte hat ihre wundervolle Bahn durchmessen „von Jerusalem bis Rom!" Des Herren Rath ist wunderbar und führet es herrlich hinaus. Davon zeugt uns heut

Pauli Ankunft zu Rom unter dem gnädigen Schutze seines Herrn.

Wir erkennen diesen Schutz

1) in der Seefahrt glücklichem Ende;

2) in der Brüder freundlichem Empfang;

3) in des Apostels gelindem Gewahrsam.

1.

Der Seefahrt glückliches Ende.

V. 11. „Nach dreien Monden aber schifften wir aus in einem Schiffe von Alexandrien, welches in der Insel gewintert hatte, und hatte ein Panier der Zwillinge." Nachdem sie in Melite überwintert, laufen sie, es mochte zu Anfang Februars sein, wieder aus und zwar abermals auf einem Schiff aus Alexandria, das, wie heute noch größere und kleinere Fahr=zeuge, sein besonderes Zeichen und Sinnbild führte, am Vordertheil geschnitzt, und zwar das Bild der Zwillinge, d. h. des Götterpaars Kastor und Pollux, welche bei den alten Griechen und Römern als Schutzpatrone der See=fahrer galten. Der Schutzpatron aber, dem unser Apostel sich anbefahl, als er an Bord stieg, war sein Herr, der ihm verheißen hatte: Fürchte dich nicht, denn ich bin mit dir und niemand soll sich unterstehen dir zu schaden (K. 18, 9, 10); und das Panier, das der Christ über seinem Haupte wallen sieht, unter welcher Flagge er auch segeln mag, ist die Gnade und Treue seines Gottes, deren der Psalmist sich getröstet (Ps. 20, 6): Wir rühmen, daß du hilfest und im Namen unsres Gottes werfen wir Panier auf.

V. 12. „Und da wir gen Syracus kamen, blieben wir drei Tage da." Auf seiner Fahrt gegen Norden in der

Richtung nach Rom berührt das Schiff zunächst Syracus, die im Alterthum berühmte Hauptstadt der großen Insel Sicilien, wo einst der bekannte Tyrann Dionysius geherrscht hatte und bei der Eroberung der Stadt durch die Römer, zweihundert und zwölf Jahre vor Christus, der scharfsinnige Mathematiker Archimedes mitten unter seinen Zirkeln und Zeichnungen von einem römischen Soldaten erschlagen worden war. Aber die leuchtendsten Punkte der alten Heidenwelt verschwinden oft ruhmlos in der Geschichte des Reichs Gottes. Auch unsre Apostelgeschichte weiß nichts Bemerkenswerthes zu berichten von dem breitägigen Aufenthalt in Syracus, sondern eilt weiter.

V. 13. „Und da wir umschifften, kamen wir gen Region; und nach Einem Tage, da der Südwind sich erhub, kamen wir des andern Tages gen Puteolen." Von Rhegium, an der Südspitze Unteritaliens, der Insel Sicilien gegenüber, geht die Fahrt zwischen den gefährlichen Klippen der Scylla und den mörderischen Wirbeln der Charybbis hindurch bei günstigem Südwind so rasch und glücklich von Statten, daß die Reisenden schon am zweiten Tage nach dem fünfzig geographische Meilen nördlicher gelegenen Puteoli gelangten, einem beliebten Hafenplatz, wo die Schiffe aus Alexandrien gewöhnlich ihre Fracht löschten, ihr egyptisches Korn ausluben, das dann zu Land nach Rom verführt wurde. Aber während sie hier Käufer für ihre Waaren fanden, durfte Paulus mit den Seinen noch etwas Lieblicheres finden, nämlich Freunde und Brüder in dem Herrn.

V. 14. „Da fanden wir Brüder, und wurden von ihnen gebeten, daß wir sieben Tage da blieben. Und also kamen wir gen Rom." Das war wieder etwas für's Herz, eine rechte Geistesstärkung und Gemüthserquickung, als Paulus mit seinen Begleitern statt der Matrosengesellschaft auch einmal

wieder eine Christengemeinde fand, in deren Mitte sie's wieder
spüren durften: es giebt eine Gemeinschaft der Heiligen: „Meist
sind die Glieder sich unbekannt, und doch einander gar nah
verwandt; Einer ist ihr Heiland, ihr Vater Einer, Ein Geist
regiert sie und ihrer keiner lebt mehr sich selbst." So wohl
ist unsrem Apostel in diesem brüderlichen Kreise, daß er, mit
Vergünstigung des freundlichen Unterhauptmanns Julius, sieben
Tage dort verweilte. — Aber nun geht's rasch vollends dem
letzten Ziele zu: „Und also kamen wir gen Rom." Wie ein=
fach schreibt das Lukas hin. Und doch was liegt Alles in
diesen sechs schlichten Worten! Welche Wunderkette göttlicher
Führungen, Errettungen und Bewahrungen findet ihren Schluß=
ring, welche Dornenbahn apostolischer Glaubensproben und
Amtsleiden gelangt an ihr Endziel, aber auch welcher Keim
neuer Entwicklungen, zukünftiger Kämpfe und Triumphe des
Reichs Gottes auf Erden liegt eingeschlossen in diesem: „Also
kamen wir nach Rom." Wie mag dem Apostel die Brust sich
gehoben haben in ahnungsvoller Erwartung, als die welt=
berühmte Siebenhügelstadt mit ihren Kuppeln und Zinnen,
mit ihrem hohen Kapitol, mit ihren riesenmäßigen Kaiser=
palästen, mit ihren unzähligen Göttertempeln, mit ihrem un=
absehbaren Häusermeer vor seinen Blicken lag, ein bodenloser
Pfuhl heidnischer Laster und Greuel unter der schillernden
Decke eines fabelhaften Reichthums und einer überfeinerten
Bildung — und doch auch wieder ein ungeheures Ackerfeld für
die Boten des Evangeliums, für den Samen einer welt=
erneuernden, welterlösenden Wahrheit! Wie mag ihm aber
auch das Herz geklopft haben, da er den verhängnißvollen
Thoren dieser Stadt sich nahte, in die er einziehen sollte als
ein Gefangener des Kaisers, auf Leib und Leben verklagt, um
sein Urtheil zu empfangen, und doch auch wieder als ein Herold

Jesu Christi, mit dem Auftrag vom Herrn aller Herren und König aller Könige: Du sollst für mich zeugen! Aber freilich auch dem römischen Kaiser in seinem Palast hätte das Herz klopfen müssen, hätte er geahnt, daß zu dieser Stunde in der Knechtsgestalt des jüdischen Gefangenen eine Macht einziehe durch die Thore, vor welcher die römische Weltmonarchie, ja das ganze Heidenthum sollte in den Staub sinken! Das war noch ein entscheidenderer Augenblick für die Stadt Rom, als da es einst beim Heranrücken des gefürchteten Reichsfeindes hieß: Hannibal ante portas! Hannibal ist vor den Thoren! — Des Herren Rath ist wunderbar und führet es herrlich hinaus. Was Er ihm vorgenommen und was Er haben will, das muß doch endlich kommen zu seinem Zweck und Ziel. — „Also kamen wir nach Rom." So schreibt Lukas' Griffel, gleichsam ungeduldig dem großen Schlußpunkt entgegeneilend. Aber nun fällt ihm ein, was sich unterwegs noch begeben auf der letzten Station:

2.

der Brüder freundlicher Empfang.

V. 15. „Und von dannen, da die Brüder von uns höreten, giengen sie aus, uns entgegen, bis gen Appiter und Tretabern. Da die Paulus sahe, dankete er Gott, und gewann eine Zuversicht." Wie auf Taubenflügeln, sagt ein Ausleger, war die frohe Kunde von des Apostels Ankunft in Puteoli ihm während seines dortigen siebentägigen Aufenthalts nach Rom vorausgeeilt und die Brüder säumten nicht, dem höchst erwünschten Gast eine Tagereise entgegen zu gehen. Etliche warteten seiner zu Appiter, am Landungsplatz der Kähne, die den Kanal durch die pontinischen Sümpfe befuhren; etliche zwei Meilen näher an Rom, zu Tretabern („drei Gasthöfe"), einer beliebten Her-

berge auf der großen Heerstraße von Rom nach Capua. „Da
die Paulus sah, dankte er Gott und gewann Zuversicht.“ Nun
war erfüllt, was er an die Römer aus Grund seins aposto=
lischen Herzens vordem geschrieben hatte (Röm. 1, 10 ff.):
„Daß ich allezeit in meinem Gebet flehe, ob sich's einmal zu=
tragen wollte, daß ich zu euch käme durch Gottes Willen; denn
mich verlanget euch zu sehen, auf daß ich euch mittheile etwas
geistlicher Gabe, euch zu stärken; das ist, daß ich sammt euch
getröstet würde durch euern und meinen Glauben, den wir
unter einander haben.“ Gegenseitige Glaubensstärkung, geist=
liches Nehmen und geistliches Geben ist ja allezeit der Segen
christlicher brüderlicher Gemeinschaft. Und so wurde denn auch
unser Apostel durch den freundlichen Empfang vor den Thoren
Roms zunächst selbst ermuntert zum Danke gegen Gott im
Rückblick auf das, was hinter ihm lag und zu neuer Glaubens=
zuversicht im Hinausblick auf die Zukunft. „Er dankte Gott.“
Ja, wenn irgend einmal, seit Samuel bei Mizpa seinen Stein
Ebenezer aufrichtete (1. Sam. 7, 12), so war hier vor den
Thoren Roms der Ort zu dem dankbaren Bekenntniß: Bis hie=
her hat der Herr geholfen! Hat seinem Evangelium geholfen
von Jerusalem bis Rom durch eine siebenundzwanzigjährige
Prüfungszeit von Pfingsten an bis zu Pauli Ankunft vor den
Mauern der Welthauptstadt, und hat seinem Apostel geholfen
seit seiner Berufung auf dem Felde bei Damaskus bis ans
Ziel seiner Laufbahn; durch Hunger und Durst, Fährlichkeit
und Schwert, Mörder und Schiffbruch, Meer und Land hin=
durchgeholfen, daß er singen und sagen durfte: Mich hast du
auf Adlerflügeln oft getragen väterlich; in den Thälern, auf
den Hügeln wunderbar errettet mich; schien mir Alles zu zer=
rinnen, ward ich doch der Hilfe innen; tausend, tausendmal

sei dir, großer König, Dank dafür! — „Und gewann eine
Zuversicht"; eine Zuversicht für seine Person; obwohl er als
ein Gefangener auf den Tod verklagt vor Neros Richterstuhl,
ein wehrloser Daniel in die Löwengrube, treten sollte; dieser
brüderliche Empfang verhieß ihm: du stehst nicht allein in
deinem Zeugen, in deinem Leiden und, wenns der Herr so
fügt, in deinem Sterben; du triffst Brüder in der großen,
fremden, bösen Stadt, die dich unterstützen mit ihrer Handreichung und ihrem Gebet; und eine Zuversicht gewann er für
die Sache des Evangeliums; denn der Anblick dieser Brüder bestätigte es ihm: der Herr hat sein Volk auch in dieser Stadt;
noch ehe du kamst, hat er dir vorgearbeitet, du triffst schon
einen gepflügten Boden für die Aussaat deiner Predigt. —
Mit Recht hat man bei diesem festlichen Einzug des verklagten
und gefangenen Paulus in Rom erinnert an Luthers Einzug
in Worms, wie er auch mit dem Bann des Hohepriesters auf
dem Haupt, auch zu schwerer Verantwortung vor einem großmächtigen Kaiser, aber auch voll kühner Zuversicht im Herzen
und auch feierlich eingeholt von einer stattlichen Schaar von
Freunden, Fürsten, Rittern und Volk, einzog in der altberühmten Kaiserstadt. Einer wie der Andere dieser großen Helden-
brüder konnte triumphiren: Und ob die Welt voll Teufel wär
und wollt uns gar verschlingen, so fürchten wir uns nicht so
sehr, es muß uns doch gelingen; der Fürst dieser Welt, wie
sau'r er sich stellt, thut er uns doch nichts; das macht: er ist
gericht't; ein Wörtlein kann ihn fällen! — Auch unsrem Paulus solls in Rom gelingen. Davon zeugt zum voraus

3.

des Apostels gelinder Gewahrsam.

B. 16. „Da wir aber gen Rom kamen, überantwortete

der Unterhauptmann die Gefangenen dem obersten Hauptmann.
Aber Paulo ward erlaubt, zu bleiben, wo er wollte, mit einem
Kriegsknechte, der seiner hütete." Die Obersten der kaiser=
lichen Leibwache, der „Prätorianer", hatten die aus den Pro=
vinzen eingelieferten Staatsgefangenen in Haft zu nehmen.
Der damalige Oberste Burrus wird von dem römischen Ge=
schichtsschreiber Tacitus als ein ehrenwerther Kriegsmann ge=
schildert und wurde bald darauf von Nero vergiftet. Ihm
übergab denn der Hauptmann Julius den gefangenen Apostel.
Und die wohlwollende Empfehlung dieses unsrem Paulus von
Anfang an freundlich gesinnten Offiziers, wie der günstige
Bericht des Landpflegers von Cäsarien aus und die ehrenhafte
Gesinnung des römischen Befehlshabers, das Alles muß durch
Gottes Fügung zusammenhelfen, dem Apostel in Rom einen
möglichst milden Gewahrsam und erträglichen Aufenthalt zu
verschaffen. Ein Gefangener zwar ist er und bleibt er, aber
statt auf der Hauptwache eingesperrt zu werden, darf er eine
Privatwohnung beziehen, darf ausgehen und Besuche empfan=
gen; der römische Kriegsknecht, der sein hütete, und zwar mit
einer Kette an ihn angeschlossen, dient ihm mehr zum Schutz
als zur Belästigung; die Kette, die er als ein Gefangener des
Herrn durch die Straßen trägt, hindert ihn nicht, seinem apo=
stolischen Berufe nachzugehen. So kann der Herr den Seinen
auch die Feinde geneigt, auch die Trübsal erträglich machen.
Und im Blick auf das, was er durch seines Herrn Gnade er=
rungen hat, wie auf das, was ihm von seinem Herrn noch
vorbehalten und beigelegt ist nach dem letzten Kampf und Sieg,
rufen wir diesem Boten an der Kette (Eph. 6, 20) glückwün=
schend zu, — und jeder treue Knecht Gottes darfs auch sich
gesagt sein lassen:

Wohl dir, du Kind der Treue,
Du hast und trägst davon
Mit Ruhm und Dankgeschreie
Den Sieg und Ehrenkron;
Gott giebt dir selbst die Palmen
In deine rechte Hand,
Und du singst Freudenpsalmen
Dem, der dein Leid gewandt!

(P. Gerhardt.)

Amen.

LXXXIII

Von Jerusalem nach Rom.

Kap. 28, V. 17—31. Es geschah aber nach dreien Tagen, daß Paulus zusammenrief die Vornehmsten der Juden. Da dieselbigen zusammen kamen, sprach er zu ihnen: Ihr Männer, lieben Brüder, ich habe nichts gethan wider unser Volk, noch wider väterliche Sitten, und bin doch gefangen aus Jerusalem übergeben in der Römer Hände. Welche, da sie mich verhöret hatten, wollten sie mich losgeben, dieweil keine Ursach des Todes an mir war. Da aber die Juden dawider redeten, ward ich genöthiget, mich auf den Kaiser zu berufen; nicht, als hätte ich mein Volk etwas zu verklagen. Um der Ursach willen habe ich euch gebeten, daß ich euch sehen und ansprechen möchte; denn um der Hoffnung willen Israels bin ich mit dieser Kette umgeben. Sie aber sprachen zu ihm: Wir haben weder Schrift empfangen aus Judäa deinethalben, noch kein Bruder ist gekommen, der von dir etwas Arges verkündiget oder gesagt habe. Doch wollen wir von dir hören, was du hältst. Denn von dieser Sekte ist uns kund, daß ihr wird an allen Enden widersprochen. Und da sie ihm einen Tag bestimmten, kamen viele zu ihm in die Herberge, welchen er auslegete und bezeugete das Reich Gottes, und predigte ihnen von Jesu aus dem Gesetz Mosis, und aus den Propheten, von früh Morgens an bis an den Abend. Und etliche fielen zu dem, das er sagte; etliche aber glaubeten nicht. Da sie aber unter einander mißhellig waren, giengen sie weg,

als Paulus Ein Wort redete; das wohl der Heilige Geist ge=
sagt hat durch den Propheten Jesaias zu unsern Vätern und
gesprochen: Gehe hin zu diesem Volk und sprich: Mit den
Ohren werdet ihr es hören und nicht verstehen, und mit den
Augen werdet ihr es sehen und nicht erkennen. Denn das
Herz dieses Volks ist verstockt, und sie hören schwerlich mit
Ohren und schlummern mit ihren Augen, auf daß sie nicht
dermaleins sehen mit den Augen und hören mit den Ohren,
und verständig werden im Herzen und sich bekehren, daß ich
ihnen hälfe. So sei es euch kund gethan, daß den Heiden
gesandt ist dies Heil Gottes und sie werden es hören. Und
da er solches redete, giengen die Juden hin, und hatten viel
Fragens unter ihnen selbst. Paulus aber blieb zwei Jahre
in seinem eigenen Gedinge, und nahm auf alle, die zu ihm ein=
kamen; predigte das Reich Gottes, und lehrete von dem Herrn
Jesu, mit aller Freudigkeit, unverboten.

„Bis hieher hat der Herr geholfen!" So durften wir
im vorigen Abschnitte dankbar bezeugen mit dem Apostel
Paulus bei seinem Einzug in Rom unter dem Gnadenschutze
seines Gottes. „Bis hierher hat der Herr geholfen!" Dieses
preisende Bekenntniß dürfen wir heut abermals niederlegen
vor dem Herrn, von dem es heißt: Sein Rath ist wunderbar
und führet es herrlich hinaus, — nachdem wir angelangt sind
am Schlußpunkte der Apostelgeschichte. Von Jerusalem bis
Rom und von Rom hinaus in alle Welt — das war der
wunderbare Rath des Herrn über sein seligmachendes Evan=
gelium; die erste Strecke dieses Kampf= und Siegeslaufs zu
beschreiben: von Jerusalem nach Rom, das war die Aufgabe
der Apostelgeschichte, die mit dem letzten Vers unsres Kapitels
gelöst ist; der andere Theil, der Botengang der evangelischen
Predigt von Rom hinaus in alle Welt, bildet den Inhalt der
Kirchengeschichte. So können wir denn unsere Schlußbetrach=
tung heut unter die Aufschrift stellen:

Von Jerusalem nach Rom,

indem wir sehen,

1) wie der Apostel den letzten Abschied nimmt von Jerusalem durch seine Trennung von den rö= mischen Juden;

2) wie er festen Fuß faßt in Rom durch seine Wirksamkeit unter den Heiden.

1.

Den letzten Abschied gleichsam von Jerusalem, d. h. von dem alten unverbesserlichen Judenthum, nimmt der Apostel durch seine Trennung von den römischen Juden. Er selber zwar hat's keineswegs auf eine Trennung, vielmehr nochmals auf eine freundliche Handreichung abgesehen. V. 17. „Es geschah aber nach dreien Tagen, daß Paulus zusammenrief die Vornehmsten der Juden. Da dieselbigen zusammenkamen, sprach er zu ihnen: Ihr Männer, lieben Brüder, Ich habe nichts gethan wider unser Volk, noch wider väterliche Sitten, und bin doch gefangen aus Jerusalem über= geben in der Römer Hände." Kaum hat Paulus drei Tage dem Ausruhen von den Strapazen der Reise und der Ein= richtung in seiner neuen Wohnung gewidmet, so fängt er seine apostolische Berufsarbeit wieder an, und zwar nicht, indem er die Christen zu Rom um sich versammelt, oder indem er so= gleich an die Heiden sich wendet, sondern indem er die Vor= nehmsten der Juden zu sich bittet. So treulich hält er fest an seinem Grundsatz: Euch zuerst — ihr von Abrahams Stamm — mußte das Evangelium verkündet werden (Kap. 13, 46); so wenig hatte all das Bittre, was ihm seine alten Volks= und Glaubensgenossen angethan hatten seit dem Aufruhr zu

Jerusalem, die Zuneigung zu seinem Volk in seinem Herzen
erstickt; so schön hat er, welcher den herrlichen Lobgesang auf
die Liebe schrieb, die nimmer aufhört, die Alles träget, Alles
glaubet, Alles hoffet, Alles duldet (1. Kor. 13), diese Liebe
selber geübt, daß er der Todfeindschaft seiner Brüder nach dem
Fleisch auch nach den bittersten Erfahrungen an Leib und Seele
immer wieder mit neuer Geduld und Hoffnung begegnet. „Da
dieselben zusammenkamen"; die Juden mußten in Rom, wie
auch später viele Jahrhunderte lang in den christlichen Städten,
ein eigenes Stadtviertel bewohnen und waren deshalb leicht
zusammenzurufen. Sie folgen auch willig der Einladung und
werden vom Apostel herzlich angeredet: „Ihr Männer, lieben
Brüder" und versichert, daß er keineswegs ein Feind seines
Volks, ein Zerstörer der väterlichen Sitten sei. Darauf lief
ja auch sonst immer seine Vertheidigung wider die jüdischen
Anklagen hinaus: wer Jesum Christum bekennet, der verleugnet
damit nicht den Gott Israels und wer des Evangelii würdig-
lich wandelt, der handelt nicht gegen das Gesetz Mosis und
die Sitten der Väter; — vielmehr als ein unschuldig Gefangener
sei er zu Jerusalem in der Römer Hände gekommen, und
diese selbst haben ihn als einen Unschuldigen wieder frei lassen
wollen:

V. 18 u. 19. „Welche, da sie mich verhöret hatten,
wollten sie mich los geben, dieweil keine Ursach des Todes an
mir war. Da aber die Juden dawider redeten, ward ich genöthiget, mich auf den Kaiser zu berufen; nicht, als hätte ich
mein Volk etwas zu verklagen." Also nur die hartnäckige
Feindschaft der Juden, sagt der Apostel, hat mich gezwungen,
den Kaiser anzurufen; und nur zu meiner Vertheidigung
komme ich nach Rom, keineswegs als Verkläger meines Volks!
Sehet auch da wieder die Liebe, die sich nicht erbittern läßt! Wie

empört hätte sich der Apostel aussprechen können über den Mordanschlag der Juden; aber er schweigt ganz davon; wie viel Ursache hätte er gehabt, sich über sein Volk zu beklagen hier bei seinen Zuhörern, oder selbst beim Kaiser zu Rom, oder doch beim gerechten Richter im Himmel; aber wir hören nichts davon, wir sehen nur, wie er auch hier in Rom noch einmal die Bruderhand seinem Volk entgegenstreckt.

V. 20. „Um der Ursach willen habe ich euch gebeten, daß ich euch sehen und ansprechen möchte: denn um der Hoffnung willen Israels bin ich mit dieser Kette umgeben." Um der Hoffnung Israels willen, d. h. um Alles des willen, was einem Abrahamskinde theuer sein muß, was die Propheten verkündigt, was die Väter gehofft, was auch ihr gewiß bis auf den heutigen Tag ersehnt habt, um des Messias und seines Heiles willen trage ich diese Ketten. Solche Ankündigung hieß gewiß so viel als: Wer Ohren hat zu hören, der höre! Er findet denn auch zunächst geneigtes Gehör.

V. 21. „Sie aber sprachen zu ihm: Wir haben weder Schrift empfangen aus Judäa beinethalben, noch kein Bruder ist gekommen, der von dir etwas Arges verkündiget oder gesagt habe." Also der Haß, welcher zu Jerusalem unter den Stockjuden so giftig gährte gegen den Apostel, war noch nicht herübergedrungen zu den römischen Juden, die inmitten der Welthauptstadt einen freieren Blick und ein weiteres Herz gewonnen haben mochten. Vom Vorurtheil gegen die Christen freilich zeigen auch diese Häupter der römischen Juden sich bereits angesteckt:

V. 22. „Doch wollen wir von dir hören, was du hältst. Denn von dieser Sekte ist uns kund, daß ihr wird an allen Enden widersprochen." Eine Sekte, der überall widersprochen wurde, von Juden und Heiden, ja, das war freilich die Gemeinde des Herrn; davon haben wir fast in jedem Kapitel der Apostelgeschichte Belege gefunden. Das hatte ja schon der alte Simeon geweissagt, daß Christus gesetzt sei zu einem Zeichen, dem widersprochen wird (Luc. 2, 34). Und darum ist es auch bis auf den heutigen Tag so: dem Christenthum wird wider-sprochen von der Welt. Aber ebendarum darf uns solches Widersprechen auch nicht irren, denn es ist immer so gewesen und muß so sein und bleiben, bis die Verheißung des Vaters an den Sohn erfüllet ist, daß er ihm alle seine Feinde wolle legen zum Schemel seiner Füße. — Nun, dieser Widerspruch, den er allenthalben erfahren, dieses Vorurtheil, das er auch in Rom hier findet, schließt dem Apostel den Mund keineswegs zu einem freudigen Bekenntniß.

B. 23. „Und da sie ihm einen Tag bestimmten, kamen viele zu ihm in die Herberge, welchen er auslegte und bezeu-gete das Reich Gottes, und predigte ihnen von Jesu aus dem Gesetz Mosis, und aus den Propheten, von früh Morgens an, bis an den Abend." Das mag eine gewaltige, herzanbrin-gende Predigt gewesen sein, in welcher unser Apostel noch ein-mal allen Scharfsinn seines Verstandes und alles Feuer seines Herzens, alle Kenntniß der Schrift und allen Reichthum seiner eigenen christlichen Erfahrung, allen Eifer für seinen Herrn und alle Liebe zu seinem Volk aufbot zu einem letzten Haupt-sturm auf die Herzen seiner Brüder nach dem Fleisch, und un-ermüdet, ohne die Stunden zu zählen, mit Lehren und Er-mahnen anhielt vom Morgen bis zum Abend; ähnlich wie der Herr selbst in seinen letzten Tempelvorträgen vor seinem Leiden und Sterben seine Hirtenstimme noch einmal mit aller Kraft heiligen Ernstes und mahnender Liebe erschallen ließ. „Wer sollte nicht wünschen," ruft Albrecht Bengel aus, „bei jener Predigt des Apostels gegenwärtig gewesen zu sein!" — „Nun", erwidert ein anderer Schriftausleger (W. F. Besser), „die heilige Schrift gewährt uns, was wir wünschen, denn die Briefe des Apostels lassen uns wissen, was er an diesem Tage von früh Morgens bis an den Abend bezeugt und geprebigt hat." Und was war die Frucht?

V. 24. „Und etliche fielen zu dem, das er sagte; etliche aber glaubeten nicht." Also hier wie überall. Der Same des Worts fällt bei Einigen an den Weg, auf den Fels und unter die Dornen, doch bei Etlichen auch auf gutes Land. Das Evangelium ist den Einen ein Geruch des Lebens zum Leben, den Andern ein Geruch des Todes zum Tode. — Und nun kommt's zur Entscheidung.

V. 25—27. „Da sie aber unter einander mißhellig waren, giengen sie weg, als Paulus Ein Wort redete, das wohl der Heilige Geist gesagt hat durch den Propheten Jesaias zu unsern Vätern und gesprochen: Gehe hin zu diesem Volk, und sprich: Mit den Ohren werdet ihr es hören, und nicht verstehen, und mit den Augen werdet ihr es sehen, und nicht erkennen. Denn das Herz dieses Volks ist verstockt, und sie hören schwerlich mit Ohren, und schlummern mit ihren Augen, auf daß sie nicht dermaleins sehen mit den Augen, und hören mit den Ohren, und verständig werden im Herzen und sich bekehren, daß ich ihnen hälfe." Streitend unter einander, gehen seine Zuhörer weg, die er so gerne überwunden von Gottes Wort, gewonnen für den Glauben gesehen und als seine kostbare Beute seinem Herrn zugeführt hätte, — und nun thut er den letzten Hammerschlag an ihre Herzen, indem er ihnen das furchtbare Prophetenwort nachruft von dem Gerichte der Verstockung über sein halsstarriges Volk (Jes. 6, 9. 10). Furchtbares Gericht über ein Volk, wenn es dahin mit ihm gekommen ist, daß es mit hörenden Ohren nicht mehr hört, mit sehenden Augen nicht mehr sieht

unb blinb unb taub seinem Verberben anheimfällt! Furcht=
bares Gericht über eine Seele, wenn sie burch beharrlichen
Wiberstanb gegen bie seligmachenbe Wahrheit sich bas Organ
für bie Wahrheit abgestumpft unb abgetöbtet hat, so baß bas
Wort Gottes seine Kraft, bie Wahrheit ihr Licht, bie Gnabe
ihren Trost verloren hat, für bas verhärtete, verstockte, erstor=
bene Herz! Davor behüt uns, lieber Herr unb Gott, bamit
wir nicht auch bas Enburtheil hören müssen, bas Paulus aus=
spricht über seine Volksgenossen:

V. 28. „So sei es euch kunb gethan, baß ben Heiben
gesanbt ist bies Heil Gottes, unb sie werben es hören." —
„Jerusalem, Jerusalem, bie bu töbtest bie Propheten unb stei=
nigest bie zu bir gesanbt sinb, wie oft habe ich beine Kinber
um mich versammeln wollen wie eine Henne ihre Kichlein
sammelt unter ihre Flügel, unb ihr habt nicht gewollt!
Siehe, euer Haus soll euch wüste gelassen werben, benn ich
sage euch: ihr werbet mich von jetzt an nicht sehen, bis ihr
sprecht: Gelobt sei ber ba kommt im Namen bes Herrn!" —
Das waren einst bie Abschiebsworte bes Herrn unb Meisters
gewesen im Tempel zu Jerusalem. Einen Wiberhall bieses
wehmüthigen unb herzerschütternben Scheibegrußes vernehmen
wir hier aus bem Munbe seines Apostels in ber Jubenver=
sammlung zu Rom. Das große Abenbmahl ist bereitet; bie
Erstgelabenen haben bie Einlabung verachtet; wohlan, so werben
bie Knechte hinausgehen an bie Lanbstraßen unb an bie Zäune
unb werben bie Krüppel unb Lahmen nöthigen hereinzukommen,
auf baß bie Tische bes Königs voll werben. Das Evangelium
wenbet sich von nun an zu ben Heiben. „Unb sie werben es
hören." Beschämenbes Strafwort für bie Herzenshärtigkeit ber
verstockten Juben, für bie Gleichgültigkeit auch so vieler satten
Christen: Was ihr von euch stoßet unb verachtet in eurem

Hochmuth und Stumpffinn, das werden die armen blinden
Heiden mit Dank annehmen und mit Verlangen ergreifen.
„Und sie werden es hören." Kühnes Prophetenwort über
eine dem Evangelium damals noch fremde, ja feindselige
Heidenwelt: sie werden es hören; sie werden es verachten,
verspotten, verfolgen, seine Prediger ans Kreuz schlagen und
seine Bekenner den Löwen vorwerfen, aber das Ende ist doch:
sie werden es hören. Und siehe, die Kirchengeschichte, die
Weltgeschichte, die Missionsgeschichte hat diese kühne Weis=
sagung erfüllt, Schritt für Schritt, bis auf diesen Tag. „Sie
werden es hören." Dringendes Mahnwort auch an uns!
Auch ihr gehöret zu Denen, die berufen sind aus den Heiden,
zu denen das Reich Gottes gekommen ist, nachdem es die
Juden verworfen hatten. Danket dem Herrn für seine Gnade;
höret den Ruf des guten Hirten; nehmet das Wort an, das
eure Seelen selig machen kann; bringet die Früchte, die der
Herr bei seinem ersterwählten Volke vergebens gesucht hat!

B. 29. „Und da er solches redete, giengen die Juden
hin, und hatten viel Fragens unter ihnen selbst." „Die Juden
giengen hin", hinweg von dem Antlitz des Apostels und -eben
damit aus dem Licht= und Lebenskreise der göttlichen Gnade
und Wahrheit, ebendamit hinaus in das Elend der Verstoßung
vor dem Angesichte des Herrn, der Zerstreuung in der Finster=
niß dieser Welt. Sie giengen hin — und so gehen sie heute noch
hin, heimathlos und ruhelos wie jener fabelhafte Wanderer,
der ewige Jude Ahasveros, der nicht sterben kann; sie gehen
hin, in der Zerstreuung noch ihre Eigenthümlichkeit bewahrend;
nach ihrem Fall noch ein reichbegabtes Volk voll unverwüst=
licher Lebenskraft; nach Jahrtausenden noch jeder Einzelne mit
dem Stempel des Abrahamssohns auf der Stirn; sie gehen
hin, einer schöneren Zukunft entgegen, die auch ihnen, den

Besten unter ihnen wenigstens, aufbehalten ist von der Lang=
muth und Barmherzigkeit ihres alten Bundesgottes, die aber
nicht eher ihnen anbrechen wird als bis sie sprechen: Ge=
lobet sei der da kommt in dem Namen des Herrn! „Und
hatten viel Fragens unter ihnen selbst". Also einen Stachel,
der zu weiterem Nachdenken reizte, hatte des Apostels Wort
doch in ihnen zurückgelassen. Und wenn ihr Fragen das rechte,
wenn ihr Suchen ein redliches war, so wird's doch einen und
den andern unter ihnen früher oder später noch einmal zum
Apostel zurückgeführt haben mit der Frage: Was muß ich
thun, daß ich selig werde? — „Sie hatten viel Fragens unter
ihnen selbst." Viel unruhiges Fragen, viel rühriges Suchen,
viel rastloses Forschen ist auch heut noch, nicht nur unter diesem
Volk der Juden, sondern unter dem Menschengeschlecht über=
haupt; wenn's nur immer ein Fragen wäre nach dem höchsten
Gut, nach der seligmachenden Wahrheit, und ein Fragen im
rechten Geist, im aufrichtigen Verlangen nach dem Heil, —
o so müßte dieses Fragen und Suchen doch immer wieder
zurückführen zu dem der da spricht: Ich bin der Weg und die
Wahrheit und das Leben, Niemand kommt zum Vater, denn
durch mich! Darum — Seele, was ermüdst du dich in den
Dingen dieser Erden, die doch bald verzehren sich und zu
Staub und Asche werden? Suche Jesum und sein Licht, alles
Andere hilft dir nicht! — Unser Apostel aber wendet sich nun,
nachdem er um seine Brüder nach dem Fleisch zum letztenmal
geworben, von den Juden zu den Heiden, von Jerusalem

2.

nach Rom.

V. 30 u. 31. „Paulus aber blieb zwei Jahre in seinem
Gedinge, und nahm auf alle, die zu ihm einkamen; predigte

das Reich Gottes und lehrete von dem Herrn Jesu, mit aller
Freudigkeit, unverboten." — „In seinem eigenen Gedinge", d. h.
in einer Miethswohnung, in welcher er seine eigene Haushal=
tung führte und Raum hatte für Alle, die bei ihm aus= und
eingiengen, das Wort Gottes zu hören, weilte nun Paulus
zwei Jahre lang zu Rom. Die Kosten dieses Aufenthaltes
wurden durch Handreichung der Brüder in Rom und aus=
wärts aufgebracht, wie denn der Apostel namentlich den Phi=
lippern von Rom aus dankt, daß sie so wacker für ihn gesorgt
(Phil. 4, 10 ff.). „Da predigte er denn das Reich Gottes
und lehrete von dem Herrn Jesu mit aller Freudigkeit." Die
Bangigkeit, mit der er angefangen, wich je mehr und
mehr einer freudigen Zuversicht; dem fruchtlosen Versuch
bei den Juden folgte bald eine gesegnete Frucht unter den
Christen und unter den Heiden zu Rom. Ja selbst ins kaiser=
liche Richthaus bringt nach Philipper 1, 13 durch seinen Mund
die Botschaft von dem Friedenskönig Jesus Christus, der die
Großen und die Kleinen um sich sammeln will in einem Reich,
das alle Weltreiche überbauert, denn es ist Gerechtigkeit, Friede
und Freude im heiligen Geist. Als Gehilfen seiner Freude
und Tröster in seiner Gefangenschaft hatte der Apostel jene
Freunde um sich, deren Namen er in seinen Briefen aus jener
Zeit mit so viel Liebe nennt; seinen trauten Timotheus
(Phil. 2, 20), Lukas, den Geliebten (Kol. 4, 14), Aristarchus,
Tychikus, Markus, Epaphras und Andere. Und als lebendige
Früchte und bleibende Denkmale seines freudigen Zeugenmuthes
hat er von Rom jene unsterblichen Briefe ausgehen lassen, an
die Kolosser, Epheser, Philipper, an Philemon, die alle, wie
ein Ausleger mit Recht sagt, von dem Freudenöle duften,
womit Jesus ihn salbte. So wuchs unter dem Segen des
Herrn die Gemeinde zu Rom zur Mutter= und Missionskirche

aller Gemeinden aus der Heidenwelt heran. — Paulus pre=
bigte „unverboten". Bedeutsames Schlußwort unsrer Apostel=
geschichte. Dieses „Unverboten" deutet rückwärts auf alle
Kämpfe und Anfechtungen, die das Wort vom Kreuz durch=
zumachen hatte seit dem Pfingstfest, und deren glorreiche Frucht
keine geringere ist, als daß das Kreuzpanier nun unverboten
in Rom selber hart neben der Kaiserburg wehen darf. Dieses
„Unverboten" deutet vorwärts in die Zukunft, wo das Evan=
gelium seinen Kampf= und Siegeslauf fortsetzen soll bis auf
diesen Tag und bis an's Ende der Tage, und das Ende wird
sein: Das Wort sie sollen lassen stahn! Denn das Wort, so
aus meinem Munde geht, spricht der Allmächtige, soll nicht
wieder zu mir leer kommen, sondern soll thun, das mir ge=
fällt und soll ihm gelingen, dazu ich es sende, und was der
Herr seiner Kirche verheißen hat, das wird die Weltgeschichte
bestätigen: auch die Pforten der Hölle sollen sie nicht über=
wältigen.

Aber nun, meine Lieben, so herrlich es klingt, dieses
Schlußwort der Apostelgeschichte, es klingt dennoch heut auch
wehmüthig in unsre Ohren und Herzen hinein. Nicht nur,
weil wir hiemit Abschied nehmen von dem herrlichen Gottes=
mann, der uns Allen auf der langen Strecke, darauf wir ihn
begleiten durften, ein trauter Herzensfreund geworden ist, und
Abschied nehmen von diesen unsern lieben Abendgottesdiensten,
in denen wir durch eine Reihe von Jahren uns zusammen=
fanden an dieser heiligen Stätte und manchmal etwas spüren
durften von der Verheißung des Herrn: Wo zwei oder drei
versammelt sind in meinem Namen, da bin ich mitten unter
ihnen; sondern wehmüthig klingt uns dieses Schlußwort der
Apostelgeschichte auch darum, weil es uns zu frühe kommt, weil
wir nun noch so manche ungelöste Fragen auf dem Herzen und

im Kopfe haben. Warum bricht die Apostelgeschichte ab mit
dieser zweijährigen Gefangenschaft Pauli zu Rom? Ist sie
gerade um diese Zeit geschrieben, so daß es noch nichts Wei=
teres zu berichten gab? Oder ist Lukas an der Fortsetzung
sonst verhindert worden? Oder ist der Schluß des Buchs ab=
handen gekommen? — Was ist aus unserm Paulus weiter ge=
worden? Wie ist der Urtheilsspruch des Kaisers ausgefallen,
auf den er sich berufen hatte und auf den er zwei Jahre lang
warten mußte? Ist der Apostel, wie die alte Kirche annimmt,
wieder frei geworden und hat noch große Missionsreisen ge=
macht im Dienste seines Herrn bis ins ferne Spanien, um
erst bei einem zweiten Aufenthalt zu Rom den Märtyrertod
zu finden? Oder endete, wie Andere meinen, schon diese erste
Gefangenschaft zu Rom mit der Enthauptung des Paulus in
einer der großen Christenverfolgungen, an denen der grausame
Kaiser Nero um jene Zeit sich vergnügte? — Die Schrift
giebt uns darauf keine Antwort; still verschwindet der große
Apostel aus der heiligen Geschichte.

Aber, meine Lieben, nicht unbefriedigt schließen wir darum
das Buch; es ist dennoch ein Ganzes, denn es zeigt uns den
Kampf= und Siegeslauf des Evangeliums von Jerusalem
nach Rom und deutet hinaus, wie es in Rom und von Rom
weiterschritt unverboten. — Und nicht einsam bleiben wir
nach dem Verschwinden des Apostels zurück. Als dort bei der
Verklärung auf dem Berge Tabor die Jünger aus ihrer hei=
ligen Verzückung zu sich kamen, da waren die erhabenen Ge=
stalten des Moses und Elias verschwunden, und da sie ihre
Augen aufhuben, sahen sie Niemand, denn Jesum alleine
(Matth. 17, 8). Auch vor unsern Augen sind nun die heiligen
Zeugengestalten verschwunden, welche die Apostelgeschichte uns
vorführte: ein Paulus und Petrus, ein Johannes und Jakobus,

ein Stephanus und Barnabas, eine Tabea und Lydia. Aber
der zurückbleibt, nachdem alle seine Zeugen ihren Lauf vollbracht,
der uns vor Augen bleiben soll unverrückt als der König seines
Reichs, als der Herr der Herrlichkeit, welchem die Ehre bleibt
von aller Arbeit seiner Knechte, — das ist Jesus alleine.
Ihn sahen wir gen Himmel fahren im Eingang der Apostelgeschichte. Ihm sehen wir gen Himmel nach nun auch am
Schluß unseres Buches. Sein königliches Walten haben wir
hinter dem Vorhang der Wolke, die ihn dort auf dem Oelberg
vor der Jünger Augen wegnahm, unsichtbar aber deutlich durch
alle Thaten und Schicksale seiner Knechte bis zu Pauli Ankunft
in Rom zu erkennen bekommen. Auch die nachfolgende Geschichte seiner Kirche ist nichts als das Walten Dessen und
das Kommen Dessen und die Verherrlichung Dessen, von dem
es heißt: Jesus Christus gestern und heute und derselbe
auch in Ewigkeit (Hebr. 13, 8). Jesus allein ist der
Kern und Stern der ganzen Schrift; Jesus allein ist der
Herr und König der Menschheit; Jesus allein soll der König
bleiben auch in unsern Herzen und der Herr auch in unserm
Leben. Ihm sei Ehre in Ewigkeit!

> Jesus Christus herrscht als König;
> Alles wird ihm unterthänig,
> Alles legt ihm Gott zu Fuß.
> Jede Zunge soll bekennen:
> Jesus sei der Herr zu nennen,
> Dem man Ehre geben muß!
>
> Gebt, ihr Sünder, ihm die Herzen,
> Klagt, ihr Kranken, ihm die Schmerzen,
> Sagt, ihr Armen, ihm die Noth!
> Er kann alle Wunden heilen,
> Reichthum weiß er auszutheilen,
> Leben schenkt er nach dem Tod.

Jauchz' ihm, Menge heilger Knechte!
Rühmt, vollendete Gerechte,
Und du Schaar, die Palmen trägt,
Und ihr Märtrer mit der Krone
Und du Chor vor seinem Throne,
Der die Gottesharfen schlägt!

Ich auch auf den tiefsten Stufen,
Ich will glauben, reden, rufen,
Ob ich schon noch Pilger bin:
Jesus Christus herrscht als König!
Alles sei ihm unterthänig,
Ehret, liebet, lobet ihn!

(Phil. Fr. Hiller.)

Amen.

Inhalts-Uebersicht

zum zweiten Bande.